VEB F. A. Brockhaus Verlag
Leipzig

Einhundertfünfzig Jahre zurück, in das Zeitalter zwischen Postkutsche und Eisenbahn, führt uns

GEORG MENCHÉN

und

FRANK SCHENKE

fotografierte die vielfältigen Gesichter Sachsens

Romantische Reise durch

SACHSEN

Für Uta

Die Abbildungen auf
dem Schutzumschlag und den Vorsätzen zeigen:
Leipzig, Wurzen, Pirna

Wir danken der Deutschen Fotothek Dresden
für die freundliche Unterstützung bei
der Beschaffung von
Abbildungen (S. 17, 18, 20, 90, 134)
und Vignetten
sowie dem Museum für Stadtgeschichte Leipzig
(Abb. S. 32)

ISBN 3-325-00179-3

2. Auflage

Lizenz-Nr.: 455/150/68/90 · LSV 5009
Lektorat und Bildauswahl: Christa Kunze
Buchgestaltung: Bernhard Dietze
Printed in the German Democratic Republic
Gesamtherstellung: INTERDRUCK
Graphischer Großbetrieb Leipzig,
Betrieb der ausgezeichneten Qualitätsarbeit, III/18/97
Redaktionsschluß: 30. 9. 1989
Bestell-Nr.: 587 304 0
02500

Geneigter Leser!

Es ist nicht nur eine lehrreiche, sondern auch sehr angenehme Beschäftigung, wenn man der alten Zeit und der vorigen Jahre gedenket. Denn man kann nicht allein die weise Regierung Gottes, welche die Schicksale ganzer Länder oder Städte oder auch einzelner Personen lenket und deren Fußstapfen auch das graue Alterthum enthält, dabey bewundern, sondern auch wahre Klugheits-Regeln und kräftige Beruhigungsgründe in der Geschichte unserer Vorfahren lernen. Auch die Geschichte einzelner Orte hat einen wahren Nutzen, und es gewähret den Nachkommen ein sehr unschuldiges Vergnügen, wenn sie die Veränderungen lesen können, welche ihre Vaterstadt nach und nach betroffen, und die Schicksale derer erfahren, welche ehedem als Fremdlinge die Häuser besessen, welche sie itzt bewohnen, und deren Fuß eben die Pfade gewandelt hat, welche sie itzt noch betreten. Es ist auch eine Ehre für unsere Vorfahren, die den Grund zu unserer Wohlfahrt gelegt haben, die wir ihnen schuldig sind, wenn wir ihr Andenken in Segen erhalten.

M. Gotthelf Friedrich Oesfeld, 1876

Inhaltsverzeichnis

Leipzig, ein klein Paris

Sächsische Gefilde vor den Toren der Metropole

Das sächsische Vogtland

Industrierevier und Haldenlandschaft

Im Erzgebirge

Auf der alten Leipzig—Dresdner Poststraße

Nachwort

Anhang

Leipzig, ein klein Paris

In einer bürgerlichen Welt

Als ich in Leipzig ankam, war es gerade Meßzeit, woraus mir ein besonderes Vergnügen entsprang: denn ich sah hier die Fortsetzung eines väterlichen Zustands von mir, bekannte Waren und Verkäufer, nur an andern Plätzen und in einer andern Folge. Ich durchstrich den Markt und die Buden mit vielem Anteil; besonders aber zogen meine Aufmerksamkeit an sich, in ihren seltsamen Kleidern, jene Bewohner der östlichen Gegenden, die Polen und Russen, vor allem aber die Griechen, deren ansehnlichen Gestalten und würdigen Kleidung ich gar oft zu Gefallen ging. Diese lebhafte Bewegung war jedoch bald vorüber, und trat mir die Stadt selbst mit ihren schönen, hohen und untereinander gleichen Gebäuden entgegen. Sie machte einen sehr guten Eindruck auf mich, und es ist nicht zu leugnen, daß sie überhaupt, besonders aber in stillen Momenten der Sonn- und Feiertage, etwas Imposantes hat, so wie denn auch im Mondschein die Straßen, halb beschattet, halb beleuchtet, mich oft zu nächtlichen Promenaden einluden.

Indessen genügte mir gegen das, was ich bisher gewohnt war, dieser neue Zustand keineswegs. Leipzig ruft dem Beschauer keine altertümliche Zeit zurück; es ist eine neue, kurz vergangene, von Handelstätigkeit, Wohlhabenheit, Reichtum zeugende Epoche, die sich uns in diesen Denkmalen ankündet. Jedoch ganz nach meinem Sinn waren die mir ungeheuer scheinenden Gebäude, die, nach zwei Straßen ihr Gesicht wendend, in großen, himmelhoch umbauten Hofräumen eine bürgerliche Welt umfassend, großen Burgen, ja Halbstädten ähnlich sind. In einem dieser seltsamen Räume quartierte ich mich ein, und zwar in der »Feuerkugel« zwischen dem Alten und Neuen Neumarkt. Ein paar artige Zimmer, die in den Hof sahen, der wegen des Durchgangs nicht unbelebt war, bewohnten der Buchhändler Fleischer während der Messe und ich die übrige Zeit für einen leidlichen Preis. Als Stubennachbar fand ich einen Theologen, der in seinem Fache gründlich unterrichtet, wohldenkend, aber arm war und, was ihm große Sorge für die Zukunft machte, sehr an den Augen litt. Er hatte sich dieses Übel durch übermäßiges Lesen bis in die tiefste Dämmerung, ja sogar, um das wenige Öl zu ersparen, bei Mondschein zugezogen. Unsere alte Wirtin erzeigte sich wohltätig gegen ihn, gegen mich jederzeit freundlich und gegen beide sorgsam.

Johann Wolfgang Goethe, 1765 (»Dichtung und Wahrheit«, 2. Teil, Sechstes Buch, 1811/12)

Man sagt, daß der Aufenthalt in Leipzig sehr angenehm ist, und ich glaube es. Einige der hiesigen reichen Kaufleute geben oft Diners, Soupers, Bälle und so weiter. Die jungen Stutzer aus der Zahl der Studenten erscheinen bei solchen Gelegenheiten in ihrem Glanze. Man spielt Karten, man tanzt, man schneidet die Cour wie überall bei diesen Festen. Außerdem gibt es noch besonders gelehrte Gesellschaften oder Klubs; da unterhält man sich von gelehrten und politischen Neuigkeiten, beurteilt Bücher und so weiter. Auch ist ein Theater

Thomaskirche
zu Leipzig

hier. Nur reiset die Schauspielergesellschaft den Sommer über nach anderen Städten und kommt erst im Herbst zur Michaelismesse wieder zurück nach Leipzig. Wer gern spazierengeht, findet rings um Leipzig die angenehmsten Lustorte. Wer gern seinem Gaumen etwas zugute tun will, hat hier die außerordentlich schmackhaften Lerchen, die köstlichen Kuchen, den herrlichsten Spargel und eine Menge Früchte, vorzüglich Kirschen, die sehr gut und jetzt so wohlfeil sind, daß man für zehn Kopeken eine ganze Schüssel voll bekommt. Überhaupt ist es in Sachsen wohlfeil zu leben. Für den Tisch, den Wein nicht mitgerechnet, bezahle ich ungefähr dreißig Kopeken und ebensoviel täglich für das Zimmer; und dies waren auch die Preise in Dresden.

Nikolai Karamsin, Juli 1789

Die Thomaskirche ist ein altes gothisches Gebäude, an dem ich nichts zu bemerken wüßte. Hiller dirigierte hier die Musik. Was ich hörte, war vortrefflich vorgetragen, aber konnte zur Erbauung nichts beitragen, weil der Saz künstlich und geschmückt war. Choräle allein scheinen mir der Kirche angemessen zu sein, denn nur sie befeuern die Andacht, das haben Salzmann und Spazier überzeugend bewiesen – aber man bleibt doch beim Alten! – Auch des Nachmittags hört' ich eine Predigt in der Nicolaikirche, von einem gewissen Doctor Wolf, der eben so elend deklamiert als unser Otto; ich hielts deswegen nicht lange aus. Aber erquickend war mir der Gesang der Gemeinde, der überhaupt hier weit regelmäßiger ist als in Ulm. Das weibliche Geschlecht verunstaltet die Lieder nicht durch elenden Singsang, abgedroschene Manieren und andere Eingebungen bösen Genius, sondern alle Anwesenden singen in gleicher Be-

Moritzbastei mit Bürgerschule

wegung simple halbe Noten und halten bei jedem Einschnitte zugleich inne. Das macht den Gesang außerordentl. rührend. Die Nicolaikirche ist ein vortreffliches Gebäude, das aber noch in mehreren Jahren nicht vollendet werden wird.

Samuel Baur, »Tagebuch einer kleinen Reise von Jena nach Leipzig vom 24ten Mai bis 1ten Juni 1791«. Leipzig 1914

Leipzig selbst machte einen angenehmen Eindruck auf mich, es ist eine große freundliche Stadt mit geraden Straßen. Ueberall hängen Bücherschränke aus und hinter den großen Fensterscheiben Bilder und Lithographien. Auf den Straßen laufen die Burschen herum, mit langen Pfeifen im Munde und die Collegienhefte unter dem Arm. Einige von ihnen hatten ihre altdeutsche Tracht, die großen, weiten Hosen, den kurzen Rock und die langen, über den weißen Halskragen herabhängenden Locken.

Ich besuchte die Nicolai-Kirche, wo ich Gemälde von Oeser fand; in der Kuppel über dem Altar war ein schwebender Engel gemalt, der keine Malerei, sondern ein wirklich lebendes Wesen zu sein schien.

In einem kleinen, abgesonderten Raume zeigte man uns eine alte Kanzel, auf der Luther gepredigt haben soll; ich stellte mich auf die Fußspitzen, um mit meinen Händen dahin reichen zu können, wo er sie hingelegt haben mag. Aus der alten Kirche ging ich aus der Stadt hinaus zu Gellert's Grab.

Ein flacher, einfacher Stein mit seinem Namen und Sterbejahr bezeichnet dasselbe. Daneben war ein Rosenstock gepflanzt, und ein niedriges Gitter umgab das Ganze, auf welches die Vielen, die Gellert's Grab besuchten, ihren Namen schrieben oder einschnitten; ich schrieb auch den meinigen darauf.

Hans Christian Andersen, 1831

Die Stadt besteht eigentlich aus zwei Teilen, die zu einem Ganzen zusammengewachsen sind: aus der Altstadt im Zentrum, die von schönen schattigen Alleen umgeben ist, und aus dem neuen Leipzig, wo prachtvolle Gebäude entstehen. Den Mittelpunkt bildet das Rathaus, ein altertümlicher und charakteristischer Bau. Am Markt, dort, wo die Grimmaische Straße beginnt, befindet sich der 1530 bis 1538 erbaute »Auerbachs Hof«. Noch vor der Einrichtung eines Restaurants gab es hier Keller, mit denen die Faustsage verknüpft ist, die bekanntlich Goethe aus der Vergessenheit hervorholte. Verewigt wurde sie durch zwei alte Bilder. »Auerbachs Keller« muß heute jeder in Leipzig eintreffende Reisende aus Ehrfurcht vor Goethe besuchen. Der rührige Wirt der Weinstube hat sie mit Faustillustrationen ausgeschmückt, und in einem Schränkchen sind sogar alte Ausgaben der Sage aufbewahrt. Am Markt befindet sich auch das sogenannte Königshaus, in dem im Jahre 1760 Friedrich der Große und später der König von Westfalen, Kaiser Napoleon, Fürst Repnin, Schwarzenberg und andere gewohnt haben.

Józef Ignacy Kraszewski, 1858

Es war am 17. Oktober 1865, als ich mit Freund Mushacke in Leipzig auf dem Berliner Bahnhof anlangte. Wir zogen zunächst planlos durch die innere Stadt und erfreuten uns der hochgetürmten Häuser, der belebten Gassen und des regen Treibens. Dann ruhten wir uns in der Mittagszeit in der Reißeschen Restauration (Klostergasse) aus und fanden es hier leidlich, obwohl auch dieser Dunstkreis nicht frei von schwarz-rot-goldnen Jünglingen war. Hier begann mein Studium des Tageblattes, das ich später regelmäßig in der Mittagsstunde zu treiben pflegte. An jenem Tage notierten wir uns die angebotenen Wohnungen, jene »anständigen« oder gar »eleganten« Zimmer mit »Schlafkabinett« usw. ... Darauf schickten wir uns an, straßauf, straßab, treppauf, treppab uns die bezeichneten Herrlichkeiten anzuschauen, und fanden sie durchschnittlich über alle Maßen scheußlich. Welche Gerüche empfingen uns da, welche Ansprüche von Reinlichkeit setzte man bei uns voraus! Genug, wir waren bald ärgerlich und mißtrauisch und folgten daher nur zaudernd einem Antiquar, der eine Wohnung zu vermieten hatte, wie sie uns passend erscheinen würde. Schon dauerte uns der Weg zu lang,

Fregehaus in Leipzig

Die Pleißenburg, Sternwarte und Kaserne

und wir wurden müde, als er in einer kleine Seitengasse, die den Namen Blumengasse trägt, haltmachte, uns durch ein Haus durch in einen Garten führte und in dem dort sich anschließenden Gebäude eine kleine Stube nebst Kammer aufwies, die einen freundlich zurückgezogenen Eindruck machte und sich für die Behausung eines Gelehrten wohl eignen mochte. Genug, wir wurden handelseinig; ich wohnte von jetzt ab bei dem Antiquar Rohn in der Blumengasse 4. Freund Mushacke fand im Hause nebenan ein Unterkommen.

Friedrich Nietzsche, Tagebuchaufzeichnung
(in: Friedrich Würzbach, »Nietzsche«, Berlin 1942)

Das Schloss steht niedriger als die übrige Stadt und deren Graben auf einem vollkommenen Sumpfboden. Welchen Aufwand an Kosten, Arbeit und Steinen in einer Gegend, wo diese weit hergebracht werden müssen, muss nicht ein solcher, der Ewigkeit trotzender Bau verursacht haben! Das Schloss, jetzt der Sitz verschiedener Aemter, ist in allen Theilen vollkommen wohl erhalten, nur wurde die Reinheit seines alterthümlichen Styls durch An- und Aufbauten verschiedener Art gestört. In seinen Mauern befindet sich auch die katholische Kirche, ein schmuckloser, fast ärmlicher Betsaal. Auf der ehemaligen Bastion, bisher der Garten der katholischen Geistlichen, hat sich in der neuesten Zeit mit bewunderungswürdiger Benutzung des nicht grossen Raumes eine stattliche Kaserne erhoben. Niemand aber, der

Leipzig besucht, möge sich die Mühe der Ersteigung der Sternwarte verdriessen lassen. Es ist ein hoher, runder Thurm, der ehemalige Trotzer, dazu benutzt und ihm eine Art Laterne aufgesetzt worden, um welche rings ein Altan führt. Hier geniesst man eine wahrhaft entzückende Aussicht; Man erblickt in weitem Umkreis die ganze, ungeheure, reiche Ebene mit ihren schönen Waldungen, wohlangebauten Fluren und den vielen Dörfern, von denen sie wie übersät ist. Zur Zeit der Völkerschlacht diente die Sternwarte als Observatorium ganz anderer Art, und es muß ein mit nichts auf Erden zu vergleichender Anblick gewesen sein, von hier aus das Toben der riesenhaftesten Schlacht, die jemals auf unserem Welttheile geliefert worden ist, überschauen und beobachten zu können.

Ausser dem Schlosse, dem Rathause, dem Paulinum und den Kirchen giebt es in Leipzig kein grösseres Gebäude, welches an das Mittelalter (dem, strenger genommen, die Citadelle des Churfürsten Moritz nicht einmal angehört) erinnerte. Das Rathaus ist reif, einem Neubau Platz zu machen, und dürfte, was seine Schönheit als mittelalterliches Denkmal betrifft, kaum das Bedauern des leidenschaftlichsten Alterthumsfreundes erregen. Die Kirchen sind an sich von einfach edler Bauart, aber im Innern durch die vielen Emporkirchen, die jetzt eben nicht immer unter der frommen Last der Gläubigen zu brechen drohen, entstellt wie fast alle protestantischen Gotteshäuser. Einer grossen Merkwürdigkeit im Fach des Ungeschmacks erfreut sich die Nikolaikirche. Hier hat man die gothischen Säulen mit Palmen gekrönt, die sich fächerartig über die Rippen des Kirchengewölbes verbreiten. Diese bizarre Vereinigung fremdartiger Dinge bringt einen höchst wunderlichen Eindruck hervor, und Leipzig mag sich Glück wünschen, dass jener Bürgermeister Müller, dem es eine solche Sonderbarkeit verdankt, im Uebrigen, wie dies der Park und Anlagen beweisen, mit Sinn für echte Schönheit begabt gewesen ist.

Johann Sporschil, 1844

Nun hielten wir vor dem eben erst fertig gewordenen großen Postgebäude, den Platz mit Universität und Paulinum in voller Ausdehnung vor uns. Es mochte sechs Uhr sein; die Luft war weich, die Sträucher in den Anlagen hatten schon grüne Knospen. Über allem lag ein feiner Dämmer. Ich reckte und streckte mich, atmete hoch auf und hatte das Gefühl eines gewissen Geborgenseins. Das mit den ersten Eindrücken hat doch was auf sich.

Das Neubertsche Haus lag in der Hainstraße, so daß ich, um dorthin zu gelangen, den echtesten und schönsten Teil von Leipzig, die Grimmaische Gasse und den Rathausplatz, zu passieren hatte. Mein Gepäckträger ging neben mir her und machte in gutem Sächsisch den Führer. Ich war ganz benommen und möchte behaupten, daß, soweit Architektur und Stadtbild in Betracht kommt, nichts wieder in meinem Leben einen so großen, ja, komisch zu sagen, einen so berauschenden Eindruck auf mich gemacht hat wie dieser in seiner Kunst-

Denkmal des berühmten Thomaskantors auf dem Thomaskirchhof

bedeutung doch nur mäßig einzuschätzende Weg vom Post- und Universitätsplatz bis in die Hainstraße. Die Sache findet darin ihre Erklärung, daß ich außer einer Anzahl märkischer und pommerscher Nester, in denen ich meine Kinderjahre verbracht hatte, bis zu jener Stunde nichts von der Welt kannte wie unser gutes Berlin, das mir von allen echten Berlinern immer als der Inbegriff städtischer Schönheit geschildert worden war. Und nun! Welcher Zusammenbruch! Es gereicht mir noch in diesem Augenblick zu einer gewissen Eitelkeitsbefriedigung, daß mein künstlerisches Gefühl angesichts des Neuen oder richtiger des Alten, was ich da sah, sofort gegen das Dogma vom »schönen Berlin« revoltierte und instinktmäßig weghatte, daß Städteschönheit was andres ist als gerade Straßen und breite Plätze mit aus der Schachtel genommenen Häusern und Bäumen. Ein paar Ausnahmehäuser, hinter denen ein ausländischer Meister und ein königlicher Wille steckt, können das Ganze nicht retten. Seitdem hat sich freilich sehr vieles gebessert; aber eines fehlt auch jetzt noch: individuelles Leben. Wir ahmen nach. Nur die Schachtel, aus der genommen wird, ist etwas größer, reicher und bunter geworden. Originelles, wie selten!

Theodor Fontane, 1841

24. März [1857]. Es geht eine große Umgestaltung in Leipzig vor. Seitdem der Museumsbau begonnen, hat man sich überzeugt, daß die Anlagen um das künftige

Der Marktplatz während der Messe

Museum herum nicht so bleiben können, wie sie gewesen: das Museum würde zu tief zu stehen kommen. Nun soll also etwas von den Anlagen abgetragen werden. Aber man hat es bei dieser Veranlassung angemessen gefunden, einen größern Plan ins Auge zu fassen, nämlich die Anlagen vom Roßplatz an zu zerstören, ein richtiges Niveau mit dem Roßplatz herzustellen, die Stadtgräben an der Bürgerschule und bis zum Petersthor auszufüllen und hier neue Anlagen zu machen, auch eine Menge kleiner Häuser wegzureißen und selbst die Niederreißung des Petersthors, der Peterskirche, des Magazins ins Auge zu fassen, dafür auf dem freiwerdenden Terrain neue Häuser zu erbauen. Es ist eben ein kühner vielumfassender Plan, wie man dergleichen eigentlich selten in Leipzig gefaßt hat, wo alles so vereinzelt und bruchstückweise vorgenommen wird. Dieser Plan ist seit einigen Wochen der Gegenstand des Gesprächs in der Stadt, aber man ist schneller vom Plan zur Ausführung gegangen, als sonst hergebracht ist. Nach einigen Verhandlungen mit den Stadtverordneten hat sich eine ziemliche Majorität für den neuen Plan herausgestellt, und die Ausführung ist nun schon in vollem Gange, was angemessen ist, wenn man die Sache einmal will, da dann schon im Herbst theilweise neue Anpflanzungen gemacht werden können. Ich sah heute den Schauplatz der Umgestaltung an; nach einigen Jahren wird man sich kaum noch recht besinnen, wie alles früher war.

Aus den Tagebüchern von Heinrich Brockhaus.
2. Teil. Leipzig 1884

Handel und Wandel – die Messe

Leipzig. Die Messe war diesmal sehr zahlreich von griechischen, moldauischen, wallachischen, asiatischen und amerikanischen Kaufleuten besucht. Vorzüglich wurden Rauchwerk und ordinäre Tuche gekauft, auch in Leder, Seidewaaren etc. wurden ansehnliche Geschäfte gemacht. Die Buchhänder sind unzufrieden und die Bankiers; die erstern haben zu viel Bücher zurückerhalten (wer kann und soll auch jetzt die vielen zusammengeschmierten Bücher kaufen. Jeder Schusterjunge schreibt jetzt Bücher), und die letztern können gewöhnlich nicht genug Prozente bekommen.

Der aufrichtige Dresdner Stadt- u. Landbote für das Königreich Sachsen und die angrenzenden Länder.
II. Jg. 1830, Heft VI

Für einen großen Teil des Jahres gehörte Leipzig nicht den Leipzigern, sondern den Fremden, welche die drei Messen besuchten, von der Wollmesse gar nicht zu reden, und deren Zahl sich seit Erbauung der Eisenbahnen bis in das ungeheuerliche vermehrte. Dann waren in der Nacht die Häuser bis unter das Dach mit Schlafenden gefüllt, und jeder, der in der inneren Stadt eine

Kleinhandel

Taschendieb, auf der Messe gefaßt

Wohnung gemietet hatte, mußte während der Messen einige Zimmer hergeben, wenn er es nicht vorzog, dem Wirt eine ganz fabelhafte Miete zu bezahlen. Diese Fremden waren natürlich meistens Kaufleute aus aller Herrn Ländern, die die Messe als ihre Jubelzeit betrachteten, in der sie von der Kontrolle ihrer Weiber und Nachbarn befreit und sehr geneigt waren, über die Stränge zu schlagen. Losgelassene Philister sind aber selten angenehme Hausgenossen, da sie ihr Freudenwild laut jagen oder, zu deutsch, einen Heidenlärm machen müssen, wenn sie vergnügt sein wollen. Ich war daher sehr froh, daß ich eine Wohnung vor dem Tore und nicht in der »Meßlage« hatte; wenn ich Lust danach fühlte, »mich in die Welt zu wagen«, brauchte ich nur eine Viertelstunde zu gehen und war mitten im Tempel des Jupiter Mammon.

Die Schaubuden breiteten sich damals auf dem Roßmarkt aus, und den ganzen Tag hörte man von dorther das Brummen der grossen Trommel und die charakteristische Stimme der Schaumänner. Es war ein tolles, lustiges Treiben. Otto von Corvin, 1880

Büchermacher und Bücherschreiber

War nun die eigentliche Meßarbeit überstanden, wozu nach Stiftung des Börsenvereins noch die Wahlen für die Mitglieder des Vorstands und der Ausschüsse kamen, so blieb zum Schlusse noch die saure Aufgabe der Inventur des Leipziger Lagers, das viel vollständiger zu sein pflegte als jetzt, wobei man oft mit Schiller nicht freudig dankend, sondern seufzend sagen mußte: »Er zählt die Häupter seiner Lieben, und sieh, es fehlt kein teures Haupt.«

Das waren die Mühseligkeiten der früheren Messen,

Fußgängerzone Grimmaische Straße

Altes Rathaus und Handelsbörse am Naschmarkt

es fehlte ihnen aber auch nicht an Lichtseiten und Freuden. Schon während des Wartens auf einen stark belagerten Kollegen an der Börse und bei den Kommissionären gab es manches freundschaftliche und nützliche Gespräch, wobei etwas zu erfahren und zu lernen war; beim Mittagessen, das nicht wenige sich vom Markthelfer ins Quartier holen ließen, hielt man sich nicht lange auf, aber dann ging's zum Kaffee in Rudolphs Garten, gegenüber der Pleißenburg, wo sich alle Schattierungen zusammenfanden, auch Leipziger Kollegen, zum Teil mit Frauen und Töchtern. Auch die Auswärtigen brachten mitunter die Ihrigen mit, wie denn die kleine Frau des alten Hammerich ihm fleißig half und munter die Leiter im Handlager hinaufkletterte, um ein verlangtes Buch zu holen. Sonnabendnachmittag strömte alles aus Rudolphs Garten in die nahe Thomaskirche zur Motette. Des Abends, nach überstandener Last und Hitze (oder auch Kälte) des Tages, ließ man sich's wohl sein mit den lieben Kollegen, auch wenn man sich auf der Börse mit dem einen oder dem andern gestritten hatte, in Treibers (Aeckerleins) Keller — wenn man nämlich so glücklich war, bald einen Platz zu finden, denn es kam auch vor, daß man viertelstundenlang hinter einem Stuhle stehend warten mußte, bis der darauf Sitzende mit seiner Portion fertig war. Überreichlich waren diese freilich trotz der hohen Meßpreise nicht. Später zog sich der Kreis meiner nähern Bekannten ins Hotel de Russie und ins Hotel de Baviére. Trotz der deutschen Befrei-

Deutsches Buchhändlerhaus

ungskriege, wie jetzt trotz des Siegeszuges bis Paris, sind die »Hotel«-Besitzer welsch geblieben. Wir waren aber in diesen Hotels auf gut deutsch fidel, ließen uns nichts abgehen, diejenigen nicht ausgenommen, welche zu Hause das einfachste Leben führten. Es herrschte ein vertraulicher, kameradschaftlicher, fast burschikoser Ton, und einer unserer Vormänner, Fr. Perthes, gehörte zu den Muntersten. So wuchs die Buchhändlerwelt zusammen, Verleger und Sortimenter standen sich persönlich nahe, und in dem jährlichen, beinahe monatlichen Zusammenleben erwuchs gar manche Freundschaft fürs Leben, wurden Duzbrüderschaften geschlossen, wie z. B. Perthes und Reimer sich duzten. Als dieser die Weidmannsche Buchhandlung und Bosens Garten gekauft und jene seinem Sohne Karl und seinem Schwiegersohne Hirzel abgetreten hatte, bildete sich in seinem Hause ein eigner Kreis von Anhängern. Die Leipziger Kollegen ließen sich auch nicht lumpen, beschränkten sich nicht einmal auf die splendiden Kommittentenschmäuse; bei den Brüdern Brockhaus konnte man später halb Leipzig, Professoren und andere einheimische und fremde Notabilitäten, versammelt finden.

Bis 1792 mußten die zur Messe kommenden auswärtigen Buchhändler unter sich und mit den Leipzigern in ihren Wohnungen abrechnen, was bei der kleinen Zahl der damals in Leipzig bestehenden Handlungen zwar möglich, aber trotzdem sehr beschwerlich und zeitraubend war. P. G. Kummer war zur Zeit, als er sein Geschäft anfing, der dreizehnte Buchhändler in Leipzig, wo 1873 sich die Zahl der zum Verein derselben gehörigen Firmen auf mehr als 300 beläuft. Damals prophezeite ihm der Aberglaube an die Unglückszahl baldigen Untergang. Er machte aber diese Prophezeihung mit Gottes Hilfe nicht nur zuschanden, sondern war auch der erste, der für die auswärtigen Kollegen im obengenannten Jahre ein gemeinschaftliches Lokal zur Abrechnung im Richterschen Kaffeehause in der Katharinenstraße mietete und einrichtete. Die Sache hatte jedoch nur kurzen Bestand, die alte Not kehrte wieder, bis 1797 C. Chr. Horvath aus Potsdam das große theologische Auditorium mietete und zur Buchhändlerbörse für die Ostermessen einrichtete. So blieb es Privatunternehmen bis 1824, wo die Auswärtigen, voran Fr. Campe aus Nürnberg und B. F. Voigt aus Ilmenau, es zu einem gemeinschaftlichen machten und im folgenden Jahre [30. April 1825] einen Verein bildeten.

Friedrich Johannes Frommann, 1875

24. Juni [1843]. Der Auszug eines Theils des Comptoirs, speciell des Commissionsgeschäfts, aus der »Feuerkugel« in der inneren Stadt und der Einzug in das neue Local, im Paterre des Hauses an der Querstraße, ist heute beendigt worden, und da überall zweckmäßige Anordnungen getroffen worden sind, so zweifle ich nicht, daß sich alles leichter gestalten wird, als die Schwierigkeitsmacher sich irgend vorstellen. Es wird sich jetzt alles in einer vortrefflichen Weise abrunden, und unser Geschäft und Geschäftslocal werden dann wirklich eine »Merkwürdigkeit Leipzigs« sein, wozu sie neulich in einem Aufsatz des »Tageblatts« gemacht wurden.

Aus den Tagebüchern von Heinrich Brockhaus, 2. Teil. Leipzig 1884

Gelände des F. A. Brockhaus Verlag

Von hier aus ist die nächste Sehenswürdigkeit das Etablissement von F. A. Brockhaus, eine der größten Buchdruckereien und Buchhandlungen Deutschlands, in der Quergasse gelegen.

In den vier umfänglichen Gebäuden, welche einen geräumigen, mit Gartenanlagen geschmückten Hofraum umschließen, findet man fast alle zur Erzeugung von Druckschriften und deren Ausstattung erforderlichen Geschäftszweige vereinigt.

Zuerst zu beachten ist die Schriftgießerei, welche sieben Gießöfen und mehrere Letterngießmaschinen aufzuweisen hat. Damit in Verbindung steht die Stereotypie, worin die Platten zu stereotypierten Ausgaben hergestellt werden.

Die Buchdruckerei zerfällt in zwei Abteilungen; einem Setzersaal, welcher von den beiden langen Seiten des Gebäudes hinreichendes Licht empfängt und durch einen von Säulen gebildeten Mittelgang in zwei Theile geschieden wird, sowie zwei Druckersäle. In dem einen wird mittelst 23 Handpressen gedruckt; auch befinden sich hier drei Satinirmaschinen zum Glänzendmachen des Papiers, sowie Nummeriermaschine und Zifferndruckmaschine. Der zweite Druckersaal im Souterrain des Gebäudes enthält 14 Schnelldruckmaschinen, darunter 2 Doppelmaschinen größten Formats und 2 Doppelmaschinen mittleren Formats, welche sämtlich durch eine Dampfmaschine von acht Pferdekraft in Bewegung gesetzt werden. Ueber dem Druckersaale befindet sich die sogenannte Bücherstube, in welcher 6 Pressen zum Glätten der gedruckten Bogen aufgestellt sind, darunter 2 hydrauliche Pressen und 4 Schraubenpressen. Die obersten Räume des Gebäudes nimmt der Trockenboden ein, worin die bedruckten Bogen aufgehangen werden. Ein Aufzug geht vom Maschinensaale im Souterrain aus durch alle Etagen der Druckerei bis auf diesen Boden. Derselbe wird durch jene Dampfmaschine mit bewegt und kann Lasten von 10 Centnern auf- und abheben.

Ludwig Rohbock und C. Köhler, 1856

15. Juni [1852]. Ganz toll ist es jetzt wieder in Sachsen mit der Polizei, die ohne Gnade und Barmherzigkeit alles ausweist, wobei ihr irgendein Bedenken stattzufin-

Detail vom Mendebrunnen, dahinter das neuerbaute Gewandhaus am Karl-Marx-Platz

den scheint. Besonders hat sie es auf alles abgesehen, was nur entfernt mit dem Schriftstellerthum zu thun hat, und so hat ein Herr Schlönbach, der nun einmal seine ganze Zukunft auf literarische Beschäftigung in Leipzig basirt hat, erst nach mehrmaligen Ausweisungen die Genehmigung zu einem vierwöchentlichen Aufenthalt bekommen. Es ist keine Frage, Schiller, wie man ihn sich in den achtziger Jahren denkt, würde jetzt hier nicht geduldet worden sein.

Aus den Tagebüchern von Heinrich Brockhaus.
2. Teil. Leipzig 1884

Zur Zeit meiner Ankunft in Leipzig war Friedrich Arnold Brockhaus längst gestorben, und die beiden Söhne Friedrich und Heinrich leiteten das Geschäft, der erstere die Druckerei, der zweite den Verlag. Welchen großen Umfang dasselbe im Laufe der Zeit, insbesondere nach 1849 unter Heinrich Brockhaus' alleiniger Leitung und nach dessen Tode unter derjenigen seiner beiden Söhne und seiner Enkel, genommen hat, ist allgemein bekannt. – Heinrich Brockhaus war ein Mann von ausgezeichneten organisatorischen Talenten, vielseitig gebildet und bis an sein Lebensende von einem unermüdlichen Bildungstriebe beseelt. Dabei besaß er neben weltmännischer Haltung eine große Leichtigkeit des Verkehrs mit Menschen aller Art. Kein Wunder daher, daß sein Haus für Einheimische und Fremde, namentlich aus der gelehrten und schriftstellerischen Welt, ein Sammelpunkt wurde. Diesen ergänzte der Bruder Friedrich Brockhaus durch den Verkehr mit dem beweglichen Völkchen der Bühnenkünstler und der sogenannten Literaten. Friedrichs Frau, eine geborene Wagner, und mehrere von deren Verwandten hatten selbst der Bühne angehört. Der jüngste Bruder, der so berühmt gewordene Richard Wagner, damals Student, gab sich in sehr wenig angenehmer Weise als ein kecker junger Mensch. Ich will nicht unerwähnt lassen, daß ich einmal bei einem zu Heinrich Brockhaus' Ehren gegebenen Familienfeste zugleich mit Richard Wagner Komödie gespielt habe. Wir waren aber beide mehr nur Statisten in fast ganz stummen Rollen.

Karl Ewald, Hasse, Erinnerungen aus meinem Leben.
Leipzig 1902

Leipzig war nun der Hauptsitz belletristischer Journale oder, richtiger, Zeitschriften. Diese Zeitschriften stammten aus der Weimarschen Zeit, aus der Vorliebe für schöne Literatur, welche unsere große Dichterperiode geweckt hatte. Leute von sehr mäßiger Fähigkeit, aber von enzyklopädischer Betriebsamkeit hatten Wochenschriften gegründet, welche schöngeistige Unterhaltung und Kritik verbreiteten. Die »Zeitung für die elegante Welt«, kurzweg die »Elegante Zeitung« genannt, und »Der Freimütige« waren die ältesten. Sie hatten mit dem Jahrhundert begonnen, die »Elegante« in Leipzig von Spazier, »Der Freimütige« in Berlin von Kuhn gegründet. Dazu war später in Dresden die »Abendzeitung« von Theodor Hell gekommen, welche mit romantischen Erzählungen von van der Velde und von Tromlitz die Familienunterhaltung besorgte, und neuerdings hatte der »Komet« in Leipzig, von Herloßsohn dirigiert, eine leicht kräuselnde Bewegung in diese sonst tief friedlichen Blätter gebracht. Herloßsohn aus Prag war der erste österreichische Auswanderer, welcher »hinaus« gefahren war, um Dinge drucken zu lassen, über welche man sich in Prag und Wien entsetzte. Ihm folgte später eine ganze Schar, und es entstand allmählich jene österreichische Kolonie in Leipzig, unter welcher mannigfaltige Talente sich hervortaten, Kuranda zum Beispiel, Moritz Hartmann, Alfred Meißner.

Jene belletristischen Zeitschriften hatten einen gar bescheidenen Absatz, und die paar hundert Abonnenten, welche sie wirklich besaßen, nehmen sich neben der heutigen Journalistik recht dürftig aus.

Heinrich Laube, Erinnerungen 1820–1840.
Wien 1875

In Leipzig gab es Schriftsteller von allen Sorten und Nuancen; reich war aber durch seine Schriftstellerei kein einziger. Es war dies nicht allein die Schuld solcher Verleger, welche den Druckbogen Original mit zwei, drei Talern und Übersetzungen mit einem Taler vier Groschen bezahlten, sondern mehr noch des armseligen, gesetzlosen, weil willkürlichen Zustandes, unter dem die Presse seufzte, und der zahllosen Gewalttätigkeiten und Plackereien, welchen Schriftsteller und Verleger stets unterworfen waren. Selbst wenn sie sich auf das strengste an die Gesetze hielten und nichts druckten, als was die Zensur passierte, also von der Regierung als erlaubt gestempelt war, so waren sie doch noch keineswegs sicher, daß ihr Buch oder Journal nicht konfisziert wurde, wodurch oft bedeutende Kapitalien verlorengingen. Auch war der Absatz in der Tat nicht so groß, wie man es bei der Menge der Einwohner Deutschlands und ihrer Bildung hätte erwarten können, und von diesem Absatz hängt natürlich stets auch der Gewinn des Schriftstellers ab. Wer aber mag immer Bücher und Zeitungen lesen, von deren Inhalt man voraus weiß, daß sie mit »hochobrigkeitlicher« Erlaubnis gedruckt sind, besonders wenn man den Geist dieser Regierung als despotisch kennt.

Am besten standen sich diejenigen Schriftsteller, die entweder eine Anstellung bei der Universität oder die Redaktion eines Journals hatten, die ihnen wenigstens eine vor Mangel schützende feste Einnahme sicherte, und endlich einige, die praktisch genug waren, sich von reichen Frauen heiraten zu lassen, wovon wir einige Beispiele hatten. Wer sich von dem Ertrag aus Originalwerken, Übersetzungen oder Beiträgen zu Journalen allein ernähren mußte, dem geschah es oft, daß er am Hungertuche nagte, besonders, wenn er kein Bier vertragen konnte und es für nötig hielt, seinen Genius mit Bordeaux zu tränken. Otto von Corvin, 1880

Riesentor zur Neuzeit – die Eisenbahn

Die Idee einer Verbindung von Leipzig nach Dresden wurde noch im Jahre 1833 von einem Korrespondenten der Leipziger Zeitung ein Riesengedanke genannt; eine Verbindung von ganz Deutschland aber ward für ein Traumbild gehalten, das wohl schwerlich je realisiert werden dürfte. Der Vorschlag, die Zinsen der Anlagekosten durch Kreierung von Kassenscheinen zu vermindern, hatte im Anfang keinen einzigen Anhänger gefunden. Meine Schrift »Über ein sächsisches Eisenbahnsystem«, wie mangelhaft sie auch ist und wegen der Eile, womit ich sie schrieb, sein mußte, hat zum erstenmal diese irrigen Ansichten des Publikums berichtigt. Ihre besondere Wirkung auf die öffentliche Meinung in Leipzig ist hauptsächlich dem Umstand zuzuschreiben, daß sie zum erstenmal diese Stadt und Sachsen als den Zentralpunkt eines deutschen Eisenbahnsystems darstellte und zeigte, welche unermeßlichen Vorteile für den Handel, die Fabriken und den Bergbau Sachsens aus der Realisierung eines solchen Systems hervorgehen müßten, daß sie ferner zum erstenmal die Vorteile einer Bahn von Leipzig nach Dresden ans Licht stellte. Indessen war diese Wirkung noch so wenig nachhaltig, daß man, als die Bürgerschaft zur Wahl eines Komitees versammelt werden sollte, für nötig fand, die inzwischen erkaltete Teilnahme wieder durch einen Aufruf zu erwärmen, der auf dem engen Raum eines Druckbogens alles enthalten sollte, was sich zugunsten der Sache sagen ließ. Welchen Erfolg dieser Aufruf gehabt hat, ist bekannt, und ich besitze darüber noch ein schönes Zeugnis in einem silbernen Pokal, den die Herrn Harkort, Dufour, Seyfferth und Lampe »dem Verfasser des Aufrufs an unsere Mitbürger« zu verehren die Güte hatten.

Während der Arbeiten des Komitees habe ich den größten Teil meiner Zeit dieser Sache gewidmet. Ich habe den Operationsplan, nach welchem gearbeitet worden, entworfen, ich habe die eingekommenen Materialien verarbeitet, ich habe alle neuen Schriften und Zeitblätter gelesen und die Resultate daraus mitgeteilt, ich habe keine Gelegenheit versäumt, die Sache in Journalen und Zeitungen zur Sprache zu bringen und das Publikum darüber aufzuklären; ich habe Tag und Nacht über die Art und Weise nachgedacht, wie dem Publikum die Sache recht faßlich, einleuchtend und überzeugend dargestellt werden könnte. So habe ich außer den früheren drei Jahren dieser Sache insbesondere zwei Jahre aufgeopfert, gänzlich ungewiß, ob meine Bemühungen auch nur den geringsten Erfolg haben würden. Um so härter aber wäre es für mich, wenn ich, nachdem die Subskription über alle Erwartungen gelungen ist, statt für meine Opfer und Verluste Ersatz zu erhalten, statt auf das Gelingen dieses Unternehmens seine ehrenvolle Existenz gegründet zu sehen, unter der Benennung eines Ehrengeschenkes eine Summe in Empfang nehmen sollte, welche nicht einmal entfernt mit den Kosten des Herzugs und Wegzugs und meines hiesigen Aufenthalts in einem billigen Verhältnis stände.

Friedrich List am 5. September 1835 an Direktorium und Ausschuß der Leipzig–Dresdner–Eisenbahnkompanie, In: Schriften, Reden, Briefe, Bd. 3. Aalen 1971

Auf der Nordseite von Leipzig, dem schönen Park gegenüber, thut sich wie ein Riesenthor der Neuzeit in einem kühnen, freien Bogen eine weite Halle auf, unter welcher die im Gebrauche befindlichen Wagen stehen und das Ein- und Aussteigen der Passagiere stattfindet. Wer Musse hat, kann in den Nebengebäuden die grosse Wagenbauwerkstätte, die Schmiede, das Maschinenhaus mit Dampfmaschine, die eine grosse Drehbank, eine Eisenhobel-, Eisenschmiede- und Bohrmaschine treibt, die Vorrichtung zum Vorheizen des Wassers für die Tender und andere interessante Dinge in Augenschein nehmen. Wer aber zur Abfahrt gerüstet ist, der versäume die zweite Mahnung der Glocke nicht, denn eben so gut könnte er den Vogel, der die Luft durchsegelt, einholen als den rastlos dahinfliegenden Wagenzug. Nach dem zweiten Läuten nähert sich brausend und zischend eine der Dampfmaschinen, um an den Wagenzug gekettet zu werden. Der Wagenmeister giebt nach dem letzten Stundenschlage das Zeichen zur Abfahrt, der Locomotivführer signalisiert, durch den weithinschallenden, die Nerven schwacher Personen angreifenden Ton aus der an der Maschine angebrachten Pfeife den Bahnwärtern »Achtung!«, und der Wagenzug setzt sich in Bewegung. Wehe dem Unglücklichen, den ein Geschäft, noch diesen Tag abzuthun, nach Dresden ruft: es ist unwiederbringlich versäumt, wenn das dampfende Ungethüm einmal zu schnauben begonnen hat und er nicht im Wagen sitzt. Vogelfittiche müsste er haben, um ihn einzuholen, und das Sprüchwort der Engländer: »Zeit und Fluth warten auf Niemanden« muss künftig beginnen: »Zeit, Fluth und Dampf«. In immer beschleunigter Geschwindigkeit fliegt der mächtige Zug donnernd dahin, Feld und Dorf schwinden schnell wie Gebilde einer Phantasmagorie.

Johann Sporschil, 1844

24. April [1837]. Heute war ein Tag, der vielleicht für Jahrhunderte hin in den Annalen der Stadt Leipzig Epoche machen wird: es wurde die erste Probefahrt auf der Eisenbahn nach dem 2½ Stunden von Leipzig entfernten Dorfe Althen gemacht. Wie lange war der Tag ersehnt worden; er hatte aber auch ein recht feierliches Ansehen, war durch gutes Wetter begünstigt, und alles fiel zur Zufriedenheit aus. Ich hatte auf das Billett, das

Wagenzug der Leipzig–Dresdner Eisenbahn

Der Dresdner Bahnhof in Leipzig im Jahre 1838

Bayrischer Bahnhof

mir Fritz angeboten, erst verzichtet, da ich ja die meisten Eisenbahnen in Europa kenne und der Reiz deshalb für mich geringer war, aber es freut mich nun doch, Anteil genommen zu haben. Zuerst fuhren nur fünf Wagen; auf 9 Uhr war die Abfahrt bestimmt; alles saß bereits, und es sollte eben das Signal zur Abfahrt gegeben werden, als die Ankunft des Prinzen Johann, der sich zwar angemeldet hatte, auf den man aber nicht warten wollte, noch einen kleinen Aufenthalt verursachte.

So ging es denn endlich fort, nicht gar zu schnell, aber durch eine unzählige Menschenmenge hindurch, die teilweise uns zujauchzte, teilweise sehr langweilig war, obwohl hinterdrein manche versicherten, sie seien durch den seltenen, prächtigen Anblick so ergriffen gewesen, daß sie Tränen vergossen. In 22 Minuten langten wir, von Musik empfangen, die uns auch begleitet hatte, in einer bei Althen improvisierten hölzernen Bude an, wo bei einem guten Frühstück und gutem Wein sehr bald die Geister lebendig wurden, so daß es gute und schlechte Toaste in Menge gab. Besonders freute mich, daß des vielverkannten Friedrich List Verdienst um die Eisenbahn, die niemand leugnen kann, auch nicht vergessen wurde, so daß der Mann ganz gerührt war. Mit ihm und Vieweg fuhr ich gegen Mittag wieder zurück, wozu wir viel weniger Zeit gebrauchten als zur Hinausfahrt.

Aus den Tagebüchern von Heinrich Brockhaus.
1. Teil. Leipzig 1884

Leipzig *war schon für den jungen Studiosus Goethe »ein klein Paris«, das seine Leute bildete. So jedenfalls legte er die eigene Erfahrung seinem Kommilitonen Frosch in »Auerbachs Keller« (Faust I, Vers 2171/72) in den Mund, den's nach den Sonnenweinen des Rheins dürstete. Und die konnte man in der Weltstadt Leipzig jederzeit haben, vor allem aber in dem 1525 von dem Universitätsprofessor und Humanisten Dr. Heinrich Stromer aus Auerbach in Sachsen eröffneten Weinkeller an der Grimmaischen Straße, den er bald darauf mit einem neuen Haus überbaute, ein sich ständig erweiternder Handelshof mit rund hundert Kaufgewölben, lange Zeit Leipzigs prachtvoller Modebasar. »Wer nach Leipzig die Messe zu sehen gereiset«, bekannte schon um 1600 der Humanist Friedrich Taubmann, »und nicht in Auerbachs Hof kommen ist, der darf nicht sagen, daß er zu Leipzig gewesen sey.« Und so sprach man denn von diesem wohl berühmtesten Haus als einem »lipsia parva«, Leipzig im kleinen. Goethe, der selbst oft genug hier ins Glas sah, läßt seinen Doktor Faust ein wenig hölzern herumsitzen; die Herren Bach und Berlioz, Mozart und Schumann, Wagner und Tschaikowski, um nur bei den trinkfreudigen Musikern in dieser musikfreudigen Stadt zu bleiben, fühlten sich weitaus wohler.*

Das Bild des alten Leipzig, seine städtischen Besonderheiten vermitteln auch die alten Stiche nur unvollkommen. Als sich im Hinblick auf die Sicherheit der Fremden wie der Einheimischen der Rat 1701 entschloß, die Stadt durch 700 Straßenlaternen zu erhellen – »Indessen werden sie nur in den Messen und bey entstandenen Gewittern ganz angezündet, außerdem nur zur Hälfte.« (»Karl Wertheims Reise durch Kursachsen«, 1793) –, da prägte in Gotha der Medailleur Christian Wermuth eine heute sehr gesuchte Gedenkmedaille mit dem Stadtpanorama: Kirchen und öffentliche Bauten, geschützt von starken Festungsmauern, davor ein paar Bäuerlein. Darüber der Segensspruch: »In deinen Mauern und Palästen sei Friede und Glück.« Das Wort »Paläste« für eine Handelsstadt ist durchaus zutreffend. Zwischen 1680 und 1760 entstanden all jene großzügigen Bürgerbauten im Stil des Barock, die dieser Handelsstadt mit ihrem internationalen Flair den repräsentativen Rahmen gaben. Überall wurde um- oder neu gebaut. Die Grimmaische Straße (mit dem berühmten Fürstenhaus von 1558), die Petersstraße, die repräsentative Katharinenstraße (mit dem in den 60er Jahren rekonstruierten prachtvollen Romanus-Haus von 1704), die Klostergasse, natürlich auch der Markt mit dem vielseitig verwendbaren (ersten deutschen) Renaissance-Rathaus (1556) des Hieronymus Lotter und der Brühl, wo Goethe im Frühjahr 1766 im Gasthause des Wirtes Schönkopf dessen Tochter Anna Katharina, sein »Käthchen«, kennenlernte, waren beeindruckende, ja noble Anlagen, die den städtebaulichen Ruf Leipzigs begründeten und sich harmo-

Die Hainstraße zur Messezeit

nisch mit den schon bestehenden Handelshäusern und ihren typischen Durchgangshöfen, den Wohnungen und Kontoren, Fremdenzimmern und Warenspeichern verbanden. Goethe beschrieb sie (in »Dichtung und Wahrheit«) so: »Jedoch ganz nach meinem Sinn waren die mir ungeheuer erscheinenden Gebäude, die, nach zwei Seiten ihr Gesicht wendend, in großen, himmelhoch umbauten Hofräumen eine bürgerliche Welt umfassend, großen Burgen ... ähnlich sind.«

Solch eine Handelsburg ist – mit damals über 200 Räumen – noch immer »Barthels Hof« von 1748–50 am Markt, der einzige original erhaltene Handelshof und einer von jenen 16 charakteristischen Durchgangshäusern, die ein Stadtplan von 1836 für die damals noch üblichen Warenmessen verzeichnet. Als die Durchgänge später überdacht wurden, entstanden die für Leipzig typischen, teilweise noch erhaltenen Passagen (z. B. Mädlerpassage 1912/14).

Leipzigs Bourgeoisie war reich, einflußreich und entsprechend selbstbewußt. Noch waren Parvenus, wie sie der polnische Adlige Kraszewski kritisch für das Jahr 1858 beschreibt, mit ihrem distinguierten Geschmack und dem eitlen Schaugehabe – »prächtige Pferde, eine aufgeputzte Frau und Havannazigarren« – die Ausnahme. Hier wurde Sachsens Ökonomie saniert, hier ereignete sich Deutschland, und das republikanisch, und die königliche Regierung in dem von Polizeiquerelen geplagten Dresden hielt sich in dem weltoffenen Leipzig einsichtsvoll zurück, erinnerte sich 1880 Corvin, denn man wußte in der sächsischen Residenz an der Elbe »sehr wohl, daß Leipzig in bezug auf die Einkünfte, die es brachte, mehr wert sei als das ganze übrige Sachsen, und daß ein großer Teil dieser Einnahmen von den zahllosen Fremden abhing, die man also anzuziehen anstatt abzuschrecken trachten mußte«.

Auf die Reisenden im ausgehenden 18. Jahrhundert verfehlte Leipzig keineswegs den Eindruck einer schönen und wohlhabenden Stadt. Man lese nur einmal in den »Wanderungen durch Sachsen« von Christian Weiß (1796) oder in »Karl Wertheims Reise durch Kursachsen« (1793). Schon war der Stadtgraben bepflanzt, und die Wälle begrünten Alleen, zweimal wöchentlich wurde der Straßendreck beseitigt, und es gab eine bemerkenswerte Wasserleitung mittels einer Wasserkunst vor dem Peterstor, dem von Pöppelmann 1722/23 geschaffenen schönsten Barocktor, das dann 1860 abgetragen wurde. Noch freilich war der Torgroschen zu zahlen, er wurde erst 1824 abgeschafft. Nach Sonnenuntergang wurden die vier Stadttore – Grimmaisches, Ranstädter und Hallesches Tor nebst Peterstor – sehr zum Ärger der Studenten in den Dorfkneipen geschlossen, was sich in den »Erinnerungen« des Schauspielers Heinrich Anschütz (1866) so liest: »Bekanntlich wurden die Thore von Leipzig in früherer Zeit um neun Uhr Abends geschlossen, und jeder Passant mußte von dieser Stunde an den Sperrgroschen entrichten. Für Studenten, die gewöhnlich viel länger im Freien zu thun hatten und denen eine solche Ausgabe nicht oft erlaubt ist, hatte diese finanzielle Communalmaßregel etwas Unerträgliches. Es gehörte daher zu den Ehrensachen unter den Musensöhnen, dieser Thorsteuer durch List oder Gewalt sich zu entziehen. Entweder stieg man von außen in den Wallgraben und an der Thorseite herauf (ich selbst habe ihn mehr als einmal übersprungen), oder man ließ sich das Thor öffnen und rannte an der Thorwache vorbei.«

Das Studentenparterre im 1766 vor dem Ranstädter Tore eröffneten Schauspielhaus hatte entscheidenden Einfluß auf die Spielplangestaltung, und das meiste Vergnügen bereitete ein Besuch im Richterschen Kaffeehaus in der Katharinenstraße. Der Weinhändler Richter hatte 1770 das (1701–04 errichtete) Romanushaus, ein stattliches Barockpalais, erworben, und hier gaben sich all jene, die wie Lessing (1746–48) zur Kunstwelt gehörten oder mit ihr gesehen werden wollten, ihr Stelldichein. Während der Ostermesse anno 1792 trafen sich hier erstmalig die Buchhändler zur Abrechnung ihrer Kommissionswaren, was dann 1825 – Frommann schildert es – zur Gründung des Börsenvereins der deutschen Buchhändler führte. Damals reisten sie noch mit hochgepackten Frachtwagen oder mit der Postkutsche an und mieteten ein Gewölbe, z. B. unter dem Alten Rathaus, nahe der Universität, auf der Grimmaischen Straße, am Nikolaikirchhof, im Gewand- und

Restaurationsarbeiten an der Thomaskirche, der Heimstätte des weltberühmten Thomanerchores

Kupfergäßchen. Die großen Verleger richteten eigene Läden in der Grimmaischen Straße ein.

Vielbeschrieben und noch mehr gepriesen sind von den Reisenden des 18. und 19. Jahrhunderts Leipzigs grüne Oasen, die schönen, schattigen Alleen, das trotz Mücken beliebte Rosental, die Promenaden auf den Wällen, die Gartenlokale der kleinen Leute mit Kirschfesten und Kirmesfeiern, Konzerten und Schlachtfesten und die gepflegten, parkähnlichen Gärten der High-Society. Und so nimmt es nicht wunder, daß in dieser »Stadt der Gärten« auch der Leipziger Arzt Daniel Gottlieb Schreber (1808–1861) die sozial gedachte Idee der Schrebergärten entwickelte und Ernst Keil ab 1853 ein überaus populäres, bald in Millionenauflage erscheinendes Familienblatt mit dem vielsagenden Titel »Die Gartenlaube« herausgab. Ungemein populär waren die Ausflugsgärten vor den Toren der Stadt. Den Kuchengarten des Bäckers Samuel Händel in Reudnitz, zu dem wegen seiner »Leipziger Lerchen« ganze Karawanen pilgerten, pries ein Stadtführer 1768 gar als den »vornehmsten Ort«. Diese Gartenlokale spielten im Gesellschaftsleben wie im Gesellschaftsverständnis eine wichtige, demokratisch-kommunikative Rolle. Friedrich Johannes Frommann (1797–1886), Buchhändler und wiederholt Vorsteher des Börsenvereins der deutschen Buchhändler, schildert aus eigenem Erleben, wie man sich nach der Buchbörse aufmachte »zum Kaffee in Rudolphs Garten, gegenüber der Pleißenburg, so sich alle Schattierungen zusammenfanden, auch Leipziger Kollegen, zum Teil mit Frauen und Töchtern«, und samstagnachmittags dann alles in die nahe Thomaskirche zur Motette strömte. Diese Form öffentlicher Geselligkeit war durchaus verbreitet. »Der wohlhabende Mittelstand in Leipzig«, so erinnerte sich 1880 der demokratisch gesonnene Schriftsteller Otto von Corvin (1812–1886), »war frei von der Narrheit des Vornehmthuns und machte es sich nicht zum Gegenstand seines Ehrgeizes, sich durch langweilige, steife Gesellschaft zu ruinieren, um nur vornehm zu erscheinen, wie das in England durchweg Sitte ist. Diese Leute aus dem Mittelstand in Leipzig waren ein heiteres, gutmütiges Volk, das mit Weib und Kind die öffentlichen Gärten besuchte und abends gern ein paar Stunden in der Kneipe zubrachte«.

Obwohl man sich in Leipzig sehr wohl aufs Geldverdienen verstehe, so der polnische Magnat Jożef Ignacy Kraszewski auf seiner Reise 1858 in einem ausführlichen Kapitel über die Messestadt, habe die Kunst hier leidenschaftliche Anhänger: »In ganz Deutschland berühmt sind die Gewandhauskonzerte, es gibt wenige so schöne und so sorgfältig und kostspielig eingerichtete Theater wie hier; und auch das städtische Museum ist erwähnenswert.«

Das 1840 städtisch gewordene Gewandhausorchester

Das imposante Hochhaus der Karl-Marx-Universität, im Vordergrund der restaurierte Mendebrunnen

erlangte (ab 1835) unter Leitung von Felix Mendelssohn Bartholdy (1809–1847) europäische Bedeutung, die Konzertsäle waren überfüllt. 1843 wurde das Leipziger Konservatorium gegründet, die erste deutsche Musikhochschule. Und vor allem war Leipzig die deutsche Buchstadt von Weltruf geworden mit Verlegern wie Brockhaus, Reclam, Wigand, Breitkopf & Härtel, Teubner. Hier erschienen neben Zeitungen und Zeitschriften auch jene demokratischen, ja revolutionären Schriften, die der Metternichschen Reaktion so zu schaffen machten. Nach Leipzig gingen all jene Männer der gesellschaftskritischen Feder, die sich dem Polizeidruck andernorts entziehen mußten. 1846 durfte dieserhalb keine Schrift aus den Verlagshäusern von Otto Wigand oder Philipp Reclam im habsburgischen Machtbereich vertrieben werden.

In den ersten Jahrzehnten des 19. Jahrhunderts fielen fast alle Wehranlagen. Ausgenommen einige Bastionen und die 1549–61, von Hieronymus Lotter neuerbaute Pleißenburg, die bis zu ihrer Abtragung 1897 den verschiedensten Zwecken diente, auch als Sternwarte und Kaserne. An ihrer Stelle erhebt sich nun das 1899–1905 von Hugo Licht errichtete Neue Rathaus, im Turm noch den Stumpf des Turms der Pleißenburg enthaltend.

Ab 1830 war es mit der alten Gemütlichkeit vorbei, der Widerschein der französischen Julirevolution spiegelte sich auch in den biedermeierlichen Butzenscheiben Sachsens. Das Königreich erhielt 1831 eine Verfassung gemäß einer konstitutionellen Monarchie, und eine Städteverordnung ermöglichte dem wahlberechtigten Bürgertum einen verstärkten politischen Einfluß auf die Stadtentwicklung. Das Stadtzentrum verwandelte sich in den kommenden Jahrzehnten in eine Geschäftscity. In den Vorstädten wuchsen die Fabriken empor. Um die Jahrhundertmitte wurden bereits 63 000 Einwohner gezählt, Banken und Bahnhöfe wurden gebaut, die Großstadt Leipzig gewann ihre zunächst historizistisch betonten Konturen einer merkantilen Industriestadt. Am 18. Mai 1872 rumpelte die erste Pferdebahn über das messestädtische Pflaster; da hatte die Stadt bereits rund 110 000 Einwohner. Als dann 1896 die erste »Elektrische« fuhr, waren es bereits 400 000. Unter den 4 000 gewerblichen Unternehmen gab es immerhin 58 Großbetriebe mit 50 bis 200 Arbeitern.

Auch wenn auf dem relativ kleinen Areal des Stadtzentrums von 600 mal 800 Metern von rund 300 Gebäuden 130 unter Denkmalschutz stehen, so ist doch das alte Leipzig nur noch in wenigen, zumeist wieder sorgfältig restaurierten Teilstücken erhalten geblieben. So ist z. B. das 1586 entstandene Bosehaus gegenüber der Thomaskirche, das sein nachmaliger Besitzer, der Gold- und Silberfabrikant Heinrich Georg Bose, 1710 völlig umgestalten ließ, seit Johann Sebastian Bachs 300. Geburtstag im Jahre 1985 nunmehr kostbares Domizil der nach ihm benannten Nationalen Forschungs- und Gedenkstätten samt Bacharchiv und Bachmuseum.

Unersetzbares ging im Bombenhagel des zweiten Weltkrieges verloren, was blieb, war – wie das Alte Rathaus – oft schwer angeschlagen. Unsere romantischen Reisenden würden sich kaum noch zurechtfinden. Und doch hat sich Leipzigs Innenstadt in seiner eigentümlichen Mischung von verwinkelter Enge und messestädtischer Weite und dem Sammelsurium von Bauten verschiedenster Zeitalter ein eigenes Fluidium bewahrt, ja mit seiner seit Jahren erfolgenden Sanierung sogar noch bereichern können. Und so findet sich schließlich doch etwas von dem wieder, das schon die Besucher von einst beeindruckte und Theodor Fontane, der in der 1706 gegründeten Adler-Apotheke nahe dem Markt 1841/42 lernte, »individuelles Leben« nannte. Er beschrieb das mit vergleichendem Blick auf das preußische Berlin so: »Es gereicht mir noch in diesem Augenblick zu einer gewissen Eitelkeitsbefriedigung, daß mein künstlerisches Gefühl angesichts des Neuen oder richtiger des Alten, was ich da sah, sofort gegen das Dogma vom ›schönen Berlin‹ revolutierte und instinktmäßig weghatte, daß Städteschönheit was andres ist als gerade Straßen und breite Plätze mit aus der Schachtel genommenen Häusern und Bäumen.«

Volkskundliches

Die Völkerschlacht

Der Zustand, in dem die Stadt sich am 20. October befand, wo kein Schuß mehr fiel und dem fliehenden Feinde nachgesetzt ward, ist kaum von einer Feder genügend zu beschreiben. Die Nähe des Kampfes hatte die Gebäude stark beschädigt, am meisten hatten die Häuser und Gärten der Vorstädte gelitten, in letzteren war bei Vertheidigung und Erstürmung der Zugänge Alles zertreten und zertrümmert. Die Alleen und freien Plätze um die innere Stadt boten Scenen des Grausens und der Verwüstung in Fülle dar. Alle lagen voll zerbrochene Wagen, Munitionskarren, verstreutes Kriegsgeräth, Gepäck, todte Pferde, Gewehre, Tornister, Todte und Verwundete, Ueberreste von Wachfeuern und Mahlzeiten. Am schauderhaftesten war der Anblick des Ranstädter Steinwegs. Die gesprengte Brücke, die Trümmer der dabei mit zerstörten Nachbarhäuser, untermischt mit Leichen von Menschen und Thieren, der Mühlgraben, der buchstäblich mit Todten angefüllt war, die rauchende Brandstätte einiger in der Nacht in Brand gerathener Häuser, weggeworfene Waffen, verlassene Kanonen, Munitions- und Bagagewagen, daneben und darunter Leichen und Blutlachen – Alles dies bildete ein grauenvolles Ganzes, was sich nicht schildern, nur malen läßt.

Tausend Hände – jedes Haus mußte einen Mann stellen – waren nunmehr täglich damit beschäftigt, in der Stadt aufzuräumen. Fuderweise wurden die Leichen und Aeser hinausgefahren und in tiefe Kalkgruben gescharrt. Acht Tage vergingen, ehe man nur an das Aufräumen des Schlachtfeldes denken konnte. Die 43 Lazarethe, in denen zehn Tage nach der Schlacht sich noch 30 000 Kranke befanden, kosteten die Stadt täglich 9 000 Thaler, und dabei gebrach es nicht blos an den allerersten und gewöhnlichsten Lazarethbedürfnissen, sondern auch ebenso wie in der Stadt selbst an Lebensmitteln. Es war Alles aufgezehrt, und die Umgegend, eine Einöde mit fast 20 zerstörten Dörfern, vermochte in einem weiten Umkreis nichts zu liefern. Die starke Besatzung und die große Anzahl von Gefangenen und Verwundeten steigerte den Mangel bis zum Unerträglichen. Herzzerreißende Scenen veranlaßte dieser bittere Mangel. Die Einwohner theilten wohl ihre kärglichen Bissen mit den Siegern und Besiegten, aber wie viel konnte dies sein. Tausend Jammergestalten, oft ohne gehörige Bekleidung, wankten und schlichen durch die Straßen, klopften und sprachen hier und da um Kleidung und Nahrung an, durchsuchten alle Kehrichthaufen, benagten gefundene Knochen, verzehrten Schalen, Kohlstrünke, krochen zu gefallenen Pferden und suchten mit kraftlosen Händen oder Steinen ein Stück bereits faules Fleisch loszureißen; sogar an Menschengliedern und unnatürlichen Nahrungsmitteln vergriff sich der peinigende Hunger. Am meisten litten die auf dem Johanniskirchhofe eingesperrten Gefangenen. Sie mußten größtentheils unter freiem Himmel lagern, denn die erbrochenen Familiengrüfte gewährten nur wenigen Obdach.

Das Königreich Sachsen, Thüringen und Anhalt in malerischen Original-Ansichten. Darmstadt 1862

Die letzten Gefechte der sich zurückziehenden französischen Armee am 19. Oktober 1813 vor den Toren Leipzigs

Die Leipziger

Die Leipziger sind in ihrem Umgange ungemein höflich und verbindlich und zeigen in ihrem Betragen einen guten Ton und eine feine Lebensart, so, daß man Leipzig mit Recht eine Schule der guten Sitten nennt. Selbst unter den geringeren Einwohnern findet man ein höfliches Betragen. Die Leipziger haben auch viele Liebe zur Lektüre, und es herrscht unter ihnen viele Aufklärung. Es kann also hier niemanden an Unterhandlung und Vergnügen fehlen, wenn nur seine Seele zum gesellschaftlichen Leben gestimmt ist. Auch die angenehme Gegend, in der Leipzig liegt, macht den Fremden die Stadt angenehm. Zwar ist diese Gegend nicht mit der Dresdner zu vergleichen, welche mehr Naturschönhei-

ten hat; dafür hat aber auch Leipzig schönere Gärten und die reizende Promenade in den um die Stadt herumgehenden Alleen und Englischen Parthien. Ein Spaziergang in das Rosenthal hatte für mich allezeit viel anziehendes, und ich prieß die hiesigen Einwohner glücklich, daß sie sich eines so reizenden Wäldchens zu stillen Vergnügungen stets bedienen können.

Karl Wertheims Reise durch Kursachsen.
Leipzig 1793

Geselligkeit

Diese Leute aus dem Mittelstand in Leipzig waren ein heiteres, gutmütiges Volk, das mit Weib und Kind die öffentlichen Gärten besuchte und abends gern ein paar Stunden in der Kneipe zubrachte. Große, prachtvoll geschmückte Säle machten dort kein Glück; den meisten Zulauf hatten kleine, oft sehr schmutzige Lokale, wenn nur das Bier gut war und es an Schweinsknöchelchen, Wiener Würstchen mit Meerrettich, Sauerkraut mit Leberklößen, Käsekuchen und anderen Leipziger Delikatessen nicht fehlte. Zu jener Zeit war ein Bierlokal, bei Noak in der Hainstraße, besonders berühmt und wurde von allen neugierigen Reisenden und Literaturfreunden besucht, denn hier versammelten sich gewöhnlich vormittags die literarischen Tagesberühmtheiten, deren Namen in jedem Meßkalender zu finden waren, um ihr »Töpfchen« Bayrisch, Saliser, Lützschenaer oder Waldschlößchen zu trinken. Es war da nur ein mäßig großes, sehr schmutziges Zimmer, dessen obere Hälfte oft dermaßen mit Tabaksdampf gefüllt war, daß man nicht durch die dichte Wolke hindurchsehen konnte, kurz, es herrschte dort die echte Leipziger Favoritatmosphäre, und auftauchende Nebenbuhler hatten viel Mühe und Beharrlichkeit nötig, ehe sie Stammgäste werden konnten.

Otto von Corvin, 1880

Bebel als Geselle

Am 7. Mai 1860, abends 11 Uhr, kamen wir in Leipzig an und frugen uns durch nach der Herberge in der Großen Fleischergasse. Als wir nächsten Tages beim herrlichsten Maiwetter die Stadt und die in voller Frühjahrspracht stehenden Promenaden besichtigten, gefiel mir Leipzig ungemein. Ich hatte auch Glück und bekam Arbeit, und zwar in einer Werkstatt, in der ich den Artikel kennen lernte, auf den ich mich später selbständig machte. Traf ich vierundzwanzig Stunden später in Leipzig ein, so wäre die Stelle von einem andern besetzt worden. So entschied hier wieder »ein Augenblick des Glückes« über meine Zukunft. Zum zweitenmal arbeitete ich in einer größeren Werkstatt. Es wurden fünf Kollegen und ein Lehrling neben mir beschäftigt. Meister und Kollegen gefielen mir, die Arbeit auch, bei der sich etwas lernen ließ. Was mir aber nicht gefiel, war der schlechte Kaffee, den wir morgens erhielten, und das an Quantität und Qualität äußerst mangelhafte Mittagessen. Frühstück, Vesper und Abendbrot mußten wir uns selbst stellen. Die Schlafstelle war beim Meister; wir schliefen sieben Mann in einer geräumigen Bodenkammer. In einigen Wochen hatte ich die Kollegen so weit, daß sie sich zu einer gemeinsamen Beschwerde bei dem Meister verstanden, wobei wir erklärten, gemeinsam die Arbeit einzustellen, falls unsere Beschwerde keinen Erfolg hätte. Wir drohten also mit Streik, noch ehe einer von uns dieses Wort gehört hatte. Die Form der Abwehr ergab sich eben aus der Sache selbst. Der Meister war äußerst betreten, er erklärte, er verstehe die Klagen nicht, ihm schmecke das Essen ausgezeichnet. Das war natürlich. Er aß mit seiner Familie später als wir und bekam ein anderes Essen. Das wußte er nicht. Nach wiederholten Verhandlungen erreichten wir, daß wir gegen entsprechende Entschädigung von seiner Seite die Selbstbeköstigung durchsetzten, wobei er, wie er behauptete, finanziell noch profitierte. Er hatte seiner Frau mehr für unsere Verpflegung zahlen müssen, als wir forderten. Später erreichten wir durch hartnäckiges Liegenbleiben im Bett, daß der Beginn der Arbeitszeit von morgens 5 Uhr auf 6 Uhr hinausgeschoben wurde.

August Bebel, Aus meinem Leben. Stuttgart 1911

Lebenshaltungskosten

Gestern habe ich eine Wäscherin gefunden, die sehr gut waschen soll. Na, ich habe ihr einiges zur Probe mitgegeben. Alle Monate holt sie die Wäsche, Samstag bringt sie dieselbe wieder.

Es kostet:	1 Hemd	30	Pfennige
	Nachthemd	15	»
	Unterhose	15	»
	Weiße Hose	50	»
	Sacktuch	5	»
	Manschetten	10	»
	Kragen	6	»
	Strümpfe	5	»

Ein Pfennig ist ½ Kreuzer. Für Leipzig, denke ich, ist's nicht zu teuer. Nun will ich erst sehen, wie sie wäscht. In der Theaterrestauration speisen wir, das heißt ich, Tullinger, Wessely, Mauthner und Rosenheim. Ihr macht Euch keinen Begriff, wie die Wiener da alle zusammenhalten. Mauthner sagte gestern: »Nach drei Jahren wird Leipzig vom Wiener Blut schon tüchtig angesteckt sein.« Wo wir hinkommen, kommt Leben hin. Wir machen überall einen Heidenlärm. Auch die Frau Pettera ist als Wienerin ein sehr fideles Haus. Na, und so lebe ich hier sehr glücklich. Gestern habe ich, da ich genau weiß, was alles kostet, mir einen Überschlag für einen Monat gemacht, Hört:

Wohnung	24	Mark
Mittag	42	»
Wäsche	12	»
Frühstück	12	»
Nachtmahl	42	»
Summa	132	Mark

212 Mark bekomme ich alle Monat, so bleiben 80 Mark über. Na, ich denke, damit kann ich doch anständig leben. Ich habe aber fürs Nachtmahl so viel wie fürs Mittagessen gerechnet.

Josef Kainz am 21. Juni 1876 an seine Mutter

Sächsische Gefilde vor den Toren der Metropole

Felder und Schlachtfelder

Die Nordwest-Ecke Sachsens, ein wohl arrondirter, ebener und einförmiger, aber fruchtbarer Landstrich von 9,797 (Quadrat-) Meilen, grenzt im Westen und Norden an Preußen, im Osten an die Aemter Wurzen und Grimma, im Süden an Borna und Pegau, erstreckt sich von 51° 11′ bis zu 51° 26⅔ Min. Br. und von 29° 50¼ Min. bis zu 30° 16¾ Min. Länge und nach allen Richtungen etwa 4 Meilen weit. Unter allen Orten liegt Quesitz am weitesten nach Westen, Podelwitz nach Norden, Gerichshain nach Osten, Espenhain nach Süden. Nur bei Wachau und Wolkwitz, bei Hohenheida und Breitenfeld, bei Markranstädt und Görnitz steigt das Land merklich an, und es wechselt überhaupt von 280′ bis zu 450′ Seehöhe ab. Der merklichste und steileste Hügel ist der aus der Geschichte der Leipziger Völkerschlacht – deren Schlachtfeld etwa ⅓ des Amtes erfüllt – wohlbekannte Wolkwitzer Colmberg. In der Aue, d. h. in der längs den Elsterarmen sich verbreitenden, sehr fruchtbaren, mit Wiesen, Feld und Waldung bedeckten Gegend, zeichnen sich die Wälder bei Eythra und Knauthain, das Leipziger Rathsholz und das Rosenthal, endlich die Burger- (fälschlich Bürger-) Aue, in Südosten aber das Oberholz aus, welches besonders der Universität, den Gütern Belgershain und Störmthal gehört. Der Getreidebau ist vortrefflich, und selbst die jüngsten Versuche des Mais-Baues belohnten sich. In den Kohlgärten und anderen Orten um die Stadt treibt man sehr dankbaren Küchenkräuter- und selbst Spargelbau auf freiem Felde; weiter im Südosten den Tabaksbau. Die Rindviehzucht bedarf, abgesehen von den Rittergütern, noch sehr der Veredlung; 1834 gab man 14 558 Stück an sowie 3 459 Pferde, 56 767 Schafe, 733 Ziegen, 7 393 Schweine und 1 244 Bienenstöcke; alles dieses jedoch ohne die Stadt Leipzig. Der Rittergüter sind 58, darunter ausnehmend viele schöne und bedeutende.

Albert Schiffner, 1840

Das Rittergut Störmthal liegt zwei und eine halbe Stunde südöstlich von Leipzig auf einem etwas hervorragenden Plateau, welches durch die Parkanlagen des Schlosses und eine hübsche Aussicht nach Süden nicht ohne Annehmlichkeiten ist. Das Gut gehört zu den bedeutendsten Rittergütern hiesiger Gegend, denn es enthält 450 Acker Feld, 97 Acker Wiesen und 352 Acker Waldung, beträchtliche Teichfischerei, Erbzinsen, Brauerei, Brennerei, Schäferei, Ziegelei und verschiedene Gerechtigkeiten, wobei die Besetzung einer Stelle im Leipziger Convict. Dieses Recht erlangte das Rittergut im Jahre 1784, wo der damalige Besitzer die Jagd und Jurisdiction in der Zauche (einem Störmthal zugehörigen Lehnholze, welches schon 1383 an das Dorf Holzhausen verlehnt worden war) an die Universität abtrat. Das herrschaftliche Schloss, von bedeutenden Wirtschaftsbauten umgeben, ist in sehr geschmackvollem Style erbaut und besteht aus drei Flügeln, wovon jedoch nur zwei Parterregeschosse haben, der Hauptflügel aber ist neun Fenster breit, trägt Blitzableiter und gewährt

Das Rittergut Störmthal inmitten eines weiträumigen Parkes

einen reizenden Prospect durch seine Lage auf einer von Wasser bespühlten Terrasse sowie durch eine schöne mit Zierpflanzen geschmückte Freitreppe. Höchst sehenswerth ist auch der hiesige Park, einer der ersten, welche in Sachsen nach englischem Geschmacke angelegt wurden. Zwar zeichnet sich derselbe nicht durch seine Grösse aus, denn er hält im Umfange kaum eine halbe Stunde, wohl aber hat man auf eine wahrhaft bewunderungswürdige Art die Localität zu benutzen gewußt. In reicher Abwechslung erblickt der Besucher die schönsten Landschaftsgemälde, Teicheinfassungen, Rasenplätze, Brücken, grosse Alleen, eine Einsiedelei, Anhöhen mit Felsengrotten und einen Wasserfall; ein schöngearbeiteter Tempel aber wurde nach der Schlacht bei Leipzig im Abtnauendorfer Parke aufgestellt. Bis zum Jahre 1810 befand sich in dem Parke zu Störmthal auch ein Thiergarten von drei Ackern Flächenraum, in welchem man sechsunddreißig Hirsche pflegte. Ausserdem gehört zu den hiesigen Gartenanlagen ein grosses Gewächshaus, welches viele seltene exotische Pflanzen enthält. G. A. Poenicke, 1854

Im Garten des Rittergutes Wachau, dessen vortreffliche, im englischen Geschmack ausgeführte Parkanlagen eine Schöpfung der verewigten Mutter des als grossen Kunstkenner geschätzten Herrn von Quandt auf Dittersbach (bis 1820 hiesiger Rittergutsbesitzer) sind, befindet sich eine uralte Linde, die als Zeugin der Völkerschlacht bei

Leipzig und wegen ihrer dadurch erlangten historischen Bedeutung von nah und fern vielfach besucht und bestiegen wird. Der alte Baum steht am südlichen Ende des Gartens und trägt auf seinen hohen Ästen eine ziemlich umfangreiche Galerie, zu der eine sechzig Stufen hohe gewundene Treppe führt. Von hier aus sieht man das ganze weite Schlachtfeld, die Stadt Leipzig, eine grosse Anzahl kleiner Städte und Dörfer, die Pleissenaue bis Altenburg hinauf, in grauer Ferne die Höhen des Erzgebirges, den Rochlitzer Berg, Petersberg bei Halle und bei recht hellen Abenden sogar am fernen Horizont den Brocken. Die Aussicht von diesem alten Baume ist die reizendste, welche Leipzigs nächste Umgebung bietet, aber unwilkührlich rollt sich vor der Phantasie des Beschauers das ungeheure Schlachtgemälde auf, dessen Mittelpunkt einst Wachau bildete. Von hier aus übersah der Kaiser eine Zeit lang die sogenannte Schlacht bei Wachau, das Vorspiel einer Niederlage, die dem gewaltigen Manne seine blutige Lorbeerkrone entriß. G. A. Poenicke, 1854

Mit Ausnahme der Waldungen an den Flussniederungen ist daher die Umgegend von Leipzig völlig reizlos, weder »malerisch« noch »romantisch«. Die Natur hat wenig für sie gethan, die Menschen gar nichts. Zwar wird derjenige, welcher aus dem Gebirge zum ersten Male in die Ebene kömmt, mithin der Fernsicht, wie sie sich auf weiten Flächen gestaltet, nicht gewohnt ist, wegen der vielen, einander zum Theil sehr nahen, von einigen Bäumen umgebenen Dörfer, im ersten Momente, wenn gerade alles grün ist, versucht sein, das Land für einen Garten zu halten. So wie sich sein Auge aber an die Perspective der Ebene gewöhnt hat, wird ihn die trostlose Wirklichkeit anstarren. Mit Ausnahme der weit auseinander stehenden Chausseepappeln, der überhaupt unschönen Obst- und wenigen hochstämmigen, über und über verstümmelten Bäume, die gleichsam nur Gerippe sind, bei den Dörfern, erblickt man auf diesen weiten Ebenen keinen einzigen Baum, ja nicht einmal einen Strauch, auf dem das Auge zur Abwechslung ruhen könnte. Alle Wege, mit einziger Ausnahme der dürftig bepflanzten Kunststrassen, sind völlig baum-, mithin schattenlos, kein Punkt der Gegend ladet zum Besuch ein, denn sie bietet nirgends einen Wechsel, überall herrscht drückendes Einerlei.

Aber über diese einförmige Ebene schritt an den drei fürchterlichen Octobertagen des 1813 ein gigantisches Schicksal mit ehernem Tritt und brüllte aus zweitausend Feuerschlünden und fünfmalhunderttausend Gewehren. Dess' gedenke man, und sogleich gewinnt die heilige Gegend eine andere Gestalt, wird zum klassischen Boden europäischer Tapferkeit, kriegerischen Muthes und deutscher Begeisterung. Keine Furche ist hier gezogen, die nicht vom edelsten Blute getränkt, keine Höhe erhebt sich, die nicht als vielschlündiger Vulkan Tod und Verderben ausgesprüht, kein Dorf liegt in traulicher Stille, das nicht Tausende von Menschenleben verschlungen. Johann Sporschil, 1844

Die Napoleonslinde in Wachau

Leipzigs Umgebung *war auch lange vor dem Abbau der Braunkohle nicht eben das, was romantische Naturschwärmer verwöhnen könnte. »Vom allen Theilen unseres engen Vaterlandes ist der Leipziger Kreis an dem, was man gemeiniglich Naturschönheiten nennt, unbestritten und unbestreitbar der ärmste«, schreibt der Vaterlandskundler G. Oertel 1890. Dem ist auch in neuerer Zeit nichts hinzuzufügen, wenn man sich nicht die Mühe macht, sich am Detail schadlos zu halten. So ist Schloß Machern zu nennen, eine etwa 18 Kilometer von Leipzig entfernte Anlage aus dem 18. Jahrhundert, deren nach dem Vorbild des Wörlitzer Parks 1782–99 angelegter Landschaftspark mit seinen seltenen Gehölzen und seiner vielfältigen Kleinarchitektur zu den bedeutendsten der Romantik im sächsischen Raum zählt. »Sorgsame Wanderbuchschreiber«, so noch einmal G. Oertel, »haben die miracula dieses Parks genau aufgezeichnet, auch die stattliche Zahl von Strauch-, Stauden- und Treibhauspflanzenarten, die man hier finden soll.«*

Schloß Störmthal im Südosten Leipzigs

Albert Schiffner, wohlinformiert und in seinen Angaben zuverlässig, erwähnt für den Amtsbezirk Leipzig allein 85 Rittergüter, die er auch kurz vorstellt. Sie finden sich ebenfalls in dem großen vierbändigen Sammelwerk »Album der Schlösser und Rittergüter im Königreich Sachsen« von G. A. Poenicke (1. Sektion – Leipziger Kreis) und vermitteln eine anschauliche Vorstellung von Größe und Einkommen dieser auch gesellschaftlich einflußreichen Privatbesitzungen mit ihren besonderen Rechten. Zu den meisten gehörten stattliche Schloß- und Wirtschaftsbauten bzw. Herrenhäuser, die diesen Landstrich – meist verbunden mit herrschaftlichen Gartenanlagen – prägten.

So wenig touristisch interessant Leipzigs Umfeld auch sein mag, geschichtlich hat es einen blutigen Ruhm. Fand doch auf den Feldern vor der Stadt vom 16. bis 18. Oktober 1813 die Völkerschlacht bei Leipzig statt, die erste Massenschlacht der Neuzeit mit 53 600 Toten auf seiten der Verbündeten und mindestens 73 000 auf französischer Seite. In dem einstigen Dorf Probstheida, wo Napoleon die heftigen Kämpfe des 18. Oktober vom Hügel der Quandtschen Tabaksmühle aus leitete, wurde zur Erinnerung an die kriegsentscheidende Schlacht 100 Jahre später das 91 Meter hohe, aus 300 000 Tonnen Granitporphyr bestehende monumentale Völkerschlachtdenkmal eingeweiht. Fünfzig Jahre zuvor hatte der Leipziger Schriftsteller Guido Theodor Apel (1811–1867) auf eigene Kosten 44 schlichte Gedenksteine an den wichtigsten Entscheidungsorten der Schlacht aufstellen lassen.

Gohlis

Zu den reizendst gelegenen Dörfern in Leipzigs Umgebung gehört unbedingt Gohlis. Hart an dem herrlichen Eichenwalde, das Rosenthal genannt, liegt das Dorf umschlossen von Wiesen und fruchtbaren Feldern an der vereinigten Pleisse und Parthe, welche unterhalb des

Blick vom Rosental auf die Stadt Leipzig

Dorfes eine bedeutende Mühle treibt. Die hohe Kuppel des Schlosses blickt stattlich aus dichten Anpflanzungen hervor, und namentlich präsentirt sich das wahrhaft schöne Schloss von der Abendseite, wo die offenen Stellen der zum Park umgewandelten Rosenthalwaldung freie Aussicht gestatten. Gohlis ist im Sommer von einer grossen Anzahl angesehener Familien bewohnt, die hier in grossen, völlig städtisch erbauten Häusern leben, welche dem Dorfe das Ansehen einer Leipziger Vorstadt verleihen. Die beiden Restaurationen des Ortes, die Wasserschenke, von ihrer Lage an der Pleisse so genannt, und die Oberschenke, sind sehr besuchte Vergnügungsplätze des Leipziger Publikums, und namentlich findet man hier die berühmte Döllnitzer Gose, ein Waizenbier, das nur Leipzig und seine Umgebung kennt, von vorzüglicher Güte. Des Dorfes Südseite ist von dem kleinen Flüsschen Ritschke bespühlt, und jenseits derselben erhebt sich der von den Leipzigern sogenannte Kickerlingsberg, eine Höhe, die nicht zwölf Ellen übersteigt. Dagegen ragt das Gelände nach Norden hin so weit empor, dass man von dort eine wirklich hübsche Aussicht geniesst. Die Fluren rainen mit Möckern, Wiederitzsch, Eutritzsch und dem städtischen Vorwerke Pfaffendorf, und die Zahl der einheimischen Gohliser mag ziemlich tausend Köpfe betragen. Unter den Häusern zu Gohlis ist das interessanteste ein kleines unscheinbares Gebäude mit gesenktem Giebel, worin einst Schiller seine Sommerwohnung hatte. Ueber der Thür liess der Schillerverein zu Leipzig am 11. November 1841 eine gusseiserne Platte befestigen mit der Inschrift: »Hier wohnte Schiller und schrieb das Lied an die Freude 1785.« Zugleich hat der genannte Verein in Gohlis seit dem Jahre 1842 eine Gemeindebibliothek gegründet, die alljährlich nicht unbedeutend vermehrt wird, sowie an die Gohliser Schuljugend eine in Büchern bestehende alljährliche Prämienvertheilung angeordnet.

G.A.Poenicke, 1854

24.Juni [1847]. In Leipzig gestaltet sich der Johannistag immer mehr zu einer Art Volksfest, soweit dieses überhaupt bei uns möglich ist, und dieses Jahr hatte der Schiller-Verein den vernünftigen Gedanken gehabt, das sonst im November in Gohlis gefeierte Kinderfest auf den Johannistag zu verlegen. Ich war schon um 1 Uhr mit Eduard draußen, wo es uns gut schmeckte auf eine tüchtige Wanderung durch das Rosenthal. Wir sahen dann das Schiller-Haus, das ich niemals ohne innige Rührung betrachten kann und ohne daß mir, vergegenwärtige ich mir die Vergangenheit und Zukunft des großen Genius, Thränen ins Auge kommen. Nachdem sich der Zug auf den Platz begeben hatte, wo Dr. Zille die Kinder nicht eben sehr kindlich von »dem Ernste der Freude« unterhielt, entfernte ich mich, um gegen Abend noch einmal zurückzukehren. Die ganze Stadt schien versammelt zu sein; das Wetter war das günstigste, das sich denken ließ, der Untergang der Sonne, der Mondschein waren entzückend, und es herrschte eine heitere glückliche Stimmung unter allen. Blum sprach zum Schluß in seiner Weise recht geschickt, wieder sein bedeutendes Talent der Rede zeigend, und wie ernst ich auch gewesen war, ich habe dann in das »Lied an die Freude« laut mit eingestimmt.

Aus den Tagebüchern von Heinrich Brockhaus.
2.Teil. Leipzig 1884

Gohlis *besitzt zwar eines der schönsten Exemplare der Baukunst des Rokoko im heutigen Leipzig, das Gohliser Schlößchen (Menckestraße 23), das sich der zu Wohlstand gelangte Leipziger Kaufmann Johann Caspar Richter 1755/56 vor den Toren der Stadt errichten ließ, aber in der Kulturgeschichte rangiert Friedrich Schillers Aufenthalt im Sommer des Jahres 1785 in einem kleinen Bauernhaus des Dorfes höher. In Richters Kaffeehaus hatte der Dichter neben C. Fr. Weiße, Kapellmeister Hiller und dem Maler Oeser auch den Verlagsbuchhändler Georg Joachim Göschen, den bedeutendsten Verleger der deutschen Klassik, kennengelernt, der ihm in Vermittlung von Ludwig Ferdinand Huber jenen Vorschuß gewährte, der dann die Reisekosten von Mannheim nach Leipzig deckte. Nun bewohnte er von Mai bis August zwei Zimmer im oberen Stock des Hauses, Göschen das Erdgeschoß, und arbeitete in dieser ländlichen Abgeschiedenheit am »Don Carlos«, der im Juni 1787 bei Göschen im Druck erschien, an der endgültigen Fassung des »Fiesco«, und es entstand das Gedicht »An die Freude«, das durch Beethovens Vertonung in der »Neunten« zu einer Art Credo klassischer Humanität wurde. »Schiller stand damals sehr frühzeitig auf, schon um 3 oder 4 Uhr«, berichtete der Sohn des Hausbesitzers Christoph Schneider, »und pflegte dann in das Freie, weit hinaus in die Felder zu gehen. Dabei mußte ich ihm mit der Wasserflasche und dem Glase folgen ..., er sah blaß von Gesicht aus, hatte viele Sommersprossen, rötliches Haar und war sehr lang.« Das*

Das Schillerhäuschen in Gohlis

Schillers Wohnhaus in Gohlis 1785, wo er das »Lied an die Freude« schrieb

SCHILLER

Bauernhaus mit den dicken Lehmmauern blieb als »Schillerhaus« erhalten und dient seit 1811 als Museum. Man erfährt hier all das, was für die Verbindung des jungen Dichters zu seinem Verehrer und nachmaligen Freund Christian Gottfried Körner aus Dresden von Belang ist.

In dem von dem Barockbaumeister Friedrich Seltendorff (1700–1778) errichteten Schlößchen in Gohlis mit seinem seit 1800 bestehenden englischen Park trifft sich die kultur- und kunstinteressierte Welt noch immer zum Stelldichein.

Grimma

Nun sah ich zurück auf die schöne Gegend, die schon Melanchthon so lieblich fand, daß er dort zu leben wünschte; und überlief in Gedanken schnell alle glücklichen Tage, die ich in derselben genossen hatte: Mühe und Verdruß sind leicht vergessen. Dort stand Hohenstädt mit seinen schönen Gruppen, und am Abhange zeigte sich Göschens herrliche Siedelei, wo wir so oft gruben und pflanzten und jäteten und plauderten und ernteten und Kartoffeln aßen und Pfirsiche: an den Bergen lagen die freundlichen Dörfern umher, und der Fluß wand sich gekrümmt durch die Bergschluchten hinab.

Die Sonne blickte warm wie im Frühling, und wir nahmen dankbar und mit der heitersten Hoffnung der Rückkehr von unsern Begleitern Abschied. Noch einmal sah ich links nach der neuen Mühle auf die größte Höhe hin, die uns im Gartenhause zu Hohenstädt so oft zur Grenze unserer Aussicht über die Täler gedient hatte, und wir wandelten ruhig die Straße nach Hubertusburg hinab. Johann Gottfried Seume, 1801

Der bewaldete Hügelhang am rechten Muldenufer ist das, was der Stadt den eigenartigen Reiz verleiht, was alljährlich Hunderte, ja Tausende lockt zu einer Fahrt in die altehrwürdige Muldenstadt. Wer empfände den Reiz einer Wanderung auf diesem Hügelhange nicht? Bald sind wir im Schatten des duftigen Waldes, weltfern und einsam, dann verkünden huschende Strahlen, daß er sich lichten wird: das Rauchen des Flusses klingt herauf, ein Augenblick öffnet sich auf Fluß und Thal, auf Stadt und Berghänge. Wie lieblich sie vor uns liegt, die freundliche Stadt, rings von grünen Anlagen, von alten Lindengängen umgeben! Sie hat sich ins Thal geschmiegt, hier und da klettert sie an den Hügeln hinan, da ihr der Raum unten zu eng geworden. Vor uns plätschert und plaudert, braust und rauscht die Mulde, eine Brücke, deren mittlerer Teil nach der Gepflogenheit früherer Zeiten überbaut ist, führt hinüber nach der Stadt. Da liegt das alte, graue Schloß, so finster, als grämte es sich, daß es nun so anders geworden in der Welt. Aus der Dächermenge heben sich, als Wahrzeichen der Stadt, das graue steile Schieferdach der Kirche und die spitzen Türme derselben. Bald wird das neue Gebäude der Landesschule, das seiner Vollendung entgegengeht, dem Stadtbilde einen besonderen Reiz verleihen.

G. Oertel, 1890

Grimma *verließ der bei Göschen beschäftigte Verlagslektor Johann Gottfried Seume im Dezember 1801 und machte sich auf seinen berühmten Spaziergang nach Syrakus. Im Tornister zwar nicht einen Marschallstab, wohl aber unter anderem einen blauen Frack, zwei Westen, zwei paar Beinkleider sowie Unterziehhosen, Strümpfe, Schuhe, Pantoffeln, Hemden und ein paar Bücher. Sechs Jahre zuvor hatte Georg Joachim Göschen, einer der bedeutendsten deutschen Verleger dieser Zeit, im nahen Hohnstädt ein Landhaus erworben, in dem prominente Zeitgenossen wie Schiller und Körner verkehrten. »Wenn Sie zu uns kämen«, so Seume an Gleim, »Sie würden ein wahrhaft kleines Elysium finden, was uns die Natur an der Mulde gegeben hat …« Heute findet der Besucher in dem mehrfach umgebauten Hause inmitten eines englischen Gartens ein kleines Museum, das an diese große Zeit erinnert. Reizvoll ist das Fleckchen noch immer, die Mulde hat sich tief in den Porphyr gegraben und ein schönes Tal geschaffen. Kuriosum: Die 800jährige Kreisstadt hat*

Das Schlößchen in Gohlis inmitten eines englischen Parkes

Brücke über die Mulde bei Grimma
Marktplatz mit Rathaus in Grimma

ein Rathaus ohne Ratsherren, ein 1585 errichteter Bau mit einem herrlichen, inzwischen restaurierten Renaissancegiebel. Die Stadtväter regieren von dem gegenüberliegenden schmucklosen Bau aus. In dem schönen Erkerhaus am Markt 11 befand sich übrigens Göschens Druckerei, in der die erste Gesamtausgabe von Goethes Werken erschien.

Volkskundliches

Bierfahrten

Noch weit besuchter als Thaliens Tempel waren die verschiedenen Kapellen und Betstübchen, wo bayerisches Bier geschenkt ward. Dieser Artikel war wiederum einer der gesuchtesten in der Messe. Wenn der bayerische Einfluß in Griechenland ebenso beliebt ist wie in Leipzig, können sich Bayern und Griechen gratulieren. Mancher Leipziger Bierwirt ist dadurch zum wohlhabenden Manne geworden. Die Leipziger Brauverständigen haben sich nun seit Jahren den Kopf zerbrochen, ob es dem sächsischen Verstande nicht möglich sein sollte, ein gleiches Getränk zustande zu bringen wie dieses beliebte bayerische Bier.

Nach langem Sinnen und Simulieren ist endlich in Lützschena, einem Rittergutsorte zwei Stunden von Leipzig, das neue Glaubenslicht aufgegangen. Der dasige Brauer hat wirklich den Stein der Weisen gefunden und die Quadratur des Zirkels ausgerechnet — er braut bayerisches Bier. Kaum erscholl die Entdeckung des neuen Christoforo Colombo nach Leipzig, als die Kreuzzüge des 19. Jahrhunderts ihren Anfang nahmen. Wie ein wundertätiges Marienbild zog der neuentdeckte Quell die Seligkeitsdürstenden zu Hunderten herbei.

Der Erfinder wußte aber auch die Leipziger von der richtigen Seite zu packen. Er nannte sein Getränk Patriotenbier. Wenn aber vom Patriotismus die Rede, ist's mit dem Leipziger nicht auszuhalten. Es ist wahr, der Lützschenaer Kolumbus verkauft sein Bier nicht billiger als die städtischen Bierwirte das echte bayerische, zudem müssen die Leipziger eine vollkommene deutsche Meile auf höchst ennuyantem Wege zurücklegen, bevor sie nur an Ort und Stelle sind, wo der Trank des Heils sprudelt, und sind sie schweiß- und staubbedeckt mit müden Füßen und durstigen Kehlen angelangt, findet oft die verspätete demokratische Infanterie erstens keinen Platz, zweitens kein Gesäß, um auszuruhen, drittens kein Gefäß zum Schöpfen, und ist es endlich einigen gelungen, sich in den Besitz der genannten drei Haupterfordernisse zu setzen, so ist der Quell eine Zeitlang versiegt; denn die Leipziger Aristokratie, die zu Wagen und Roß dem Volke längst vorausgeeilt, hat den Gnadenquell in Bausch und Bogen in Beschlag genommen und wie eine Wasserhose den ganzen Biervorrat eingesogen. Dies hält jedoch die unerschütterliche Leipziger Bourgeoisie nicht ab, den Kreuzzug allsonntäglich zu wiederholen.

Leipziger Kalender 1905

Johannis

In den meisten sächsischen Dörfern und Städten flicht man in der Johannisnacht Kronen von Laub und Blumen, verziert sie mit Bändern und Tüchern und hängt sie am Johannismorgen vor die Häuser; und man sagt, in das Haus, vor welchem keine Johanniskrone hängt, kehrt das ganze Jahr kein Glück ein. — In den engeren Straßen von Halle, besonders in den Vorstädten, werden die Kronen an Schnüren quer über die Straße gehängt; die Kinder tanzen darunter, sperren den Vorübergehenden durch Blumengewinde oder Bänder den Weg und erhalten von einen ein kleines Geldgeschenk. In Leipzig trägt man Johanniskronen auf die Gräber. Am Johannisabend ist in den meisten Dörfern Musik und Tanz, in vielen auch Illumination. — Vom Johannisthau glaubt man, daß er Kräuter und Blumen heilkräftig mache, und gebraucht die Johanniskronen während des Jahres bei Krankheiten zu Thee.

In einzelnen Gegenden umbindet man in der Johannisnacht die Bäume mit Strohseilen und meint, daß dann das Obst, welches sie tragen, nicht unreif abfallen könne.

Emil Sommer, Sagen, Märchen und Gebräuche aus Sachsen und Thüringen, Halle 1846

Sächsisch

Der deutsche Sachse spricht ohne Ausnahme hochdeutsch, jedoch in merklich abweichendem Dialekte, der sich z. B. um Leipzig und Wurzen schon dem Halle—Dessauischen sehr nähert, und folglich in mancher Beziehung an das Plattdeutsche erinnert, während jener im Gebirge hart und rauh ertönt. An der Cadenz und an der Aussprache der einzelnen Buchstaben unterscheidet man hinwiederum leicht den Voigtländer vom Mittelgebirgischen, den Nachbar Hainichens und Oederans vom Bewohner der Saydaischen Gegend, den Elbthal-Bewohner einerseits vom Zittauer »Leinwand-Mann« und anderseits vom Leipziger; ja selbst den Schönheider (der seinen Ort wie Schühähd ausspricht) und Stützengrüner vom benachbarten Bockauer. Denn der Dialekt schneidet oft mit einemmale ab, und der aufmerksame Fremde findet sogar in der nördlichern Hälfte Leipzigs einen weichern Dialekt als in der südlichen.

Albert Schiffner, 1840

Sachsen

Die Sachsen bewegen sich zwischen dem sentimentalen und dem energischen Typus hin und her. Doch ist der letztere häufiger, was ein Glück ist. Daß die Sachsen sind, was sie sind, verdanken sie nicht ihrer Gemütlichkeit, sondern ihrer Energie. Diese Energie hat einen Beisatz von Nervosität, ist aber trotzdem als Lebens- und Kraftäußerung größer als bei irgendeinem andern deutschen Stamm. Die Sachsen sind überhaupt in ihrem ganzen Tun und Wesen noch lange nicht überholt, wie man sich hierzulande so vielfach einbildet, und das hat seinen guten Grund. Sie sind die Überlegnen, und ihre Kulturüberlegenheit wurzelt in ihrer Bildungsüberlegenheit, die nicht vom neusten Datum, sondern fast vierhundert Jahre alt ist. Der sächsische Großstadtbürger ist sehr bourgeoishaft, der sächsische Adel sehr dünkelhaft, und der sächsische Hof ist katholisch, was doch immerhin eine Scheidewand zieht, aber alle drei sind durch ihr hohes Bildungsmaß vor Fehlern geschützt, wie sie sich in andern deutschen Landen, ganz besonders aber in Altpreußen, sehr hochgradig vorfinden. Alles, was zur Oberschicht der sächsischen Gesellschaft gehört, alle haben mitten im Kampf die neue Zeit begriffen, während die tonangebenden Kreise der ostelbischen Provinzen die neue Zeit nicht begriffen haben.

Otto Eduard Schmidt, 1912

Das sächsische Vogtland

Zwickau

Die Straße nach Zwickau leidet namentlich durch die vielen Kohlenwagen, welche dieselbe täglich passiren, so außerordentlich, daß sie, aller angewendeten Bemühungen der Straßenbaubeamten ungeachtet, besonders zu manchen Zeiten des Jahres sehr unwegsam ist. Wie freudig begrüßen wir daher die von unserer Staatsregierung beabsichtigte Herstellung einer Zweigeisenbahn von den Hohendorfer Kohlenwerken bis zum Zwikkauer Bahnhofe. – Wir nannten Zwickau mit Recht eine alte Stadt; denn Ursprung und Name derselben verlieren sich in dunkle Jahrhunderte. Gehen wir durch ihre Straßen, so fehlt es uns weder an Erinnerungen an die alte Zeit, noch an Hinweisungen auf den Geschmack und die Sitte der Gegenwart. Außer mehreren alten Gebäuden (Zeughaus, Rathhaus, Gewandhaus, Getreidemagazin, Gasthof zum Anker u. s. w.), die uns vermuthen lassen, daß drei, vier Jahrhunderte hindurch Menschen in ihnen aus- und eingegangen sind, erblikken wir manch geschmackvolles Gebäude, das den letzten Jahrzehnten seine Entstehung verdankt. Wir nennen hier besonders das Regierungsgebäude (Sitz des Appellationsgerichts und der Kreisdirektion), die neue Bürgerschule, das Kreiskrankenhaus, das Baumagazin. Und wie könnten wir versäumen, die ehrwürdige Marienkirche zu besuchen, ihre Bauart und ihre Kunstdenkmale, besonders ihren kostbaren Flügelaltar zu bewundern, welcher letztere treffliche Darstellungen aus der Lebens- und Leidensgeschichte Christi und andere werthvolle Bilder, denen Michael Wohlgemuth, Dürers großer Lehrer, Leben verlieh, erblicken läßt? Ehre dem sächsischen Kunstverein, der diese und andere Denkmale alter deutscher Bildnerei zu erhalten suchte und ihnen im Jahre 1832 neue Frische geben ließ!

D. Gottlob Eduard Leo, 1852

Das merkwürdigste Kommungebäude nächst dem Rathhause ist das Kauf- oder Gewandhaus, welches gleich jenem an der Südseite des Marktes liegt und in einer Breite von 36 Ellen bei 72 Ellen Länge den Raum zwischen der großen und kleinen Waaggasse einnimmt. Auf einer breiten (sonst 2 einander gegenüber) hölzernen Freitreppe gelangt man zum oberen Stockwerke, welches sonst einen einzigen großen hohen Saal bildet, auf welchem zu Jahrmarktszeiten die hiesigen und fremden Tuchmacher, Kürschner und Schuhmacher mit ihren Waaren feilhielten. In einer besonderen Abtheilung desselben fand die sogenannte Tuchschau statt, in welcher die geschwornen Viermeister in Gegenwart einiger Rathspersonen alle hier verfertigten Tuche musterten und nach Befinden entweder stempelten oder auch wohl schlechte Waare zerrissen. Im J. 1812 aber erhielt der Saal, welcher außer den Jahrmärkten auch noch zu anderem Behufe, besonders als Exerzierlokal der Garnison bei schlechtem Wetter und in den Kriegszeiten als Lazareth diente, auf Veranlassung des damaligen Bürgermeisters C. W. Ferber durch Einsetzen mehrer Scheidewände seine gegenwärtige Gestaltung, nach welcher

Der Marktplatz von Zwickau

er nun in 2 größere, schön ausgemalte und mit Säulen verzierte Säle, 4 Zimmer, Küche und Vorsaal zerfällt. Im vorderen Saale, welcher auch bei Bällen und Concerten, die in dem hinteren, mit Orchester versehenen Saale gehalten werden, zum Büffet benutzt wird, befindet sich seit 1823 das Stadttheater, an welches ein Garderobezimmer stößt. Die Nutznießung aller dieser Räume steht dem jedesmaligen Stadtkellerpächter zu, die Dachböden aber sind jetzt großentheils als Wollniederlage vermiethet. Emil Herzog, 1839

Mit recht wehmüthigem Herzen, meine theure Mutter, nahm ich vom Mosler Berge herab mit einem langen, stummen Blicke von Euch und der geliebten Heimath noch einmal Abschied; die ganze Natur schien wie ein junger Frühlingstag, und die beglänzte Welt lächelte mich auf meiner schönen, einsamen Pilgerfahrt so innig und freudig an.

Ich gang langsam meine Straße fort mit wechselnden, schmerzlichen Empfindungen; im Walde sang nur noch schwach ein verlorner Vogel, und auf dem Fahrweg trieben die Fuhrleute langsam ihre Pferde; nur die fallenden Blätter des leuchtenden Herbstes raschelten manchmal, sonst war Alles so ruhig, so erhaben still, und das Herz war weich und mild gestimmt. Auf einen Feldrain setzte ich mich dann nieder und frühstückte recht froh im Herzen, und der Rinderbraten und die geschmierten Semmeln schmeckten mir besser als alle indianischen Vogelnester und andere Delikatessen in den Leipziger Hotels. Der Abend war herrlich, und die Seele ward ein stiller Freitag; vor Altenburg setzte ich mich nach einigen Stunden hin und ruhte sanft und sah der sinkenden

Sonne nach, und das Bild der süßen Heimath trat schüchtern und leise vor die Augen, was wie die scheidende Sonne, glänzend und erröthend wie ihr letzter Strahl, still und stiller in die Gräber der Vergangenheit hinabsank. Therese stand vor mir und sang sanft: Süße Heimath! Und wie ich abends in Altenburg im Einschlummern war, da wehten alle Minuten des Tages und der Vergangenheit noch einmal dunkel vorüber, und wie das fernste Echo der Seele hört' ich, wie die Töne zerflossen und verklangen und wie der letzte noch schwach zitterte: Süße Heimath! Dann schlief ich selig ein; Aber ich träumte nicht – denn der Traum wollte den leisen Schlummer des Wanderers nicht wecken.

Mit welcher Geschwätzigkeit man sich doch über eine Reise von 7 Stunden ausbreiten kann! Und doch könnt' ich noch manche Seite vollschreiben, woll' ich alles beschreiben, was ich sah – in meiner Seele nämlich.

Oh, ich habe in Zwickau Stunden genossen, die Tage in Leipzig aufwiegen, jene stillen Herbstabende der Heimath, zugleich Wonneabende des Herzens, jene vergoldeten Höhen und blühenden Thäler, oh, dieses ganze Stilleben der Natur und der freundlichen Menschheit wiegt kein Leipzig mit allen seinen Concerten, Theatern etc. auf. Robert Schumann am 24. Oktober 1828 aus Leipzig an seine Mutter

Zwickau, *zu dieser Zeit eine Stadt mit 7 Plätzen, 18 Straßen und 1 000 Häusern für rund 17 000 Einwohner, war sich seiner besonderen Verpflichtung als Geburtsort des Komponisten Robert Schumann (1810–1856) frühzeitig bewußt. Und so veranstalteten seine Bürger schon zu Lebzeiten des Romantikers und zu dessen Ehren 1847 ein Musikfest »Zum Besten der Nothleidenden im Obergebirge«. Ein »wahres Volksfest«, wie der so Geehrte selbst bekannte, der höchstselbst seine C-Dur-Sinfonie dirigierte, während Clara*

Blick auf die alte Tuchmacherstadt

Schumann das Klavierkonzert spielte. Als man vier Jahre nach seinem Tode am Geburtshaus eine Gedenktafel enthüllte, war auch Franz Liszt dabei. 1910 eröffnete man in dem alten Gymnasium, dessen Schüler auch Schumann war, ein ihm gewidmetes Museum; seit 1956 hat es in dem schlichten Geburtshaus am Markt, umfassend restauriert und neugestaltet, als vielbesuchte Nationale Gedenkstätte sein Domizil. Zentrum auch des alljährlich seit 1963 in Zwickau veranstalteten Internationalen Robert-Schumannn-Wettbewerbs für Klavier und Gesang.

Kunstsinnig war man in der alten Tuchmacherstadt schon immer, und seit 1823 dient das spätgotische Gewandhaus (1522–25), wo jenes Schumann-Konzert stattfand, als Stadttheater, eines der schönsten des Landes. In den letzten Jahren wurde die Innenstadt planmäßig um- und neugestaltet. Das dreigeschossige Dünnebierhaus (1480) mit dem schönen Staffelgiebel wurde zum Hochzeitshaus, das 1862 neugotisch umgebaute Rathaus (von 1403) rekonstruiert und die Reste

Fassade der Marienkirche

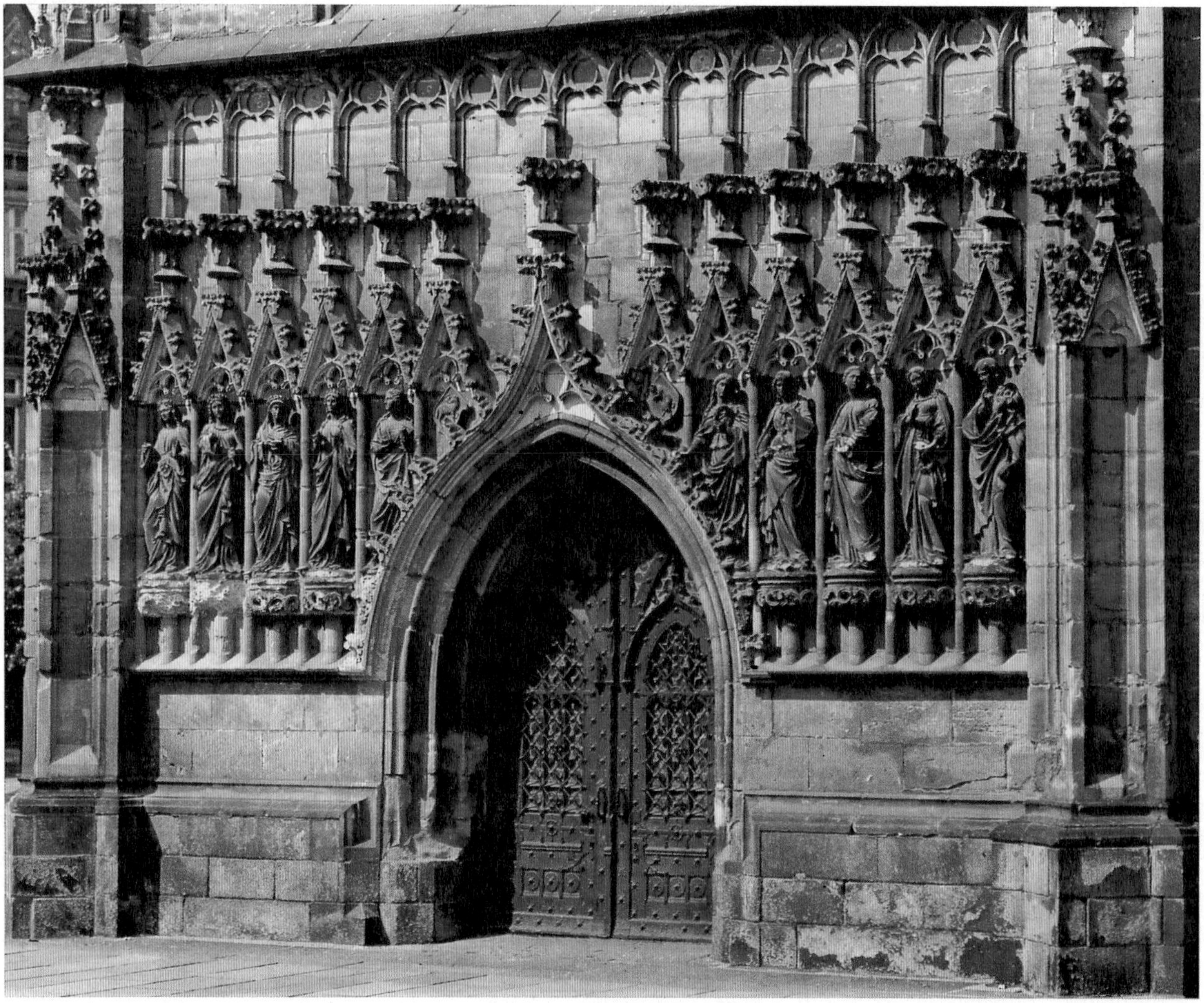

Zwickaus alte Stadtmauer

der Stadtbefestigung – bereits 1802 wurden die Wälle mit Gärten begrünt – restauriert. Ein Blick vom Dom St. Marien, dem berühmtesten Bauwerk der Muldestadt, zeigt, den heimischen Bauleitern und Architekten zur Ehre, ein freundliches Miteinander von Alt und Neu.

»Nichts Anmuthigeres ist im ganzen Voigtlande«, so »Meyer's Universum« ein Jahr nach dem Musikfest zu Ehren Schumanns, »als die Lage von Zwickau. Wie eine bekränzte Braut liegt die Stadt in einem schönen Thale, das die Mulde durchschlängelt …«

Göltzschtalbrücke

Aber die kirchenfeindlichen Eisenbahnen haben so eben auch wieder ein Fest gefeiert. Der Bau der Elster- und Göltzschthalbrücke ist, obgleich die Gerüste noch stehen, für vollendet erklärt und die Fahrt von Leipzig bis Plauen am 15. d. M. eröffnet worden. Auch von hier hatte man Theilnehmer aufgeboten, die von den sechzig Meilen Weges sehr abgespannt zurückkamen und von den angehörten Minister- und andern Reden wenig mehr, eher noch vom Diner in Plauen zu erzählen wußten. Eine Lokomotivenwerkstatt hat nun ein Engländer auch hier, im ehemals Marcolinischen Vorwerk, errichtet. Die erste Maschine, mit allerhöchster Bewilligung »Friedrich August« benannt, ist kürzlich fertig geworden und soll auf dem schlesischen Bahnhof erprobt werden. Zum Transport dahin, mittels Balken und Schienen, war Militär requirirt, das anderthalb Tage lang vom Unternehmer reichlich gespeist und getränkt wurde. Zu dem kurzen Weg von einer halben Stunde brauchte man mehr als zwanzig Stunden, und die Arbeit ist nicht ohne einen Beinbruch und andere Verletzungen abgegangen. Morgenblatt für gebildete Stände, Jg. 1851

Bei diesem Anblick mag man wohl das nil admirari vergessen. Es ist dieses Werk des Eisenbahnbaues das größte seiner Art auf der Erde, und selbst das Alterthum hat nichts Massenhafteres in seinen bewunderten Weg- und Wasserleitungen aufzuweisen. Zu beklagen bleibt es jedoch, daß man der Forderungen der Schönheit nicht mehr Rechnung getragen. Die Form ist plump, die Verhältnisse sind ohne Harmonie; es wäre gewiß zu ermöglichen gewesen, mit den unabweislichen Forderungen an Festigkeit und Dauer auch die des Schönen in Einklang zu bringen. Der Mangel an edler Einfachheit und Ebenmaß beeinträchtigt die Großartigkeit des Eindrucks, welchen man erwartet; und aus der Ferne betrachtet, sieht das Werk fast aus wie eine Kaserne ohne Fenster. –

Der Viadukt ist ein Theil der Leipzig–Hofer Eisenbahn auf der Strecke von Reichenbach nach Plauen. Er überbrückt das Flüßchen Göltzsch, welches, aus den Bergen des Voigtlandes kommend, durch eine tiefe, felsige Schlucht der Elster zufließt.

Meyer's Universum. 15. Band. Hildburghausen 1852

Die Göltzschtalbrücke, *die höchste Ziegelsteinbrücke der Welt, 78 Meter hoch und 574 Meter lang, führt in 80 gewaltigen Bogen im Vogtland in der Nähe von Reichenbach über die Göltzsch. Bauten hier die Römer, fragt man sich beim imposanten Anblick der viergeschossigen Talbrücke, über die am 15. Juli 1851 der erste Eisenbahnzug der neuen Strecke Zwickau–Plauen*

Die Göltzschtalbrücke ist die höchste Ziegelsteinbrücke der Welt

rollte. Der Dresdner Professor Andreas Schubert hatte – nach einem ergebnislosen internationalen Wettbewerb mit 81 Vorschlägen zur Überwindung des schwierigen Terrains für den 1841 zunächst in Crimmitschau beendeten Streckenvortrieb – die entscheidende Konstruktionsidee eines durch Bögen geschlossenen, tragfähigen Pfeilerbaus, dessen Grundsteinlegung am 31. Mai 1846 erfolgte. Fortan wurden von 1500 Maurern in Handarbeit 64000 Kubikmeter Bruchstein für die Sockel und 26 Millionen Ziegel aufgemauert. Bei 12 bis 13 Stunden täglicher Arbeitszeit für etwa ebensoviel Neugroschen im Wert von rund drei Vierpfundbroten. 31 Arbeiter fanden den Tod, über 1300 wurden verletzt, verstümmelt. Gesamtkosten: 2,2 Millionen Taler. Schubert erhielt für seine Entwurfsarbeit 436 Taler (1 Taler hatte 24 Groschen zu je 12 Pfennigen). Zu den Einweihungsfeierlichkeiten wurde er nicht geladen. Drei Mylauer Arbeiter retteten 1945 das berühmte Bauwerk vor einer Sprengung durch die faschistischen Truppen.

Heute rollen täglich 110 Personen-, Güter- und Schnellzüge über die Göltzschtalbrücke.

Andreas Schubert, das sei angemerkt, ein armes Wernesgrüner Bauernkind, das der Leipziger Polizeimeister Rackel adoptierte, wurde bereits mit 24 Jahren Professor der Technischen Bildungsanstalt Dresden und später technischer Leiter der Maschinenbauanstalt Übigau, in der nach seinen Plänen die ersten Dampfschiffe für die Oberelbe und die erste deutsche Vollspurlokomotive, »Saxonia«, gebaut wurden.

Plauen

Der Weg von hier bis Plauen geht fast ohne alle Unterbrechung über lauter Berge. An Geschwindfahren ist hier daher nicht zu denken. Jetzt läuft die Straße schroff hinab, und ein Rad muß gehemmt werden, jetzt geht's wieder steil hinan, und man muß aussteigen, um den armen Tieren eine kleine Erleichterung zu verschaffen. Es war also nicht zu verwundern, daß wir erst abends zwischen sechs und sieben Uhr in Plauen ankamen, wo wir schon nachmittags um ein oder zwei Uhr einzutreffen gehofft hatten. Es wurde beschlossen, hier zu übernachten.

Ungeachtet heute viel und stark gegangen und die Mittagsmahlzeit eingebüßt war, so fühlte doch keiner von uns die geringste Erschöpfung oder Müdigkeit. Sobald wir daher in dem Posthause von dem uns angewiesenen Zimmer Besitz genommen und ein baldiges und gutes Abendbrot bestellt hatten, machten wir alle drei uns wieder auf die Beine, um vorher erst die Stadt zu besehen.

Auch dieser Ort gewährt – wie die meisten kursächsischen Städte – den schönen Anblick der Betriebsamkeit, folglich auch den des Wohlstandes. Man sieht es den freundlichen und wohlunterhaltenen Häusern an, daß sie von redlichen Menschen bewohnt werden, und diesen Menschen selbst, daß sie die Frucht ihres Fleißes, eine wohlverdiente Wohlhabenheit, genießen. Besonders zeichnet sich hier das weiblichen Geschlecht durch eine gesunde und blühende Gesichtsfarbe aus. Es gibt hier Kaufleute, welche große Geschäfte besonders mit baumwollenen, hier und in der umliegenden Gegend gewirkten Zeugen, ganz besonders aber mit Schleier oder sogenanntem Musselin machen. Da es zu unserm Bedauern schon zu spät war, um die vorzüglichsten hiesigen Werkstätten zu besuchen, so mußten wir uns darauf einschränken, nur im Vorbeigehen eine an der Straße liegende Strumpfwirkerei in Augenschein zu nehmen; und es machte uns nicht wenig Vergnügen, die bewunderungswürdige Wirkung der Maschine zu beobachten, durch welche die Strümpfe gewirkt werden. Un-

Blick auf Plauen im Tal der Weißen Elster

terdeß daß die Strickerinnen mit ihren Stricknadeln eine einzige Masche zustande bringen, hat diese künstliche Maschine jedesmal eine ganze Reihe von Maschen von einem Ende der Strumpfbreite bis an das andere hinzugefügt. Es ist doch in der Tat erstaunlich, was für Werkzeuge der menschliche Verstand erfunden hat, um das, was wir brauchen, geschwinder, leichter, besser und wohlfeiler zu verfertigen!

Joachim H. Campe, 1790

In diese Zeit der schweren Kriegsnot fällt auch der Aufenthalt des Königs Friedrich August von Sachsen in Plauen. Er wohnte daselbst vom 26. Februar bis 28. März 1813 im Senator Schmidtschen, jetzt Gösmannschen Hause in der Jüdengasse, weil der Vortrab der Verbündeten in der Lausitz eingerückt war und das Hoflager in der Hauptstadt gefährdet schien; die genannte Gasse erhielt laut stadträtlicher Bekanntmachung vom 12. März 1813 den Namen Königstraße. Alle Bürger beeilten sich, durch verdoppelte Aufmerksamkeit die Majestät die Schwere ihrer Lage vergessen zu lassen. Auch der treugesinnte Kantor von Marieney entschloß sich, den König in seiner Weise zu ehren. Er ließ seinen Forellenteich am »grünen Holze« ziehen, entnahm ihm die schönsten wohl ein Pfund wiegenden Fische und machte sich mit ihnen auf den Weg nach Plauen. Ein Tagelöhner fuhr auf dem Schubkarren das Fischfaß. Julius und sein Vater achteten des köstlichen Inhalts. Von Zeit zu Zeit sah man nach, und sobald eine Forelle matt geworden zu sein schien, mußte Julius frisches Wasser herbeitragen, in welchem sich der Fisch erholte. Glücklich erreichte man nach mehrstündigem

Des Vogtlands Industriemetropole heute

Marsche die Stadt Plauen und das königliche Quartier, in dem soeben die Vorbereitungen für die Tafel getroffen wurden. Es gelang den patriotischen Vogtländern, ihre Gabe abliefern zu können zum großen Erstaunen des Küchenvorstandes, der behauptete, noch nie solche Prachtstücke von Forellen gesehen zu haben. Er wollte dieselben erst gar nicht als Geschenk annehmen, sondern fragte zur großen Entrüstung des Gebers nach dem Preise der edlen Tiere: »Ich werde mich schämen, auch nur einen Pfennig anzunehmen«, lautete die Antwort des königstreuen Vogtländers, der noch denselben Tag zu Fuß den Heimweg antrat, um den in der Schankwirtschaft von Schetelich in Marieney seiner wartenden Bauern seine Reiseerlebnisse zu erzählen.

Julius Mosen, 1893

Der Post gegenüber befindet sich eine Anlage mit einem dem Dichter des »Andreas Hofer« und »Die letzten Zehn vom vierten Regiment«, Julius Mosen, gewidmeten Denkmale. Es ist ihm vor wenigen Jahren von einem Verein vogtländischer Studenten und von Freunden und Verehrern des Dichters in der Hauptstadt des Vogtlandes errichtet worden, weil Mosen aus dem vogtländischen Dörfchen Marieney stammt und in Plauen das Gymnasium besucht hat. Eine Brücke über das tief eingeschnittene Syrathal führt uns nun an die Restauration »Zum Tunnel«. Wir kehren auf einige Minuten dort ein und setzen uns an ein Fenster des Glassalons. Da bietet sich uns ein herrliches Bild. Die Bahnhofstraße hinein und hinaus wimmelt es, namentlich zur Mittags- und Abendzeit, wenn die Geschäfte und die Schulen geschlossen werden, von Menschen, zwischen denen sich zahlreiche Fuhrwerke aller Art bewegen. Gerade vor uns erhebt sich jenseits des sich hier erweiternden und mit Gärten und Anlagen ausgefüllten Syrathales auf dem steilen Hradschinberge das schöne neugebaute Schloß mit den Wohnungen der höheren Gerichtsbeamten. Hinter demselben sind die Gebäude des alten Schlosses, in denen sich das Landgericht und das Amtsgericht befinden.

»Unser Vogtland«. Heimatkundliche Lesestücke für die Schulen des sächsischen Vogtlandes. Leipzig 1893

Plauens Rathaus stammt aus dem 16. Jh.

Plauen *hatte um 1800 knapp 5 000 Einwohner, und Goethe, der im Reisewagen 1795 über die Elsterbrücke gen Karlsbad reiste, notierte sachlich: »Die Stadt ist nahrhaft und hat schöne Musselinfabriken.« Das war zur ausgehenden Blütezeit der Kattun- und Musselinproduktion, als rundum im Lande etwa 30 000 arme Leute für eine Handvoll Händler tätig waren. Von deren Reichtum zeugen noch drei stattliche Patrizierbauten – der zweite Weltkrieg zerstörte Plauen zu 80 Prozent – in der Nobelstraße, in denen heute das Vogtlandmuseum seine reichen Schätze anschaulich ausbreitet, Bürgerkultur, Kunstsammlungen, Vogtlandgeschichte und natürlich Plauener Spitzen. An letztere erinnert seit über einem Vierteljahrhundert das alljähr-*

liche Spitzenfest, eines der größten Heimatfeste in der DDR mit historischem Markttreiben. Mit der Einführung der Handstrickmaschine und der Tüllstickerei sowie der Schiffchenstickmaschine in der 2. Hälfte des 19. Jahrhunderts wandelte sich das städtische Bild zu dem einer typischen Industriemetropole. Plauener Spitze wird heute in 50 Länder der Erde exportiert.

Die kleine Altstadt zwischen dem barocken Malzhaus (1727) auf den Mauern der Ebersteiner Burg (11. Jh.), der spätgotischen Pfarrkirche St. Johannis und der wiederhergestellten Lutherkirche ist rasch durchwandert. Das solchermaßen historisch gefaßte spätgotische Rathaus (1508) ziert eine vielbestaunte Kunstuhr. An dem sechzehneckigen Turm der ehemaligen Burg der Plauener Vögte, die ebenfalls 1945 weitgehend zerstört wurde, sind die umfangreichen Werterhaltungsarbeiten abgeschlossen. Wer freilich die Vogtlandmetropole von oben sehen will, der mache sich zum 507 Meter hohen Kemmler innerhalb des Stadtgebietes auf, wo seit dem letzten Jahrzehnt des 19. Jahrhunderts ein trutziger Aussichtsturm steht.

Bad Elster

Nur ¾ Stunde südlich von Adorf, nahe bei dem Dorfe Elster, liegen die bekannten Elsterquellen, Gesundbrunnen, welche ganz die Beachtung verdienen, welche denselben in neuerer Zeit von den Ständen und von der Regierung des Vaterlandes zugewendet worden ist. Bis zum Jahre 1847 waren drei Quellen bekannt, die alte Quelle, Augustusquelle und Augenquelle, zu welchen der im J. 1839 aufgefundene Neubrunnen kam. Der Gehalt an Salz war für jetzt allerdings nicht ausreichend; jedoch ist auch diesem Bedürfniß durch Entdeckung einer neuen Salzquelle abgeholfen, von welcher die wilden Wasser zu entfernen man eifrigst bemüht ist. Dem schwierigen Geschäft der Fassung dieser Quellen unterzog sich im J. 1848 ein erfahrener und sachkundiger Bergbeamter, der Kobaltinspektor Schmiedel zu Schneeberg, jetzt Bergmeister in Zauckerode bei Dresden. Im Ganzen giebt es bis jetzt sieben Brunnen, welche gefaßt worden sind. Wenn früher den Badegästen oft nicht die erforderliche Anzahl an Bädern täglich geschafft werden konnte, so ist diesem Uebelstande durch Auffindung neuer Quellen gewehrt. Es können an einem Morgen 100 Wasserbäder beschafft werden. Auch haben die Herstellung eines schönen, großen Badehauses, die Ebnung des Badeplatzes, die Errichtung eines Dampfapparats zur Erwärmung des Badewassers, die Anstellung eines geschickten Brunnenarztes, was alles in neuester Zeit erfolgt ist, dazu beigetragen, daß sich das Bad eines zahlreicheren Besuchs als früher erfreut. Die hiesige Gegend ist übrigens einladend genug und weit einladender als die flache, wenige Abwechslung gewährende Umgegend des 3⅘ Meilen entfernten Franzesbrunnen in Böhmen. Das Wasser von Elster ist außerordentlich heilkräftig und hat besonders an Nervenleidenden die erfreulichsten Erfolge gezeigt.

D. Gottlob Eduard Leo, 1852

Das noch vor wenigen Jahren so kleine ärmliche Dörfchen Elster ist in neuerer Zeit zu grosser Berühmtheit gelangt, und zwar durch seine Heilquellen, die man wohl schon vor Jahrhunderten kannte, aber erst seit 1809 sorgfältiger untersuchte. Schon 1699 schrieb der Stadtarzt Georg Leisner zu Plauen ein Buch unter dem Titel: »Tractatus de acidularum Elistranarum lympha, das ist: Kurtzer Bericht des Elster-Säuerlings. Wie solcher durch Chemische prob und praxin medicam sonderlichen in Heilung des Scharbocks, Mall hypochondriaci, Nierensteins und Zipperleins wegen seines Salis Volatilis kräftig gefunden und gerühmet worden. Allen Elster- und Eger-Säuerlings Patienten zu Nutz aufgesetzt.« Im Jahre 1819 fanden sich hier gegen hundert Badegäste ein, aber bei der dürftigen Einrichtung und der Nähe anderer renomirten Kurorte konnte das Bad Elster keine besondere Aufmerksamkeit erregen. Erst der neuesten Zeit gelang es, das Publikum für Elster zu interessieren, und der innigste Dank gebührt unserer Hohen Staatsregierung, welche im Jahre 1849 die Badeanstalt zu Elster zu besserem Gedeihen selbst übernahm und mit der grössten Munifizenz Alles aufgeboten hat, um derselben nach allen Seiten hin die bestmögli-

Bad Elster

che Vollendung zu geben. Dieses wohlthätige Bemühen hat auch bereits so reifliche Früchte getragen, dass im Jahre 1854 fast achthundert Personen die hiesigen Mineralquellen benutzten; an der Spitze der Gäste aber befand sich Ihre Königliche Hoheit die Kronprinzessin von Sachsen.

Elster, welches noch vor kurzem kaum dem Namen nach bekannt war und ein trauriges Bild von ärmlichen Strohhütten darstellte, hat sich seit 1849 bis zur Unkenntlichkeit verändert. Die Mehrzahl der neuentstandenen Häuser besitzt ein wahrhaft grossstädtisches Aussehen und ist in einem modernen Style erbaut.

Was die hiesigen klimatischen Verhältnisse anlangt,

so theilt Elster den allgemeinen Charakter der Voigtländischen Gebirge. Die Luft ist frisch und belebend, aber auch, namentlich im Frühling und Herbst, wo häufige atmosphärische Niederschläge und Nachtfröste stattfinden, etwas rauh, weshalb auch empfindlichere Obstsorten, wie Pfirsiche, Aprikosen und Wein, nur selten, zarte Gemüse aber erst spät zur Reife kommen. Dafür entschädigt aber auch die herrliche, reine Atmosphäre, in der man mit grösstem Wohlbehagen den Duft der dichten Nadelwälder, vereinigt mit dem Aroma der Feld- und Wiesenblumen, einathmet. Es zeichnen sich die hiesigen Einwohner durch eine dauerhafte unerschütterliche Gesundheit aus, und selbst hundertjährige Leute sind eben keine Seltenheit. Erst kürzlich starb in der Nähe der Müllergesell Händel, insgemein der alte Strassburger genannt, einhundertundelf Jahre alt, und der alte Görl in der Juchhe bei Elster hatte im Jahre 1854 sein hundertstes Lebensjahr erreicht. Leute von siebzig und achtzig Jahren verrichten noch mit fast jugendlicher Kraft die anstrengendsten Arbeiten, und goldene Hochzeiten gehören zu den gewöhnlichsten Ereignissen. Der schon erwähnte alte Görl hatte seine sämtlichen Kinder überlebt, dagegen umringten den ehrwürdigen Greis zwanzig Enkel und Urenkel, denen der Alte oft erzählte, wie er durch Mässigkeit und Sitteneinfachheit zu so hohem und gesundem Alter gelangte. In seinen Jugendjahren hatte Görl als kaiserlicher Soldat gegen die Türken gefochten und lebte in der gewissen Hoffnung, dass sein Kaiser, wenn er des alten Soldaten kümmerliche Verhältnisse erführe, ihn gewiss mit einer kleinen Pension bedenken würde.

O. Moser in: Album der Rittergüter und Schlösser des Königreiches Sachsen. 1854

Bad Elster *verdankt seinen andauernden Aufstieg vom armen Weberdorf zum Staatsbad mit heute 34 000 Patienten jährlich (zusammen mit Bad Brambach) dem Plauener Physikus und Medikus Ordinarius Georg Leisner, der 1669 als erster einen «kurtzen Bericht des Elster-Säuerlings« gab. Der gründliche Mann beschrieb den Ort und seine Lage und die besonderen Eigenschaften der Quellen, die er sonderlich »in Heilung des Scharbock [Skorbut], des Mali Hypochondriaci [hypochondrisches Übel], Nierensteins und Zipperleins kräfftig befunden und berühmt geworden«. Auch haben die Leute im Gesundheitseifer »wie die Kühe gesoffen«. Nun, getrunken wird auch heute noch, vor allem seit über hundert Jahren im Moor »gebadet«. Im Revolutionsjahr 1848 – man zählte 129 Kurgäste – übernahm der sächsische Staat den bis dahin privaten Besitz, vier Jahre später begann mit der Eröffnung des »alten Badehauses« die eigentliche Badesaison. Saison der »wunterthätigen Badeanstalt des Vaterlandes«. So die »Leipziger Illustrierte Zeitung«. Dreißig Jahre später waren es bereits über 5 000 Kurgäste, honorige Herrschaften, versteht sich. Ihnen standen nunmehr sechs gut gebaute Badehäuser mit »luftigen, gut ventilierten Badestuben« zur Verfügung. Damals begann man auch mit der Gestaltung der Promenaden, Keimzelle der landschaftlich schönen Gartenanlagen im Tal der Weißen Elster und des Bärenlohbaches.*

König Albert von Sachsen kam höchstselbst, als man am 25. Juni 1898 das 50jährige Bestehen feierte. Übrigens: Entgegen der Legende und obwohl ein Brunnen nach ihm benannt wurde, weilte Goethe – auf der Fahrt nach Karlsbad 1795 über Adorf reisend – nicht in Bad Elster. Er trank seinen Sprudel in prominenter Runde und notierte (20 Jahre später) im Tagebuch: »Am Sächsischen Saal gestanden. Mädchen mit schwarzen Augen …« Er wäre ihnen auch jenseits des Erzgebirgskamms begegnet, wenn er's nicht gar so eilig gehabt hätte.

Volkskundliches

Landschaft

Da der Boden des oberen Voigtlandes mit dem des Erzgebirgs große Aehnlichkeit hat, so ist in den oberen Gegenden, gerade wie im Erzgebirge, der Ackerbau wenig ergiebig; desto bedeutender ist aber die Rindviehzucht, welche durch fruchtbare Wiesen, die diese rauhe Gegend besitzt, außerordentlich begünstigt wird. Die Viehzüchter der niedern Gegenden Sachsens lassen sich oftmals Rindvieh aus dem Voigtlande kommen, um ihren Viehbestand zu verbessern.

Daß die Waldungen des Voigtlands bedeutend sind, ist schon erwähnt. Die größten befinden sich in der Nähe von Schöneck und Auerbach. Sehr viel Holz dieser Wälder wird den Ufern der Göltzsch, Elster und Mulde zugefahren, um es in die holzärmeren Gegenden zu verflößen. Außerdem wird in den Kiefern-, Fichten- und Tannenwäldern des Voigtlandes sehr viel Harz für die Pechsiedereien gewonnen.

D. Gottlob Eduard Leo, 1852

Heimatverbundenheit

Mit meinen Landsleuten habe ich immer die Anhänglichkeit an die heimatliche Erde des Voigtlandes gemeinsam gehabt. Wie es Menschen giebt, von welchen man, hat man sie einmal liebgewonnen, nie wieder lassen kann, so geht es uns auch mit Ortschaften und Gegenden. Es sind gewöhnlich solche, in welchen sich eine bestimmte Gemüthsstimmung ausdrückt. Zu diesen gehört das voigtländische Hügelland an der Abdachung des sächsischen Erzgebirges mit seinen Waldeinsamkeiten, in welche gar schmale Wiesenthäler, oft nur wie grüne Streifen, mit hier und dort weit, gar weit auseinanderliegenden kleinen verirrten Häusern sich hineinverlieren und stundenweit den Blick nach sich ziehen, als müßte dort weit hinten in der Ferne unter den harztropfenden Tannen, dort, wo die Berge terrassenartig in dunkler Bläue emporsteigen, irgend ein Geheimnis verborgen sein, das uns an sich lockt und sich uns gern enthüllen möchte. Und wie klar und hell eilen aus dem dunkeln Grunde die plätschernden Bäche herunter, immer mit sich sprechend, wie Kinder, welche Etwas in einem fremden Hause bestellen sollen und den Auftrag unterwegs sich so oft laut vorsagen, um ihn nicht zu vergessen, bis sie ihn wirklich vergessen haben und nun zwecklos weinend am Wege stehen.

Obschon den meisten Gegenden Voigtlands ein melancholisch träumender Charakter aufgeprägt ist, so wird seine Einförmigkeit doch durch den Wechsel in seinen drei Noten von Schwarzwald, Wiese und Ackerfläche überall gemildert, jenachdem, wie im untern Voigtland Acker und Wiese oder wie in den oberen Gegenden Berg und Wald vorherrschend sind oder jenachdem die Straße den Wanderer quer durch über die Hügel und Thäler führt, wobei von selbst jeden Augenblick sich die Scene verwandelt und Auge und Gemüth beschäftigt.

Julius Mosen, 1893

Dorftanz

Versetzen wir uns im Geiste einmal auf einen vogtländischen Tanzboden. Wo die städtische Cultur noch nicht ihren Einfluss geübt hat, finden wir einen niedrigen, staubigen, schlecht erleuchteten Raum, oft nur einen Scheunenboden; daher es wohl öfter als einmal vorgekommen ist, daß das viel gesungene Liedchen ›Tanzbuden hot a Loch, hot a Loch‹ ect. zur Wahrheit wurde. Die Eingangsthür ist gewöhnlich dicht belagert von neugierigen Zuschauern, besonders von der halbwüchsigen Jugend, welche sehnsüchtige Blicke in das noch verschlossene Paradies wirft. Auch am Schenktische, oder vornehmer ausgedrückt am Biwett (= Buffet), findet ein dichtes Gedränge statt. Man trinkt einander zu –, auch die Mädchen müssen mit Bescheid thun. In einer anderen Ecke gewahrt man durch den dicken, heissen Tabaksqualm das Orchester (Aschester), früher auch Musikantenbucht oder Musikwinkel genannt. Gewöhnlich wird kein bestimmtes Eintrittsgeld erhoben, sondern es wird ›aufgelegt‹, d. h. jeder Tanz besonders bezahlt; oder es geht botweise, man bezahlt auf 5 oder 6 Tänze ein Bot oder Buet voraus. Sobald die Musik ihr Spiel beginnt, holt sich jeder Bursche sein Mädchen, und zwar ohne viel Umstände: sie wird ›hergewunken‹. Ist sie da, so legt der Bursche seinen rechten Arm um die Hüfte seiner Tänzerin, dasselbe thut jene, und nun wiegen sie erst, ehe sie von dannen tanzen, den Körper einige Male vorwärts und rückwärts, gewissermaßen um in den Takt zu kommen. Erst nach einigen Takten erfasst der Tänzer die linke Hand seiner Tänzerin, um sich mit ihr im Reigen zu drehen. Im Anfang tanzt gewöhnlich alles in buntem Knäuel durcheinander, bis der

Ruf Solo! Solo! und das Eingreifen des Tanzordners zur Einhaltung einer gewissen Ordnung nöthigt.

Hermann Dunger, 1876

Sommerhaufen

Unter Sommerhaufen versteht man die zwanglose Zusammenkunft des jungen Volks auf der Dorfgasse an heiteren Sommerabenden. Wenn die Arbeiten im Hause und Stalle beendigt sind, sieht man allenthalben aus den Höfen junge Burschen und Mädchen zusammenströmen, um sich nach des Tages Last und Mühe des kühlen Feierabends zu erfreuen. Arm in Arm ›eingehäkelt‹, wie man es nennt, ziehen die Mädchen die Straße auf und ab, hinter ihnen her, gewöhnlich gleichfalls in einer Reihe, die Burschen. Bei der Sangeslust der Mädchen lässt das Singen nicht lange auf sich warten. Eine ›Vorsängerin‹, die besonders liederkundig ist, stimmt an, die anderen, auch die Burschen, fallen ein. Meist werden grössere Volkslieder mit ernsten Weisen gesungen, aber auch unsere lustigen Vierzeiler fehlen nicht, namentlich am Schlusse eines ernsteren Gesangen, — nach dem Grundsatz:

Wenn aner ans gesunge' hot,
do gehört a lustigs drauf;
die Madle, die hamm Bänderschuh
und Silberschnalle drauf.

Wer je in der Kühle eines stillen Sommerabends diesen Gesängen aus der Ferne gelauscht hat, der wird sich gewiß von Herzen gefreut haben über die rührenden, gefühlvollen Weisen, über die einfache Natürlichkeit des Vortrags — und wird die grämliche Verdriesslichkeit einzelner Gutsbesitzer und Gensdarme beklagen, welche durch Verbote und Strafen den jungen Leuten diese unschuldige Freude verbittern möchten.

Hermann Dunger, 1876

Industrierevier und Haldenlandschaft

Wechselburg

Wechselburg, mit einem stattlichen Schlosse, der Residenz der Vorderglauchischen Linie des gräflichen Hauses Schönburg, liegt eine Stunde von Rochlitz, am Fusse des wegen seiner herrlichen und weiten Ansichten berühmten Rochlitzer Berges, am rechten Ufer der Zwikkauer Mulde. Der Ort liegt auf einer Anhöhe, von welcher sich in südlicher Richtung eine Reihe von Hügeln hinzieht, wird von der Mulde in einem Halbkreise umschlossen und hat nach Norden hin an den schroffen Felsenufern eben so wildromantische als gegen Süden, der breiten Thalebene entlang, liebliche und fruchtbare Parthien; in dieser nahen Begrenzung und vielfachen Abwechslung beider Charaktere aber liegt der eigenthümliche Reiz der Gegend. Das linke Ufer der Mulde ist hier aus schroffen Abhängen gebildet, und enge zusammengedrängt in ein schmales Bett rauscht der Strom vorüber, worauf er allmählich breiter und ruhiger durch das unbeschreibliche liebliche Silberthal sich nach der Rochlitzer Ebene hinschlängelt. Der Bogen, welchen die Mulde bei Wechselburg bildet, umgrenzt den herrschaftlichen Park, dessen schattige Parthien am Ufer hin ebensosehr den Geist dieser romantischen Gegend repräsentiren, wie die höher befindlichen Gartenanlagen durch schöne und geschmackvolle Abwechselung und Ausstattung den Kunstfreund vollständig befriedigen.

Weiter abwärts befindet sich eine Fähre, durch welche man auf die jenseitige, mit Wald und Wiesen abwechselnde, Traschke genannte Flur gelangt. Höher und entfernter ist eine Einsiedelei mit schöngemalten Fenstern angebracht, und fast am östlichen Ende der Gänge steht auf einer steilen Höhe ein 1824 von Penig hierhergebrachtes Gebäude, Burgstall genannt, von dem man eine bezaubernde Aussicht auf den in schwindelnder Tiefe ruhig dahinziehenden Fluss, die gegenüberliegenden Waldriesen und die hohen Rochlitzer Steinbrüche geniesst. Ueber einen entfernter liegenden Hügel führt der Weg nach Rochlitz, und hier erblickt man, aus den Gipfeln alter Bäume hervorragend, die Spitze der Wechselburger Kirche.

Bei dem reichen Wechsel von Licht und Färbung, erzeugt durch die verschiedenen Jahreszeiten, bietet die Gegend um Wechselburg unaufhörlich neue köstliche Bilder, und es ist kein Wunder, wenn Paul Flemming Wechselburgs heimische Fluren durch seine Dichtungen zu verherrlichen suchte.

Weit über die Grenzen unseres Vaterlandes hinaus kennt man die Kirche des Wechselburger Schlosses, ein herrliches Denkmal mittelalterlicher deutscher Baukunst. Dieses Gotteshaus, die ehemalige Klosterkirche, ist in Byzantinischem Style aus rothem Sandstein erbaut, welcher in den tausendjährigen Steinbrüchen des Rochlitzer Berges gebrochen wird. Ganz besonders bemerkenswerth sind die Skulpturen an der Kanzel, biblische Figuren darstellend, die architektonische und plastische Gestaltung des Altars, die köstliche Regelmässigkeit der Theile bei der allgemeinen Grossartigkeit und die reiche Mannigfaltigkeit der Verzierungen, namentlich an den Schaften und Knäufen der Säulen und Pfeiler.

Am Gründonnerstage 1640, als eben in der Ortskirche der letzte Vers des Glaubens gesungen wurde, fielen Banner'sche Soldaten in Wechselburg ein, jagten die Leute aus der Kirche, misshandelten und plünderten und marterten den greisen Pfarrherrn Abraham Flemming, den Vater des bekannten frommen Liederdichters Paul Flemming, dessen Nachkommen noch jetzt in Wechselburg gefunden werden. Wechselburg ist ein Marktflecken und zählt in etwa hundertundneunzig Häusern über zwölfhundert Einwohner, die 733 Acker Flur besitzen. Die Strassen sind in Folge verschiedener starker Feuersbrünste gerade und regelmässig gebaut, auch hat der Ort einen hübschen Marktplatz mit sehr stattlichen Häusern, einen neuen Gasthof und ein Reithaus.

Otto Moser in: Album der Rittergüter und Schlösser des Königreiches Sachsen. I. Section, Leipziger Kreis. Leipzig 1854

Die Stiftskirche zu Wechselburg *ist durch die den 1971/72 am originalen Platz wiederaufgerichteten Lettner krönende Triumphkreuzgruppe (um 1230–35) und deren romanische »Klassizität« in die europäische Kunstgeschichte eingegangen. Sagen die Kunsthistori-*

Schloß Wechselburg oberhalb des Muldentals

Die mittelalterliche Stiftskirche zu Wechselburg

ker, die von der dreischiffigen Pfeilerbasilika als einem der schönsten romanischen Bauwerke zwischen Rhein und Weichsel sprechen. Und sieht man von dem gleichsam erhabenen Pathos der Segensbotschaft der Kreuzgruppe einmal ab, ist hier Archtitektur im Sinne von Gesamtkunstwerk beinahe alles. Keinerlei Romantizismen, was unseren Reisenden im vorigen Jahrhundert wahrscheinlich auffällig geworden wäre. So aber blieb das Interesse an der turmlosen, vom Schloßkomplex beinahe erdrückten Kirche auf dem Bergsporn über der Mulde eher bescheiden hinter der Begeisterung für den Fernblick auf die weit hingestreckte mittelsächsische Hügellandschaft zurück. Das eigentliche Kleinod, die kostbare Stiftskirche, seit 1953 einschließlich des spätgotischen Torhauses umfassend restauriert, muß auch heute noch hinter diesem kleinstädtischen Ortsbild erst entdeckt werden.

Chemnitz

Die reizende Lage, die großentheils schöne Bauart und die ländliche Belebtheit der Gegend vereinigen sich, um den Ueberblick der Stadt, besonders vom Scharfrichter- oder Hüttenberge herab, zu einem der reizendsten und reichsten im Lande zu erheben, der auch durch das neuliche Abbrechen der 4 Thore und der 25 Mauerthürme, die seit 1136 die Stadt zu einer respectablen Festung gemacht, an Freundlichkeit sehr gewonnen hat. Die Innenstadt enthält besonders am großen regulären Markte und dem damit zusammenhängenden Roßmarkte nicht wenige schöne Gebäude; doch zeichnen diese noch mehr die 10 Vorstädte, deren Anbau alljährlich mit reißender Schnelligkeit zunimmt. Von diesen sind im Osten die Johannis- und die meist neue Gablenz-, im Süden die Chemnitzvorstadt und die Aue, im Süd-West die Niclasgasse und die Raths-Niclasgasse mit dem Katzschberge, im Nord-West die Klostervorstadt und entfernter die Schloßgasse, im Norden endlich die Neustadt und der Anger, auch unter den Linden oder ehedem Kleinleipzig genannt, wo erst 1835 und 1836 wieder mehre neue Gassen entstanden.

Um die Innenstadt und den Anger führen Lindenalleen; hübsche Spazierwege giebt es unter den Namen von Leopolds- und Sachsenruhe, am Scharfrichterberge, ferner an dem Bergkellerreichen Katzschberge, am Schloßberge und Klosterwalde; zur Lust besucht man die beiden Kaffeegärten am Schlosse, jenen vor'm Chemnitzthore, das Peters'sche Bad an der Cappel (zugleich eine chemische Fabrik, auch die älteste Anstalt zur Bereitung künstlicher Heilwässer in Sachsen), das Hohensteiner Bad, Lichtenwalde, Wiesa, Rabenstein u. a. Orte. Auch eine Wanderung durch die Vorstädte mit ihren großen Fabrikgebäuden ist recht belohnend.

Albert Schiffner, 1840

Je mehr du der Stadt selbst dich näherst, desto lebendiger wird der Verkehr auf den Straßen. – Steinkohlenkarren, Frachtwagen, mit großen Ballen beladen, und Fuhrwerke aller Art bedecken die in die Residenz der sächsischen Industrie führenden ziemlich zerfahrenen Chausseen. – Schon aus den ersten Häusern der Vorstadt tönt das rasselnde Schnarren der Webstühle dir entgegen, an welchen arme Weber von frühem Morgen bis in die späte Nacht arbeiten, um ihren kümmerlichen Lebensunterhalt zu verdienen; denn die Fabrikation bunter Weberwaaren bildet den Hauptzweig der hier

Die alte sächsische Industriestadt Chemnitz, als sie noch nicht »Ruß-Chemnitz« war

herrschenden Industrie. Hie und da fesselt ein größeres Gebäude, dessen lange, schwarzberußte Fensterfronten und hohe Essen es als ein Fabrikgebäude leicht erkennen lassen, die Aufmerksamkeit des Wandrers.

Unter den verschiedenen Fabriken, welche sich in den Vorstädten und den nächsten Umgebungen der Stadt befinden, nehmen die Baumwollspinnereien, deren erste der Engländer Georg Whitefield im Jahre 1800 hier erbaute, die erste Stelle ein. Treten wir ein in das einem Palast ähnliche, 5–6 Stockwerke hohe Fabrikgebäude der Firma: Becker und Schraps, die älteste und berühmteste Spinnerei der Umgegend. — In langen, abends hell erleuchteten Sälen wird hier die rohe Wolle durch ungeheure Walzen gekrämpelt und quillt dann aus den Maschinen, wie schneeweißer Schaum, gereinigt und geglättet hervor. — Die so gereinigte Baumwolle wird dann in anderen Sälen durch ähnliche Maschinen, deren Leitung oft nur der Hülfe eines Mädchens oder eines Kindes bedarf, gesponnen, gespult und aufgewickelt. Alle diese Maschinen aber in den verschiedenen Sälen des Fabrikgebäudes in Leben und Thätigkeit zu setzen, reicht die durch Wasser oder Dampfkraft unterhaltene Bewegung des einen großen Hauptrades hin.

Durchwandern wir jetzt die innere Stadt, so tritt der

Charakter einer Fabrikstadt in dem eigenthümlichen Contraste der schönen, zum Theil neugebauten Privathäuser, welche in ihrer äußern wie vorzugsweise inneren eleganten Einrichtung den Reichthum des hiesigen Gewerbs- und Handelsstandes bekunden, mit den ärmlichen niedern Häusern, den Wohnsitzen der arbeitenden Classen, uns auffallend entgegen. — Die große Menge von Comptoirs und Agenturen der hiesigen und auswärtigen Fabriken, die ansehnliche Zahl von Niederlagen veranlassen den lebhaften Verkehr auf den Straßen und Plätzen der Stadt, welcher den Fremden bald an die Bevölkerung von 32 000 Menschen erinnert. — Die Stadt selbst hat sich daher in den letzten Jahren besonders durch den neuen Anbau in der Angervorstadt, in deren Nähe auch der Bahnhof der Chemnitz—Riesaer Eisenbahn erbaut wird, sichtbar erweitert, so daß sie jetzt 1 400 Gebäude zählt.

D. Gottlob Eduard Leo, 1852

Noch sind bemerkenswerth die Wohngebäude der zur Hauptkirche gehörigen Geistlichkeit, neben welchen sich auch das sonstige Lyceum befindet, das gegenwärtig der 1836 errichteten königlichen Gewerbschule als Unterrichtslocal dinet; das Waisenhaus außerhalb der Stadt, rechts der dresdner Straße gelegen, und endlich das im Baue begriffene Theater, welches durch eine Actiengesellschaft erbaut wird, und zwar, wie es scheint, in einem angenehmen Style und von einer der Stadt entsprechenden Größe.

Auch verdienen einige Privatgebäude Erwähnung, wie der Gasthof zum römischen Kaiser, das Preußersche Haus, beide am Markte, die Nicolaimühle und be-

Marktplatz von Chemnitz

sonders das Restaurationsgebäude Hrn. Engels in der Vorstadt Aue. Dasselbe enthält wohl den geräumigsten, obwohl nicht eben geschmackvoll dekorirten Tanzsaal in Sachsen, mit großen Nebenzimmern und Garten.

Sehenswerth ist das Schloß von Chemnitz, außerhalb der Stadt, zwischen dem Leipziger und dem untern Angerthore gelegen, ein ehemaliges Benediktiner Kloster und Abtei, von welcher jedoch nur noch die Kirche in der frühern Gestalt vorhanden ist. Die übrigen Gebäude dienen theils zur Salzniederlage, theils zu Restaurationslocalen, den größten Theil bilden die Gebäude des Schloßvorwerks. Die Kirche hat viel Bemerkenswerthes; das Mauerwerk derselben besteht aus Thonsteinporphyr und Sandstein, den Eingang bildet eine runde, niedrige, klostermäßige Thüre, mit einem hohen, nun 300jährigen Bildnerwerk im feinsten Sandstein verziert, in welchem Kenner die alterthümliche Kunst des Meisels in erhabener Arbeit gewiß nicht vermissen werden.

Nur alle 4 Wochen wird von dem Pfarrer des nahen Dorfes Glösa Gottesdienst gehalten. Von dem Lustgarten vor dem Schlosse nach der Stadt zu genießt man die vortrefflichste Aussicht über die Stadt und die ganze Umgebung … Saxonia, 1837

Chemnitz *sieht auf einer Federzeichnung des Baumeisters Dilich, dem wir auch die Porträts zahlreicher kursächsischer und meißnischer Ortschaften verdanken, anno 1628 noch aus wie jede andere befestigte Stadt ihrer Zeit, sichtlich wohlhabend dank des obersächsischen Garn- und Leinwandhandels und der Leinewebe-*

Das Schloß von Chemnitz, außerhalb der Stadt gelegen

Straße der Nationen in Karl-Marx-Stadt

rei. Die Weberei war über weitere Jahrhunderte für die Stadt bestimmend. Die Frauen hockten an den Spinnrädern, die Männer an den einfachen Webstühlen, und die Kinder unterm Kettbaum spannten die Fäden. »Der früheste Gespiele meiner Jugend war der Mangel«, erinnert sich der Webersohn Christian Gottlob Heyne (1729–1812), später ein berühmter Gelehrter. Reich wurden die Handelsherren durch das Geschick der Hausweber; 1770 begann mit der ersten Kattundruckerei ein neues Kapital, bereits 1799 gab es – trotz erbitterter Gegenwehr der Weber – Maschinenspinnereien wie in England, und Chemnitz hieß bald das »sächsische Manchester«. Das freilich bot mit dem Wald seiner qualmenden, rußenden Schornsteine den Reisenden ein gänzlich anderes Bild. Goethe, im September 1810 auf der Rückreise von Karlsbad, nahm sich einen ganzen Tag Zeit, um die neue Technik zu studieren. Da hatte Chemnitz, unter den 12 000 Einwohnern gab es bereits 3 600 Lohnarbeiter, schon den Ruf eines Zentrums des sächsischen Maschinenbaus. Die einengenden Mauern und Türme – letzter Rest ist der Rote Turm – wurden ab 1800 ebenso wie die Stadttore und störende Bürgerbauten abgetragen, um Raum für das neue Zeitalter des business in Gestalt zweier großer Geschäftsstraßen zu schaffen.

Reisebeschreibungen dieser Jahre kurz nach der Jahrhundertwende erwähnen noch die mittelalterliche Doppelmauer mit ihren 35 Türmen und heben vor allem die Jacobi-Kirche hervor, eine dreischiffige spätgotische Hallenkirche, die 1945 stark beschädigt und danach stufenweise wiederaufgebaut wurden, verweisen aber auch bereits auf die Hübnersche Fabrik und das Haus der Casinogesellschaft als besonders sehenswerte Bauten. Noch gab es zwar am Markt und an den ande-

ren Plätzen der Innenstadt die alten Gasthöfe mit ihrem Lohnfuhrwesen, doch der Anschluß der Stadt an die Eisenbahn, 1852 zunächst nach Riesa (sechs Jahre später lieferte die Firma Hartmann bereits die 100. Lokomotive), drängte sie bald ebenso aus der geschäftig aufblühenden City wie die winzigen Läden und die Quartiere der kleinen Leute. Vor allem die Bauwut der Gründerjahre nach 1870 veränderte das städtische Antlitz so gründlich, daß die von der Industrie gezeichnete Großstadt, »Ruß-Chemnitz«, nur noch in den herausragenden Kirchtürmen an alte Veduten erinnerte.

Wer heute romantische Winkel und Althergebrachtes sucht – die Bombenangriffe des Frühjahrs 1945 vernichteten die Innenstadt fast vollkommen –, der kommt als Tourist nicht auf seine Kosten. Und doch hat die seit dem 10. Mai 1953 den Namen von Karl Marx tragende und damit an die revolutionäre Arbeiterbewegung in ihren Mauern erinnernde Stadt ihren eigenen Erlebnisreiz. Etwa bei einem Bummel durch das einstige Arbeiterviertel Brühl auf dem ehemaligen Anger, wo sich in den 70er Jahren des vergangenen Jahrhunderts die Versammlungslokale der Gewerkschaften befanden. Nicht weit von hier, auf dem Neustädter Markt (heute Theaterplatz), versammelten sich im April 1871 rund 18 000 Arbeiter in der Forderung nach dem zehnstündigen Arbeitstag. Romantik war hier in diesen Vierteln der Mietskasernen nicht zu finden, und die »Chemnitzer Freie Presse« brachte 1872 folgende Meldung: »Am Brühl, Ecke Herrmannstraße, befindet sich ein Brunnen, bei dem der Andrang so stark ist, daß die dort wasserholenden Frauen und Mädchen oft stundenlang warten müssen ...« Modernisiert und rekonstruiert als zentrumsnahes Wohn- und Geschäftsgebiet ist der Brühl heute ein ausgesprochen attraktives innerstädtisches Wohngebiet mit einem Bummel-Boulevard.

Der kursächsische Wanderer Otto Eduard Schmidt fand um die Jahrhundertwende »eine auffallende Durchdringung des ganzen Stadtkörpers mit großen Textilfabriken« vor, »ganze Stadtviertel sind in einem fortdauernden Umgestaltungsprozesse begriffen«. Eine Beschreibung, die ihre Gültigkeit bis in die Gegenwart augenscheinlich macht.

Schloß Augustusburg

Auf der höchsten Spitze des zwischen dem Zschopau- und Flöhastrome eingezwängten, gegen die Vereinigung dieser Flüsse hin unweit des Dorfes Flöha in eine reizende Thalebene sich abflachenden Felsenkegels, thronet in einer Höhe von fast 1 539 pariser Fuss über der Nordsee gar herrlich und prächtig das Schloss Augustusburg. Die Aussicht von demselben gehört unstreitig zu den schönsten Panoramen des herrlichen Sachsenlandes. Wer den an der nordöstlichen Ecke des Schlosses sich erhebenden Thurm besteigt, beschaut ein vor den Augen sich ausbreitendes Gemälde, welches, von dem heiteren Glanze der Frühlingssonne beleuchtet, an Schönheit, Fülle und Abwechslung nichts zu wünschen übrig lässt.

Das mit einem schönen Portal verzierte, an der Nordseite befindliche Schlossthor, zu welchem man auf einer steinernen Brücke gelangt, führet in den innern Schlosshof ein und stehet mittels einer Lindenallee in Verbindung mit dem gegenüber an der Mittagsseite angebrachten Hinterthor. Durch letzteres tritt man in einen zweiten Hof ein, welcher links die ehemaligen Gebäude des Königl. Justiz- und Rentamtes, rechts ein grosses Stallgebäude, in der Mitte aber das Brunnenhaus enthält.

In dem an dem Schlosshofe stossenden Stallhofe befindet sich der 700 Ellen tiefe Brunnen, ein Meisterstück bergmännischer Baukunst, welcher theils gemauert, theils 286 Ellen tief in Felsen gehauen ist. Er ist zugleich mit dem Schlosse angelegt worden, und die Kosten seines Baues schätzt man über 40,000 Thlr., eine für das 16. Jahrhundert ungeheure Summe. Das Wasser steht darinnen gewöhnlich 12 bis 16 Ellen hoch und hat daher erst einmal in dem trocknen Sommer des Jahres 1800 wirklich versagt, wo der Brunnenwärter hinabsteigen musste. Binnen 8 Tagen wurden mehre alte Kübel und andere Gerätschaften herausgefördert, der Brunnen von allem Unrath befreit, und derselbe gab sein Wasser wie zuvor. Wenn Fremde den Brunnen besehen, wird gewöhnlich ein Kreuzholz mit 4 Lichtern hinuntergelassen, und man sieht das klare Wasser in seiner fürchterlichen Tiefe. Ein Pistol in den Brunnen geschossen, giebt ein Donner ähnliches Getöse. Ganz ausgeschöpft wurde dieser Brunnen ein Mal im Jahre 1651, wo Johann Georg mit grossem Gefolge zur Hirschjagd sich hier aufhielt. Ausser dem Bedarf für den Menschen mussten für 1 000 Pferde täglich 150 Eimer Wasser geschafft werden, eine Quantität, welche der Brunnen 22 Tage beschaffte.

In dem am westlichen Abhange des Schlosses angelegt gewesenen Bärengarten wurden noch zu den Zeiten August II. Bären gehalten, die zu den Jagden nach Dresden gebracht und nach deren Beendigung hier wieder aufbewahrt wurden. Obgleich die diesen Garten umgebende Mauer 12 Ellen hoch war, so statteten diese ungeleckten Thiere doch zu wiederholten Malen den ehrsamen Bürgern Schellenbergs ihre Besuche ab und betrugen sich dabei so unmanirlich, dass man im Jahre 1757 sich genöthigt sah, den letzten Sprössling der Bewohner des Gartens zu erschiessen.

M.G. in: Album der Schlösser und Rittergüter ... 1854

Das Schloss ist ganz aus Quaderstücken erbaut, von Mauern und Graben umgeben und besteht aus vier Flügeln, in denen fünf grosse Säle, sechs und siebenzig Zimmer und drei und neunzig Kammern sich befinden. Das Schloss soll sonst, bevor so manches bei der letzten 1802 beendeten Ausbesserung weggerissen worden ist, so viel Fenster als Tage im Jahre, so viele Schornsteine als Wochen und so viele Wetterfahnen als Monate gehabt haben. Die Menge Feueressen und Wetterfahnen

Auf der höchsten Spitze eines Felskegels, des Schellenberges, erhebt sich die Augustusburg

müssen dem Schlosse ein sonderbares Aussehen gegeben haben.

Das Schloss steht noch majestätisch da und wird nur von dem Oberförster bewohnt, denn die Amtsexpeditionen sind im Hintergebäude, die auf dem Stallhofe stehen. Es macht auf mich stets einen betrüblichen Eindruck, ein so grosses schönes Gebäude leer oder zu manchem Zweck benutzt zu sehen, für den sie gewiß nicht erbaut wurden.

Eingang zum Schloß Augustusburg, von H. Lotter für Kurfürst August I. errichtet

So gestimmt betrat ich den Hof und das menschenleere Schloss mit seinen vier Stock hohen Flügeln, denen man gar sonderbare Namen gegeben hat, als das Sommerhaus, das Hasenhaus, das Linden- und das Küchenhaus. Man führte mich zuerst in das Lindenhaus, auf dessen Balkon ich die Umgegend überblicken konnte, die, mit Berg und Thal abwechselnd, wohl lieblich, aber nicht großartig genannt werden kann. In diesem Flügel befindet sich der grösste Saal, auch das Zimmer, wo man lange noch die Drechselbank des Churfürsten August I. zeigte. Im Hasenhause, das seinen Namen von einem Saale erhalten hatte, der mit lauter menschliche Handthierungen treibenden Hasen ausgemalt war, sah' ich jetzt nichts mehr von allen diesen Herrlichkeiten; im Küchenhause befand sich Küche und Speisesaal. Ich musste noch mehrere Zimmer durchwandern, aber bald machte mir die Oede, der dumpfe Wiederhall unserer Tritte, der überall rings um mich her sichtbar aufgedrückte Stempel der Zerstörung Beklemmung, und ich freute mich, als ich wieder im Freien war. A. Tromlitz, 1836

Schloß Augustusburg *vor den Toren des heutigen Karl-Marx-Stadt, inmitten eines 6 000 Hektar großen Landschaftsschutzgebietes und heute das beliebteste Naherholungszentrum der Bezirksstadt, zeigte am Ende des für Sachsen katastrophalen Siebenjährigen Krieges (1756–1763) nur noch Reste einstigen Glanzes als kurfürstlicher Jagdsitz. Die fronenden Bauern hatten lange genug zu leiden gehabt, und so revoltierten sie im Sächsischen Bauernaufstand von 1790 hier zu Tausenden. Baumeister Hieronymus Lotter, Leipzigs hochbetagter Bürgermeister, hatte im Auftrage Kurfürst Augusts I. von 1567 bis 1573 dieses gewaltige, vierflügelige Schloß, einen der größten erhaltenen Renaissancebauten der DDR, auf dem 516 Meter hohen Schellenberg mit dem weiten Blick in die erzgebirgische Landschaft errichtet und dabei – inzwischen in Ungnade gefallen – 15 000 eigene Taler eingebüßt. Nach einer um-*

Die Augustusburg liegt inmitten eines großen Landschaftsschutzgebietes

fassenden Generalreparatur zwischen 1800 und 1802 wurde die gewaltige Anlage – quadratischer Grundriß von 86 Meter Seitenlänge – teilweise als Verwaltungssitz genutzt. Seit 1957 wiederholt mit hohem Kostenaufwand restauriert, wobei Schloßhof und Nordportal nach den alten Befunden gestaltet wurden, dient das Schloß heute ebenso musealen wie geselligen Zwecken: Motorradmuseum im Küchenhaus, Kutschensammlung im Stallgebäude, im ehemaligen Fürstensaal die ständige Ausstellung »Vögel unseres Waldes« und im Obergeschoß des Hasenhauses die Sammlungen des Museums für Jagdtier- und Vogelkunde des Erzgebirges. Die Schloßkapelle aus der Hochrenaissance gilt als die letzte große Schloßkirche Sachsens.

Freiberg

Die Gegend von Freiberg und weiter hinaus durchs untere Gebürge hindurch trägt einen sehr bestimmten Charakter; Hügel an Hügel, mit Feldern und größern und kleineren Fichtenpartien bedeckt, hie und da ein liebliches Wiesental zwischen den Fichten hindurch; die Gegend von Freiberg selbst und einigen Stunden umher bekommt durch die große Menge von Schachten auf allen Seiten das Ansehen besondrer Tätigkeit. Die Dörfer sind nicht so zusammengebaut wie die in unsern Gegenden, ihre Häuser liegen malerisch zerstreut, aber nicht vereinzelt in den Gründen und an den Bergen hinan. Obstbäume haben sie fast gar nicht, aber jedes Dorf einen kleinen Hain von Eichen, Linden, Vogelkirschen und andren Laubhölzern in und um sich, die hier besonders schön wachsen und gegen das traurige Dunkel der Fichten gar freundlich abstechen; besonders machte die schöne Frucht der Vogelkirsche, die hier sehr häufig ist, einen herrlichen Effekt.

Jetzt wird die anmutige Einförmigkeit dieser Gegend durch ein herrliches Landschaftsstück unterbrochen; wir ersteigen eine kleine Höhe, und zu unsern Füßen fließt die Bocka in einem engen Tal zwischen hohen Fichtenwänden hindurch; gegenüber am Abhang ein dichtes, volles Eichenwäldchen, aus dem das alte Schloß Rauenstein hervorragt, das noch jetzt von seinem Besitzer bewohnt wird.

Friedrich Karl von Savigny im September 1799 an
Georg Friedrich und Leonhard Creuzer

Freundlich empfing uns nun diese Stadt keineswegs. Das öde Gebirge erschien höchst traurig. Wir fuhren unter dem Gestänge durch, welches einförmig knarrend sich hin und her bewegte. Die Grube Himmelfahrt sammt Abraham lag links am Wege, und eine Glocke zeigte in einförmigen Pausen den Umschwung des oberen Rades an. Es war, als wenn die Bergkobolde ihren geheimen Spuk schon trieben. Wir schwiegen beide still, als wir durch die Straßen hineinfuhren. Die Nothwendigkeit, uns hier länger aufhalten zu müssen, war keineswegs erfreulich. Als wir nun aber den Gasthof verlassen und in einer recht freundlichen Wohnung, obgleich von schlechten armen Häusern umgeben, uns eingerichtet hatten, stumpfte sich das erste unangenehme Gefühl bald ab. Die uns neue Beschäftigung, die vor uns lag, das Hineinsteigen in die Gruben, die unterirdische Betriebsamkeit, die hier seit Jahrhunderten in so großartigem Sinne stattgefunden hatte, erregte unsere Neugierde, und wir eilten, die Bekanntschaft der beiden, für uns bedeutendsten Männer der Stadt zu machen. Wir besuchten den Berghauptmann von Charpentier und Bergrath Werner.

Wenn nun Charpentier und Werner uns die bedeutendsten Männer waren, so erweiterte sich doch zugleich auch unser Umgang mit den vorzüglichsten Männern des Auslandes, die durch Werners großen Ruf hierher gezogen waren. Das Leben in Freiberg hatte nun für mich durch die neue Welt, die sich mir aufschloß, einen großen Reiz. Wir verschafften uns ein Bergmanns-Habit, in welchem wir fleißig die Gruben befuhren. Werner hatte uns gerathen, mit Himmelfahrt sammt Abraham, jener Grube, deren knarrendes Gestänge und melancholisches Glockengeläute uns bei unserer ersten Ankunft nach Freiberg so trübe stimmte, deswegen den Anfang zu machen, weil die Gang-Verhältnisse dort die einfachsten waren. Wir fuhren ein paar Mal wöchentlich an, und die Grubenwelt ergriff

Vor den Toren der alten Bergstadt Freiberg

mich. Die unterirdische Welt, die dunkle Nacht in den Stollen und Gezeugstrecken hatten für mich etwas unbeschreiblich Anziehendes. Allerdings kostete es uns nicht geringe Mühe, in der Dunkelheit, von den Gruben-Lampen spärlich erleuchtet, die Gangmasse und die Fossilien, aus welcher sie zusammengesetzt war, durch Feuchtigkeit und Schmutz bedeckt, zu unterscheiden. Schwieriger noch war es uns, ja im Anfange schien es fast unmöglich, die Richtung der Gänge, in denen wir uns durch den Kompaß orientierten, zu verfolgen und es uns klar zu machen, wie sie sich durchkreuzten, schaarten und schleppten. Wenn wir die senkrechte Leiter herunterstiegen, wenn das Blau des Himmels durch die Oeffnung allmählich verschwand, wenn das große Rad, durch welches das Tageswasser in Bewegung gesetzt wurde, in dem engen Felsenraume neben uns seinen Umschwung machte, das Anschlagen der Glocke jeden Umschwung bezeichnete, während um uns herum und über uns die Tropfen, still rauschend, unablässig herunterfielen, so war uns im Anfang seltsam und wunderlich zu Muth. Nach und nach fingen wir nun auch an, die entfernteren Gruben zu befahren, — Beschert Glück, Himmelsfürst, Kurprinz, mit ihren reichen Erzen. Der Fremde, der die Akademie besuchte, erhielt unmittelbar von dem Kurfürsten die Erlaubniß, alle Gruben im Erzgebirge, mit Ausnahme der Arsenik- und Kobalt-Gruben in Annaberg und Schneeberg, zu befahren. Gewaltig ward meine Phantasie angeregt, als ich

Der Dom zu Freiberg

nun nach und nach den großen Umfang und den mächtigen weitumfassenden inneren Zusammenhang der unterirdischen Werke, die, viele Meilen einnehmend, Freiberg umgaben, überschaute.

Die Bergleute selbst interessirten mich nicht weniger als die Nützlichkeit und staatwirthschaftliche Bedeutung ihrer Arbeit. Mit großer Theilnahme besuchte ich ihre Hütten. Es ist ein gutmüthiges, friedliches Völkchen, aber freilich von einer unterirdischen Phantasie, von irgend etwas Dichterischem, was ihrem mühsamen Geschäfte eine höhere Bedeutung geben könnte, spürte ich nur wenig. Die drückende Armut, die unaufhörliche Sorge für die nächste Zukunft erlaubt weder der Lust noch dem Schmerz, weder der Hoffnung noch der Furcht, sich dichterisch heiter oder trübe zu gestalten.

Heinrich Steffens, 1799

Vor der Mehrzahl der protestantischen Kirchen hat der Dom zu Freyberg den großen Vorzug, daß das Innere desselben, in Folge der neuern Wiederherstellung, durch eingebaute Betstübchen, geschmacklose Denkmäler, das Licht raubende, übereinander sich erhebende Empirkirchen nicht entstellt wird. Deshalb macht das hohe Gewölbe der Kirche, dessen Mitte von zwei Reihen freistehender Pfeiler getragen wird, in seiner prunklosen Einfachheit auf den Besuchenden einen großartigen Eindruck, wenn auch die scharfe Beleuchtung durch die zahlreichen Fenster, von dem gleichförmigen hellen Anstrich der Wände noch gehoben, mit dem viel gepriesenen, geheimnißvollen Halbdunkel so mancher reichverzierten Kirchen Nichts gemein hat.

An der gegen Morgen liegenden Seite der Kirche, links vom Altar, befindet sich ein Kirchhof, der von gewölbten Kreuzgängen umgeben ist ... Diese Kreuzgänge, welche durch die obenerwähnte goldene Pforte in die Kirche führen und, wie die Annenkapelle, als Begräbnißort für Personen von Stande dienten, waren in neuerer Zeit ziemlich baufällig geworden, und das Gewölbe drohte hier und da den Einsturz, auch wurden sie durch eine Anzahl geschmackloser Denkmäler verunziert. Die Kirchengemeinde und der Rath schienen, um die zur Erhaltung erforderlichen Kosten dieser jetzt unnützen Kreuzgänge zu ersparen, geneigt, diese Gänge abreißen zu lassen und dadurch einen freien Platz zu

Freiberg – Obermarkt mit Rathaus

gewinnen. Allein eine Anzahl gebildeter Bewohner Freybergs und Dresdens trat zu einem, freilich nicht auf Gewinn berechneten Actienverein zusammen, um diese Kreuzgänge zu erhalten und ihnen eine würdige Ausstattung zu geben, und hat bereits Hand an das Werk gelegt. Saxonia, 1835 und 1837

Freiberg *hat sich durch mancherlei glückliche Umstände das meiste von dem bewahren können, was seine traditionsreiche Biographie als sächsische Bergstadt am Fuße des Erzgebirges prägte: die nach dem letzten großen Stadtbrand 1484 bis hinein ins 17. Jahrhundert erbauten Bürgerhäuser mit den steilen Satteldächern, die Patrizierbauten am Obermarkt und Petriplatz, die Reste einer türmereichen Stadtmauer mit dem mächtigen Donatsturm (15. Jh.), wo man 1168 das erste Silber fand, der berühmte Dom Unser Lieben Frauen mit der Tulpenkanzel (1510) und der spätromanischen Goldenen Pforte (1230), das spätgotische Rathaus (1470–74). In der einstigen Silberkammer seit 1623 das Ratsarchiv hinter meterdicken Mauern; darinnen in 96 Kammerkästchen Urkunden von 1224 bis 1945, über das Stadtrecht von 1305 und das Bergrecht von 1350. Und mittags zwölf Uhr läutet vis-à-vis seit 1574, als man so die Bergleute zur Schicht rief, vom Hauptturm der spätgotischen Petrikirche an der 1210 gegründeten Oberstadt das Häuerglöckchen: »... so oft Ihr in die Grube fahret, so denket in die Höh'.« Fast jedes Haus in der Altstadt – 450 insgesamt – ein Denkmal; denkmalpflegerische Leistungen im Vorfeld des 800jährigen Stadtjubiläums 1986 ließen erahnen, wie schön das alles einmal war und wie wohlkomponiert im baulichen Zueinander. In dem seit 1800 als Getreidespeicher genutzten und damit (noch immer) heruntergekommenen Renaissanceschloß Freudenstein (1566–77) stieg im Jahre 1711 der russische Zar Peter I. ab. 2 000 Knappen gaben ihm in Paradeuniform – weiße Kniehose und Strümpfe, schwarze Knie- und Bergleder, silberbeknopfte Bergkittel – die Ehre. Was ihm so gut gefiel, daß er sie vier Wochen später untertage aufsuchte. Im gleichen Jahr eröffnete im »Regimentshaus«, gleich gegenüber dem Schloß, der 28jährige Orgelbaumeister Gottfried Silbermann seine Werkstatt. Von den 31 seiner erhaltengebliebenen Orgelwerke besitzt Freiberg, welch Reichtum, vier: Dom, St. Petri, St. Jacobi.*

Als der naturwissenschaftlich ambitionierte Dichter Goethe im September 1810 im Schönbergschen Hof in der Kirchgasse abstieg, notierte er lakonisch im Tagebuch: »Sep. 26. In Freiberg angekommen gegen 1. Zu Trebra. Lampadius.« In trockener Kürze viel Inhalt. Wilhelm Heinrich von Trebra war der erste Student, der zu Pfingsten 1766 im Wohnhaus des Oberberghauptmanns Friedrich Wilhelm von Oppel an der Bergakademie das Studium aufnahm. Dies war die erste montanwissenschaftliche Hochschule der Welt und für lange Zeit auch die beste. Trebra, Sohn eines Weimarer Hofjunkers und ein tüchtiger Mann, war nunmehr Oberberghauptmann und Wilhelm August Lampadius Professor der Bergakademie, der als erster Vorlesungen über angewandte technische Chemie hielt. An seinem

Hängeband in der Grube St. Elisabeth

Die »alte Liese«, Lehrschacht der Bergakademie

Hause (in der heutigen Lomonossowstraße) brannte die erste Gaslaterne auf dem europäischen Festland (mit Hilfe eines Destillationsgerätes, das aus der Steinkohle Leuchtgas gewann).

Mit der Bergakademie, deren mehrfach umgebauter Gründungsbau bis heute ihr Hauptgebäude ist, verbinden sich viele berühmte Namen. Hier studierten Alexander von Humboldt (als 357. Student 1791 immatrikuliert) und Friedrich von Hardenberg (1797), den die Nachwelt mehr unter dem Romantiker-Namen Novalis kennt und der doch an der geologischen Erkundung Sachsens wissenschaftlich beteiligt war, sowie der Freiheitssänger Theodor Körner, der freilich mehr das freie Studentenleben schätzte, und (ab 1827) Bernhard von Cotta, der spätere Bergbau-Reisende. Wer's genauer wissen will, der besuche das heutige Stadt- und Bergbaumuseum in dem eigens dafür umgebauten (und 1903 eröffneten) spätgotischen Domherrenhof im Schatten von Unser Lieben Frauen. Oder er verfolgt den Weg des Erzes in der um 1500 abgeteuften Grube St. Elisabeth, der »Alten Liese«, wie man hier sagt, seit 1972 Lehrschacht der Bergakademie. Die 1925 stillgelegte Grube wurde 1919, ein bisher einmaliges Beispiel im Montanwesen, komplett der Bergakademie zugeordnet. Erst 1969 endete Freibergs 800jähriger, mehrfach unterbrochener Bergbau endgültig.

Volkskundliches

Mühlen

Wohl an Größe, nicht aber an Nützlichkeit für des Landes Bewohner steht die Mulde der Elbe nach. Ihre beiden Arme, die östliche und westliche Mulde, führen nicht blos viel Holz der waldreichen Gebirgsgegenden den niederen Gegenden Sachsens zu, wo sie unterhalb Colditz zum Muldenstrome sich vereinigen, sie tragen auch mit ihren Nebenflüssen, Flöhe und Zschopau, welche (von Flöha an vereinigt) der östlichen, dem Schwarzwasser, der Lungwitz und Chemnitz, welche der westlichen Mulde zufließen, zur Erleichterung der Betriebsamkeit unserer fleißigen Erzgebirger außerordentlich bei. An ihren Ufern, so wie an den Ufern der genannten Nebenflüsse, hören wir überall fast das Mühlrad klappern, das bald gewöhnliche Mahlmühlen, bald Spinnmühlen, bald Papiermühlen, bald andere Kunstwerke treibt. Nirgends Rast und Ruhe, überall aber Merkmale des Fleißes und der Betriebsamkeit an ihren gesegneten Ufern!

D. Gottlob Eduard Leo, 1852

Spinnmühle

Die von dem englischen Mechanicus Whitefield am Ufer der Chemnitz angelangte Wöhler-Langesche Spinnmühle für Water Twist, wozu der König von Sachsen — der erhabene Beförderer alles Nützlichen — 15 000 Rthl. vorgeschossen hat; die Beckersche und Bernhardtsche Spinnmühlen, letztere im Dorfe Harthau, sind werth, von Fremden, besonders von solchen Fremden, die mit dergleichen Maschinen noch nicht bekannt sind, besehen zu werden.

Auch das gut dotirte Hospital für hülfsbedürftige Männer verdient einen Besuch, und der Naturfreund mag endlich nicht versäumen, die Spaziergänge Sachsenruhe, Leopoldsruhe und den Katzberg zu besuchen.

Die Abende kann man in einer öffentlichen Gesellschaft, wo jeder Fremde Zutritt und Unterhaltung findet, recht angenehm verleben; man kann sich aber auch aus dem ziemlich vollständigen Buchladen, der hier überhaupt den literarischen Verkehr sehr befördert, Unterhaltung verschaffen.

Dr. Bischoff, 1825

Unruhen 1830

Die allgemeine Bewegung in Teutschland theilte sich zu dieser Zeit auch unserem lieben Sachsen mit, und so begannen auch in Chemnitz vom 11. bis 12. September 1830 bedauerliche Unruhen. Mit dem größten Schrekken vernahm man in der Nacht zwischen den beiden bemerkten Tagen den furchtbaren Lärm, der angeblich einige unvorsichtige Aeußerungen über die Verhältnisse der Katholiken und Protestanten und Eingriffe des Kaufmanns Sala in verschiedene Gewerbe zur Ursache hatte. Man stürmte die Hausthüre dieses Kaufmanns, erbrach die weitern Eingänge und Fenster, warf die in der Galanterie-Handlung desselben befindlichen Gegenstände auf die Straße, zerstörte Meubeln und Wirtschaftssachen und demolirte endlich das ganze Haus. Obwohl der Geist der Bürgerschaft im Allgemeinen nur ein guter genannt werden konnte, so hatte sich doch unter derselben eine solche Furcht verbreitet, daß diese anfänglich gar nichts zur Unterdrückung des Aufruhrs zu thun wagte. So erzwang man die Freilassung der wegen Fronexcessen in Haft befindlichen Bauern usw.

So dauerte der Lärm die ganze Nacht hindurch, als früh 6 Uhr eine Escadron Reiterei von Marienberg hier einrückte, durch einige Frontmärsche die Haufen zerstreute und die Ungehorsamen und Trunkenen gefänglich einzog. Zu gleicher Zeit bildete sich auch eine Bürgerwache, die sich bald zur jetzigen Communalgarde umgestaltete; es traf noch Militär von Freyberg und Zwickau ein, und so wurde die öffentliche Ruhe wieder hergestellt. Die Rädelsführer wurden zu ein- bis zu sechsjähriger Zuchthausstrafe verurtheilt.

Saxonia, 1837

Bergleute

Selbst die Ausbildung des hiesigen gemeinen Bergmannes setzt eine lange Laufbahn voraus. Er beginnt als Waschjunge, kommt dann zur Scheidebank, dann als

Förderjunge zur Grube, als Haspelknecht an die Haspel, als Lehrhäuer vor Ort, wird als Doppelhäuer Geselle und vollendet seine Meisterschaft als Gänghäuer auf edlen Geschicken. Auf diese Weise wird jeder sächsische Bergmann mit allen vorkommenden Arbeiten vertraut und ist zu jedem zu gebrauchen. – Der Charakter des hiesigen Bergmanns ist ehrenwerther als anderswo, wo ihn keine so strenge und doch väterliche Aufsicht bewacht. Bei allen Arbeiten herrscht eine militairische Pünktlichkeit und Ordnung; der Genuß von Branntwein ist in den Gruben eine unbekannte Sache, selten hört man von Veruntreuungen, obschon den Häuer, der auf den reichsten Silberanbrüchen arbeitet, gemeinlich Armuth drückt. Wird bei einem Kameraden irgendeine Unredlichkeit bemerkt, so wird er von der Genossenschaft in den meisten Fällen selbst angegeben. Man bindet ihm das Arschleder ab, macht ihn damit ehrlos und stößt ihn als einen Unwürdigen aus, mit dem kein braver Bergknappe wieder arbeiten mag. Die gebräuchliche Schicht des Bergmanns ist 8 Stunden, so daß in den Gruben drei Arbeiter-Sätze stets wechseln, damit die Arbeiten ohne Unterbrechung Tag und Nacht fortgehen. Vor der Anfahrt versammelt sich alles im Zechenhaus zum Gebet; eine fromme, uralte Gewohnheit, an der man strenge hält und ohne welche der gemeine Mann keinen Bergsegen hofft.

Meyers Universum, 1838

Erzschmelze

In frühern Zeiten wurden die gewonnenen Erze überall, auch in den Hütten der Gewerkschaften, geschmolzen; seit dem Anfange des 18ten Jahrhunderts aber müssen alle Silber-, Blei- und Kupfer-Erze an die General-Schmelzadministration zu Freyberg abgeliefert werden. In einem fünfzigjährigen Zeitraume, von 1751 bis 1800, lieferten sämtliche Bergämter und Privatpersonen über 6 546 000 Zentner Erz in die Schmelzhütten zu Freyberg; die Generalschmelzadministration zahlte dafür, nach einem bestimmten Preise, an die Gewerkschaften gegen 18 778 000 Thlr., wovon auf das Freyberger Revier über 15 200 000 Thlr. fielen. Aus jener Erzmasse wurden gegen 2 Millionen Mark oder gegen 8 900 Zentner Silber gewonnen. Das Bergrevier Freyberg lieferte dazu über 6 300 000 Zentner Erz, die über 1 616 000 Mark Silber enthielten.

W. A. Lindau, 1820

Im Erzgebirge

Schneeberg

Schneeberg ist auf einem hohen, westlich mit andern noch höheren Bergen zusammenhängenden, nördlich, östlich und südlich schroff abfallenden Berge erbaut, der durch seinen vormaligen Silberreichtum der Stadt (um 1740) ihren Ursprung und ihre Blüthe gegeben hat. Auf dem Gipfel des Berges erhebt sich die Pfarrkirche der Stadt, die größte evangelische Sachsens, deren Inneres mit den hochragenden Säulen und den weitgespannten Bogen gewiß auf Jeden, der in sie eintritt, einen erhebenden Eindruck macht.

Von der Kirche aus abwärts streckt sich nun die Stadt auf dem Rücken und an den Seiten des Berges hin mit dem Markt und dem Fürstenplatze und ihren, der bergigen Lage zufolge, zum Theil sehr ungeraden und steilen Straßen. Mitten auf dem Markte, oder eigentlich auf der Grenze zwischen Markt- und Fürstenplatz steht das neue, im Jahre 1851 erbaute Rathhaus mit seinem hohen und schlanken Thurme.

Auf dem östlichen Abhange des Berges hat man ebenfalls eine herrliche Aussicht in das sehr belebte freundliche Schlemaer Thal. Überhaupt bietet die Stadt, vermöge ihrer hohen Lage, sowie die Umgegend, wo Berg auf Berg sich erhebt, namentlich auch der der Stadt gerade gegenüber steil und finster aufsteigende Glößberg mit der Herderruhe, dem Auge manchen köstlichen Genuß. Häufig besucht man zu diesem Zwecke die sogenannte Goldne Höhe, einen Lustort ½ Stunden westlich von der Stadt, von wo aus man eine herrliche Ansicht derselben hat; ferner die Richterschen Gärten, die zwar in nunmehr veraltetem Geschmacke angelegt, doch ein rühmliches Denkmal christlicher Barmherzigkeit sind. Dieselben sind nämlich mit ungeheuren Kosten von einem Schneeberger Handelsherrn namens Richter zur Zeit einer großen Theuerung im vorigen Jahrhundert einzig in der Absicht angelegt oder vielmehr dem Felsen abgezwungen worden, um armen Leuten Beschäftigung und Brod zu geben. — Seit dem Sinken des Bergbaus zieht die Stadt ihre hauptsächlichste Nahrung aus dem Handel mit Spitzen und Nähwaren.

D. Gottlob Eduard Leo, 1852

Die Ansicht der meist wohlgebauten und schiefergedeckten Stadt wird, inmitten einer großartig-schönen, obwohl etwas rauhen Natur, durch den Prachtbau der auf dem höchsten Punkte stehenden Kirche mächtig gehoben. Der Anbau der Stadt geschah, sobald 1470 die Schlemaer Bergleute den (jetzt freilich verschwundenen) Silberreichthum des Kirchberges erkannt hatten, planlos und übereilt; daher der zwar große, aber formlose Markt, die langen, aber krummen Gassen.

Unter allen Gebäuden strahlt die Hauptkirche hervor. Dieses 1516—1540 von Meister Hanns errichtete, großartig-schöne, hohe und ungemein helle Gebäude, unter Sachsens evangelischen Kirchen die größte, hat 135 Ellen Länge, 68 Ellen Breite, 63¼ Ellen Höhe, ein fast 36 Ellen hohes Gewölbe, gute Sculpturen an den Galerien, treffliche Cranachische Bilder, schöne Denk-

mäler von den hiesigen Bildhauern H. und J. H. Böhm und einen 135 Ellen hohen, vor 84 Jahren oberwärts sehr zierlich erneuerten Thurm mit vortrefflichem Geläute; insbesondere wird die 159 Ctr. schwere (und als Sachsens größte) Hauptglocke bis 2 Meilen weit gehört.

Der Hüttenhof ist der einzige Rest einstiger zahlreicher Silberhütten am Fuße des Berges. In dem sehr großen hochgethürmten Rathhause sind zugleich das Bergamt und der treffliche öffentliche Ballsaal. Zu den Merkwürdigkeiten gehören noch die der Stadt südwestlich gegenüber liegenden, zum Theil in Felsen gesprengten Gärten, durch deren Anlage ein Kaufmann Richter sich in den Hungerjahren 1772 und 1773 verdient machte. Oeffentliche Spaziergänge sind beim Schießhause und am Glösberge, der sich der Stadt südöstlich gegenüber erhebt; insbesondere zeichnet sich hier Herders Ruhe durch eine schöne Ansicht von Schneeberg und Neustädtel aus.

Albert Schiffner, 1840

Schneeberg, überragt von der St.-Wolfgang-Kirche

Am vergangenen Sonnabend war ich mit Walthern und Raschern nach Schneeberg gegangen. Sonntags gegen 4 Uhr gingen wir von dort: ein wahres Hundewetter traf uns: der Schnee lag eine Elle hoch: es war noch keine Bahn getreten: einer um den andern fiel in den Chausseegraben, weil man diesen von der Straße schwer unterscheiden konnte. Wie wir nach Haslau kamen, zitternd und erstarrt, wurde natürlich vor allen Dingen Schweinebraten und sauere Gurken gegessen. Geld hatten wir gerade noch genug, so daß wir uns jeder ein großes Bierglas Grog machen ließen: wir wurden aufgereiht, commersirten à trois, sangen Burschenlieder; die ganze Stube war voll Bauern: Dein mathematischer Lehrer war auch zu haben, und es floß ein Panegyrikus auf Dich von unseren Zungen. Endlich trat ein dicker Bauer zu uns und bat uns ganz höflich, etwas vorzutragen. Walther, gerührt, entzückt, deklamirte — die Cassandra. Die Bauern zerflossen. Als W. die Stelle deklamirte: »nur der Irrthum ist das Leben, und das Wissen ist der Tod«, verlangte eben ein Bauer mit wahrer Stentorstimme Wurst und Sauerkraut trotz Walthern; Deklamator ließ sich aber nicht stören, sondern donnerte auf die Thränen den Handschuh her, der die Bauern ungemein spannte und wo am Ende applaudirt wurde. Hierauf trat Rascher auf mit seinen tragikomischen Zügen – wurde gleichfalls gelobt. Ich verneinte aber, als man mich anging. Es war nicht Stolz, daß ich es nicht that, aber ich fühlte mich doch zu stolz dazu. Walther sagte endlich den Bauern, daß ich sehr schön Klavier spiele etc., kurz, es wurde eine wahrhaft musikalisch-deklamatorische Abendunterhaltung gegeben: ich phantasirte frei zum Fridolin – die Bauern sperrten das Maul auf, als ich so trunken über die Tasten wegfuhr. Als auch dieses vorbei war, ward ein fideles Tänzchen veranstaltet: wir schwenkten die Bauermädchen nach Noten; mit der sanften, sittsamen Minchen von Müllers tanzte ich einen Wiener, indem Walther so that, als ob er spielte:

Weihnachtsberg im Museum für bergmännische Volkskunst

Der alte Müller mit der alten Müllerin flog mit durch die Reihen. Die Bauern stampften mit den Füßen auf. Wir jubelten und stürzten taumelnd durch die Bauernfüße und nahmen rührend von der Gesellschaft Abschied, indem wir allen Bauermädchen, der Minchen etc., einen schmatzenden Kuß auf die Lippen preßten. Nach zwölf Uhr nachts kamen wir noch sehr wankend und schwankend in Zwickau an.

Robert Schumann am 17. März 1828
an seinen Schulfreund Flechsig

Schneeberg *ist die einzige kursächsische Bergstadt, in der von 1471, als ein großes »Berggeschrey« von den reichen Silberfunden am Schneeberg kündete, bis 1956 ununterbrochen Erz abgebaut wurde. Sachsens außenpolitisches Ansehen und seine innere wirtschaftliche Blüte ruhten auf dem Silberregen, der aber dann 1540 erschöpfte. Später waren es Wismuterze und Kobalt, ab 1800 Nickel und Uran. Der Bergbau prägte jahrhundertelang den Alltag der Menschen, ihr Brauchtum, ihre Denk- und Lebensart. Man merkt's alljährlich im Dezember beim »Fest der Freude und des Lichts« (seit 1963), wenn die weihnachtliche Lichterstadt voller Besucher ist und hinter den Fenstern die Lichter brennen. Dann heißt es wie dereinst: »Rückt ner weng' zamm!«, als man in den Stuben der Bergleute, Schnitzer und Weber am warmen Ofen zusammenrückte. Die Männer schnitzend, die Frauen klöppelnd. Solche Hutzenabende gibt es auch heute wieder, weil's Spaß macht und die Leute zusammenbringt. Der Erzgebirgler ist gern gesellig und heimatverbunden; »annersch möcht ich wua net labn!« Man versteht's nach einem Rundgang durch das Museum für bergmännische Volkskunst in einem der schönsten Bürgerhäuser, dem Bortenreutherhaus (1725). Mit dem Niedergang des Bergbaus im ausgehenden vorigen Jahrhundert wurde aus der Standeskunst der Bergleute für viele der lebenswichtige Broterwerb: Pyramiden und Nußknacker, Heimat- und Weihnachtsberge. So entstand auch der große »Schneeberger Weihnachtsberg« mit über 500 Figuren in rund 50 Einzelszenen, geschnitzt zwischen 1898 und 1926 von Mitgliedern des Schneeberger Bergvereins.*

Lichterfest in Schneeberg

Aus welcher Richtung man auch nach Schneeberg kommt, immer grüßt zuerst die spätgotische St.-Wolfgang-Kirche (1515–40), die zweitgrößte Hallenkirche Sachsens, die nach einem Tieffliegerangriff im April 1945 ausbrannte, bis auf die Umfassungsmauern des Schiffes und den Turm zerstört wurde und seit längerem im Wiederaufbau ist.

Kaum einer verpaßt das lang erwartete Ereignis, wenn am frühen Morgen des 25. Dezember die Turmsänger die 250 Stufen im Kirchturm von St. Wolfgang hinaufsteigen, 200 Kinder, Männer und Frauen, und von oben – vier Uhr in der Frühe – die altehrwürdige dreihundertjährige Bergmannsweise herabschallt: »Glück auf, Glück auf …«

Annaberg

Wir fanden das vorteilhafte Urteil, das man in ganz Sachsen von dem Charakter der Gebürgler fällt, bei allen, mit denen wir zu schaffen hatten, bestätigt; überall

Blick auf Annaberg

die Einfachheit, Gutmütigkeit und Dienstfertigkeit, die man immer finden möchte und die man so selten findet. Kultur und Fruchtbarkeit des Landes schienen mir sehr mittelmäßig; die schlechte Kultur erklärt sich durch die große Menge der Bergwerke, die zwölftausend Männer beschäftigen, während die Weiber und Mädchen in größern und kleinern Zirkeln zusammensitzen und Spitzen klöppeln; die geringe Fruchtbarkeit ist wohl eine Folge des rauhen Klimas dieser Gegenden, wo wir den Roggen noch ganz grün antrafen, wo man diesen ganzen Sommer über einheizen mußte und wo ein sechs Ellen hoher Schnee, der die Dörfer bis an die Dächer begräbt, eben keine Seltenheit ist.

Annaberg, der erste bedeutende Ort auf unsrem Wege, ist eine sehr gut gebaute, nahrhafte Stadt, die besonders die gebürgischen Spitzen ausführt und mehrere Kaufleute zur Frankfurter Messe schickt. Wir bestiegen den nackten, steinigen Bielberg, an dessen Fuß die Stadt sich hinzieht: von drei Seiten Wald und Feld in buntem Gemisch, ohne Bedeutung, aber auf der vierten liegt die bebaute Fläche sehr malerisch vor uns ausgebreitet; an diese schließt rechts ein Wiesengrund mit einem gebürgischen Dorf, der sich in die rings umgebende waldige Höhe und in den höher hervorragenden Fichtelberg und Dürrenberg verliert.

Friedrich Karl von Savigny im September 1799
an Georg Friedrich und Leonhard Creuzer

Der erste Tag führte uns bei heiterm Wetter nach Annaberg. Von Tharandt den Berg hinauf wanderte Goethes Enkel, den ich schon in Dresden gesehen, mit seinem Mentor rüstig gen Freiberg hinaus. Möge etwas von dem Einflusse, den das Geheimnisvolle alles Bergwesens immer auf den Großvater gehabt hatte, auch ihm zugute kommen! Weiterhin beschäftigten mich die eigenen Physiognomien der Bergleute. Meist kluge, stille und in sich zusammengefaßte Gesichter! Ist es doch merkwürdig, wie selbst gemeine Naturen durch eine gleichmäßige, nicht ohne Gefahr geübte und auf wissenschaftlicher Basis ruhende Tätigkeit sich zu veredeln pflegen! Ihr Wesen stimmt recht zu dem Eindrucke der öden und dabei innerlich reichen Freiberger Gegend mit ihren Halden, ihren grauen, spitz gebauten Pferdegöpeln und alten Schmelzwerken! Wir machten noch abends einen Spaziergang um das reinliche Annaberg und weilten mit Interesse auf dem Kirchhofe am Dresdener Tore am Leichensteine jener Barbara Uttmann, der Erfinderin des Spitzenklöppelns, welche im 16. Jahrhundert hier verstarb. Auch steht da eine alte Linde, eine Art Heiligtum der Stadt; denn vor ein paar hundert Jahren wurde sie von einem eifernden Geistlichen als Symbol der Auferstehung umgekehrt mit der Krone in die Erde gesetzt, so daß nun Pfahl- und Nebenwurzeln sich zu Zweigen entwickeln mußten; denn so sollten sie beweisen, daß ein einmal wahrhaft Lebenskräftiges auch unter den sonst zerstörenden Einflüssen doch sein eigenstes Wesen zu erhalten die Kraft habe; und wirklich wurden hier die Wurzeln zu Ästen, ihren frühesten Typus übrigens immer noch deutlich genug verratend. Grau und eintönig hoben sich jetzt einzelne Häuser, zumeist aber die alte hohe Kirche, über die verfallende Stadtmauer herauf, und ein spätes Abendrot schimmerte unter ziehendem Gewölk friedlich über der einsamen Landschaft.

Carl Gustav Carus, Tagebuch 1833

Nun lassen wir uns zu der ansehnlichsten Stadt des oberen Erzgebirgs, zu dem freundlichen Annaberg, führen. Diese Stadt liegt auf einer ansehnlichen Höhe zwischen der Sehm und dem weithin sichtbaren Pöhlberge. Ihr gegenüber, am rechten Ufer der Sehm, liegt der Schrekkenberg, welcher die ansehnlichsten Erzgruben im Betriebe hat. Dem Wanderer gefällt es leicht in dem lieben Annaberg mit seinen geräumigen Straßen, seinen stattlichen, zum Theil mit Gärten und Gärtchen gezierten Wohnungen. Außer dem Bergbau, der hier noch immer sehr wichtig ist, ist es besonders Spitzenklöppeln, Seidenweberei und Posamentirerei, was die fleißigen Bewohner Annabergs beschäftigt.

Eine wahre Zierde der Stadt ist die 110 Ellen lange, 48 Ellen breite und 36 Ellen hohe Hauptkirche zu St. Annen, welche vor mehreren Jahren in ihrem Innern eine freundlichere und zeitgemäßere Gestaltung erhielt. Von der Kirche wandern wir zum Annaberger Fried-

Die spätgotische St.-Annen-Kirche ist der Patronin des Bergbaus gewidmet

hofe, wo wir die Hospitalkirche, das Grabmal der Barbara Uttmann, die große Linde betrachten und von der sogenannten heiligen Erde uns erzählen lassen. Die Hospitalkirche ist die einzige Kirche Sachsens, welche auch nach außen zu (nach dem Kirchhofe zu) eine Kanzel hat, und bei gutem Wetter wird auf derselben am Trinitatisfeste die Kirchweihpredigt gehalten, und die Zuhörer sitzen auf den Gräbern umher.

D. Gottlob Eduard Leo, 1852

Annaberg *lebe vom Bergbau auf Silber und Kobalt, von der Bandmanufaktur und vom Spitzenklöppeln, das die selige Barbara Uttmann – sie ruht auf dem katholischen Gottesacker – von einer aus Brabant vertriebenen Protestantin erlernt habe. So ist es in dem Prachtwerk »Das Königreich Sachsen, Thüringen und Anhalt« von 1862 nachzulesen. Zumindest die ökonomischen Koordinaten sind damit ausgeschritten. Am Anfang stand das große »Berggeschrey« um zwei Lot Silber, so der Chronist, das die Gegend um den fündigen Schreckenberg anno 1492 »mit Gewalt volkreich« machte. Bereits um 1510 hatte St. Annaberg 12 000 Einwohner und damit mehr als Dresden und Leipzig zusammen. Gerechnet nach Adam Ries, hierzulande hochgeachteter kurfürstlich-sächsischer Hofarithmetikus und Bergbeamter, der von 1515 bis 1539 in dem stattlichen Haus in der Johannisgasse wohnte. (Seit 1984 erinnert ein hier eingerichtetes Museum an den berühmten Rechenmeister.) Als sich die Annaberger zwischen 1499 bis 1525 die spätgotische Kirche St. Annen, gewidmet der Patronin des Bergbaus, erbauten, sahen sie nicht so genau auf Taler und Groschen. So entstand hier die bedeutendste Hallenkirche Sachsens. Nach fast 15 Jahren andauernder Restaurierung nun vielleicht auch wieder die schönste. Ungefähr genausolange wohnt, 209 hölzerne Stufen hoch, 42 Meter über der Stadt, wieder eine Türmerin in dem 78 Meter hohen Turm. Von hier oben geht dann der Blick übers Erzgebirge, in dessen einst mächtige Wälder sich der Silberentdecker und Drechsler Caspar Nietzel vor einem halben Jahrtausend ahnungsvoll für immer zurückgezogen hatte.*

Oberwiesenthal/Fichtelberg

Noch immer ziehen wir hinan und wieder nach Sachsen hinüber bis in das freundliche Städtchen Wiesenthal, wo uns das wirtliche Rathaus Nahrung und Ruhe gewährt. Wiesenthal liegt am Fuße des Fichtelberges, des höchsten Berges in Sachsen, der tiefer unten nur durch das Grenzwasser von dem gleichen hohen Dürrenberg getrennt wird und höher hinauf durch einen Bergrücken mit ihm zusammenhängt und so einen Kessel bildet, in dem das Grenzwasser entspringt. Es ist schön, daß der herrliche Grund so ganz in sich beschlossen daliegt.

Wir bestiegen früh um fünf die Spitze des Fichtelberges, aber ein dichter Nebel lag um uns her; nur zuweilen wurde hie und da wie ein großer Vorhang aufgezogen, und wir sahen herrliche Partien im schönsten Glanz der Morgensonne, aber gleich wieder eine schwere Masse Nebel davor und verstärkte das Magische dieses Anblicks; wir ahneten mehr, als wir sahen, Nachmittags gingen wir wieder herauf, und der Nebel hatte sich verloren, aber die schlechte Beleuchtung eines dunklen Regentags ließ uns alles Entfernte im einförmigen Blau erscheinen – und doch war das, was wir sahen, herrlich. Um uns her in einer Entfernung von fünf bis sechs Meilen ein Kreis von waldigen Bergen, der Horizont der Ebene; über ihm weg gerade vor uns die Ebene von Leipzig in einer Weite von fünfzehn bis achtzehn Meilen; links die höhern Gegenden von Franken mit dem zwölf Meilen weiten Hof, das man an hellen Tagen deutlich erkennt; rechts in einer endlosen Ebene eine große Zahl kegelförmiger Berge, die bis nach Leitmeritz hinziehen und hier einen herrlichen Anblick gewähren; und unter unsern Füßen das freundliche Stadel (Wiesenthal) mit weißen Häusern und aschgrauen Dächern und drüber der hohe Dürrenberg mit seinem bebauten Abhang, an dem eine Reihe von zwanzig Häusern der Länge nach hinzieht. – Ich kenne keinen passenderen Ort zu einer schönen Abgeschiedenheit als diese Gegend.

Karl von Savigny am 13./15. September 1799
an Georg Friedrich und Leonhard Creuzer

Oberwiesenthal am Fuß des Fichtelberges

Könnten wir doch in die Klöppelschule zu Oberwiesenthal alle die Kinder führen, welche Aeltern haben, die ihnen das Nothwendige an Nahrung und Kleidung geben können; so würden sie hier lernen können, welch' ein Glück es sei, solche Aeltern zu besitzen. Die armen Klöppelschüler zu Oberwiesenthal müssen nämlich durch Klöppeln für sich und zum Theil selbst für ihre Aeltern das Brod verdienen. Diese armen Kinder (gegen 70) haben keine freie Stunde des Tags; denn früh von 6 bis 9 Uhr besuchen sie die öffentliche Schule, und dann geht's von 9 bis 12 Uhr in die Klöppelschule. Um 1 Uhr nimmt der Unterricht in der Klöppelschule wieder seinen Anfang und dauert mit kurzer Unterbrechung im Sommer bis um 10 Uhr, im Winter bis um 12 Uhr in der Nacht. Und diese armen Kinder finden, wenn sie zu Mittag nach Hause kommen, oft nicht einmal das trokkene Brod! Und doch hat sich der Staat durch Errichtung dieser Klöppelschule, welche eine jährliche Unterstützung aus der Landesprämiencasse erhält, ein wahres Verdienst um Oberwiesenthal erworben. Die Stadt ist nämlich arm und wird immer ärmer, und die 60 bis 70 armen Kinder, welche hier von zwei Lehrerinnen das Klöppeln erlernen, würden mit ihren Aeltern das Drükkende der Armuth noch weit mehr empfinden, wenn sie

nicht in dieser Schule einige Groschen verdienen könnten.

Oberwiesenthal liegt, wie schon erwähnt, am Fuße des Fichtelbergs, der unter allen Bergen Sachsens die weiteste Umsicht gewährt. Diese Umsicht ist noch durch einen Thurm erweitert worden, welchen man vor einigen Jahren auf dem Fichtelberge erbaut hat. Der Fichtelberg ist noch einige 100 Fuß höher als der Blocks-

In Oberwiesenthal liegt der Schnee oft bis in den Mai hinein

Seit 1896 verkehrt hier die Kleinbahn

Wintersportparadies am Fichtelberg

berg. Er ist reich an Holz, und seine Wiesen bringen reiches Futter, daher denn auch in Wiesenthal Viehzucht getrieben wird. Auf diesem Berge entspringen auch drei vaterländische Flüsse, die Zschopau, Sehm und das Schwarzwasser.

Was die Bewohner von Oberwiesenthal öfters im Winter, bei großem Schneefall, zu leiden haben, dafür hier nur ein Beispiel. Unter dem 5. Februar 1844 wurde aus Wiesenthal geschrieben: »Seit dem 18. Januar d. J. bis zum heutigen Tage hat es bei uns noch nicht ganz aufgehört zu schneien. Es liegen daher auf unsern Gassen und Straßen ungeheure Schneemassen zu hohen Bergen aufgethürmt, so daß vor dieser Menge des Schnees fast Niemand eher aus seiner Wohnung zu kommen im Stande war, bevor er sich nicht erst mit großer Anstrengung durch stundenlanges Auswerfen des Schnees den Ausweg gebahnt hatte. Mehrere Häuser liegen bis unter das Dach im Schnee begraben, und fast alle Wohnungen stecken beinahe bis über das erste Stockwerk im Schnee. Von den Gärten ist denn kein Zaun mehr sichtbar, ebenso auch von den gepflanzten Bäumen, besonders auch an der Chaussee, welche nach Gottesgab führt.« D. Gottlob Eduard Leo, 1852

Oberwiesenthal *war für Albert Schiffner anno 1840 »an Höhe in Deutschland der vierte, in Sachsen die erste*

Stadt«. Das »höchste Amt« hat Oberwiesenthals Bürgermeister über seine 4 200 Bürger bei täglich mindestens 4 500 Urlaubern und Gästen noch immer. Die sich erst seit 1935 als Kurort präsentierende Stadt mit einer Höhenlage zwischen 900 und 1 214 Metern über dem Meeresspiegel zieht wie ein Magnet die Leute an – bis zu 10 000 Tagestouristen, was – statistisch berechnet – jeden 17. DDR-Bürger hierher führt. Nicht zuletzt wegen der Höhe, denn die bedeutet bis in den Mai hinein Schnee. »Oft aber geschieht es«, so ein Bericht aus dem Jahre 1840 (»Bilder aus dem Sächsischen Berglande«), »daß durch einen Schneesturm in wenigen Stunden die Straßen der Stadt halb verschüttet und unpassierbar gemacht werden; die Insassen ganzer Häuserreihen sind eingekerkert, die Zimmer in den Erdgeschossen sind wie Kellerräume ...« So hat denn solch Emporgehobensein auch seinen Preis. Der Volksmund nannte die Gegend um den 1 214 Meter hohen Fichtelberg vor hundert Jahren den »sächsischen Nordpol«. Um 1890 ließ ein Bergwirt aus Norddeutschland »lange Hölzer« kommen, um dem metertiefen Schnee beizukommen. Doch wie man mit den Brettern umzugehen hatte, lehrte erst ein norwegischer Ingenieur namens Ohlsen, der ein paar Jahre später mit der 1896/97 gebauten Bimmelbahn von Cranzahl her in Oberwiesenthal ankam und als erster Skilehrer sein Glück machte. Bereits 1906 gab es einen Skiklub Ober- und Unterwiesenthal, und damit war der erste Grundstein zum Ruhm des »sächsischen St. Moritz« gelegt. Und zum neuen Broterwerb, denn bereits 1850 kam jeglicher Bergbau zum Erliegen, mit der »Spitzen-, Fransen-, Posament-, Band-, Nadelnfertigung« (Schiffner) aber war kein Reichtum zu gewinnen. 1924 wurde eine Seilschwebebahn zum Fichtelberg gebaut. Hier oben besteht seit 1916 eine Wetterwarte, seit 1950 ein Bergobservatorium.

Noch bis weit in unser Jahrhundert hinein verkehrte in Seiffen die Postkutsche

Seiffen

Der Bergflecken Seifen ist weithin bekannt durch seine hölzernen Spielwaaren und andere Holzwaaren, Seifener Waare genannt. »Hier nämlich, zum Theil auch in der Gegend von Augustusburg, Olbernhau und Gräfenhainichen, werden Millionen von Schachteln, Kästen, Tellern, Quirlen, Rührlöffeln, Mulden, Schaufeln, Kuchenschiebern u. s. w., besonders aber in und um Seifen die zahllosen Döschen, Nadelbüchsen, Pfeifen, Violinen und Hackebretter, Figuren aus Thier- und Menschenwelt, Spiele, Bauhölzer zu Gärten, Häusern, Vorwerken, Burgen und Städten und sonst noch eine Menge klingendes, quikendes, bellendes und knarrendes Spielzeug gefertigt, das man, unter dem Namen ›Seifener Waare‹, Frachtwagen voll auf unsere Märkte, am meisten nach Nürnberg fährt, ja über Hamburg sogar in die fernsten Welttheile verschifft. Von einem Artikel werden oft viel tausend Stück auf einmal verladen, und die Fälle sind nicht selten, daß ein Hamburger Kaufmann 10 bis 12 000 Dutzend Nadelbüchsen, 2 bis 3 000 Dutzend Schachteln mit Häusern u. s. w. bestellt. Jede Woche geht ein vierspänniger Wagen solcher Waare einmal nach Nürnberg, einmal nach Leipzig. Die Entstehung dieser Fabrik, welche gegen 400 Menschen beschäftigt, fällt ins 16. Jahrhundert; doch lieferte sie bis vor etwa 90 Jahren nächst Hemdenknöpfen, Tellern, Spinnrokken u. s. w. blos wenige Sorten plumpes Spielzeug, das mit dem jetzt so niedlichen und mannichfachen nicht zu vergleichen ist. Nur Buchen, Ahorn, Tannen und Fichten taugen dazu. Viel Waare wird geschnitzelt, weit mehr, mit Hilfe des Wassers gedreht; denn durch die meisten Stuben gehen kleine Canäle, welche die Drehbänke in Bewegung setzen. In Seifen giebt es fast kein Haus, wo nicht entweder jahraus jahrein oder wenigstens im Winter und an Feierabenden die Drechselbank schnurrt. In einer Stube arbeiten oft 8 bis 10 Drechsler, während Weiber und Kinder malen, schnitzeln, leimen, zusammensetzen, ausstoßen u. s. w. Jahre-, ja wohl Lebenslang fertigt eine Person täglich dieselbe Sache, ein Drechsler z. B. Schäfchen, die anderer Rädchen, ein

Die bekannte Bergkirche von Seiffen

dritter Pfeifchen u. s. w. Nur dadurch sind die geringen Preise dieser Waaren möglich, wobei der Fleißige dennoch wöchentlich mehrere Thaler verdienen kann. Ein Blick in die Werkstätten dieser thätigen Menschen ist erhebend, wenn man sich erinnert, wie viel Millionen von Kindern an Jahren und Geist – denn Seefahrer beschenken auch die Wilden mit Seifener Waaren – hier Freude bereitet wird.« D. Gottlob Eduard Leo, 1852

Seiffens *1776/79 von dem Zimmermann Christian Gotthelf Reuther aus Kreischa am Fuße der Halden für 1 100 Taler Kosten erbaute Bergkirche dürfte zumindest genauso oft abgebildet worden sein als ihr weltberühmtes Vorbild, die Dresdner Frauenkirche von Georg Bähr. Denn die Dorfkirche wurde in ungezählten Stükken, en miniature in Holz, nachgebildet, als billige Ware zusammen mit anderen erzgebirgischen Häuschen in den ovalen Spanholzschachteln schon zu Zeiten unserer romantischen Reisenden in alle Welt verschickt und dort von Kinderhänden zu einem typischen Erzgebirgsdorf mit aufgestellt. »Der Vertrieb dieser Artikel ist*

Freilichtmuseum Seiffen

außerordentlich und steigt fast täglich«, schreibt Karl August Engelhardt in Merkels Erdbeschreibung von 1804 über das Spielzeugdorf, dessen preiswerte Drechselarbeit und Spielwaren spätestens seit 1750 als »Seiffener Ware« ein gesuchter Artikel auf den europäischen Märkten waren. Damals hatte das ursprünglich vom Bergbau lebende Dorf rund 450 Einwohner, und noch bis zum Ende des 19. Jahrhunderts war das Ortsbild von den kleinen einstöckigen Häusern mit den hohen Schindeldächern geprägt. Darin Küche, Wohnraum und Werkstatt in einem, die ganze Familie am Tisch beim Leimen und Bemalen und im Kachelofen neben dem Essen die warmzuhaltenden Töpfe für Leim und Farbe. Als Lichterkirche zur Advents- und Weihnachtszeit, wenn über hundert Kerzen in den Glas- und Holzleuchten brennen und die Emporen mit den Mettenlaternen geschmückt sind, wurde Seiffens Rundkirche zum besonderen Symbol.

Im Jahre 1971 entstand als Abteilung des Erzgebirgischen Spielzeugmuseums Seiffen ein Freilichtmuseum, in dem Wohn- und Lebens- sowie Arbeitsweise der für diese Landschaft charakteristischen Berufszweige der Holzverarbeitung und Holzbearbeitung in unmittelbarem Schaukontakt nacherlebbar werden. So befinden sich auf dem etwa drei Hektar großen Areal am Rande der Gemeinde ein Bergmannswohnhaus in Fachwerk, ein Flößerwohnhaus (aus Rechenberg-Bienenmühle) und ein Waldarbeiterhaus von 1813 (aus Deutscheinsiedel) sowie ein Wasserkraft-Drehwerk; 1984 wurden ein Spankorbmacherhaus, 1985 das Spritzenhaus und 1986 ein Stellmacherhaus öffentlich zugänglich.

Frauenstein

Frauenstein, Burg und Städtgen, liegt in dem Meißnischen Erzgebirge, zwischen der Freibergischen Mulde und der wilden Weißritz, oder noch genauer, zwischen den in dem Amte Frauenstein entspringenden beiden Bächen der Gimniz und Bobrizschbach, und zwar der lezten am nächsten.

Durch das Städtgen geht die Böhmische von Kloster Grab nach Freiberg führende Landstraße. Die Entfernung Frauensteins sowol von Freiberg als von der Böhmischen Landesgrenze beträgt zwei Meilen.

Die Burg liegt auf dem erhabensten Orte der dasigen mäßig gebirgigen Landschaft. Aufmerksame Reisende können sie aus vielen Landesgegenden in weiter Entfernung erblicken. Man übersiehet von derselben den größten Theil Meißens. Mit unbewaffnetem Auge erkennet man gegen Osten die Veste Stolpen und in der halben Entfernung über Dippoldiswalde den Wilschberg, nordostwärts Radeberg und den Keulenberg bei Königsbrük, dann weiter gegen Norden Morizburg unter Dresden und nahe dabei die Lößnitzer Weingebirge, die sich mit ihren Mauern und Lustgebäuden zu nähern scheinen. Ueber alle diese Orte hinaus und dann nordwärts jenseits des Tharandter Waldes bis an den hoch emporsteigenden Culm bei Oschatz beherrschet man von diesem erhabenen Standpunkte noch eine weit ausge-

Burgruine Frauenstein

Am Geburtshaus der Orgelbaumeister Silbermann in Frauenstein

strekte vortreflich angebauete Landschaft, begrenzt von Wäldern und Höhen, die sich am blauen Horizonte verlieren.

Die alte Burg ist auf Felsen von rothem, porfirartigem Granit erbauet und, seitdem es wüste liegt, mit wildaufgewachsenem Laubholz bekleidet. Das Hauptgebäude bestehet aus zwei großen und hohen von eben dem Gesteine und andern Feldsteinen aufgeführten vierseitigen, an den Ekken aber rund gemauerten sehr starken, nur im zweiten und dritten Stokke mit wenigen und kleinen Fenstern versehenen Thürmen, die durch ein niedrigeres Mittelgebäude vereiniget sind, in dessen Mitte der Eingang befindlich ist. Ueber der Thüre war ehedem ein in Sandstein nur wenig erhaben ausgearbeiteter Frauenkopf eingemauert, an dessen Seiten von oben bis an den Hals herab kleine Lokken oder große Perlen herabhiengen. Im Frühjahre 1779 ist dieses Wahrzeichen ausgebrochen und entwendet worden.

Günther und Friedrich Christian Schlenkert, 1794

In Frauenstein, welches gar hoch gelegen ist und daher eine schöne Umsicht gewährt, wirft die Viehzucht, zu welcher sich die Bewohner durch ihre schönen, reichen Wiesen veranlaßt sehen, einen reichen Ertrag ab. Der Butterhandel, welcher in Frauenstein und in der Umgegend betrieben wird, ist bedeutend, und die Straße, welche von Seyda über Frauenstein nach Dresden führt, heißt seit alter Zeit die Butterstraße.

Die Trümmer der sonstigen Burg wurden vor wenigen Jahren noch gern von den Reisenden um der Aussicht willen erstiegen, welche man von denselben hatte; jetzt aber wagt sich Niemand mehr auf dieselben, weil sie dem Einsturz nahe sind. Die Kirche zu Frauenstein hat eine vortreffliche Orgel Silbermanns. Das Holz, welches in den bedeutenden Waldungen der Frauensteiner Gegend geschlagen wird, wird theils auf der Weiseritz und Mulde verflößt, theils in Bretmühlen, deren es in dieser Gegend sehr viele giebt, zu Bretern verschnitten. Ausgebreitet ist endlich noch der Leinbau und Garnhandel dieser Gegend. Ueber 20 Mühlen schlagen Leinöl, und in allen Dörfern giebt es Weber, die aber meist nur grobe und mittlere Waaren liefern.

D. Gottlob Eduard Leo, 1852

Frauenstein *ist heute – 660 Meter hoch gelegen – ein Höhenkurort in dem (10 000 Hektar großen) Landschaftsschutzgebiet »Osterzgebirge«. Beliebt vor allem unter den Wintersportlern. Bevor sich die Touristen – rund 60 000 im Jahr – im Städtlein selbst umsehen, zieht sie's zum Renaissanceschloß (1585/88) mit dem Heimatmuseum und den dahinter gelegenen, höchst malerischen Ruinen der 1728 abgebrannten Burg (um 1200). Und wer das Schild an der Stadtkirche übersah, der erfährt's spätestens im Museum, daß in der Nacht zum 3. Oktober 1869 alle bedeutenden Häuser und Bauten am Markt und darüber hinaus abbrannten. Der Wiederaufbau ging zügig voran, der Sächsische Landtag bewilligte 12 000 Taler für Rathaus, Schule und*

Kirche. Und so bietet sich der Ort mit seinem übergroßen Marktplatz noch heute. Wirklich berühmt wurde er durch den Orgelbaumeister Gottfried Silbermann, der am 14. Januar 1683 in einem Bauernhaus in dem nunmehr eingemeindeten Dorf Kleinbobritzsch geboren wurde. Ein echter Sohn seiner Heimat, der ehrenvolle Berufungen ins Ausland mit dem Bekenntnis ablehnte: »Solange ich hier mein Brot finde, verlasse ich mein Sachsen nicht …«

Den Weg hinab, da wo er ein wenig verschnauft, liegt das schöne Fachwerkhaus aus dem Jahre 1680. Es blieb erhalten, nicht jedoch die beiden Silbermann-Orgeln von 1711 und 1738. Beide verbrannten 1728 und 1869. Der Kantor rettete nur die Orgelbank. Sie ist im Schloßmuseum zu besichtigen.

Berggießhübel

Das Bad und Bergstädtchen Berggießhübel ist so anmuthig gelegen, daß nicht nur die zahlreichen Fremdlinge, die diese Teplitzer Straße ziehen, dadurch überrascht werden, sondern daß man auch Monate lang dort gern sein und doch immer neue Berg- und Thalpartien mit wahrhaft malerischen Durchsichten und weiten Panoramen auffinden kann. Schon vor hundert Jahren hat ein gelehrter Naturfreund und Badegast lateinisch davon gesungen:

Hier umwehet Dich mild und heilend der Odem der Berge,
Fröhlich verrinnet die Zeit, lacht die Natur Dir umher.
Denn nicht schauen mit kahlen Scheiteln die Berge hernieder,
Blüthen und duftiges Grün kränzen ihr jugendlich Haupt.
Stehe der Sinn nach Andern nach hohen städtischen Mauern!
Meinem Herzen genügt dieses mein engeres Thal.

Und an Gellert schreibt eine Freundin vom 3. Juli 1768: »Hier bin ich nun seit 14 Tagen im Bade wie Sie vor 4 oder 5 Jahren. Noch nirgends habe ich ein so ähnliches Urbild zu der Idee gefunden, die ich von Arkadien habe, als hier.« – Gleichwohl ist es seitdem nur noch unvergleichlich schöner geworden und wird es noch von Jahr zu Jahr. Aus den Ruinen des letzten Krieges, wo die Gemeinde bis auf wenige Familien ausstarb, ist ein freundliches Städtchen erstanden. Aus dem unscheinbaren, mühsamen Hohlwege durch den Ort hinan, dem man die alte Deutung gab: »Berg is übel«, ist eine ächt malerische Landstraße mit schönen Alleen und Aussichten geworden. Aus vielen steinigen Haiden und dürren Bergen, die zum Theil auch so hießen, ward und wird immer mehr Fruchtfeld, Kulturwiese, Baumanlage. Zu den anziehendsten Punkten mit ihren Rundsitzen sind zahlreiche Alleen geführt, die überhaupt samt dem ockerrothen Boden und den vielen Halden, den Birken und Schwarzwäldern und den Felsenwänden, besonders den von Fremden für Burgruinen angesehenen Hochsteinfelsen, dem ganzen Thale einen eigenthümlichen Charakter geben. Das Landhaus Friedrichsthal und das zu ihm gehörige Bad selber, 1722 durch den edlen Kriegszahlmeister Tüllmann erbauet, ward seit 1822 durch den edlen Wohlthäter des Ortes, Generallieutenant v. Leyßer, schöner umgewandelt und wird es noch immer durch neue Anlagen. Fremde, die nur Stunden hier verweilen, möchten wenigstens folgende ganz nahe Punkt aufsuchen: Zuerst die freundliche Ansicht vom Bade und Orte, die wir hier aufgenommen haben: von einer Gartenlaube und einem Steinsitze, wenige Schritte dem Bade gegenüber, dem Anfang einer felsigen und botanisch reichen Anhöhe, die sich, wie eine Schutzmauer, dicht hinter dem unteren Städtchen fortzieht und ihren Namen Schauhübel mit Recht führt; von der weiterhin auch die Perspektive aufgenommen ward, die bei Skerl in Dresden zu finden ist.

Saxonia, Bd. 5, 1841

Berggießhübel *wurde im 14. Jahrhundert von böhmischen Bergleuten gegründet; 1548 erhielt das Bergmannsdorf Stadtrecht. Das hier gewonnene Eisen nannte Agricola das »fürtrefflichste« in Deutschland. Den eigentlichen Segen aber brachte dem Städtchen im Tal der Gottleuba die heilkräftige Quelle eines Berg-*

stollens, der 1717 entdeckte Johann-Georgen-Brunnen. Fünf Jahre später kam der Friedrichsbrunnen hinzu, und eine kurfürstliche Order von 1722 legte den Bau eines Badehauses und des Schlosses Friedenstal fest. Reklame machte die Werbeschrift des Physikers Dr. Johann Henkkel, und so kam es schnell zu einem richtigen Badebetrieb für »vornehme Standes Personen«. Als der Fabeldichter Christian Fürchtegott Gellert und der Satiriker Gottlieb Wilhelm Rabener 1767 hier zur Kur weilten, woran heute noch der nach Gottleuba führende Poetenweg erinnert, reisten bereits so viele Gäste an, daß man auch in den umliegenden Dörfern Quartier buchte. Nach der Entdeckung weiterer Quellen wurden Kurhaus und Gasthof erneuert, ein Kurpark eingerichtet und zwei Wochenmärkte abgehalten. Sogar eine romantisierende künstliche Ruine konnte man sich nun in dem Kurstädtchen leisten, das heute mit seinen 2100 Einwohnern bei 5000 Kurgästen und Urlaubern der größte Kneippkurort der DDR ist.

Volkskundliches

Holzhäuser

Im oberen Gebirge, wo das Holz zum grossen Theile werthlos war, weil die Verkehrswege fehlten, um es auf dem Markt des in früheren Zeiten weit weniger umfangreichen Bedürfnisses zu bringen, findet man heute noch Blockhäuser. Auf einer Unterlage von Steinen als Fundament ist aus zusammengeschränkten Stämmen, deren Zwischenräume mit Moos, Heidekraut und mageren Letten ausgestopft sind, dasselbe errichtet. Es hat entweder zu beiden Seiten des in der Mitte der Breitseite

Berggießhübel, seit mehr als 250 Jahren Badeort

liegenden Einganges Wohnzimmer und dient in diesem Falle für zwei oder mehr Familien, oder es hat auf der einen Seite den Wohnraum und neben dem Eingange einen kleinen Stall, der einer Kuh, einer Ziege oder einem Schweine, je nach dem Grade der Wohlhabenheit des Besitzers, zum Aufenthalte dient. Kleine, mit engen Schiebern versehene Fenster, zu denen man kaum den Kopf herausstecken kann, dienen den niederen Räumen zur mässigen Erhellung und Lüftung. Grosse Kachelöfen nehmen einen beträchtlichen Theil des Wohnraumes ein, in welchem auch gekocht wird, und die Verträglichkeit der Gebirgsbewohner wird bei Zeiten geübt, denn nicht selten wohnen in einem Zimmer mit vier Fenstern eben so viele Familien.

Moritz von Süssmilch-Hörnig, 1862

Fleiß der Gebirgler

Der Fleiß der Bergleute ist fast zum Sprüchwort geworden. In der Grube arbeitet der Bergmann täglich (den Tag zu 24 Stunden gerechnet) acht Stunden und nennt diese Zeit die Schicht. Da nun der gewöhnliche Handarbeiter den Tag über viel länger arbeiten muß, so bleibt dem Bergmanne noch Zeit übrig, und diese weiß er recht gut auszufüllen. Bald sucht er am Klöppelsack noch einigen Verdienst, bald macht er Schnitzwerk zum Verkauf, bald arbeitet er auf seinem dürftigen Acker, damit er ihm die nährende Kartoffel abgewinne. Ja, hier erwartet ihn alljährlich eine saure Arbeit! Welche Steine liegen oft auf dem Waldboden, welchen der Bergmann, welchen der Erzgebirger überhaupt urbar zu machen sucht, zerstreut; wie schwer hält es, sie fortzubewegen oder zu zermalmen! Wie oft muß er, wo das steinige Land nicht mit Erde bedeckt ist, in Körben Erde zutragen, und oft schwemmt ein einziger bedeutender Regenguß das so schwer gewonnene urbare Land hinweg und verdirbt seine Mühe! Und nicht bloß der Hausvater in den Bermannshütten sucht zu arbeiten und durch Arbeit zu gewinnen, sondern dort rühren alle die fleißige Hand, und selbst die Kinder der Bergleute werden angehalten, ihr Brod zu verdienen.

D. Gottlob Eduard Leo, 1852

Gebirgserlebnis

Wir fanden dieses Gebirge wie alle, sehr bebaut und bewohnt, lange Dörfer, alle Häuser 2 Stock hoch, meistens mit Ziegeln gedeckt, die Täler grün, fruchtbar, zu Gärten gebildet, die Menschen warm und herzlich, meistens schön gestaltet, besonders die Mädchen. Das Enge der Gebirge scheint überhaupt auf das Gefühl zu wirken, und man findet darin viele Gefühlsphilosophen, Menschenfreunde, Freunde der Künste, besonders der Musik. Das Weite des platten Landes hingegen wirkt mehr auf den Verstand, und hier findet man die Denker und Vielwisser. Ich möchte an einem Orte geboren sein, wo die Berge nicht zu eng, die Flächen nicht zu weit sind. Es ist mir lieb, daß hinter Deinem Hause die Laube eng und dunkel ist. Da lernt man fühlen, was man in den Hörsälen nur zu oft verlernt.

Aber überhaupt steht der Sachse auf einem höhern Grad der Kultur als unsre Landleute. Du solltest einmal hören, mit welcher Gewandtheit ein solches sächsisches Mädchen auf Fragen antwortet. Unsre (maulfaulen) Brandenburgerinnen würden Stunden brauchen, um abzutun, was hier in Minuten abgetan wird. Auch findet man häufig selbst in den Dörfern Lauben, Gärten, Kegelbahnen etc. so, daß hier nicht bloß, wie bei uns, für das Bedürfnis gesorgt ist, sondern daß man schon einen Schritt weiter gerückt ist und auch an das Vergnügen denkt.

Heinrich von Kleist am 3. September 1800
an Wilhelmine von Zenge

Leben im Erzgebirge

Wie lebt der arme Mann des Hochlandes? Früh etwas abgenommene Milch oder Kaffee, bestehend aus ⅓ Kaffee und ⅔ Surrogaten; um 10 Uhr an dem Ofen gedörrte Erdäpfel, zu Mittag ein Erdäpfelmuß oder, wenn es gut geht, einen sogenannten Ziegenbartschwamm (Pilze) in Milch gekocht; zum Halbabend Kaffee und Brod und Abends wieder Erdäpfel. Bei Spinnvereinen, den Abendunterhaltungen des Hochlands, figurirt wieder Kaffee; selten ist Sontags ein Fleischgericht oder ein Götzen (Erdäpfelauflauf mit Reibekäse bestreut). Und bei dieser schmalen Kost sind unsre Bergbewohner doch guter Dinge. O, sollten die reichen Leute, welche bei allem Ueberfluß, bei den ausgesuchtesten Gerichten keine wahre Heiterkeit haben, sondern mit Verdruß und Mißmuth um sich blicken, in manche Bergmannshütte bei Schwarzenberg treten und sehen, wie dort Aeltern und Kinder herzlich vergnügt ihren Möhrenkaffee schlürfen oder ihren Götzen verzehren; vielleicht, daß sie beschämt würden und die Tugend lernten, welche das göttliche Wort uns in dem Spruche empfiehlt: So wir Nahrung und Kleidung haben, so lasset uns genügen! Wer heitern Gemüths ist, singt auch gern ein Lied oder greifet zur Schalmei und Leier; und unsre lieben Bergleute sind auch große Freunde der Musik, von welcher schon Luther sagte, daß sie nach der Theologie schier die erste Kunst sei. Das klangreiche Erzgebirge hat fast in jedem jungen Burschen seinen Dilettanten, und wer zur Zeit der Messe in Leipzig gewesen ist, wird ja noch wissen, wie er oftmals des Morgens mit einer Choralmelodie begrüßt wurde, welche Bergleute im Hause oder Hofe spielten.

D. Gottlob Eduard Leo, 1852

Weihnachtsbräuche

Man muß nur die Freude und Andacht sehen, mit der nicht nur die Kinder, sondern auch die Erwachsenen zu Weihnachten im Erzgebirge die Krippen betrachten. Das sind in Holz geschnitzte Darstellungen der Geburtsgeschichte Christi, und manche sind wirklich kunstreich und sehr schön. Da sieht man auf einem Berge die Stadt Bethlehem. Vorn ist ein Stall mit offenen Wänden, in dem man neben Oechslein und Eselein das Christuskind in der Krippe und Maria und Joseph sieht. Auf der andern Seite hüten die Hirten ihre Schafe, über ihnen schweben Engel, welche die Geburt Christi verkündigen. Im Hintergrunde kommen auf einem Bergpfade die drei Weisen aus dem Morgenlande auf Rossen und Kamelen, von Dienern begleitet, heran und ziehen nach dem Sterne zu, der über dem Stalle strahlt. Das ganze Bildwerk hat oft einen bedeutenden Umfang, und wenn es in der Weihnachtszeit in den Familien, die einen solchen Besitzes sich rühmen, aufgebaut, jede Figur an ihren Platz gestellt und das Ganze durch ringsum angebrachte Lichter erleuchtet ist, so wird das Zimmer von Beschauern nicht leer, ja es kann oft kaum die Menge fassen, und wenn man einen gebirgischen Knaben fragen würde, was ihm am Weihnachten das Liebste sei, seine Geschenke oder die Anschauung der strahlenden Krippen, er würde wohl meist das Letztere nennen.

Gustav Rosen, 1861

Bergmannstracht

Die Berleute bewillkommnen einander mit dem Gruß: Glück auf! Welcher mir doch weit besser gefällt als: Gott grüß euch. Die zum Berg- und Hüttenwesen gehörigen Personen haben ihre besondere Uniform. Die erstern tragen grüne runde Mützen und schwarze Oberkleider mit einem unter dem Kragen befestigten Capüchon. Die Unterkleider, ausgenommen des gemeinen Bergmanns, sind Chemisets, die verschiedene Farben nach den verschiedenen Bergämtern haben, darunter denn das Bergleder gegürtet ist. Sie tragen ferner weiße Beinkleider, weiße Camaschen, schwarze lederne Kniebügel (welches starke um das Bein unter dem Knie geschnallte Leder sind, die deswegen nothwendig sind, weil die Bergarbeit größtentheils knieend auf starkem Gestein verrichtet werden muß, bey Paraden aber über das Knie gezogen werden) und vorne auf der Schnalle, womit das Bergleder befestigt ist, ein sogenanntes Bergtäschgen (worinne eigentlich der Bergmann sein Feuerzeug hat) mit Zscherpern, einer besonderen Art starker Messer, welche in der Grube öfters, z. B. zum Visitiren der Zimmerung, gebraucht werden.

Karl Wertheim, 1794

Klöppeln

Haben wir den Sächsischen Bergbau kennen gelernt, so müssen wir auch des Spitzenklöppelns, eines vorzüglichen Erwerbszweigs unsrer Erzgebirgerinnen, gedenken. Würden wir in die Wohnungen der ärmeren Bewohner des oberen Erzgebirgs treten, so würden wir finden, daß Mädchen und Frauen vor einem runden

Kissen sitzen, an welchem eine große Anzahl länglicher, abgerundeter Hölzer (Klöppel), die mit Zwirn oder Seide umwunden und an jenem Kissen durch Nadeln befestigt sind, herabhängt. Jenes Kissen heißt der Klöppelsack, und um denselben ist ein Stückchen Pappe gelegt, auf welchem das Muster für die Spitzen, welche geklöppelt werden sollen, sich befindet. Die Klöpfflerin weiß nun unter den 30, 40, 50, ja 100 Klöppeln, welche am Klöppelsacke herunterhängen, immer diejenigen herauszufinden, deren Fäden mit einander verschlungen werden sollen, und befestigt das Gewebe, je weiter dasselbe fortschreitet, mit Nadeln auf dem ihr vorgezeichneten Muster. Besonders muß man sich über die Schnelligkeit wundern, mit welcher die Klöppel gefunden und geworfen werden. Damit bei dieser Arbeit die an den Klöppeln befestigten Fäden nicht beschmutzt werden, so steckt jeder Klöppel da, wo er angefaßt wird, in einem hölzernen Röhrchen. Da die Verfertigung der Spitzen, vorzüglich der weißen, nicht nur reine Hände, sondern auch reinliche Kleidung und reinliche Stuben verlangt, so trifft man in den armen Hütten der Erzgebirger, wo geklöppelt wird, gewöhnlich die Reinlichkeit an, die nach einem bekannten Sprüchwort besser schmückt als Seide und Gold.

D. Gottlob Eduard Leo, 1852

Steckbrief Carl Stülpners

Nachdem in Gewißheit eines unterm, 4. dieses Monats ergangenen Höchsten Rescripts auf die Habhaftwerdung des, eingezogener Erkundigungen nach, in der Gegend des hiesigen Amtsbezirk gelegenen Rittergutes Scharfenstein sich aufhaltenden Raubschützen Carl Heinrich Stilpner, welcher, dem Verlaute nach, mehr langer als kurzer Statur sein soll, einen grünen Tuchrock, ein dergleichen kurzes Jagdwestchen, schwarzledernes Kuppel nebst Hirschfänger und Fangleine trägt, auch eine Jagdtasche, Flinte oder Kugelbüchse und ein großes Messer bei sich führet, fernerweit alle Sorgfalt angewendet und die auf dessen Inhaftierung oder sichere Angebung bereits vorhin gesetzte Belohnung von 50 Thalern auch unter anderen in den öffentlichen Zeitungen nochmals zugesagt werden soll, als wird in Verfolg dieses Höchsten Anbefohlnisses hierdurch nochmals zu jedermanns Wissenschaft bekannt gemacht, daß derjenige, welcher bemeldeten Stilpner zum Arrest bringen oder auch selbigen zuverlässig und mit Entdeckung solcher Umstände, welche genugsam Anleitung geben, selbigen zur wirklichen Haft bringen, anzeigen wird, eine Belohnung von Thalern zu erwarten haben solle.

Justizamt Wolkenstein mit Annaberg
den 16. November 1795

Beiderseits der Elbe: Sächsische Schweiz

Pirna mit dem Sonnenstein

Die Stadt ist größtentheils aus Sandsteinen und zum Theil gut gebauet sowie gepflastert und hat auch Straßenbeleuchtung. Die meisten Häuser haben zwei bis drei Stockwerke und viele ein sehr freundliches Äußere. An dem linken Elbufer herabkommend, gelangt man durch die Schiffthorvorstadt in das Innere, wo links, zwischen dem Schloßberge und Markte, die Stadtkirche steht. Der Marktplatz in Pirna nimmt nur einen kleinen Raum ein, bildet aber ein regelmäßiges Viereck, in dessen Mitte das zwar restaurierte, aber immer noch alterthümliche Rathhaus steht, an welches man 1718 einen 36 Ellen hohen Thurm angebauet hat. Bemerkenswerth ist die Thurmuhr, sonst mit einem künstlichen Werke, welches den Mondwechsel darstellte und woran die Vordertatzen zweier Löwen beim Schlagen der Stunden sich bewegten. Beide Löwen von Kupfer stehen noch unter einem in Stein gehauenen und gemalten Birnbaume einander gegenüber aufrecht. So ist auch das Stadtwappen, ein grüner Baum, den auf beiden Seiten zwei aufrecht stehende, rothe Löwen halten, in goldenem Felde, hier noch zweimal abgebildet. Auf der Südseite befindet sich ein Altan und darunter die Hauptwache; auf der Nordseite sind die Fleischbänke und andere Kramläden. Den Marktplatz umgeben größtentheils hübsche, zweistöckige Häuser, unter denen die Apotheke, einige Gasthäuser und verschiedene Waarengewölbe sind. C.H.W. Münnich, 1845

Pirna hat sich längst von allen diesen Drangsalen erholt und ist eine gewerbfleissige, handeltreibende, wohlhabende Stadt von etwa fünfhundert Häusern und fünftausend Einwohnern. Es befindet sich hier eine Waisenanstalt, die bald nach dem waisenmachenden Kriege von 1813 durch milde Beiträge gegründet worden und deren Einrichtung kennenlernenswerth ist. Die Hauptkirche ist ein schönes Denkmal gothischer Baukunst, im Innern aber nach dem bekannten guten Geschmacke modernisirt.

Unweit der Kirche führt eine aus hundertsechzig Stufen bestehende Treppe nach dem Sonnenstein, dessen Festungswerke seit 1758 geschleift sind. Das Schloss wurde hierauf als Gefängnis benützt, bis im Jahre 1811 die Irrenanstalt von Torgau in Folge des hier unternommenen Festungsbaues hinkam. Zwar mussten die Narren im Jahre 1813 dem Befehle Napoleons weichen, der den Sonnenstein in Vertheidigungszustand setzen liess. Aber das Kriegsgewitter brauste vorüber, und das alte Schloss wurde seiner menschenfreundlichen Bestimmung wiedergegeben. Johann Sporschil, 1844

Auf einer vorspringenden Felsenecke erhebt sich südöstlich von der Stadt, 100 F. über der Elbe, das Schloß Sonnenstein.

Schon um die Mitte des dreizehnten Jahrhunderts stand hier eine Grenzveste der Markgrafen von Meißen, welche im J. 1573 zum Theil abgetragen und wieder aufgebaut wurde. Diese Veste galt seitdem lange für wichtiger als der Königstein und diente, wie dieser, auch zum Staatsgefängnisse. Hier saß seit 1707 der unglückliche Patkul, bis er der grausamen Rache Karls XII. ausgeliefert wurde, welcher er, nach August's Wunsche und heimlichem Befehle vielleicht entronnen wäre, wenn nicht der Eigennutz des Befehlshabers der Veste, der zu lange über das Lösegeld unterhandelte, die Rettung vereitelt hätte. Im Jahre 1758 eroberten die Preussen die Veste und schleiften die Außenwerke. Seitdem wurde das Schloß lange nur von verabschiedeten Offizieren und Offizierswitwen bewohnt, bis der Bau der Vestung Torgau es nothwendig machte, den seit 1730 dort gegründeten Straf- und Versorganstalten andre Sitze anzuweisen. Als Pflegeanstalt für Seelenkranke, die seit 1781 mit dem Armen- und Waisenhause und dem Zuchthause in Torgau verbunden war, wurde der Sonnenstein eingeräumt, wo mehr, als es früher der Fall gewesen war, die Heilung der Kranken als Hauptzweck verfolgt werden sollte. Im Julius 1811 wurde die neue Anstalt unter der ärztlichen Leitung des D. Pienitz, der sich vorher in Torgau und früher in Wien und Paris Erfahrungen mit der Seelenheilkunde erworben hatte, eröffnet und im folgenden Jahre der Bau größtentheils vollendet. W. A. Lindau, 1820

Pirna *inspirierte mit seinem mittelalterlichen Markt vor über 230 Jahren Bernardo Belotto, genannt Canaletto, zu einem bekannten Gemälde. Heute führt – unterhalb der starken Steinmauern des einstigen Schlosses Sonnenstein – ein Canalettoweg den Wanderer von Blick zu Blick. Tor zur Sächsischen Schweiz – so heißt die Stadt poetisch in allen Wanderführern. Per Zug, per Schiff oder per Bus entläßt sie den Reisenden dorthin. Canaletto war gut zu Fuß und malte wiederholt das Ensemble der alten Patrizierhäuser mit den Sandsteinportalen und reich verzierten Erkern, die Straßen und Plätze. Mit seinem bekanntesten Stadtporträt – »Der Marktplatz in Pirna« von 1754 – hält ein heutiger Vergleich durchaus noch stand: das Rathaus, einst eine Markthalle, die spätgotische Hallenkirche St. Marien im Hintergrund und das 1322 erbaute, 1522 aufgestockte Renaissancegiebelhaus, in dem der aus Italien stammende sächsische Hofmaler Quartier nahm. 1954/55*

Blick auf Pirna, links Schloß Sonnenstein

Reichverziertes Sandsteinportal am Hotel »Deutsches Haus«

wurde es vorbildgetreu restauriert und von den Zutaten der Gründerzeit befreit. Weitgehend restauriert ist heute auch der ganze Stadtkern, ein schöner Anblick. Gemalt haben hier viele, der poetische Arzt Gustav Carus verewigte 1818 ein Stück der alten Stadtmauer mit dem Dominikanerkloster, in dem seit 1861 das Heimatmuseum seine Schätze ausbreitet und nebenher noch über die Geschichte des Bergbaus im Osterzgebirge informiert. Angegliedert ein Seidenmuseum, da um 1670 auf einer Maulbeerpflanzung in Dresden-Hosterwitz die ersten Seidenraupen Deutschlands gezüchtet wurden, natürliche Spender für die 1674 in Leipzig begründete Seidenmanufaktur. »Pirna ist nit ein unhöflich Stetlein«, bekannte um 1500 der Dominikanermönch Johann Lindner, ein Urteil, das den Pirnaern noch heute gut ansteht. Auch der Klosterhof wurde neu gestaltet, die ursprünglich gotische Klosterkirche (1300–1350), ältestes städtisches Bauwerk, restauriert und 1957 der katholischen Gemeinde übergeben. Blick für Blick vom Canalettoweg auf die Dächer des Kirchplatzes, den verwinkelten Stadtkern, die Schlösser- und Fleischergasse, die Schuhgasse und Schmiedestraße. Hinter uns Schloß Sonnenstein, zuerst eine Festung und danach eine Anstalt für geistig Behinderte, vielfach umgebaut und heute Verwaltungssitz.

Bastei

So kam denn nun allmählich wieder der Herbst heran. Im Oktober übernachteten wir noch einmal in der Sächsischen Schweiz auf der Bastei, ich namentlich, um die wunderbaren Wirkungen des Mondlichts auf diesen gewaltigen Felsmassen zu studieren. Ein Aufsatz, der späterhin in der zweiten Auflage meiner Briefe über Landschaftsmalerei abgedruckt worden ist, kann noch jetzt Naturfreunden einigermaßen den Eindruck vergegenwärtigen, den dieses Licht neben diesen Abgründen dort in einer Mondnacht hervorbringt. Man sage nicht, daß man die ganze Wirkung des Mondlichts kenne, wenn man es nicht über eine solche Natur gebreitet gesehen hat.

Carl Gustav Carus, 1833

Es war das erste schlechte Wetter, das ich auf meiner Reise hatte; »es wird wohl später besser werden«, dachte ich, und kaum war eine Stunde vergangen, da regnete es schon weniger; wir faßten Muth, und mit einem kleinen zehnjährigen Bauernjungen als Führer begaben wir uns nun auf die Reise, um durch den Ottowalder Grund die Bastei zu besteigen. Der kleine Junge

Sächsische Postmeilensäule

lief mit bloßen Füßen, lachte und schwatzte in einem fort, und es kam mir beinahe vor, als habe er einen Schelm im Nacken, als wäre es der leibhafte Amor, der unser Führer geworden.

»Wenn er nur nicht unser Verführer wird!« dachte ich, und es gingen mir manche von seinen schlimmen Streichen durch den Kopf.

Wir stiegen stufenweise immer tiefer in ein Thal hinab; es war der Ottowalder Grund. In der wunderbarsten Gestalt erhoben sich hier die Felswände an beiden Seiten, herrlich bewachsen mit Kräutern und buntem Moos; Sträucher und Bäume standen in malerischen Gruppen zwischen den Klüften, tief unten stürzte ein kleiner Bach hin, und oben über uns sahen wir einen schmalen Streifen, ein kleines Stück von dem graubewölkten Himmel. Bald traten die Felswände so nahe aneinander, daß wir nur noch einer hinter dem andern gehen konnten; drei ungeheure Felsblöcke waren von oben herabgestürzt und bildeten ein natürliches Gewölbe, unter dem wir durchgehen mußten. Das Thal ward nun mit einem Mal breiter, dann wieder schmäler; wir betraten die »Teufelsküche«, eine wilde Felskluft, wo die übereinandergestürzten Felsmassen eine lange, essenförmige Oeffnung gebildet hatten. Ich blickte durch dieselbe nach oben, einige Wolken zogen gerade darüber weg, und es war, als ob ein gespenstiges Wesen sich davonmachte, hinaus in die freie Luft.

Es ging immer vorwärts, und immer änderte sich das große Panorama um uns her.

Ein großes, hübsches Gebäude lag vor uns, es war das Wirthshaus auf der »Bastei«. Hier ist es hoch, sehr hoch! Du mußt ein Paar Kirchthürme aufeinandersetzen und dann nicht schwindlig dabei werden, wenn du auf der obersten Spitze stehst. Ein Gitter ist angebracht, damit du nicht fällst! – Das lange weißgelbe Band dort unten, das vor deinen Augen nicht breiter aussieht als das Trottoir auf der Straße, ist die Elbe; das gelbbraune Pappelblatt, das du schwimmen zu sehen glaubst, ist ein langer Flußkahn; du kannst auch, aber nur wie kleine Punkte, die Menschen darauf erkennen! – Versuche es, einen Stein in die Elbe hinabzuwerfen, du mußt deine ganze Kraft anwenden, er erreicht sie doch nicht, sondern fällt diesseits ins Gras. Die Dörfer liegen dort unten wie Spielzeug auf einem Jahrmarktstisch. Dort erhebt sich der Königstein und der Lilienstein hoch in den Wolkennebel hinein; aber sieh, dieser zertheilt sich! Sonnenstrahlen fallen auf den Pfaffenstein und die Kuppelberge! Der ganze Wolkenvorhang hebt sich, und in der blauen Ferne sieht du die böhmischen Rosenberge und den Geisingberg im Erzgebirge. Dicht neben

Basteibrücke

Die 76,5 m lange Steinbrücke verbindet die beiden Felsen Bastei und Neurathen

uns, links erheben sich nun wilde Felsstücke aus dem Abgrund, und aus der Tiefe steigt ein gemauerter Pfeiler empor, auf dem eine Brücke ruht, welche die Bastei mit dem Felsenschloß verbindet. In der Felsenschlucht unter uns ist es ganz dunkel; der Führer zeigte uns in den Felsen Spuren davon, daß hier früher Menschen gelebt haben; wir sahen Klüfte eingehauen, wo sie lebten und sich umhertummelten. Es sieht aus, als ob die große Felsmasse gesprengt sei, als ob eine mächtige Naturkraft hier versucht habe, unsern stolzen Erdball zu spalten.

Hans Christian Andersen, 1831

Könnte ich den Pinsel führen, und wäre ich eingeweiht ins Reich der Farben, so würde ich Dir ein wiesenreiches Thal malen, sich schlängelnd und windend wie der Strom, der es majestätisch, ruhevoll durchfließt. Auf der einen Seite müßten sich Hügel erheben, an Gestalt sich ähnlich, aber an Größe einander übertreffend und sämmtlich mit kreisförmigen, kahlen Felsmassen wie mit Kronen geschmückt. Die an des Stromes Ufer müßten Matten gleichen, die, in leichter Höh' getragen, Rasenwellen wären, grün und lieblich. Ihren Nachbarn würd' ich unten Buschwerk geben, in der Mitte lichte Plätze, scheuen Rehen von der Natur gedeckt zum Mahle, und die Scheitel müßten hohe Tannen schmükken. Jede würdig, in die ferne See zu steuern. Andere Hügel müßten Laubholz tragen, Eichen, Buchen, Birken mit dem bunten Blätterspiele, braunroth, gelb, orangenfarb. Hie und da ständen Kirschen purpurroth im Herbstgewande wie die Frucht im Sommer, und wo Säume sind und lichte Stellen, würden sich gut zur Landschaft des grünen Vogelbeerbaumes rothe Perlen-

Amselfall

bündel eignen. Auf der andern Seite wären Felsen aufgethürmt auf Felsen; Wände zögen sich an Wänden hin, fast wie die Martinswand bei Zierl im Innthal. Schluchten senkten sich ins Felsgeklüfte; Föhren wüchsen aus den Bergesritzen, und das Heidekraut blühte unter Moos und Farnkräutern an des Gerölles erdearmen Lagern. Und hoch oben auf der Felsen höchster Spitze, wo ein Riesenblock sich vorneigte und voll Kühnheit eine Platte trüge, würde ich Menschen malen, ihren Tritt durch Gatterwerk von Eisen wohlbewahrt und ihre Augen rechts hinschweifend über Waldeshöhen bis zur Felsenfestung Königstein; links zurückschaudernd vor der klaffenden Tiefe, aus der Granit- und Sandsteinmassen sich titanenmäßig erhöben, als wollten sie der Bastey Herrschersitz erstürmen; und gerade vor sich hin die grün- und gelbbelaubte Hügelkette, sich senkend und senkend, bis die jüngste Höhe am Saume sich vom blauen Elbstrom küßen ließe, den zwei Schifflein, rothbewimpelt, gästebringend, friedereich durchfurchten.

So würde ich die Reize der Natur malen, welche man vom schönsten Puncte in der sächsischen Schweiz, der Bastey, erblickt. Christoph Friedrich Jacobi, 1836

Aus Dresden, wie Eulenspiegel, im Regen gefahren. Wir trödelten so sacht ein paar Stunden zwischen ziemlich unbedeutenden Bergflächen hin, und schon glaubte ich, die Sächsische Schweiz wollte mich täuschen, als der Hauderer hinter Lohmen uns gebot auszusteigen und der Führer uns auf fast senkrecht hinuntergehenden Stufen in den Ottowalder Grund brachte. Da waren wir denn mit einem Zauberschlage im wildesten Felsenthal. Hier begann die Reihe der Erscheinungen, die mir dieses Gebirgsland gegeben hat. Ich fasse sie so zusammen. Sie sind doppelter Art. Entweder Aussichten auf ein weites, zerklüftetes Bergterrain mit hervorragenden Felshörnern in abgestumpfter conischer Form oder labyrinthisches Thal, mauergrade aufsteigender Sandstein, viereckte, rundlich abgewaschne Quadern, wekken- oder sackartig übereinander gethürmt. Das steht oft in solchen Spitzen, in so schmalen Wänden einzeln, gesondert in die Lüfte, daß man kaum begreift, wie es nicht längst hat zusammenstürzen müssen. In Zacken springt es vor, in Thoren und Schwiebbogen hat es sich übergebaut, ungeheure Stücke sind zu Thale gestürzt, darüber hin wucherte Moos, Farrenkraut, Gebüsch, darunter rauschen, springen, zerschäumen wüste Waldbäche. Neben diesem Felsgeripp schauderhafte Abgründe, mit der düstern Tanne und Fichte besetzt, deren schwarze Nadel die Melancholie der Szene vermehrt. Nirgends etwas Heitres und Liebliches, die Natur, bei aller Größe, wegen der stumpfen Form matt.

Ich sah an den jähen Felsen vielfältig einen hochgelben Anflug, der sie noch greller leuchten machte. Als

Südliche Ansicht von der Bastei. Zuerst sicherte ein Metallgitter den Aussichtspunkt

ich etwas davon sammeln wollte, zerrieb er sich mir unter den Händen. Es war ein mürber, pulverartiger Mooskörper. Nachdem wir den Höllengrund durchschritten, standen wir zu Mittag bei klarem Wetter auf der Bastei, 800 Fuß über dem Spiegel der Elbe, die sich unten wie ein schmales Band durch das Thal schlängelt. Es ist etwas Außerordentliches, aber nichts Schönes, und wenn man es einmal gesehen, hat man es genug wie alle starken Effecte. Der Champagner, den ich geben ließ, schien nicht weit von der Bastei gewachsen zu sein. Das ist überhaupt eine Trübsal im Sachsenlande mit der Leibesnahrung an den Wirthstischen, wenigstens für einen, der vom Rheine kommt!

Der ist ein Thor, welcher Berge mit seinen Füßen erklimmt, wenn er Träger haben kann. Ich hatte als geschworener Feind des Kletterns und des Keuchens, welches man Naturgenuß zu nennen überein gekommen ist, bei dem Ausrücken das stille Gelübde gethan, jedes Transportmittel zu benutzen, und wäre es auch nur ein Esel. Ich nahm mir also zwei Träger durch den Amselgrund nach Rathewalde, zum großen Jubel F's. Er behauptete, ich sehe aus wie der Consul Cicero, der sich von seinen Cappadociern schleppen lasse. Uebrigens ist es auch nur um das Fortkommen. Die wippende Bewegung des Tragsessels kann einen wirklich seekrank machen. Meine Cappadocier weihten mit herkömmlichem Spaße F. in ihren Orden ein. Er reichte ihnen ein beträchtliches Trinkgeld mit der Ausdeutung, sie erhielten es deshalb so groß, weil sie die erste gelehrte Gesellschaft seien, die ihn zum Mitgliede aufgenommen habe.

Karl Immermann, 1833

Die Bastei *sei eine Art Kaffeegarten vor Dresdens Toren, spöttelte der Berliner Musikkritiker Ludwig Rellstab 1860 über den schon damals gewaltigen Massentourismus dank der »Zaubermacht der Dampfkräfte auf Fluß und Eisenbahn«. Andere sagten's poetischer, doch stimmen tut's noch immer: Jährlich 2,5 Millionen Naturfreunde – so die Statistik – leisten sich den Trip hinauf zur 194 Meter über der Elbe gelegenen Sandsteinplatte. Hier gewesen zu sein bedeutet für viele, die Sächsische Schweiz erlebt zu haben. Die Bildungsreisenden seiner Zeit führte schon Lohmens Pfarrer C. H. Nikolai, der Verfasser des 1801 erschienenen »Wegweisers durch die Sächsische Schweiz«, und er hatte für sie im Pfarrhaus sogar ein paar Betten zu stehen. Lohmens Schumacher Carl Julius Hofmann erkannte die Gunst der Stunde und heftete an seinen Laden ein Schild: »Hoffmanns Carl und Julius/führt die Fremden ohn' Verdruß …« Und auch der Lohmener Fleischergeselle Carl Gottfried Pietzsch nutzte die Konjunktur, errichtete zunächst ein paar Rindenhütten auf dem damals noch nicht mit Neurathen verbundenen Fels, verkaufte Erfrischungen und baute 1814 zwei Felsüberhänge zu Küche und Keller aus. Das erweckte den Neid des Rathener »Erbgerichts«. Sein Besitzer Schedlich erhob Ansprüche auf beide Felsen. Ein harter Konkurrenzkampf, der den nicht zimperlichen Pietzsch für ein Jahr nach Waldheim ins Zuchthaus brachte.*

1826 sicherte man den beliebten Aussichtspunkt mit einem eisernen Geländer, im Jahre darauf errichtete hier oben der Dresdner Baumeister Thormeyer im Schweizer Stil das erste massive Haus, 14 000 Taler kostete es das sächsische Staatssäckel. Dampfschiff und Eisenbahn brachten bald ganze Besucherströme, die nunmehr ihren Weg von Rathen und Wehlen hier herauf nahmen. Seit 1826 verband eine hölzerne Brücke die beiden Felsen Bastei und Neurathen. Eine Zeichnung Ludwig Richters von 1823 läßt erkennen, daß schon die Besatzung der mittelalterlichen Burg Neurathen den Brückenschlag gewagt hatte. Die alten Pfeiler stützten nun die Holzbrücke, die – zwischen 1849 und 1851 – dann von der heutigen 76,5 Meter langen Steinbrücke ersetzt wurde. Ganz ohne Anstrengung geht's noch immer nicht, schlimmer ist's, vom Wehlgrund die über 487 Stufen heraufzukraxeln. »Aber ich moag ni wissen, wie moancher ward gekräckst hoan, eeb'r durch die steile Schlucht uff die Bastei gekumm is!« meinte Bruno Barthel (»Im die Bastei rimm«). Friedrich Kind, Texter von Webers Oper »Der Freischütz«, fühlte sich statt dessen lebhaft inspiriert.

Stadt und Festung Königstein

Dicht unter dem Wirtshause bestiegen wir einen Kahn, ließen uns über die Elbe setzen und gingen am jenseitigen Ufer bei Niederrathen, wo sich in einiger Entfernung der Lilienstein erhebt, vorbei nach Königstein, daselbst zu übernachten.

Den Ursprung dieses Städtchens schreibt man den zu beiden Seiten der Elbe liegenden Vesten Königstein und Lilienstein zu, welche zu Herbeischaffung der nothdürftigsten Lebensmittel an dem Ufer des Flusses eine Niederlage anlegten, die nach und nach erweitert wurde und zu einem Städtchen heranwuchs. So reizend und angenehm auch die Lage desselben ist, so hat es doch sonst wenig Anziehendes. Es liegt theils am beiderseitigen Ufer der Elbe im Thale, theils auf den Anhöhen zerstreut und hat die Form eines Windmühlenflügels; jeder Theil desselben hat seinen eigenen Namen, als: die Hütten, welche ihren Namen von einer ehemals hier gestandenen Giefshütte und hohen Ofen erhalten haben; die Elbe und der Strand liegen diesseits, die Halbestadt hingegen und weiter hin, am Fuße des Liliensteins, die Ebene oder Ebenheit, jenseits. Die vorzüglichsten Erwerbungszweige der Einwohner, deren Anzahl sich auf 1 000 Köpfe beiderlei Geschlecht beläuft, war Bierbrauen und Schiffahrt. Beide litten nach der Zeit einen harten Stoß. Jenes durch die vielen in Dresden eingeführten fremden Biere, diese hingegen durch ein königlich Preuss. Verbot vom Jahre 1748, vermöge dessen selbige den sächs. Elbschiffern nur bis Magdeburg und unter gewissen Bedingungen bis Hamburg verstattet worden. J. Brückner und Ch. Günther, 1805

Die prächtige Aussicht, die diese erhabne freystehende Fläche, auf der ich izt stand, mir versprach, reizte mich mehr als die Vestung und das Sehenswürdige derselben. Ich machte also zuerst die große Ronde an dem äußersten Rande des Felsens in Begleitung eines mir von der Hauptwacht als Ordonanz mitgegebenen Invaliden, dessen rüstiges Ansehn seiner Uniform widersprach. Auf Befragen erfuhr ich, daß er ein gesunder Schneider, der die Trommelstöcke mit der Nadel vertauscht, sich zur Ruhe gesetzt und, wie er sich ausdrückte, das Spiel rühre: weil selten ein Tambour invalide oder ein Invalider Tambour ist.

Kaum trat ich an die niedrige Brustlehne, über die man ungehindert alles rundum übersehen kann, heilige allmächtige Natur! was für ein Gemälde lag, wie eine vielfarbige Tapete, vor meinem durch zu viele Mannichfaltigkeit geblendeten Auge ausgespannt! — Wie verschieden von dem, was ich auf dem Hohnsteiner Schloß, dem Kuhstall, dem Winterberge und bei Schan-

Festung Königstein

dau erblickte; dort wilde Schönheit, hier lächelnde Grazie. Welche Fülle von Pracht! Was für ein abwechselndes Farbenspiel! Welcher Reitz! Ich wage es nicht, dieses ins Unendliche componirte Panorama zu beschreiben.

Malerische Darstellungen aus Sachsen, 1802

In einer ziemlich langen Wagenreihe also fuhr man zuerst von Pillnitz nach dem Königstein, um dort die Festung zu besichtigen und eine Kollation einzunehmen. Es war das erstemal, daß ich diesen seltsamen Ort auf seinen ungeheuern Felsmauern, mit seinen gewaltigen Bastionen und Eingangstoren, im Innern sah, und wieweit war man damals noch davon entfernt zu denken, daß nur zehn Jahre später das gesamte königliche Haus genötigt sein würde, gegen einen Teil seines eigenen Volks hier Schutz zu suchen. Alle Sehenswürdigkeiten der Festung öffneten sich natürlich jetzt den hohen Gästen. In den Kasematten, wo die Munitionsvorräte geordnet, gewogen und bewahrt werden, stand unter andern auch eine Schnellwaage in Form eines bequemen Armsessels, auf welchen Herren und Damen zum Scherz sich setzten, um ihr Bruttogewicht (und zwar diesmal in aufrichtigen Angaben) zu erfahren, und ich erinnere mich unter anderm, daß es den Kronprinzen von Preußen sehr amüsierte, als ihm der Offizier, welcher die Gewichte ablas, berichtete, daß gegen seine frühere Schwere gegenwärtig sein Gewicht um volle 30 Pfund weniger betrage, welches denn als ein Triumph der Marienbader Kur sofort rühmend allen hohen Verwandten erzählt wurde.

Aufgang zum Haupttor, oben der Seigerturm

Besonders schön waren an diesem Tage die Fernsichten über die Höhen der Sächsischen Schweiz, und als nun die Kanonen donnerten und der Widerhall durch die Täler fernab rollte, gab diese Musik einen schönen Rahmen um das weite großartige Gebirgsbild. Auch abwärts wurde mit kleinern Geschützen nach einem am andern Ufer auf den Wellen der Elbe aufgelegten Brettboden, welcher ein Schiff vorstellen sollte, gefeuert, und es war interessant zu sehen, wie selbst in dieser gewaltigen Entfernung die Kugeln doch immer ganz nahe um das nur kleine Ziel herum ins Wasser einschlugen. Nach beendigter Schau und eingenommenem Déjeuner dinatoire stieg man durch das dunkle Gewölbe des Eingangs wieder hinab, die Wagen fuhren vor, und man begab sich nun nach dem Bilaer Grunde …

Carl Gustav Carus am 12. August 1839 in Begleitung der auf Schloß Pillnitz weilenden königlichen Gäste, darunter die verwitwete Kaiserin von Österreich, die verwitwete Königin von Bayern, die Kronprinzessin von Preußen

Die Bestimmungen über die Erlaubniß zum Besuche der Festung sind je nach Umständen zuweilen Beschränkungen unterworfen, und der Reisende thut wohl, vor der Abreise von Dresden im Kriegsministerium die

Blick vom Königstein auf den Lilienstein

erforderlichen Erkundigungen einziehen zu lassen. Gewöhnlich hat man nur unter Zusendung des Passes oder sonstiger Legitimationen, die der Wirth der »Neuen Schänke«, ein empfehlenswerter Gasthof am Fuße des Königsteins, besorgt, die Erlaubniß vom Kommandanten zu erbitten und erhält gegen Erlegung von 1½ Thalern an der Thorwache eine für 8 Personen gültige Einlaßkarte und einen Begleiter, nach dessen Anordnungen man sich zu richten hat; besondere Trinkgelder sind nicht erforderlich.

Ganz Dresden mit Umgebungen und die
Sächsisch-Böhmische Schweiz, 1862

Eine interessante Persönlichkeit war mein Wärter. Dieser, ein siebzigjähriger Mann, leistete schon seit 36 Jahren auf der Festung Dienst und hatte 1849 zwei Mitglieder der provisorischen Regierung Sachsens, Tod und Haubner, ferner August Röckel und einen der Leiter des Dresdener Maiaufstandes, Michail Bakunin, der später zum Anarchisten wurde, in seiner Obhut. Durch Vermittlung meines Rechtsanwaltes Otto Freytag hatte sich das Ministerium herabgelassen, mir bis zum Antritt der neunmonatigen Haft im Landesgefängnis Zwickau eine sechswöchige Frist zu gewähren. Da in diese Pause Pfingsten fiel, machte ich mit meiner Frau und Tochter und einigen Freunden einen Ausflug nach der Sächsischen Schweiz und dem Königstein. Hier machte es mir großes Vergnügen, daß die Zelle, in der ich drei Wo-

chen kampiert hatte, mittlerweile zu den Sehenswürdigkeiten der Festung avanciert war. Der Fremdenführer machte auf die Fenster der Zelle, die mich damals beherbergte, aufmerksam. Später ist ihm das verboten worden. Für die Dresdener Parteigenossen hieß der Königstein längere Zeit scherzweise die »Bebelburg«.

August Bebel, 1953

Lilienstein

Des Morgens überschwamm ich die Elbe und wandelte auf dem südlichen Ufer derselbe in einem mit denen vorigen Gründen contrastirenden einfachen gefälligen Thale dem Königstein zu. An jedem andern Orte, und wäre das durch zu vielen Genuß verwöhnte Auge nicht

Der Tafelberg des Lilienstein

sybaritisch hackney geworden, würde ich es, durch die beiden jenseits des Stromes liegenden Dörfer Wendischfähre und Prosen belebt, reitzend gefunden haben.

Auf diesem Wege überraschte mich wieder eine von denen, sey es für den äußern oder innern Sinn, mir stets willkommenen Atrappen. Der mir schon bei Schandau winkende, allein völlig aus dem Gesicht verlohrne und vergessene Lilienstein sprang, wie Athenea aus des Donnerers eisernem Hirne, unvermuthet hinter einem Gebüsche hervor und zeigte mir seinen von Felsrippen gewölbten breitschuldrigen Rücken. Mit einem Fuß stand er in den Fluthen der Elbe, mit dem andern auf trockener Ebne. Sein drohendes Haupt schien die fliegenden Wolken zu jagen, sein straubigtes Haar floß wie eine wellenförmige Mähne den Rückgrad herunter. Auf der Spitze des Scheitels stand, gleich einem Ausrufungszeichen, eine winzige Pyramide (die sonst die über den Churhut gethürmte, polnische Königskrone trug, welche aber ominös vor deren Verluste herab fiel) und stach gegen die ihr zum Piedestal dienende colossalische Vase sehr ab. Eine hinreißende Ansicht. Noch nie starrte dieser prächtige Fels so nahe und in seiner völligen riesenmäßigen Größe mir entgegen. Maler! Hier mußt du ihn zeichnen oder nirgends. Mit Bewunderung und Vergnügen staunt ich, auf seinen Gipfel mich auf den Fittig der Einbildungskraft schwingend, ihn an. Den Vorsatz, ihn selbst zu besteigen, hatte die Nachricht, daß der von August dem Zweyten gebahnte Weg schon wieder verfallen und äußert beschwerlich geworden, mir verleidet.

Malerische Darstellungen aus Sachsen, 1802

Der Lilienstein erhebt sich ungefähr eine halbe Stunde unterhalb dieses Thales, hart über dem nördlichen Elbufer. In einer Höhe von beinahe 700 Fuss über dem Flusse ist er noch breit und eben und mit Feld und einigen Häusern, der Liliensteiner Ebenheit, bebaut. Dann aber steigt er blos in nackten Sandfelsen senkrecht auf, und sein Gipfel ist 1430 Fuss über die Elbe erhaben.

Aussicht vom Lilienstein

Man ersteigt diese Höhe auf Stufen, welche aber schon neunzig Jahr alt und sehr verfallen sind, so dass sie in einigen Jahren leicht völlig unbrauchbar seyn dürften. Der Felsen ist oben gespalten, und man muss oft von einer Klippe auf die andre springen; auch ist er nur mit wenigen Kräutern und Bäumen bewachsen und enthält ausser einer steinernen Pyramide zum Andenken König Augusts III., der ihn im Jahre 1708 zuerst bestieg, und den Spuren eines Zeltes, unter welchem die damalige Königin speiste, nichts Merkwürdiges. Allein die Aussicht ist unvergleichlich und der vom Königsteine weit vorzuziehen. Man sieht auf ihn und und alle umliegenden Felsen herab, man übersieht alle Schönheiten des Elbthals, die ganze Kette der Sandsteingebirge bis weit nach Böhmen hinein, und nur der Borsberg und der grosse Winterberg ragen noch um etwas über ihn hervor.

M. Christian Weiss, 1796

Königstein und Lilienstein *sind die beiden mächtigsten Tafelberge der Sächsischen Schweiz. Den einen krönen die ausgedehnten Anlagen von Sachsens größter Festung, jährlich zieht's eine halbe Million Besucher hierher, den anderen, mit 177 Metern absoluter Höhe der imposantere, schmücken eine Berggaststätte, eine Stein-*

Stadt und Berg Königstein

Einst gelangte man nur auf Booten über die Elbe

säule der sächsischen Landesvermessung von 1865 sowie der große Obelisk von 1889. Der malerische Reiz der beiden zerklüfteten und sich an der Elbe gegenüberliegenden Felshäupter beeindruckte den jungen, an die reorganisierte Dresdner Kunstakademie berufenen Schweizer Kupferstecher Adrian Zingg aus St. Gallen 1766 derart, daß er sie beide in schon fast romantisch anmutenden Zeichnungen vereinte. Als August der Starke am 26. Juli 1708 auf dem Lilienstein mit seinen Kavalieren tafelte – man hatte vorher den Weg eigens für ihn präpariert –, da hatte man den berühmtesten Staatsgefangenen von der gegenüberliegenden Festung, den »Goldmacher« Johann Friedrich Böttger, bereits wieder nach Dresden gebracht, wo er dann im März des folgenden Jahres hinter das gehütete Geheimnis des »weißen Goldes« kam und mit dieser Erfindung seinen Kopf rettete.

Über dem dritten Festungstor auf Königstein erinnert zwischen den steinernen Rüstungstrophäen ein martialisches Reliefbild an den starken August, der sich im Keller des 1621/22 zur Magdalenenburg umgebauten Brauhauses 1722–25 von seinem Landbaumeister Pöppelmann das größte Faß der Welt mit 150 000 Litern Fassungsvermögen – 9,60 Meter lang, 6,80 Meter breit, mit einer Tanzfläche versehen – bauen ließ. Vollständig gefüllt war es nur einmal, als Besucherattraktion spendete es immerhin noch bis 1819.

Ansonst aber war die vielbeschriebene Festung wenig besucherfreundlich, diente sie doch im wesentlichen als Staatsgefängnis (von 1591 bis 1922 waren es 993 Gefangene) und als Tresor für die kostbaren Dresdner Kunstschätze in Kriegszeiten (1706, 1813, 1849 und

Bad Schandau

schließlich 1939–45). Inhaftiert war wegen »Vorbereitung zum Hochverrath« auch als Gefangener Nr. 321 der Leipziger Drechslermeister und Arbeiterführer Ferdinand August Bebel zwischen April und Mai 1874. Zwölf Tage Untersuchungshaft brachte dem Schornsteinfeger Sebastian Abratzky aus Mahlis bei Oschatz am 18. März 1848 der bis dahin einzigartige bergsteigerische, mehrere Stunden dauernde Versuch ein, die Festung erfolgreich auf dem Kletterwege zu erreichen. Er wollte sich das hohe Eintrittsgeld – ein Taler, zehn Groschen – ersparen. Der unternehmungslustige Mann war beim Bau der Sächsisch-Böhmischen Eisenbahn angestellt, die dann ab 1850 auch den Fremdenverkehr in dem zwischen Biela- und Elbtal regelrecht eingeklemmten, abgelegenen Städtchen Königstein merklich belebte. Hier waren jahrhundertelang die Steinbrecher und Schiffsleute, die Flößer und Holzhändler zu Hause, erreichbar nur über den Strom oder auf der über die Struppener Hochfläche kommenden Straße, über die erstmals 1824 eine Postkutsche nach Königstein fuhr.

Bad Schandau und das Kirnitzschtal

Als wir unserem Ziele so nahe kamen, daß nur die Breite des Stroms uns und das gewünschte Städtchen trennte, schwankte sogleich auf unsern Zuruf ein freundlicher Charon vom jenseitigen Ufer zu uns herüber, uns überzusetzen. Das erste, was uns beim Aussteigen aus dem Nachen ins Auge fiel, waren eine Menge gefüllter Obstkörbe, welche zum öffentlichen Verkaufe auf den Schiffen stehen und uns unwiderstehlich an sich zogen. Auch bewillkommte uns augenblicklich der gewöhnliche Wegweiser der dahin kommenden Fremden höflichst und führte uns durch die Hinterthüre eines kleinen niedlichen Gärtchens in den Gasthof.

J. Brückner und Ch. Günther, 1803

Das freundliche Städtchen von 168 Häusern und 1 000 Einwohnern liegt reizend an einem Bogen der Elbe, am Ausgang des Kirnitschthales, östlich und westlich eingeschlossen von hohen Bergen und Sandsteinfelsen, deren Gipfel mit Schwarzholz und nur hier und da mit Laubholz bedeckt sind. Der westliche Theil, der sich nach Wendischfähre hinzieht, heißt die Zauke und ist wahrscheinlich die erste Anlage der Stadt, die von den Sorben erbaut wurde. Auf dem Kiefericht, einem nördlich sich erhebenden Berge, sieht man die Trümmer des alten Schlosses, um welches die Stadt sich allmählich bildete.

Die geräumige Kirche hat ein Altargemälde, das Erwähnung verdient, und einen schönen Thurm, der die

An der Dampferanlegestelle

DDR
DRESDEN

Ansicht des Städtchens aus der Ferne noch gefälliger macht. Die beßten Häuser, die meist auch zur Aufnahme von Badegästen eingerichtet sind, sieht man am Markte, wo auch Ullrichs Gasthof liegt. Im Bade findet der Fremde sehr gute Aufnahme.

Das wohltätigste Geschenk, das die Natur mit einer ausgezeichnet gesunden Gebirgsluft dem reizenden Städtchen gab, ist seine kräftige Heilquelle, die kaum eine Viertelstunde von der Stadt auf einer Wiese am Fuße eines Felsens entspringt. Das Wasser ist hellweiß, wird aber beim Kochen getrübt, hat einen zusammenziehenden Geschmack und erregt Aufstoßen. In mäßiger Wärme aufbewahrt, entwickelt es kleine Luftblasen und wird trübe. Die Quelle hat sich vorzüglich bei Nervenschwäche, Hämorrhoidalleiden, Verdauungsfehlern, Gicht und Krämpfen und bei krankhaften Störungen der weiblichen Reinigung wirksam bewiesen.

In dem steinernen Badehause findet man über 20 Stuben nebst Kammern für Badegäste, ein Gesellschaftszimmer und einen 270 Quadratellen großen Saal. Es gibt 8 einfache und 3 Doppelbäder, die mit allen nötigen Bequemlichkeiten versehen sind. Zwei Doppelbäder sind auch heizbar. Das Wasser kommt unmittelbar aus der Quelle durch Hähne, kalt oder gewärmt, in die 12 Fuß tief versenkte Badewanne. Ein Bad kostet jedesmahl 3 und mit einem Handtuche 4 Groschen; für das Trinken des Wassers aber wird nichts bezahlt. Ein Badearzt leitet den Gebrauch der Heilquelle.

Die gewöhnlichen Lebensbedürfnisse liefert die Umgegend, und zwar insbesondere gute Gemüse. Treffliches Obst kommt aus den nachbarlichen Dörfern, vorzüglich aber auch Böhmens Fruchtgarten. Die nahen Bäche schicken köstliche Forellen und Lachskunzen, die umliegenden Forste Wildbret. Bei dem Speisewirthe im Bade und in Ullrichs Gasthofe findet man im Sommer stets eine gesellige, wohlbesetzte Tafel, gute Weine und fremde Mineralwässer. Die Elbe bietet den Badegästen vielfache Bequemlichkeiten dar. Ein Schiff geht wöchentlich mehrmal nach Dresden. Eine andre geräumige Gondel hält der Badebesitzer zum Vergnügen der Gäste, die auch bei mehren andern Einwohnern ebenfalls Kähne zu Lustfahrten finden können. Briefe besorgt ein Postbote von Pirna.

Blick von der neuen Brücke in Bad Schandau

Kirnitzschtalbahn

Die gewöhnlichen Badezerstreuungen ersetzt hier fast ganz der Genuß der Naturschönheiten der Umgegend, und gewiß zum Vortheile der Gesundheit. Während den rüstigern Wanderer nahe und ferne Schluchten in ihre Tiefen und die Felsen auf ihre hohen Gipfel locken, öffnen sich auch dem schwächern Badegaste sanftere Pfade in den näheren Umgebungen des Städtchens.

W. A. Lindau, 1820

Bad Schandau *sei hübsch und freundlich, biete aber gar nichts historisch Merkwürdiges dar, schrieb auf seiner »Romantischen Wanderung durch die Sächsische Schweiz« der biedermeierlich gestimmte Landschaftserkunder A. Tromlitz. Das hat seine Aussage noch immer, denn Georg Piltz ist in seinem Kunstführer durch die DDR der Ort – wiewohl heute Bad genannt – nur knappe sechs Zeilen wert: Pfarrkirche, Brauhof, Heimatmuseum. Reizvoll in der Aue des Elbtales gelegen und umsäumt von steilwandigen Felswänden, profitierten die Schandauer frühzeitig vom Tourismus. Der*

Neustädter Pfarrer und Wandersmann Wilhelm Leberecht Götzinger hat daran mit seiner 1804 erschienenen Schrift »Bad Schandau und seine Umgebungen« keinen geringen Anteil. Nach der Entdeckung einer eisenhaltigen Quelle 1730 setzte um 1800 ein reger Badebetrieb mit entsprechendem Fremdenverkehr ein, der 1825 seine offizielle Stützung durch einen »Verein zur Beförderung der Annehmlichkeiten in dem Umgebungen des Schandauer Bades« fand. In den luxuriösen Hotels verkehrte zeitweise sogar der europäische Adel. Ab 1837 legten die Dampfschiffe an; 1850 erhielt die Stadt Eisenbahnanschluß. Und so spricht man seitdem von der Pforte zum sächsischen Paradies der Wanderer, die von hier aus durchs romantische Kirnitzschtal zum Lichtenhainer Wasserfall und weiter ziehen. Schon 1827 konnte man zum weiteren Aufstieg in die Felsenwelt Sesselträger und Fremdenführer mieten, 1852 gab's dann das erste gastliche Schankhaus. Damals muß alles viel mächtiger und großartiger gewirkt haben, denn Brückner und Günther, 1797 auf »Pitoreskischer Reise durch Sachsen«, fühlten »Ehrfurcht« und »Schwäche des Daseins« angesichts des herabrauschenden Wasserfalls, den dann ab 1842 ein geschäftstüchtiger Lichtenhainer gegen Entgelt fließen ließ.

Seit 1898 verkehrt entlang des alten Flößersteiges – 8,3 Kilometer lang bis zu dem recht bescheiden aus einer Wand plätschernden Lichtenhainer Wasserfall – eine elektrische Kleinbahn, vergleichbar der Thüringer Waldbahn von Gotha nach Tabarz. Heute u. a. mit einem Traditionswagen der früheren Dresdner Linie 31 (Niedersedlitz–Kreischa). Frühe Straßenbahngeschichte. 20 Millionen Fahrgäste zählte man bis 1983, jährlich sind's rund eine halbe Million.

Kuhstall

Die Wanderung nach dem Kuhstalle anzutreten, ruhten wir ein wenig in der stillen Laube des kleinen, nur einige Schritte vom Ufer des reissenden Elbstroms ent-

Lichtenhainer Wasserfall

fernten Gärtchens, das zwar nichts Anziehendes für uns hatte, uns aber eine reizende Aussicht auf den Strom hin gewährte. Gestärkt und mit neuen Kräften ausgerüstet, sprangen wir mutig auf, ergriffen unsern Wanderstab und wollten schon den Ort verlassen, an dem es uns so wohl gefiel, als so eben unser Führer herbei kam und uns fragte: ob wir auch mit Lebensmitteln versehen wären? Wir lachten. Aber der dienstfertige Schiffsmann versicherte uns, daß wir zu unserer Reise der größeren Hälfte eines Tages bedürften und erst am Abend zurückkommen könnten. Daher hielten wir es für rathsam, um den drückendsten Bedürfnissen vorzubeugen, uns mit hinlänglichen Lebensmitteln zu versehen, die wir theils uns selbst, theils unserm gutwilligen Führer aufbürdeten. Wir traten die Reise an und gingen um den hinter dem Städtchen sich erhebenden Berg herum, wo wir sogleich in ein schönes anmutiges Thal eintraten, das seinen Namen von dem mittendurch hinfliessenden Kirnitzschbach erhalten hat und daher das Kirnitzschthal genannt wird. Auf lauter bunten Wiesenteppichen führt es, am Ufer des rieselnden Bachs zwischen ungeheuren Felswänden, den Wanderer dem gewünschten Ziele entgegen. Die vielfältigen Abwechslungen dieses schönen offenen Thales, das die vorher erwähnten Gründe an Lebhaftigkeit weit übertrifft, hiesen uns oft still stehen und manchen Augenblick länger verweilen, unser Auge an der schaffenden Natur zu weiden.

J. Brückner und Ch. Günther, 1803

Ueber Hohnstein und Schandau ging es wieder hinaus in Gottes freie Natur. Ein breiter Fahrweg, der zwischen grünen Waldungen sich an einem kleinen Fluß hin

Der Kuhstall

Das romantische Kirnitzschtal

schlängelte, führte uns in die wilde Felsgegend hinein. Die Damen wurden nun in Tragstühlen den Felspfad hinangetragen, wir andern trugen uns selbst, und so langten wir ungefähr um dieselbe Zeit am Ziel unserer heutigen Wanderung an. Eine hohe, gewölbte Felsöffnung lag vor uns. Es war der Kuhstall. Er sieht im ersten Augenblick aus, als sei er von Menschenhänden aufgeführt; aber wenn man die stolze Masse näher betrachtet, da fühlt man, daß nur die Natur einen solchen Riesenbau ausführen kann. Im dreißigjährigen Krieg sollen die Bewohner der Umgebung hier einen Zufluchtort gefunden haben; hier versteckten sie namentlich einen großen Theil ihres Viehes, woher auch der Name gekommen sein mag. Es fing an zu regnen, aber wir saßen trocken unter dem Portal, während sich ein prächtiger Regenbogen über den Waldungen und zwischen den umherstehenden Felsen ausspannte. Niemals habe ich so starke Farben, nie einen so schönen Regenbogen gesehen; er zeigte sich nicht blos in der Luft, er ging auch an der Felswand herunter und rundete sich tief unter uns auf den Gipfeln des schwarzen Fichtenwaldes ab; er bildete einen vollkommenen Cirkel. Ein alter Mann in einem grauen, abgenutzten Rock saß auf einem Felsblock am Eingange der Halle und spielte uns etwas vor; mehrere Saiten auf seiner Harfe waren gesprungen, eine Dissonanz folgte der andern; sah man aber den alten Mann an, dessen Leben gewiß auch diesem Harfenspiel glich, da kam wieder Harmonie in das Ganze. Die Dissonanzen lösten sich in Wehmuth auf. Hans Christian Andersen, 1831

Kuhstall *ist ein merkwürdiger Name für einen höhlenartigen Felsdurchbruch, und Pfarrer Götzinger beschreibt den Ort als eine furchtbare Hungerstätte für die vor der Furie des Dreißigjährigen Krieges samt ihrem Vieh hierher geflohenen Bauern. Über der Schichtfugenhöhle (11 Meter hoch, 10 bis 17 Meter breit) erhob sich einst die umfangreiche Burg Wildenstein, ein übles Raubnest, dessen Besitzer den Bauern das Vieh wegtrieben. Hat der Fels von daher seinen Namen? Mit dem beginnenden 19. Jahrhundert wurde der Kuhstall zum beliebtesten Ausflugsziel, und zur Erinnerung kratzte man schon damals seinen Namen ins Gestein. Oder verewigte sich hier mit Farbe und Pinsel, wie der »Dresdner Anzeiger« 1806 den Reisenden empfahl. Es war Robert Blum, der gegen diese bis heute verbreitete Unart im damals ausliegenden Gästebuch 1832 protestierte:*

»Warum erinnert uns hier, wo die Seele bewundernd dahinschmilzt, in der unendlichen Pracht dieser erhab'nen Natur tölpisches Narrengeschmier an das elende Treiben der Erde, huld'gend mit läppischem Witz seinem erbärmlichen Ich? Diese entheiligten Blätter bestät'gen von neuem die Wahrheit: Da wo der Haufe erscheint, wirft er das Schöne mit Kot.«

Als der 26jährige Märchendichter Hans Christian Andersen im Sommer 1831 den Aufstieg unternahm –

»Die Damen wurden in Tragstühlen den Felspfad hinangetragen, wir andern trugen uns selbst ...« –, da konnte man (seit 1824) hier oben in einem bescheidenen Häuschen nächtigen. Davon abgesehen, kann man noch immer vieles von dem vorfinden, was Andersen naturempfindsam beschrieb.

Stadt und Burg Hohnstein

Stadt und Burg Hohnstein

Ueberraschend ist der Anblick dieses Städtchens mit seinem Schlosse, da man vorher von ihm gar nichts sehen konnte. Das Schloß oben auf dem hohen Felsen, mit den um dasselbe laufenden tiefen Gründen; die Ruinen des alten Schlosses an den Abhängen der Wände und dann rechts das Städtchen, dessen Häuser an den steilen Abfällen der Berge überall eingeklemmt stehn, geben mit den überall durchschneidenden Gründen und hervorragenden Waldgipfeln ein vortreffliches, romantisches Naturbild, und daher ist die Ansicht von Hohnstein gewiß von keiner Seite anziehender als von dieser. Man mag aber dieses Städtchen von dieser oder von andern Seiten sehn, so wird man sich von jeder überzeugen, daß die Vorfahren wohl nie auf den Gedanken gekommen seyn würden, auf dieser von Natur so rauhen Stelle einen für Menschen behaglichen Wohnort anzulegen, wenn das alte Schloß nicht darzu Veranlassung gegeben hätte, welches Burgleute brauchte. In diesem Städtchen findet Jeder Unterkommen und Bewirthung bei dem Stadtrichter Herrn Franz am Markte.

Der erste Gang wird wohl auf das Schloß gehn: Diese ehemalige alte Burg ist auf ihren Seiten mit sehr tiefen

Abgründen umgeben, mit deren hohen Wänden die Gebäude parallel fortlaufen, bei deren Ansicht man über die Kunst und Kühnheit der alten Bauart erstaunt. Die alte, nun in eine steinerne Brücke verwandelte Zugbrücke führte auf die Felsen des Schlosses, das überhaupt so fest war, daß im 30jährigen Kriege Kaiserliche und Schweden weiter nicht als bis an das Thor kamen und bei jedem Eroberungsversuche abgeschlagen wurden. Es hatte damals fast immer eine Besatzung.

M. Wilhelm Leberecht Götzinger, 1804

Welch ein grausender Anblick! – Da zu stehen, zwischen schauerlich glatten Felswänden, über sich zu blikken und nichts zu sehen als einen schmalen Strich des Himmels, der nur schwach den dunkeln Pfad erleuchtet und dem rastlosen Kletterer kaum so viel Licht gewährt, zu sehen, wo er den Fuß hinsetze. Mühsamer und immer gefährlicher wird der Weg, auf dem man emporstrebt. Herabgestürzte Felsmassen, über die man mit äußerster Beschwerlichkeit sich hinüberschwingen muß, stellen sich dem in Arbeiten dieser Art weniger geübten Plattländer entgegen und scheinen ihn von der Ausführung dieses kühnen Wagnisses abschrecken zu wollen. Aber kein von allen Elementen der Natur ins Ohr ihm tönenden: Vermessener! was willst Du? – hält ihn zurück; er ruht einen Augenblick, sammelt seine Kräfte und folgt, obgleich mit mehr Anstrengung und über und über von Schweiße triefend, den Fußstapfen des sorglosen, mit den Plackereien der nachbarlichen Bergbewohner vertrautern Führer, strebt, es ihm nachzuthun – und sieht sich mit einem Mahle auf diesem unwegsamen Pfade von ihm verlassen. Gott! welch ein Trost für den unbekannten Kletterer. Allein und ohne Führer steht er da, ein tiefer Seufzer steigt aus seiner Brust empor, sein Auge staunt mit Entsetzen die furchtbaren Werke der Natur an, und er fühlt die Ohnmacht seines Daseyns. – Wie? wenn in diesem Moment, von der nichtenden Hand des Allschaffenden im Zorn ergriffen, diese Mauern über mich zusammenstürzten? – Gott! welch ein Gedanke. – Vor oder rückwärts! – Sieg oder Tod! – Mit diesem Entschlusse setzt er seinen Fuß weiter und sieht sich, dem Ziele näher zu kommen, genöthigt, auf allen Vieren durch eine schmale, kaum Ellenbreite und zwei bis dritthalb Ellen hohe Oeffnung hindurch zu kriechen. Er wähnt, genug geklettert zu haben, und sieht sich an der Seite seines Führers, der sich zum Ausgange dieser Oeffnung, wo sich der Felsen schließt, erwartete, auf einem im Durchschnitte 15 Ellen haltenden und auf drei Seiten von hohen Felswänden eingeschlossenen Platze; aber die Arbeit ist noch nicht vollendet. Ein schmaler und steiler Weg führt rechts über einen hohen Felsen zum grauen Scheitel des stolzen Giganten und – man ist endlich im Freien.

J. Brückner und Ch. Günther, 1803

Hohnstein *als Städtlein von damals reichlich hundert Häusern und annähernd 900 Einwohnern, die sich recht und schlecht von einer mageren Landwirtschaft und der Leineweberei ernährten, interessierte die romantischen Entdecker der Sächsischen Schweiz vor 150 Jahren trotz barocker Stadtkirche und Fachwerk-Rathaus weit weniger als die trutzige Burg 123 Meter über dem Polenztal auf steilem Fels. Man erreicht ihr Tor über den schräg ansteigenden Marktplatz und begreift alsbald den überlieferten Spruch: »Wer da kumet nach dem Hon Steyne, der kumet selten wieder heime!« Bereits im 16. Jahrhundert Sachsens gefürchtetes Gefängnis, dienten die düsteren Räume ab 1861 als sogenannte Korrektionsanstalt für mißliebige Mitbürger, »Arbeitsscheue«, »Herumtreiber«, »Bettler«. Die Nazis funktionierten die Burg, die seit 1925 der sächsischen Arbeiterjugend als Jugendherberge diente, 1933/34 für 5 600 Antifaschisten zum Konzentrationslager um. Seit 1945 ist die Jugendburg wieder Herberge für Touristen.*

Volkskundliches

Verhaltungs-Regeln für diejenigen, welche die Sächsische Schweiz bereisen

1. Man versehe sich zu dieser Reise mit einem guten Fernrohr, einem festen mit einem Stachel versehenen Stocke, einem festen bequem fortzubringenden

Hohnstein,
auf steilem Fels über
dem Polenztal

Trinkgeschirr, Limonade, einem Messer, einem kleinen eisernen Instrumente, Pinsel und trockner Farbe, um seinen Namen anzuzeichnen. Was der Reisende als Mineralog, Botaniker oder Entomolog bedarf, wird Jeder selbst wissen.

2. Man reise in Stiefeln mit Absätzen. – Modesohlen ohne Absätze können auf glatten abhängigen Wegen gefährlich werden.
3. Man lasse Schießgewehr zu Hause. Es ist das Schießen verboten, weil in dürres Nadelholz gefallene Pfropfe beinahe Waldbrände verursachten. Wenigstens lade man mit Haaren.
4. Man lasse Hunde zu Hause. Wenn sie sich von ihrem Herrn verlieren, verderben sie ihm und der Reisegesellschaft die Freude.
5. Wenn auf dem Kuhstalle oder an einem anderen Orte Feuer gemacht wird, um ein warmes Getränke zu bereiten, so wähle man solche Stellen, wo es keinen Schaden anrichten kann, und lösche bei der Fortreise die Brände aus.
6. Man vermeide es so viel wie möglich, Familien zur Last zu fallen, und kehre lieber in einem Wirtshause oder in Ermangelung desselben in einer Mühle ein. Und will man auch nicht mit einer ländlichen Kost zufrieden seyn und sucht daher etwas bessers, so sey man wenigstens so billig, sich dafür abzufinden, auch wenn man nichts fordern sollte. Denn ob es zwar wohl nicht leicht versagt werden wird, wenn man darum bittet, so kommen dergleichen Zumuthungen zu oft und mehrentheils in Zeiten unaufschieblicher Geschäfte, so daß die Unterlassung einer Vergütung für Aufwand, Bemühung und Versäumniß eine große Unbilligkeit verrathen würde.

Wilhelm Leberecht Götzinger, 1804

Träger

Dieser Bergsteg ist sehr steil und beschwerlich. Meine armen Träger stöhnten und ruhten an ihren gewohnten Stellen fleißig aus. Ich plauderte mit ihnen von den Leuten, die sie getragen, und erfuhr bei dieser Gelegenheit wieder, wie sich die Ansicht von der Menschenwelt in einem jeden nach seiner Beschäftigung verschieden ausprägt. Der Dichter spricht von poetischen und prosaischen Naturen, der Soldat von Feigen und Tapfern, der Philosoph von Denkern und Handwerksköpfen, die Dame von Interessanten und Uninteressanten, und die sächsischen Träger kannten nur schwere und leichte »Berschonen«. Danach klassifizierten sie Fürsten, Grafen und Herrn, die sich ihrer Schultern und Füße bedient hatten.

Karl Immermann, 1833

Reisetips

Gesellschaften bis zu 12 Personen und mehr, falls sie nicht Gepäck bei sich führen, reichen mit einem Führer aus, der verpflichtet ist, das Gepäck des Reisenden bis zu 16 Pfund Schwere unentgeltlich zu tragen. Der Führer, mit welchem über die Bezahlung sich zu einigen dem Reisenden überlassen bleibt, kann gesetzlich für einen ganzen Tag 1 Thaler, für einen halben Tag 1/2 Thaler, bei kürzerem Dienst für die Stunde 3 1/2 Ngr. beanspruchen; ist er nur für einzelne Touren angenommen und wird an einem Orte länger als eine halbe Stunde Aufenthalt gemacht, so erhält er für jede halbe Stunde längeren Aufenthaltes 2 1/2 Ngr.; übrigens hat er für seine Bedürfnisse selbst zu sorgen und darf ohne Erlaubniß des Reisenden nie auf Kosten desselben zehren, auch unbefragt da, wo mehrere Gasthäuser sich befinden, keins derselben empfehlen. Der Fußreisende thut jedenfalls wohl, denselben Führer für die ganze Reise, wenn möglich, zu behalten. Der Führer darf sich übrigens nicht anbieten, sondern soll die Aufforderung des Reisenden zum Führen abwarten, sich bescheiden, höflich, dienstwillig betragen, nur auf sicheren Wegen leiten, vor Gefahren warnen, bei etwaigen Unfällen jede mögliche Hilfe leisten, nicht dulden, daß der Fremde durch Bettler belästigt werde. Wer überhaupt zu reisen versteht, wird mit der großen Mehrzahl dieser Männer sehr gut auskommen, und ein freundliches Wort zur rechten Zeit, einmal eine kleine, nicht bedungene Erquickung u. dergl. m. sind sehr wirksame Mittel, diese Unentbehrlichen sich zugethan zu machen und zu erhalten. Wer über einen Führer sich zu beschweren hat, kann dies beim Justizamt zu Hohnstein und beim Stadtrath in Schandau thun; sind diese Orte schon passirt, so kann die Beschwerde, jedoch stets mit Namensunterschrift, auf den der Instruktion des Führers angehefteten leeren Blättern oder in den Beschwerdebüchern der Gasthäuser erfolgen, welche die Wirthe, die sich höflich und aufmerksam benehmen und die bei ihnen aushängenden Taxen unter keinem Vorwande überschreiten sollen, stets unweigerlich vorzulegen haben.

Ganz Dresden mit Umgebungen und die
Sächsisch-Böhmische Schweiz, 1862

Schiffsreisen

Dampfschiffahrt. Den Bemerkungen über diesen Gegenstand mag hier noch hinzugefügt werden, daß gemeinhin während der Sommermonate täglich früh ein Dampfschiff stromaufwärts nach Leitmeritz abgeht und eben so eines von dort Abends hier ankommt. Außerdem geht täglich Nachmittags ein Dampfschiff von hier bis Schandau, das früh von dort wieder in Dresden eintrifft. Endlich finden auch noch Extrafahrten, besonders Sonntags, nach Pillnitz und zurück etc. statt. Die Dampfschiffe halten regelmäßig zur Aufnahme oder Ausschiffung von Reisenden bei Pillnitz, Pirna, Wehlen, Rathen (für die Bastei), Königstein, Schandau, Herniskretschen und resp. Niedergrund, Tetschen, Außig und Lobositz an. Bei Tetschen und Außig finden sich Wagen zum Transport nach Teplitz. Der Reisende hat 40 Pfund Gepäck frei und findet eine Restauration auf jedem Dampfschiffe. Will er an einem andern als den obenangegebenen Orten landen, so hat er dies dem Bootsmeister anzuzeigen und wird auf einem Kahne ans Ufer gesetzt.

Ganz Dresden mit Umgebungen und die
Sächsisch-Böhmische Schweiz, 1862

Flößer

Sobald das bestimmte Floßholz im Herbst fertig ist, wird das Anfahren desselben bis an die Kirnitzsch oder an solche Plätze, von denen es bis zu ihr herabgefloßt werden kann, an die Einwohner des Hinter-Amts so verauktionirt, daß demjenigen eine gewisse Zahl zu fahren zugeschlagen wird, der das Wenigste bietet. Den Winter über fahren sie nun dieses Holz an und kommen dabei oft wochenlang mit Vieh und Geschirre nicht aus der Haide. Eine Menge Floßknechte werfen indessen das Holz von den größten Höhen auf den Bloßen oder Huschen bis zur Bach hinab. Die wie ein Holzregen in mannigfaltigen Wendungen herabstürzenden Scheite, die mancherlei dumpfen Töne, die ihr Auffallen begleitet, geben hierbei ein äußerst interessantes Schauspiel, und man sieht unter demselben einen ungeheuren Holzberg sich an der Bach aufthürmen, der mehrere 100 Schragen in sich enthält. Dieser Holzberg bleibt nun den Winter über ungestört stehn und friert fest zusammen. Sobald nun der Winter Abschied nehmen will und der Schnee schmilzt, wird das Flößen sogleich angefangen, und das erste dabei ist, diese Holzberge zu stürzen.

Eine Menge harrender Floßleute sind sogleich beschäftigt, die übereinander gestürzten Scheite loszumachen und zum Schwimmen zu bringen, indessen die obere und niedere Schleuse gespannt und die Schutze vorgerichtet werden. Ist das obere Holz in die obere Schleuse angeschwommen, so werden die eingelegten Pfosten mit vieler Lebensgefahr ausgehoben, worauf sich das Wasser mit dem Holze unter fürchterlichem Krachen herabstürzt und durch die Wassermenge bis zur untern Schleuse fortgetrieben wird, wo man wieder so verfährt, unter derselben aber wird das Holz nur durch die Schutze aufgehalten.

Die Floßarbeiten sind mit vielen Gefahren verbunden, mit welcher aber die Floßknechte so vertraut werden, daß sie sie gar nicht achten. Um das Floßholz die Huschen herunterzubringen, laden sie das Holz auf besonders dazu eingerichtete Handschlitten, setzen sich selbst auf den Hals des Schlittens, lenken ihn durch die Deichsel, und so fahren sie die jähsten Abhänge hinunter. Ist das Holz beim Herabbloßen an den Felsenspitzen hängen blieben, so klettern sie mit der größen Lebensgefahr hin, um es herabzustoßen. Und wollen sie aus den tiefen Felsengründen von der Bach wieder hinaus, so wählen sie oft hierzu die tollkühnste Methode. Sie hauen ihre langen Floßhaaken in einem Baum ein, helfen einander etwas in die Höhe, und nun greifen sie sich hart am Felsen in diesen Haaken immer höher, indem sie sich dabei mit den Füßen forthelfen. Haben sie mit diesen einen schmalen Platz zum Stehen gefaßt, so schlagen sie die Haaken in einen höhern Baum ein und fahren damit fort, bis sie auf die Höhe sind. Und auf diese höchstverwegene Art lassen sie sich oft auch hinab, ja sie schlagen beim Anfange des Flößens, wenn viele Wände noch mit dickem Eise überzogen sind, ihre Haaken in das Eis ein, wo sie keinen Baum finden, oder lassen sich an Stricken hinab.

Wie wenige von denen, die sich an diesem Holze wärmen, werden es wissen, unter welchen Anstrengungen und mit welchen Gefahren und Aufwande von Kräften ihnen dieses Holz zugebracht wird!

Wilhelm Leberecht Götzinger, 1804

Vom Berg zum Tal: die Lausitz

Stolpen

Stolpen ist eine kleine, ziemlich gut gebaute Stadt von ohngefähr 100 Häusern und 700 Einwohnern, welche sich grösstentheils vom Ackerbau und der Bierbrauerei nähren. Sie liegt am Fusse eines hohen, konischen Basaltberges, dessen Spitze über 900 Fuss über Wittenberg erhaben ist. Der Basalt, welcher sich hier findet, ist grösstentheils in Säulen geformt und an Regelmässigkeit und Festigkeit der schönste in Sachsen. Er steht wahrscheinlich auf Granit, wie man aus den in seiner Nachbarschaft herumliegenden Blöcken von dieser Steinart schliessen kann; die Säulen sind meist 6eckig, doch auch 5- und 7eckig, und haben 6 bis 12 Zoll im Durchmesser. Die mittelsten stehen senkrecht, und rings um sie lehnen sich die andern in immer mehr und mehr horizontaler Richtung an. Der ganz Berg scheint zwei solche Säulenkegel zu haben, den einen beim Eingange in das Schloss und den andern unter der vordern Seite desselben gegen Mittag; jedoch verhinderte mich der Schutt auf dem Schlosshofe und die noch stehenden Mauern, dies genau zu untersuchen. Und eben diese sind die Ursache, warum sich die Höhe dieser Säulen nicht bestimmen lässt. Oben sind sie, vermuthlich bei Erbauung des Schlosses, abgebrochen worden, und in dem 287 Fuss tiefen Brunnen erreichte man ihr Ende noch nicht. Der Stein findet sich übrigens nur in der Nähe des Berges und in einigen benachbarten Kellern. Er wird häufig zu Säulen, zu Ecksteinen (wie z. B. fast durchgängig in Dresden) und zu andern Dingen gebraucht, auch ist die ganze Stadt damit gepflastert. Klingende Säulen findet man hier nicht; sie sind überhaupt sehr selten; aber die Luft giebt bei heftiger Bewegung in den vielen Winkeln, welche er bildet, einen ganz eignen Widerhall, und wenn man einen Stein in den Brunnen wirft und er an den scharfen Basaltecken zerschellt, so ist der tausendfach zurückgeworfene Schall dem Rollen des Donners ganz ähnlich.

Am Schlosse selbst ist nicht viel zu sehen. Im Siebenjährigen Kriege wurde es noch belagert, nachher aber geschleift, und seit 10 Jahren wird es nach und nach ganz abgetragen, ob man es gleich vielleicht zum Amthause hätte einrichten können, welches der Stadt noch fehlt, so dass man die Amtsgeschäfte in einigen Bürgerhäusern abthun muss.

Ich verliess Stolpen noch gestern bei guter Zeit und gieng über Liebenau, ein Gut des Kammerherrn von Liebenau, welches mir wegen seiner netten englischen Gartenanlagen auffiel, nach Hohenstein zu. Eine Stunde von Stolpen fängt wieder der Sandstein an, und bald darauf steigt man in das tiefe, enge und felsige Thal der Polenz hinab, an welcher sich der Weg fort bis Hohnstein zieht.

M. Christian Weiss, 1796

Die alte Säulenstadt (stolp = Säule) Stolpen liegt auf einem Hügel, der sich, die Gegend beherrschend, aus dem landschaftlich nicht reizlosen Wesenitzthale erhebt. An einigen Stellen des Berghanges treten die sechsseitigen, schwarzblauen Basaltsäulen zutage; aus diesem Gestein sind die meisten Häuser der Stadt, Kirche und Mauern gebaut, er lieferte das Material zu dem Pflaster der Gassen und des Marktes. Die Stadt ist klein und wächst nur langsam. Auch die Bahn hat den Verkehr nicht wesentlich gesteigert, sie führt tief unten im Thale oder vielmehr jenseits der Thalsohle vorüber. Um die von Osten nach Westen führende Hauptstraße und den in deren Mitte sich anlehnenden Markt haben sich die Häuser gruppiert. Sonst war das Pflaster der Straßen nicht wohl beleumundet, und mancher mag wohl seine Knochen gefühlt haben ... Jetzt ist es erneuert worden und beschämt das Pflaster mancher alljährlich »wühlenden« Großstadt. Der Markt steigt ziemlich steil an. Früher wuchs das Gras zwischen den Pflastersteinen und gewährte den Gänsen nahe und üppige Weide; jetzt hat auch er ein anderes, modernes Gewand angezogen. Das schlichte Denkmal Friedrich Augusts des Gerechten, welches ihn ziert, ist, wenn auch kein bedeutendes Kunstwerk, so doch ein Zeichen der Anhänglichkeit und des treuen Sinnes der Bürger. Über dem Markt thront das Schloß; seine drei Türme, von denen zwei noch erhalten, der dritte eine Ruine ist, sind ein weithin sichtbares Wahrzeichen der Gegend. G. Oertel, 1896

Stolpen *Festung 2. Ordnung, »hat sich ohne Schwertstreich ergeben!« – telegrafierte der Offizier einer preußischen Husarenpatroille 1866 während des preußisch-österreichischen Krieges siegesbewußt nach Berlin. Vorgefunden hatte er eine nicht mehr besetzte, von den Franzosen teilweise bereits 1813 gesprengte und kaum noch zu verteidigende Festung, schon eine halbe Ruine. Die größte im östsächsischen Raum, die berühmteste seit der spannenden Sachsen-Trilogie des Polen Józef Ignacy Kraszewski, die 1874 das lebhafte Interesse für*

Inmitten des Wesenitztales Burg Stolpen

Burg Stolpen, links der Johannisturm (Coselturm)

das seltsame Schicksal der auf Stolpen 49 Jahre lang gefangengehaltenen Gräfin Cosel (1680–1765) weckte. Bereits 1877 wurde die Burg für öffentliche Führungen freigegeben, im Jahre 1881 entdeckte nach langen Vermessungen ein Professor Steche das Grab der sorgsam bewachten Staatsgefangenen in der Ruine der Schloßkapelle. Im gut erhaltenen viergeschossigen Johannisturm von 1509, als die Burg noch den Meißner Bischöfen gehörte, findet sich in musealer Ausbreitung alles, was man an Erinnerung an die schöne Mätresse Augusts des Starken zusammentragen konnte. Zuzüglich eines köstlichen Rundblicks auf die Lausitzer Berglandschaft, die Sächsische Schweiz und das östliche Erzgebirge. Alte Reiseberichte des 19. Jahrhunderts loben die idyllische Lage des Städtleins Stolpen mit seinem steil ansteigenden Markt (nach 1870 ein Wiesenplan mit weidenden Kühen) und den ihn säumenden hochgiebligen Häusern. Davon hat sich viel erhalten.

Rammenau

In der schönsten Gegend der Oberlausitz, zwischen den Ortschaften Bischofswerda und Pulsnitz, unfern der Gränzmark, die das Meißnische Gebiet von der Lausitz scheidet, liegt ein kleines Dorf, Rammenau mit Namen,

Im Schloß Rammenau

der Geburtsort des Philosophen. Der Wanderer findet es, wenn er, die große Straße von Dresden nach Bautzen in Bischofswerda verlassend, sich nordwärts auf den Pfad nach Elstra und Camenz wendet. Er besucht ein reichbebautes Land, von schönen Waldhügeln durchzogen, mit klaren Bächen bewässert, und findet in den zahlreichen und wohlhabenden Ortschaften ringsumher ein Volk, das, wenn es jetzt noch seinen Vätern und Großvätern gleicht, wegen Fleiß und Tüchtigkeit weit umher belobt ist. Hier lebten vor fünfzig Jahren noch Menschen, die, nicht roh, doch unerreicht von der ausglättenden Bildung ihrer Zeit, durch ihr Wesen einem frühern Jahrhunderte angehörten. In Sitte und Gebräuchen aufgewachsen, die seit der Reformation wohl wenig Aenderung erfahren hatten, konnten sie noch Zeugniß geben von der Würde und Kraft unseres ursprünglichen Volkslebens.

Immanuel Hermann Fichte, 1830

Das schöne stattliche Dorf Rammenau liegt an der Westgrenze der Oberlausitz in einem Thale, das im Norden von dem Sibyllensteine oder hohen Steine, dem Mittelberge und Tanneberge, nordöstlich von dem Burkauer und Butterberge, westlich von dem Hubertusberge und südwestlich von dem Kleppisch und der Schaudorfer Höhe eingeschlossen ist, im Süden und Südosten aber sich, nach Bischofswerda hin, öffnet.

Der Ort zerfällt in das Niederdorf, welches hufeisenförmig einen grossen Teich umschliesst, und das Oberdorf oder richtiger Mitteldorf, das zu Ende des vorigen Jahrhunderts oberhalb des Rittergutes Oberrammenau ausgebaut wurde, welches sich, seinem Haupttheile nach, von dem Gute nach der Höhe des Hubertusberges hinaufzieht; ein anderer Theil liegt auf dem Tanneberge und am Fusse desselben, der Waldscheibe. Mit Einschluß der beiden Pertinzorte Schaudorf und Röderbrunn besteht Rammenau aus einhundertachtundachtzig Häusern mit etwa tausend Einwohnern, die sich eintheilen in elf Ganzbauern, mit Einschluss des Erbrichters, acht Halbbauern, vierzehn Grossgärtner, sechzehn Kleingärtner, vierzehn Althäusler und einhundertzweiunddzwanzig Neuhäusler. Unter ihnen befinden sich viele Handwerksleute, und zwar hauptsächlich Leinweber.

Unter den Merkwürdigkeiten, welche Rammenau betreffen, verdient der Einfall der Husaren erwähnt zu werden, die (1759) mit viehischer Brutalität die Einwohner peinigten und die Gattin des Pfarrers Dinndorf dergestalt misshandelten, dass sie bald darauf starb. Am 6. November 1812 wurde der Einwohner Gottlieb Jäger wegen Mordes mit dem Schwerte enthauptet, und am 4. Dezember 1818 starben der Bandmacher Gottlieb Kunze und Johanne Sophie Fischer, die den Ehemann der Letzteren umgebracht hatten, ebenfalls durch des Nachrichters Hand. In der literarischen Welt ist Rammenau dadurch bekannt geworden, dass der hier am 29. Januar 1814 zu Berlin verstorbene Professor und berühmte Philosoph Josef Johann Gottlieb Fichte geboren wurde, dessen Vater, Christian Fichte, Häusler und Bandweber war.

G. A. Poenicke, 1854

Rammenau *war ein der gräflichen Erb-, Lehns- und Gerichtshoheit unterstehender elender Marktflecken nahe Bischofswerda, als hier am 19. Mai 1762 der spä-*

tere Philosoph Johann Gottlieb Fichte als Sohn eines Bandwebers in einem später abgerissenen Hause nahe dem Pfarrgebäude geboren wurde. 41 Prozent der Flur gehörten dem Rittergut, dessen billige Arbeitskräfte, die Häusler, noch nebenbei etwas Leine- und Bandweberei betrieben, um nicht zu verhungern. Dem Ortspfarrer fiel das ungewöhnliche Talent des Knaben auf, und so empfahl er ihn dem sächsischen Kammerjunker und Gutsherren Freiherrn Ernst Haubold von Miltitz, der ihn zunächst auf seinem bei Meißen gelegenen Schlosse Siebeneichen, danach in der Meißner Stadtschule und in der Folge in der berühmtesten der drei sächsischen Fürstenschulen, in Schulpforta (ab 1774), unterrichten ließ. An all das wird der Besucher im Barockschloß Rammenau erinnert, eines der schönsten Schlösser Sachsens, bis 1945 Sommersitz der Familie von Helldorf. Erbaut 1721–37 nach den Plänen des Dresdner Baumeisters Johann Christoph Knöffel und 1951–67 in einem langwierigen Restaurierungsprozeß in originaler Schönheit wiedererstanden, ist es Geschichtsmuseum des Kreises Bischofswerda und (seit 1962) Sitz einer Fichte-Gedenkstätte, mit einem Schloßrestaurant inmitten eines gepflegten Parks im englischen Stil mit Linden, Tulpenbäumen und Silberahorn.

Barockfiguren im Schloßpark Rammenau

Pulsnitz

Die Stadt selbst liegt 4 Meilen westlich von Budissin, 3 Meilen von Dresden, an der Gubener Straße, in bergiger Gegend an der noch geringen Pulsnitz ... Die 1745 erneute Hauptkirche zeigt außer mehren Alterthümern auch eine gute Orgel und seit 1796 eine thönerne Kanzel. Es gibt hier eine Begräbniskapelle, 2 Pfarrer, 3 Lehrer an der schönen neuen Schule, 2 Mühlen, 2 Gasthöfe, 1 Ziegelei, 7 Färber, 7 Gerber, 9 Töpfer, 11 Tischler, einige Weber, viele Bandwirker und Marktschuhmacher, starken Vieh-, Land- und Grossohandel in Band- und Linnenwaare; 1 Wochenmarkt, 4 Jahr- und Viehmärkte, sonst auch 2 Wollmärkte.

Vor der Stadt steht eine katholische Betsäule. Die Schützengilde wurde schon 1467 errichtet.

Albert Schiffner, 1840

Von 1622 an ist Rittergut und Stadt an die Krone Sachsens gekommen, und Johann Georg II. bestätigte alle Stadtprivilegien im Jahre 1669, welche solche schon von Kaiser Carl IV. erhalten hatte. Namentlich hat jeder Bürger die Freiheit zu handeln, womit er will; der beträchtlichste Handel besteht in Leinwand und Band, theils im Orte, theils in den nahen Dörfern fabricirt; einige grosse Färbereien liefern alle Gattungen bunter Leinwand, welche auf Messen und Jahrmärkten so häufig gefunden wird.

Berühmt sind aber die Pulsnitzer Pfefferkuchen, welche vorzüglich auf der Leipziger Messe vom schönen Geschlechte stark gesucht sind. Sie heissen eigentlich die Thorener Pfefferkuchen. Der sonst zu Thoren arbeitende Bäcker Thomas hat sie zuerst gebacken.

Auch das hiesige Töpfergeschirr wird, weil es bleifreie Glasur hat, durch böhmische Fuhrleute nicht nur nach Böhmen, sondern bis Wien, Triest und selbst nach Ungarn gebracht. In jeder Woche erblickt man die böhmischen Fuhrleute, welche mit Töpferwaaren ihre grossen Frachtwagen belasten.

Literarisch denkwürdig ist Pulsnitz als der Geburtsort des sächsischen Historiographen Johann Gottlob Horn und des ersten Missionars für Ostindien, Barthol. Ziegenbalg, geb. 1683, welcher im Jahre 1705 in dänische Dienste nach Tranquabar ging, dort die erste christliche Mission stiftete, im Jahre 1707 die erste christliche Kirche baute und im Jahre 1719 die Bibelübersetzung in tamulischer Sprache vollendete.

G. A. Poenicke, 1854

Pulsnitz *überblickt man am besten vom Eierberg, und da hat man eine Stadt vor sich, die noch sehr viel von dem hat, was schon unseren romantischen Reisenden gefiel. Enge Gassen gehen vom Marktplatz aus, die die schönen alten Namen der hier ansässigen Gewerke tragen, und im Heimatmuseum im Rathaus mit dem schönen Renaissancegiebel wird an die berühmt gewordenen Söhne der Stadt erinnert, an den Religionsforscher Bartholomäus Ziegenbalg (1682–1719), der die erste evangelische Missionsstation in Indien gründete, den Landwirtschaftswissenschaftler Julius Kühn (1825–1910) und an den Bildhauer Ernst Rietschel (1804–1861). Der gilt als Wegbereiter einer realistischen Bildhauerkunst und ist Schöpfer u. a. des Goethe-und-Schiller-Denkmals in Weimar, der Lessingstatue in Braunschweig und des Lutherdenkmals in Worms. Geboren wurde er in dem Haus Rietschelstraße Nr. 16. Die drei Figuren auf dem 1977 geschaffenen Marktbrunnen weisen drei verschiedene Handwerke vor, denen Pulsnitz seinen Ruf verdankt: die Weberei, seit 1694 hier angesiedelt, die Töpferei, noch etwas früher bereits hier zu Hause und ihre Entsprechung heute im VEB Oberlausitzer Keramik findend, sowie die Pfefferküchlerei. Und so liegt in Pulsnitz der Wohlgeruch sozusagen in der Luft. Es riecht nach Zimt, Nelken und Koriander, nach Kardamom, Anis und Fenchel, nach Macisblüte, Muskatnuß, Mandelöl und Zitronenschale, was der Volksmund im Mittelalter generell als Pfeffer bezeichnete. Bereits 1558 wurden die ersten Lebkuchen in Pulsnitz gebacken, 1745 vom dem Bäcker Thomas die ersten aromatischen, also verfeinerten. Pulsnitz wurde zur Pfefferkuchenstadt, und vor mehr als 150 Jahren begründete dann ein junger Mann namens E. C. Groschky die Tradition der heute ältesten, noch betriebenen Pulsnitzer Pfefferküchlerei im Geburtshaus Ernst Rietschels. Fünf Generationen der Familie Groschky und Hübler setzten seitdem das Werk des er-*

Der Winter ist ein rechter Mann

Der Rietschelbrunnen in Pulsnitz

sten Meisters fort. – Eine gründliche Restaurationskur erfuhr 1973 das Alte Schloß, ein Renaissancebau von 1600, das zusammen mit dem barocken Neuen Schloß aus dem Jahre 1718 heute als Heilstätte dient. Am 10. Mai 1813 trafen sich hier Zar Alexander I. und Preußens König Friedrich Wilhelm III.

Kamenz

1. Juni (1863). Heute sollte in dem benachbarten Kamenz ein Fest zu Ehren von Gotthold Ephraim Lessing gefeiert werden, die Einweihung einer Büste, und da ich gerade jetzt so viel mit Lessing mich beschäftige, mir der Mann immer wichtiger wird, so hatte ich mich mit dem Gedanken vertraut gemacht, wenn ich am Sonntag in Dresden wäre, am Montag nach Kamenz zu gehen. Ich bin gern bei Festen zu Ehren großer Menschen, wenn dann auch die Wirklichkeit nicht immer dem entspricht, was man sich davon phantasirt, besonders aber, wenn diese Feste großer Menschen in kleinen, etwas abgelegenen Ortschaften gefeiert werden. So war es der Fall mit Lessing und Kamenz, und ich bereue nicht meinen Entschluß, dahin gegangen zu sein, als Gast des Bürgermeisters Eichel, mit dem wir im literarischen Verkehr sind. Zu meinen Reisegefährten gehörte der Zeichner Herbert König, der eine Skizze für die »Illustrierte Zeitung« machen wollte, und mit diesem lebendigen und originellen, die Originellität freilich etwas zur Schau tragenden Künstler unterhielt ich mich sehr gut. Die Stadt hatte sich in der freundlichsten Weise wie eine Braut geschmückt; jeder Kamenzer fühlte in sich heute gewissermaßen einen Lessing. Kein Häuschen war ohne Schmuck mit Grün, Blumen oder Fahnen. Der Zug war ein sehr großer und konnte sich bei dem gewählten Wege und dem heitern Himmel gut entwikkeln. Wir zogen an der Geburtsstätte Lessing's vorüber, die nur als solche noch vorhanden ist, denn das Haus, worin er geboren wurde, ist 1842 bei dem großen Brande vernichtet worden. Eine Gedenktafel bezeichnet die Stätte, es ist aber sehr schade, daß man wegen allerhand nicht ausreichender Bedenken die neue Büste Lessing's nicht hier, wo die Stelle historisch war und durch die Nähe der schönen alten Kirche und noch eines alten Thurms sich alles so malerisch gruppierte, aufgestellt hat, sondern auf dem Schulplatze, wo der Büste jeder Hintergrund fehlt und wo Lessing nur immer auf die Kirche und auf die Schule blicken muß, was doch nur in gewisser Beziehung wirklich auf Lessing paßt. Nach einleitenden Worten Eichel's hielt Wuttke aus Leipzig die eigentliche Festrede, geschickt wie immer, ohne indessen gerade neue Gesichtspunkte zu bringen. Lessings's Büste ist eine Arbeit von Knaur, der anwesend und wohl sehr glücklich darüber war, gewissermaßen mit der Mittelpunkt eines Festes zu sein. Der

Kopf ist gut modellirt; mit der Behandlung des Costüms und besonders der Haare bin ich indessen gar nicht einverstanden. Heinrich Brockhaus, 1885

Der sämtlichen Gebäude, aus welchen die Stadt Camenz innerhalb der Stadtmauer besteht, sind jetzt 280; außerhalb derselben 307, zusammen also 587. Die Form der innern Stadt ist einem Dreieck ähnlich. Die Stadtmauer umschließt dieses Dreieck und läßt als Eingänge drei Thore: das Budißiner, das Pulsnitzer und das Königsbrücker, zwischen welchen letztern und erstern jedoch noch eine Pforte ausgebrochen ist. Ueber jedem dieser Thore steht eine alter Thurm so wie auch der Burgthurm und 2 andere Basteien auf der Stadtmauer noch vorhanden sind.

Johann Gottfried Bönisch, 1824

Kamenz *war nach dem großen Stadtbrand von 1707 im Geburtsjahr ihres berühmtesten Bürgers – 1729 – noch immer trotz Zugehörigkeit zum lausitzischen Sechsstädtebund eine verwinkelte, baulich kaum auffällige, stark umwehrte Ackerbürgerstadt mit rund 3500 Einwohnern, die sich von der Tuchmacherei, der Leineweberei und der Bierbrauerei ernährten. Sieht man von Gotthold Ephraim Lessings Vater, dem Pastor Primarius, einmal ab, so verdienten auch die alteingesessenen Kamenzer genug am dünnen Bier, um zufrieden zu sein. »Die Leutchen hier haben ein glückliches Temperament«, heißt es in Naumanns »Topographie von Chursachsen« am Jahrhundertende, denn die »Sorgen des Mammons und Wuchers kennen sie nicht.« Ein Kupferstich von 1714 läßt vor den Stadtmauern bereits recht ansehnliche Gärten erkennen; einer davon gehörte dem tüchtigen Bürgermeister Theophil Lessing, Großvater des späteren Dichters, der seiner Vaterstadt nicht ohne Groll den Rücken kehrte. Was ihm die ansonst stets bildungsbeflissenen Kamenzer selbst, obwohl sie bereits um 1800 damit begonnen hatten, ihre sichtbehindernden Mauern niederzulegen und sich von allzu einengender Kleingeisterei zu befreien, lange nicht vergaßen. Ausgerechnet der aus Bischofswerda 1813 zugezogene aufrechte Arzt und Stadtphysikus Jo-*

Vor den Mauern von Kamenz gab es ansehnliche Gärten

Lessinggedenkstätte in Kamenz

hann Gottfried Bönisch begründete mit dem Bau eines Krankenhauses 1824–28 die Lessingpflege. Bönisch bat durch Aufruf die Öffentlichkeit aller deutschen Länder um Spenden für dieses Armen-Krankenhaus, das für ihn das geeignetste Lessingdenkmal darstellte. Der Mann hatte seinen Nathan nicht nur gelesen. 1826 wurde der heutige Mittelteil »zur Aufnahme erkrankter Armer ohne Unterschied der Religion, der Bezirkszugehörigkeit oder des Vaterlandes« eingeweiht. Lessings noch recht biedermeierlich gefeierter 100. Geburtstag 1829 fand bereits eine für die Ideen des Begründers der deutschen Nationalliteratur stärker aufgeschlossene Bürgerschaft; die damals in dem Haupteingang des Krankenhauses aufgestellte erste Lessingbüste gibt es noch immer. Lessings Geburtshaus, das alte Archediakonat, brannte in dem heißen Sommer 1842 zusammen mit über 600 Wohnhäusern ab. Wie es ausgesehen hat, ist auf der Gedenktafel im Lessinggäßchen zu erkennen. Erst 1931 konnte ein neues »Lessinghaus« als Museum eingeweiht werden. Zusammen mit dem benachbarten Röhrmeisterhäuschen bildet der Neubau einen schönen Vorhof, in dem die Lessingbüste des Rietschelschülers Hermann Knauer von 1863 ihren endgültigen Standort fand.

Bautzen

Das Bild der alten vieltürmigen Stadt prägt sich wohl jedem unvergeßlich ein, der sie einmal gesehen. Schon ein flüchtiger Blick aus dem Coupéfenster bei der Fahrt über den unmittelbar vor dem Bahnhof das Spreethal überbrückende Viadukt läßt die eigentümliche Schönheit, den altertümlichen Reiz der ehrwürdigen Markhauptstadt erkennen. 19 mehr oder weniger hohe Türme hat die Stadt; rechnet man noch die Erker an manchen Privathäusern und besonders an der alten Kaserne hinzu, die zum Teile einem Turme ähneln, so wird die Zahl erheblich höher. Selbstverständlich sieht man von keinem Punkte alle diese Türme gleichzeitig, aber doch so viele derselben, daß das ebengenannte schmückende Beiwort der Stadt mit Recht beigelegt werden kann. Da haben wir die sogenannten Wassertürme, einen Basteiturm, einen Pulverturm, die Thortürme am Reichen-, Lauen- und Schülerthor, die Türme am Schloß und am Rathaus, endlich die Türme der verschiedenen wendischen und deutschen Kirchen und, sie alle überragend, den Turm des mächtigen Petridomes, in welchem – ein Sinnbild des konfessionellen Friedens – Katholiken und Protestanten, nur durch ein Gitter getrennt, ihres Gottesdienstes pflegten.

G. Oertel, 1890

Nicht die Thürme allein, die ganze Stadt lehrt es, daß wir auf einem historischen Boden uns befinden, daß die

Bautzen mit dem Viadukt der Eisenbahn

Mauern um uns eine reiche wechselvolle Geschichte hinter sich haben, reich nicht nur an Glanz und Ruhm, sondern auch an Schrecken und Kriegesnot. Die herrlichen Renaissancehäuser am Markte und der inneren Lauenstraße mit ihren mächtigen, schier unzerstörbaren Mauern und ihrem oft künstlerisch schönen plastischen Schmucke zeugen vom Reichtum ihrer Erbauer und Bewohner; die Ruinen der Mönchs- und der Nikolaikirche von der Zerstörung, mit der die großen Kriege die Stadt heimgesucht. Wie reich an historischen Erinnerungen ist besonders der Winkel hinter der Petrikirche und am Schlosse! Da ist zunächst die Residenz des Bischofs und des Domkapitels, am Thor geschmückt mit der oft wiederkehrenden Inschrift: Domine, da incrementum; da ist ferner das Landhaus mit seinem Rittersaale, in dem sich noch heute am Tage St. Walpurgis die Provinziallandstände der Oberlausitz versammeln, da sind ferner die Ritterhäuser, durch Wappen als Besitztümer und Absteigequartiere alter, mächtiger Adelsgeschlechter bezeichnet, da ist endlich die alte Ortenburg selbst. Die älteste Burg des Markgrafen Gero ist bis auf einen Wasserturm durch Feuer zerstört, die Burg ist vom Böhmenkönig Matthias Corvinus, dessen Reliefbild den Eingang ziert, 1486 neu erbaut. Hier hielten die böhmischen Könige oft gern Hof, dann hallte der sonst stille Burghof wider von dem Klingen der Becher, vom Stampfen der Rosse, von fröhlicher Lustbarkeit. In der Burg ist ein Saal, an dessen Decke denkwürdige Episoden der Lausitzer Geschichte in Gips dargestellt sind. Jetzt birgt der Hauptbau die Expeditionen verschiedener königlicher Behörden, die ehemaligen Stall- und Vorratsgebäude dienen dem Proviantmagazin; die vergitterten Fenster anderer Flügel des Schlosses weisen darauf hin, daß es auch als Gefängnis Verwendung findet. Verläßt man den Schloßhof aus dem kleinen Ausfallpförtchen rechts, so bietet sich ein lieblicher Blick auf den katholischen Friedhof mit seiner epheuumsponnenen Ruine, auf die fast ausschließlich wendische Seidau im Thale und hinüber auf den Protzschenberg, der nach den dort gemachten Funden jedenfalls einst Opferstätte war und jetzt noch durch das alljährlich zu Ostern stattfindende »Eierschieben« seine örtliche Berühmtheit hat. Aber nicht allein der beschriebene, auch jeder andre Teil der Stadt bietet dem Altertumsfreunde mannigfache Anregung und dem Altertumsforscher mehr oder weniger reiche Ausbeute. Man hat Bautzen das sächsische Nürnberg genannt, ich möchte es lieber das wendische Nürnberg nennen. G. Oertel, 1890

Unter den hier zu bemerkenden Gebäuden zeichnet sich vor allen die Domkirche zu St. Petri aus. Als die Reformation sich auch in Bautzen immer weiter ausgebreitet hatte, schloß das Domkapitel mit dem Stadtrath in den J. 1543, 1556, 1583 und 1599 mehrere Verträge und Compactaten, vermögen deren die St. Peterskirche zwischen beiden Religionspartheien getheilt und von

Lebendiges Brauchtum der Sorben

beiden in solcher Art künftig in Gemeinschaft benutzt werden sollte. Es verblieb nämlich der Chor nebst dem hohen Altare der katholischen Gemeinde, die übrige, durch die Gitter abgesonderte größere Abtheilung der Kirche erhielten jedoch die Protestanten, denen auch die Glocken des Hauptthurmes überlassen werden mußten. Täglich wird von der katholischen Geistlichkeit die Frühmesse gelesen; übrigens nimmt der evangelische Gottesdienst, nach dessen Beendigung der katholische beginnt, des Morgens und Nachmittags zuerst seinen Anfang. Beide Religionspartheien haben ihre eigenen Orgeln, Kanzeln und Taufsteine. Am Fronleichnamsfeste und in der Osterwoche geht die Procession der Katholiken auch durch die den Evangelischen gehörige Abtheilung. Auch hält am Osterfeste Mittags ein katholischer Geistlicher auf der Kanzel der Protestanten für die wendisch katholischen Landleute eine Predigt in wendischer Sprache. Bei Begräbnissen begleiten die Schulen beider Konfessionen die Leiche auf den Friedhof, doch zieht die katholische dem Crucifix voran. — Eine ähnliche zwischen beiden Confessionen getheilte Benutzung einer Kirche wird nur noch in Wetzlar angetroffen. Saxonia, 1836

Bautzen *habe nicht nur eine reiche Vergangenheit, notierte 1890 der Leipziger Wandersmann G. Oertel, sondern »wird auch voraussichtlich eine reiche Zukunft haben«. Wie vorausschauend, obwohl die Stadt – von den Faschisten im April 1945 zur Festung erklärt – noch einmal schwer vom Krieg getroffen wurde. Daß sie sich, die türmereiche Tausendjährige, auf dem Granitfelsen über der Spree in ihrer reich gegliederten mittelalterlichen Silhouette fast noch genau so dem Besucherblick darbietet, wie von den Reisenden des 18. und 19. Jahrhunderts beschrieben, hat etwas mit dem ausgeprägten Heimatsinn ihrer zweisprachigen Bewohner zu tun. Bautzen, sorbisch Budyšin, zwei Namen für ein gesellschaftliches Miteinander, das in dem jeweiligen Festival der sorbischen Kultur und einem lebendigen Brauchtum seine schönste Blüte hat. Wer's genau wissen will, der besuche das (bereits 1904 gegründete) Museum für sorbische Geschichte und Kultur (seit 1974) in der Ortenburg.*

Von hier führen alle Wege direkt in die Geschichte: entlang der teilweise erhaltenen Stadtbefestigung mit ihren Basteien und Türmen, vorbei an der über 400jährigen und jüngst umfassend restaurierten Alten Wasserkunst, dem rund 50 Meter hohen Wahrzeichen der Stadt, vorbei auch an der spätgotischen Michaeliskirche (1429–1550) oder dem bischöflichen Diözesan-Palast zum Hauptmarkt – sorbisch: Hlowne Torhosco – mit dem gotischen Dom St. Peter (seit dem Reformationsjahr 1524 Simultankirche für Katholiken wie Protestanten) und den schönen restaurierten barocken Bürgerhäusern weiter durch die Gassen und Straßen der Altstadt bis zu dem schon 1747 mit »einer halben Elle außer dem Lothe« geratenen 54 Meter hohen Reichenturm (1490–92), dem schiefen Turm von Bautzen. Wegen Einsturzgefahr wurden 1953–55 seine Fundamente vier Meter tief unterfahren und verfestigt; ein Pendel in luftiger Höhe zeigt an, daß er nun etwa 1,35 Meter aus dem Lote ist. 1837 riß man das dazugehörige Reichentor ab, die mittelalterlichen Befestigungsanlagen störten nun den Handel und den Städtebau 1808 wurden, am Burglehn beginnend, die beiden noch immer starken inneren Mauern durchbrochen und abgetragen und die Wälle eingeebnet und begrünt. Der 1846/47 im Ackerland der Südvorstadt errichtete Bahnhof ward als Gegenpol zum nunmehr abgelegenen Markt der Kristallisationskern eines neuen städtischen Zentrums. Um 1870, die Einwohnerzahl hatte sich seit 1800 auf etwa 13 500 verdoppelt, wohnte schon die Hälfte aller Bürger vor den einstigen Altstadttoren bei den Tuch-, Papier- und Maschinenfabriken. G. Oertel sah das 1890 ganz richtig. Wir erkennen heute – vielleicht in luftiger Höhe von der Aussichtsplattform des Reichenturms aus – ein höchst lebendiges Gemeinwesen, dessen Altstadt, ein kulturgeschichtliches Kunstwerk, verstehen läßt, warum man Bautzen dereinst die Perle der Oberlausitz nannte. 263 Bauwerke stehen unter Denkmalschutz, davon sieben, die vor 1500 errichtet wurden. Viel Zukunft für Budyšin.

Die restaurierte Alte Wasserkunst

Volkskundliches

Christstollen

Was ein richtiges Sachsenweib ist, das stoppelt in der Ernte auf dem Weizenfelde, spart und sammelt die erbettelten Dreier, um »auf« Weihnachten, wenn auch kein Brod, so doch seinen Stollen oder Wecken oder Schüttchen, — alle drei sind eins —, im Ofen zu haben. Der feste, schwere Kuchenlaib, Christstollen genannt, ist uns heute noch ein Ziel, um dessen Genuß sich das Leben lohnt; kein Wunder, wenn er unseren Vorfahren schier als Heiligthum galt und die frommen Eltern Gotthold Ephraim Lessings an der Gottseligkeit ihres Sohnes irre wurden, weil er den gesendeten Christwecken in der Gesellschaft der Neuberischen Comödianten verzehrt hat. L. von François, 1875

Schützenfest

Weiterhin auf den abgelegenen Dörfern wird es wieder lebendig. Fußgänger und Einspänner kehren hier am liebsten ein. Wenn man den Gehegen der Höfe und Gärten hinfährt, sieht man drüber weg im Innern der Umzäumung muntrer Gesellschaften die Fülle. Ein Schützenfest machte sich auf solche Weise allerliebst. Im Vorgrunde eines freien grünen Platzes stand ein dichter Haufen geputzter Bürger und Bauern, Sträuße an den Hüthen oder im Knopfloch des weiten flatternden Rockes, in ihrer Mitte der annoch ungekrönte König des Festes, ein junger, blonder, blöder, dürftiger Bursche, eben so verlegen als vergnügt über die Zeremonie lächelnd. Über seinem Haupte schwebte bereits die schwere, von großen Sonnen- und anderen Blumen prangende Krone in den aufwärts gehobenen starken Armen eines mächtigen Mannes. Glücklich genug hatte das Zeichen der Herrscherwürde hier die Form einer Mütze, die nicht übel an Harlequin und seine Kappe erinnerte, wohin der gewaltige Pathos des Redners auch gehörte, der mit entsetzlicher Stimme die Rechtstatuten zur Seite des jungen Königs ablas. Eine Geige und ein paar Pfeifen begleiteten die Worte. Weiterhin sahe man in einer Laube um die weißbedeckte, von zinnernen Krügen glänzende Tafel Frauen und Mädchen, welche den Witz des lustigen Redners mit lautem, weit schallendem Gelächter lohnten.

Friedrich de la Motte Fouqué, 1823

Rezept für Lausitzer Honigkuchen, 1691

Koche 6 Pfd. weißen Honig zur Probe, lasse ihn etwas verkühlen und rühre ihn dann mit feinem Roggenmehl zu einem nicht zu festen Teig und lasse ihn drei bis vier Monate in einem kühlen trockenen Keller liegen. Will man ihn verarbeiten, so nehme man auf diesen Teig 1/2 Pfd. feingeschnittenen Citronat, 1/2 Pfd. feingewiegte Orangeschalen, 3 Pfd. grob geschnittene geröstete Mandeln, 3 Lth. Nelken und auf 2 Pfd. Teig 1/2 Lth. mit etwas Wasser aufgelöste Pottasche und etwas Ammonium darunter, arbeite dann alles auf einer Brechbank tüchtig durch und verarbeite ihn alsdann zu beliebigen Tafeln.

Jugenderinnerungen Ernst Rietschels

Es hielt immer schwer, daß die Eltern sich ein neues Stück Kleidung für den täglichen Gebrauch, der doch nichts Gewähltes und Ausgezeichnetes erforderte, anschaffen konnten. Der sogenannte Sonntagsputz, für den Mann ein Tuchoberrock, für die Frau der Kirchenstaat, das hatte weniger zu bedeuten; das ging und hielt von Jahrzehnt zu Jahrzehnt, wenn ein solches Kapital in guten Zeiten und in der Jugend oder als Erbteil der Eltern und Großeltern angelegt war. Jede Handwerkerfrau, wenn sie auch unbemittelt war, hatte einen violett- oder lilafarbenen seidenen Rock, ein ebensolches Korsett, eine Schürze von Spitzengrund, ein Brusttuch, oft mit echten Spitzen besetzt, ein Häubchen oder Mützchen von seidenem Brokat oder Silber- und Goldbrokat, eine Zobelmütze und einen Muff von Iltis oder Marder, auch Zobel. Dieser gediegene und teure Staat erbte von Großmutter auf Enkelin fort, und wenn ein Stück dazu fehlte, so war es ein jahrelanges Trachten und Sparen, das Fehlende anzuschaffen und die Lücke auszufüllen. Es machte nichts aus, daß die Frau, welche so zur Kirche ging, in den Wochentagen auch Holz im Walde holte, Streu machte, Korn las, war sie doch die Frau eines Bürgers und ehrbaren Handwerkers. Arbeit schändete nicht. Der Putz kostete im Verhältnis weniger als der unserer Zeit, welcher billiger, aber der schnellen Mode unterworfen und ohne inneren Wert und Dauer ist. Zu diesem Putz gehörte auch eine goldene Halskette. Wer keine hatte, wurde als sehr arm und herabgekommen betrachtet, und als meine Eltern in der Not diese kleine goldene Kette der Mutter von 10–12 Talern Wert versetzen mußten, um eine Verlegenheit zu beseitigen, da fühlte dies meine arme Mutter als ein beschämendes Unglück, sie wagte nicht mehr in die Kirche zu gehen, weil andere Frauen diese Kette an ihr gesehen und nun voraussetzen konnten, daß sie verkauft oder versetzt sei.

Weil man in kleinen Städten bestrebt ist, alle inneren häuslichen Verhältnisse zu erspähen, um sie unter der Bitte um Verschwiegenheit zum Gemeingut zu machen und zu besprechen, so wurde einerseits alles vermieden oder heimlich getan, was der Ehre des Hauses zu nahe treten und die Voraussetzung erzeugen konnte, daß der so anspruchslose arme Hausstand nur mit Entbehrungen, wie sie selbst seiner Anspruchslosigkeit nicht angemessen seien, durchgeführt werden könne, wie andererseits auch jede kleine Ausgabe verheimlicht wurde, die nicht unbedingt notwendig war, sei es die eines Groschens zu Obst oder Brezeln oder früh zu einer Semmel zum Kaffee. Es kam das freilich selten vor, galt nur als ein Festvergnügen, und doch wurde es, wenn man jemand kommen hörte, schnell weggeräumt, daß niemand etwa meinen Eltern nachsagen könnte, sie verständen nicht sparsam zu wirtschaften und gäben Geld für Dinge aus, welche besser entbehrt würden. Diese Rücksicht fand nun besonders am Weihnachtsfeste statt. Jede noch so dürftige Familie suchte zum Weihnachtsfest einige Stollen und Kuchen zu backen. Es war dies das eine Mal im Jahre, wo jeder glaubte ein Recht zu haben, sich einen Genuß zu verschaffen gleich anderen Menschen von nur einigermaßen besseren Verhältnissen. Jeder hatte durch den lebhaften Verkehr mehr Arbeit und Verdienst, und so fehlte es auch bei meinen Eltern nicht, daß die Mutter einige Stollen und Kuchen backen, daß ein Braten gekauft und daß sogar einigemal für die Mutter vom Vater ein Tuch oder ein kleiner Vorrat von Kaffee, Zucker, Reis u. dgl. als Christgeschenk angeschafft werden konnte. Wir Kinder hatten nur in den frühesten Jahren ein kleines Christbäumchen, mit einigem billigen Spielzeug angeputzt, erhalten. Ich erinnere mich auch eines kleinen Schattenspiels, das mein Vater gemacht hatte. Vom achten Jahre an kam es zu keiner Bescherung mehr.

Ernst Rietschel, 1904

Von der Sorben Tugenden

Man thut ihnen [den Sorben – G.M.] im Ganzen wirklich Unrecht, wenn man sie mistrauisch, tückisch und habsüchtig schilt. Die Beispiele, welche es beweisen sollen, waren gewöhnlich Folgen des Spottes und der Verachtung, womit sie hin und wieder von den Deutschen behandelt wurden. Und in den Städten der Gegend sucht man am liebsten wendische Dienstboten zu bekommen, weil man von ihrer Reue am festesten überzeugt ist. – Man hatte mir gesagt dass mir schwerlich ein Wende auf meine deutschen Fragen antworten würde, auch wenn er sie verstände; allein ich habe überall das Gegentheil erfahren, man hat mir sogar Beweise von Gastfreiheit gegeben, und einmal besonders zeigte mir eine Frau, die den Sinn meiner Frage erraten hatte, da sie nicht deutsch verstand, durch Pantomime den Weg.

Noch eine diesem Völkchen eigne Tugend ist der Fleiss. Die Herrschaften geben ihnen schon diess rühmliche Zeugnis, und ihre ganze Einrichtung bestätigt es. Auf den Feldern sieht man die Knaben und Mädchen, wenn sie die Herden weiden, immer sehr eifrig spinnen. Sie haben sich den Rocken um den Leib mit Stricken oder Holz befestigt und drehen die Spindel im Sitzen und Gehen mit gleicher Fertigkeit.

M. Christian Weiss, 1796

Im Zittauer Zipfel

Zittau

Zittau liegt in einem weiten offnen, fruchtbaren Thale, südlich unter bebauten Hügeln, welche gegen Herrnhut hin höher aufsteigen. Ich erreichte die Stadt nach einem trefflich erleuchteten Abend mit Einbruche der Nacht.

Unter allen Sechsstädten gebe ich Zittau schon nach der kurzen Bekanntschaft von zwanzig Stunden den Vorzug. Ihr äusseres Ansehen wird das lebhafteste werden, ihre natürliche Lage ist die schönste, ihre Handlung die blühendste, die Industrie der ganzen Gegend die musterhafteste, ihre Schule wetteifert mit dem Gymnasium zu Bautzen, und von dem Tone der Einwohner höre ich, dass er der ungezwungenste und unterhaltendste sei.

Soweit Zittau erbaut ist, hat es ein sehr einladendes Ansehn, vorzüglich in dem Theile, welcher die Neustadt heisst. Die Strassen sind hell und gut gepflastert, und die Häuser fast ohne Ausnahme gut gebaut; um einen großen Theil der Stadt führt einen schöne Lindenallee, und die Vorstädte, welche fast von lauter Handwerkern bewohnt sind, haben eine Menge schöngelegener Privatgärten. Ein nicht geringer Vorzug der Stadt ist das gute und viele Wasser, zumal da die beiden Flüsse, die Mandau und die Neisse, einige Minuten von den Thoren entfernt sind; jede Straße hat ihre reinen und immer vollen Brunnen.

Die Zahl der öffentlichen Lustörter ist sehr gering; die Einwohner von Zittau suchen ihren Hang zur Geselligkeit mehr in Familienzirkeln und Privatörtern zu befriedigen. Den Winter hindurch werden dreissig Concerte mit vielem Beifall aufgeführt. Durchreisende Virtuosen, besonders aus Böhmen, sollen ihnen vorzüglich viel Abwechslung geben; auch nehmen nicht selten einheimische Dilettanten daran Theil.

M. Christian Weiss, 1797

Wir folgen die Straße, die uns in vier Stunden nach Zittau bringt, wo wir im Hirsch einkehren. Die Stadt liegt anmuthig am Ufer der Mandau, die in der Nähe sich mit der Neiße vereinigt, an der dörflichen Seite eines langen und breiten Thales, das sanft ansteigende Berge von allen Seiten einschließen. Im Jahre 1757 wurde sie durch die Österreicher fast gänzlich eingeäschert und erhob sich seitdem schöner aus ihren Trümmern. Sie zählt über 800 zum Theil schön gebaute Häuser. Die Hauptkirche, die schon im 13ten Jahrhunderte (wo man auch die ersten urkundlichen Spuren der Stadt findet) stand, wurde seit 1766 wieder hergestellt, ist aber noch nicht vollendet. Die gleichzeitig gegründete große Klosterkirche hängt mit der böhmischen Kirche zusammen, über welcher in einem schönen Saale die Reichsbibliothek aufgestellt ist.

Auch Zittau ist, wie die übrigen bedeutenden Städte der Lausitz, reich an milden Stiftungen, besonders für Studirende. – Die Bewohner, gegen 8 000, nährt eine lebhafte Gewerbsamkeit, die Zittau zu einer der wichtigsten Handelsstädte Sachsens macht. Tuch, Damast, Zwillich, vorzüglich aber gebleichte Leinwand, die

Zittau, von sanft ansteigenden Bergen eingeschlossen

meist in den umliegenden Weberdörfern verfertigt wird, sind die bedeutendsten Gegenstände der Ausfuhr. Die Tuchmanufactur hat sich seit dem Ende des vorigen Jahrhunderts gehoben. Auch sind große Kattun- und Leinwand-Druckereien und ansehnliche Leinwandbleichen zu erwähnen.

Im Stadtgraben entspringt ein eisenhaltiger Gesundbrunnen, der schon im 16ten Jahrhundert bekannt war, aber wenig benutzt wurde, bis man im Jahre 1812 die Quelle einer neuen Prüfung unterwarf, ein neues Badehaus erbaute und Einrichtungen zur Bereitung künstlicher Bäder machte. Diese Heilanstalt heißt seit 1816 Augustusbad und ist in den letzten Jahren häufiger besucht worden. W. A. Lindau, 1820

Zittau *gab nicht nur einem nahen Gebirge den Namen, sondern bildet auch die Eingangspforte dazu. Im Siebenjährigen Krieg legten die Österreicher 1757 die Leineweberstadt in sechs Stunden in Schutt und Asche, und erst 1840 wurde mit dem Neubau des Rathauses nach Plänen von Carl Friedrich Schinkel und dessen Schüler Carl August Schramm begonnen. Das beeindruckende Bauwerk im Stil eines italienischen Renaissance-Palazzos mit den aus dem Schutt des alten Rathauses geborgenen beiden Löwen an der Haupttreppe und dem 50 Meter hohen zinnengekrönten Turm fügt sich harmonisch in das historische Stadtbild um den Markt mit den alten Kaufmannshäusern ein. Deutlich der Einfluß des böhmisch-sächsischen Kulturkreises in den Barockbauten der Stadt, deren Bürgertum erst durchs Bier und dann durch den Damast- und Leinenhandel reich wurde. Allerdings auf Kosten schlechtbezahlter Tagelöhner. So führte die rasche industrielle Entwicklung nach der Bildung des Deutschen Zollvereins 1834, bereits 1848 erhielt Zittau Eisenbahnanschluß, wiederholt in den abhängigen Ratsdörfern zu*

Der Grüne Brunnen in Zittau

Unruhen unter den Hauswebern, die z. B. 1842 in Seifhennersdorf die ersten mechanischen Webstühle zerschlugen.

Ein grüner Ring umfaßt heute dort, wo einst die Stadtmauer das mittelalterliche Gemeinwesen schützte, die Altstadt mit ihren engen, krummen Gassen, an denen noch immer Häuser aus der Renaissance und dem Barock stehen – Verkehrs- und Sanierungsprobleme für die Stadtväter und Denkmalschutz. Im Museum im einstigen Franziskanerkloster (von 1228) und dem Hefftergebäude (1662) hat man eine sehenswerte Sammlung von Keramik, schlesischem Steinzeug, Zittauer Fayencen und sächsischem Glas zusammengetragen.

Eine Besonderheit ist die fast 380jährige, an den legendären Schulmann, Dichter und Stadtbibliothekar Christian Weiss (1642–1708) erinnernde Bibliothek in dem nach dem Bürgermeister Heffter benannten Renaissancebau auf dem Klostergelände, vermutlich die älteste Sachsens mit einem wertvollen Bestand an Regionalliteratur (u. a. mit der Sammlung des Zittauer Geschichtsforschers C. A. Pescheck von 1854).

Oybin

Nach einer kurzen Wanderung durch das freundliche Oybiner Thal überrascht uns endlich der Anblick des mächtigen Felsens, der sich aus einem Ringe höherer Berge 363 Pariser Fuß hoch erhebt. Am Fuße des Berges finden wir ein Wirtshaus, wo wir Wagen und Pferde zurück lassen. Nicht weit von hier, an der Felsentreppe, liegt die Wohnung des Schulmeisters, welcher die Aufsicht über die Felsen führt. Man findet hier Erfrischungen. Die Treppe bringt uns bald zu der im Jahre 1734 erbauten Kirche, deren hintere Mauer die Felsenwand bildet, und endlich auf den Gipfel, der 1597 Pariser Fuß über der Meeresfläche liegt.

Schon im 13. Jahrhundert stand hier eine Burg, auf deren Trümmern Karl IV. im Jahre 1369 ein Kloster für Cölestiner-Mönche stiftete und reich begabte, das aber im Jahre 1544 von seinen Bewohnern freiwillig verlassen und endlich im Jahre 1544 von seinen Bewohnern freiwillig verlassen und endlich im Jahre 1574 von Kaiser Maximilian II., als Landesherrn der Oberlausitz, an die Stadt Zittau verkauft wurde. Drei Jahre später zerstörte ein Blitzstrahl die Klostergebäude, welche seitdem durch Kriegsverheerungen und durch den Einfluß des Wetters immer mehr verödeten. Unter diesen weitläufigen Trümmern sind vorzüglich merkwürdig die Ueberreste der alten Klosterkirche, wovon fast noch alle

Klosterruine
Oybin

gegen 80 Fuß hohe Mauern stehen. An den innern Wänden sind noch einige Theile von Gemählden, Kreuze und Rosen sichtbar. In der Sakristei sieht man den Eingang zur Todtengruft und nicht weit von hier einen alten Thurm, den einzigen Ueberrest des Raubschlosses, das lange vor dem Baue der Kirche zerstört wurde. In der Nähe der Kirche erblickt man durch eine Schlucht, welche erst im 17ten Jahrhunderte durch Naturgewalt in dem Felsen sich gebildet haben soll, den waldigen Rücken des Hochwaldes. Ein dunkler, langer Gang führt uns auf den Kirchhof, wohin die Bewohner des Dorfes Oybin noch jetzt ihre Leichen tragen. Bäume beschatten den Platz, der uns eine überraschende Aussicht in das tiefe, einsame Thal gewährt. Nicht weit von der Kirche sehen wir eine kaum drei Fuß breite Felsenkluft, den Jungfernsprung.

Unter einem drohend überhängenden Felsen finden wir ein im 17. Jahrhundert errichtetes Gebäude, das Sommerhaus, wo ein großes, heizbares Zimmer mit Tischen und Stühlen uns einen Ruheplatz darbietet. Hier werden gewöhnlich Mörser nach dem südöstlichen Abhange des Ameisenberges abgefeuert, um dem Reisenden den Genuß eines starken Widerhalles zu geben, der gegen 20 Sekunden nachtönt und sich endlich in den Schluchten des Hochwaldes verliert. Auf der höhern Felsenkuppe, der Stelle des ehemaligen Raubschlosses, wohin vom Kirchhofe Stufen führen, zeigt man uns das Kaiserbett, ein vorragendes Felsenstück, wo Karl IV. ermüdet ausruhte. Auf dem höchsten Gipfel, den wir gleichfalls auf einer Felsentreppe ersteigen, einer Fläche von ungefähr 60 Fuß im Durchmesser, haben wir eine reizende, aber von den umliegenden höhern Bergen beschränkte Aussicht. Olbersdorf, Zittau, Herrnhut zeigen sich und in dämmernder Ferne die Landskrone, der Jauernicker Berg, die Höhen von Königshain und selbst, wie man versichert Kuppen des Riesengebirges.

W. A. Lindau, 1820

Das Zittauer Gebirge *ist mit 48 Quadratkilometern zwar das kleinste Gebirge der Republik, nicht aber das unbedeutendste, und türmt sich mit seinem »Mittagsbarg«, der Lausche an der böhmischen Grenze, immerhin bis zu 793 Metern auf. Und von hier aus wird beim Rundblick auch klar, warum im Zittauer Winkel kulturgeschichtlich sächsische, böhmische und schlesische Einflüsse ineinander verwoben sind. Diese Landschaft aus Granit, Sandstein und Basalt mit steilwandigen, zerklüfteten Sandsteinfelsen und Phonolithkegeln hatte es den Wanderern und Urlaubern schon in der 2. Hälfte des vorigen Jahrhunderts angetan. Oybin, das Herzstück dieses Gebirgleins, wurde 1873 in den sächsischen Verband der Sommerfrischen aufgenommen und warb erfolgreich mit dem »balsamischen Duft« seiner Nadelwälder. Heute kommen alljährlich rund eine Million »Balsamsucher« nach Oybin und Jonsdorf, Lükkendorf und Waltersdorf. Die meisten Orte weisen eine günstige und schneesichere Lage auf, Winterferien im Zittauer Gebirge bieten ideale Bedingungen zum Skifahren und Rodetn. Des Landschaftsschutzgebiet »Zit-*

Oybin – Herzstück des Zittauer Gebirges

tauer Gebirge« umfaßt ein Viertel des Gebietes im Dreiländereck und schließt die Naturschutzgebiete »Felsenstadt Jonsdorf« und »Lausche« ein. Die meisten Reisenden beginnen die »Bergfahrt« in Zittau mit der ZOJE, was ursprünglich Zittau-Oybin-Jonsdorfer Eisenbahn hieß und bald vom trockenen Oberlausitzer Humor in »Zug ohne jegliche Eile« umgedeutet wurde. Die ursprünglich private Schmalspurbahn (750 Millimeter Spurweite) wurde am 24. November 1890 bei Schneesturm und Regen eingeweiht. Abends um 18.30 Uhr des gleichen Tages machte sich die letzte Postkutsche von Oybin auf die Fahrt nach Zittau. Die bei Touristen beliebte »Museumsbahn« wurde in die Gruppe der erhaltungswürdigen Schmalspurbahnen der DDR aufgenommen.

Man könnte dieses wundersame Fleckchen Erde, natürlich mit dem rollenden Oberlausitzer »R« kwurrlnd, auch so beschreiben: »Dos is anne Gegend, doß enn's Harze uffgitt und mr meent, mr wär' in an Paradies!« Und dessen Adamssitz ist fürwahr der 524 Meter hohe Oybin mit den Resten einer Raubritterburg und den Ruinen des Mitte des 16. Jahrhunderts aufgegebenen Cölestinerklosters auf dem wetterzerfurchten Bergscheitel. Der Arzt Carl Gustav Carus, eine der markantesten Gestalten der Dresdner Romantik, malte 1828 den verschneiten Friedhof auf dem Oybin und erfaßte damit die besondere Poesie des auch von Caspar David Friedrich und Ludwig Richter porträtierten Ortes. Zu einer Zeit, da romantische Gemüter bereits auf grünen Wanderpfaden zogen und der Schulmeister von Oybin, so ein Bericht von 1821, als Fremdenführer auf dem Berg fungierte, »wenn nicht die Geschäfte seines Amtes ihn selber daran hinderten«. Das noch immer sehenswerte Bergmuseum wurde – als erstes in Sachsen – bereits 1879 gegründet.

Herrnhut

Herrnhut ist in jeder Hinsicht sehr merkwürdig. Das gute Ansehn der Gebäude, die Nettigkeit in allen das Aeussere betreffenden Anstalten und die gute Polizei empfehlen ihn, wie jede Brüdergemeine, schon von aussen. Die Einwohner sind durch Handlung und durch Enthaltung von groben Sünden und allen dem Wohlstande und der guten Ordnung zuwiderlaufenden Handlungen reich geworden, und ihr Name ist in allen Gegenden der Erde bekannt.
Die meiste Industrie an einem Orte beisammen findet man im Brüderhause. Es war sonst nach den Bedürfnissen der Gemeinde eingerichtet; da diese aber nun bis auf 1 200 Seelen angewachsen ist, von welchen allein über 200 unverehelichte Männer hier versorgt werden müssen, so hat man es durch ein ansehnliches Hintergebäude vergrössert. Die hier wohnenden Brüder sind grösstentheils Professionisten; wenige leben bloss von ihrem Gelde und beschäftigen sich mit Studiren, Malen oder andern Dingen. Alle schlafen beisammen in grossen Sälen, in welchen die Sauberkeit und Ordnung musterhaft ist. Die Speisen werden in einer besondern Küche bereitet, und jeder kann nach seinem Verdienst oder Vermögen unter dreierlei Tischen eine für sich wählen. Unter den hier verfertigten Arbeiten waren die der Tischler am vorzüglichsten, aber auch bei den andern fehlt es weder an Fleiss noch Geschmack und Güte.

Da die Lage des Orts am Hutberge so glücklich und die Gegend rings umher so reitzend ist, so hat man auf allen Spaziergängen den Vortheil einer trefflichen Aussicht, bald ins flache Land, bald auf eine herrliche Bergkette des Mittelgebirges bis zur Tafelfichte und dem böhmischen Riesengebirge. Bloss in dem Garten am Wattewillischen Hause leidet dies eine Ausnahme, sonst aber wirst Du es in der schönen Allee nach Berthelsdorf, in der nach dem Hutberge oder auch beim Begräbnisplatze und auf dem Heinrichsberge bestätigt finden. Der Begräbnisplatz befindet sich auf der Spitze des Hutberges und ist hier, der bekannten, schönen Gewohnheit der Brüder gemäss, einem Garten ähnlich und mit Bäumen bepflanzt. Jedes Grab deckt ein kleiner, flacher Stein mit dem Namen des Entschlafnen, seinem Alter und dem Tage, da er heimging.

M. Christian Weiss, 1796

Von Löbau haben wir noch 2 Stunden nach Herrnhut. Je näher wir diesem Orte kommen, desto reizender die Gegend, desto grösser die Berge, die rechts und links in einiger Entfernung uns umgeben. Herrnhut ist weder Stadt noch Marktflecken, noch Dorf und wird daher gewöhnlich als Ort bezeichnet. Das erste, was beim Eintritt in Herrnhut Jeder gleich bemerken muß, ist die ganz vorzügliche Reinlichkeit der Straßen und freien Plätze, die Zierlichkeit der Häuser sowie die Ruhe auf den Gassen das stille, aber sehr zuvorkommende Betragen der Einwohner. Man ahnet es kaum, daß man sich an einem bevölkerten Orte unter so fleißigen, betriebsamen Menschen befindet. Wir kehren im Gemeinlogis, dem einzigen Gasthofe Herrnhuts, ein und finden hier dieselbe Reinlichkeit wieder. Selbst in der gemeinen Schenkstube herrscht hier seltene Anständigkeit. Das Gemeinlogis ist Eigenthum der Gemeinde, auf deren Rechnung der Wirth die Wirthschaft verwaltet. – Bei unserer Wanderung durch Herrnhut dient uns ein Mitglied der Brüdergemeine als Führer, und wir besuchen nun zunächst das dem Gemeinlogis benachbarte Brüderhaus. Man findet nämlich hier, wie in den meisten Pflanzorten der Brüdergemeine, 4 Chorhäuser, in deren einem der größte Theil der unverheiratheten Brüder, in einem zweiten die ledigen Schwestern so wie in dem dritten und vierten die Wittwer und Wittwen wohnen. Die Chorhäuser der Männer sind von denen der Frauen durchaus abgesondert, und es findet kein Verkehr zwischen beiden Geschlechtern statt. Das Brüderhaus ist ein weitläufiges Gebäude. Man findet in demselben viele Gattungen von Künstlern und Handwerkern. Es ist ein sonderbarer Anblick, wenn man in mehreren Stu-

Herrnhut um 1820

ben hinter einander 20 bis 30 Schneider antrifft, dann wieder eine Menge Schuhmacher, Beutler, Knopfmacher ect., dann wieder Gold- und Silberarbeiter, Uhrmacher, Tischler, Bäcker ect. Es werden hier bekanntlich vorzügliche Arbeiten geliefert, und die Bäckerwaaren aus den Brüdergemeinen sind in der ganzen Oberlausitz berühmt. Alle im Brüderhause wohnenden Männer essen gemeinschaftlich, und ihre Küche und sämtliche Oekonomie wurde durch Mannspersonen besorgt. Eben so haben sie gemeinschaftliche Bet- und Schlafsäle. Ersterer ist mit einer kleinen Orgel geziert. Letzterer enthält weit über 100 Betten mit reinlichen Decken. Ungeachtet nun täglich eine so beträchtliche Zahl Menschen hier schläft, ist dennoch die Luft völlig rein und gut. Die Betten sind numerirt, und der Saal wird des Nachts durch einige Lampen erleuchtet. In jeder Nacht halten zwei Brüder der Reihe nach die Wache und wecken früh durch ein Morgenlied, welches sie anstimmen, die Schläfer zur Arbeit. Alle Brüder, die hier als Gesellen arbeiten, erhalten im Verhältniß ihres Fleißes Tagelohn; die Vorsteher der verschiedenen Arbeitsstuben aber sind bloße Verwalter der Werktätigen, welche alle der Gemeine gehören. Die Kost muß bezahlt werden; doch ist der Preis äußerst billig.

D. Gottlob Eduard Leo, 1852

Herrnhut *erkundet man am besten vom 370 Meter hohen Hutberg aus, den das im Stadtwappen abgebildete Türmchen krönt. An seinen Hang schmiegt sich der unter Denkmalschutz stehende Gottesacker. Der alte Begriff ist hier wörtlich zu nehmen, wenn man das Tor mit dem alten Ostergruß passiert hat: »Christus ist auferstanden von den Toten« vorn; rückseitig: »Er ist der Erstling geworden unter denen, die da schlafen.« Es sind ihrer fast 6 000 unter flachen Steinen, nach ihrer Überzeugung Saatkörner im Acker Gottes. Eine reichlich 250jährige Geschichte in Grabsteinen, deren Nummer 1 auf den Zimmermann Christian David verweist. Er führte eine Exulantengruppe der 1457 begründeten mährischen Brüdergemeine (unitas fratum) an, die – in Böhmen und Mähren wegen ihres protestantisch ausgerichteten Glaubens verfolgt – bei dem religiös ambitionierten Grundherrn Nikolaus Ludwig Reichsgraf von Zinzendorf, Justizrat im Dresdner Hof unter August dem Starken, eine neue Heimat fand. Am 17. Juni 1722 fällte David den ersten Baum, woran ein Denkstein im Wald an der Zittauer Straße erinnert. Fünf Jahre später gründete der gräfliche Wohltäter – er ruht etwas erhöht im Mittelfeld des Gottesackers (»Er war gesetzt, Frucht zu bringen und eine Frucht, die da bleibet«) – mit den Zugewanderten die Herrnhuter Brüdergemeine, zu deren Bischof man ihn 1737 wählte. Fortan war der Ort im Königreich Sachsen eine kleine selbständige Glaubensrepublik auf der Basis der Gleichheit und gegenseitigen Achtung mit einer übergreifenden Gemeinsamkeit in allen Lebensfragen.*

Viele hundert Herrnhuter, einfache Handwerker, zo-

Der Gottesacker der Herrnhuter Brüdergemeine

gen als Missionare ihres Glaubens nach Ozeanien und Australien, Tibet und Surinam, Alaska und Afrika und gründeten Stützpunkte ihrer Unität. Eine segensreiche Tätigkeit bis heute, was im Völkerkundemuseum in der Goethestraße an vielen einzigartigen Schaustücken nacherlebbar wird. Noch heute ist die Tradition der Missionskirche in Herrnhut, wo man für alle Provinzen verantwortlich ist (500 000 Mitglieder im Kirchenverband der Unität), lebendig; direkte materielle Hilfe leistete man u. a. dem Missionskrankenhaus in Tansania und den Indianern von Nikaragua.

Das 1945 zerstörte barocke Gemeinhaus wurde wiederaufgebaut. Im Heimatmuseum in dem 1764 erbauten Barockhaus in der Comeniusstraße, dessen handgedruckte Tapeten samt Inneneinrichtung aus dem ersten Drittel des 19. Jahrhunderts stammen, präsentiert sich die (oberlausitzische) Lokalgeschichte auch als Herrnhuter Wohn- und Alltagskultur. Heute gehören zur Brüderunität, in Form der Stiftung, noch immer verschiedene Betriebe (Weberei, Stoffdruckerei, Bau sakraler Möbel); bedeutsam ist vor allem die Behindertenarbeit im Comeniuszentrum.

Görlitz

Der Kaisertrutz (erb. 1490) ist eines der Thore der Stadt Görlitz, welches wegen seiner bedeutenden Befestigungen merkwürdig ist und zugleich einen malerischen Anblick gewährt. Es besteht aus einem weiten und mächtigen runden Thurme, der mit Schiessscharten versehen ist, die in einer über die Thurmmauer hervortretenden und auf vielen Kragsteinen ruhenden Gallerie eine fortlaufende Linie bilden. Eine ähnliche Gallerie zieht sich an den daneben liegenden Gebäuden fort, welche den Uebergang über die äussere Brücke decken, und findet sich auch an einem zweiten, minder umfänglichen, aber höheren Thurme, der an der anderen Seite der Brücke steht und von welchem aus sich die hohen Stadtmauern weiter erstrecken. Der letzterwähnte Thurm hat über der gedachten Galerie eine zweite; er ist unten achteckig und oben rund. Sowohl dieser als ein dritter Thurm, welcher zunächst dem inneren Thore steht, sind mit Hauben geschmückt, die einer späteren Zeit (dem 17. Jahrh.) als die Thürme selbst angehören. Beide Thortürme und die Stadtmauer sind von einem tiefen Graben umgeben, aus welchem ein jetzt halb verfallener Wartthurm emporragt. L. Puttrich, 1848

Auf hügelichtem Gelände und auf dem Hange eines sich erhebenden Bergrückens, der zur Landeskrone aufsteigt, rings um eine weite Aussicht gewährend am tief eingeschnittenen Ufer der Neiße, theils auf ihm, theils an ihm nieder, theils zwischen den Uferwänden, baute sich die Vorzeit das Haupt der Sechsstädte, das alte, ehrwürdige Görlitz, auf. Hügelicht heben sich die Straßen und senken sich nieder, und allenthalben zeigen sich Spuren alter gediegenen Größe und geschichtlicher Wichtigkeit; eine wandelvolle, aber wichtige Vorzeit spricht den Wanderer an jeder Straße an. Die Bedeutendheit in Kriegszeiten des Alterthums besagen noch die starken und hohen Mauern, die riesigen Wartthürme, deren einer zu einem kleinen Festungswerk sich ausdehnt, die tiefen Gräben, die in doppeltem Parchem die Stadt umziehen. Des Handels Gedeihen, den bürgerlichen Wohlstand, zeigen die festen und wohl gebauten Häuser, die breite Hauptstraße, wo die Wagenzüge eine weite Ausdehnung fanden, Wage, Markt und die den Ring von zwei Seiten umgebenden Lauben. Den Sinn für Gemächlichkeit und Annehmlichkeit des Lebens spricht das nette und ebene Straßenpflaster aus, und die angenehme Umgebung der Stadt, vielfach mit Baumgängen durchpflanzt, bekräftigen ihn noch mehr. Das Gefühl für Zierlichkeit und Kunst verkündigen laut die geschmackvollen Kirchen mit den Resten ihrer Denkmäler und der äußere Schmuck so vieler Häuser der Stadt, da an fast allen die bedeutenden Thorwege mit Steinhauerwerk geschmückt sind.

Den höchsten Punct der Stadt bildet ein Hügel, der sich bis an den schroffen Thalrand des Neiße-Stromes hinzieht. Steile Felsen starren einerseits dem Blick entgegen, senkrecht fällt das Gestein ab, starkes Mauerwerk stützt einen befestigten Gang rund um den Rand der Felsklippe, weite Wölbungen tragen unten den Bo-

Görlitz, bedeutendste Stadt des Sechsstädtebundes

den der Befestigung, wogegen das grüne und gelbe Gestein des Felsens schillert und der Grundlage Festigkeit zeigt. Schwindelnd erhebt sich von unten der Blick zum Felsen und der ihn bekrönenden Steinmasse, denn dort strebt ein hohes Gemäuer, die Pfarrkirche der Stadt, dem heiligen Petrus und Paulus geweiht und nach ihnen benannt, in die Luft. Höchst erhebend ist der Blick sowohl hinauf in die riesige Höhe als von oben nieder in den Thalgrund und auf den Neiße-Strom, der gerade da von Mühlen eingezwängt ist und zu deren Betrieb über ein Wehr, wie ein starker Wasserfall brausend und schäumend, stürzt.

D. Johann Gustav Gottlieb Büsching, 1825

Aber wie viel verändert, wie geschmackvoll verschönert fand ich alles! Die aus dürren Hügeln und Gruben bestehende Viehweide, welche ehedem uns zum Ballspiel und Tummelplatz diente, war bis zum Schießhause am Neißufer und wieder herauf gegen das Frauenthor in einen englischen Park verwandelt. Der Weg vom Reichenbacher bis zum Frauenthore war zur angenehmsten Promenade geworden. Diese Schöpfungen soll die Stadt, wie ich hörte, dem damaligen Stadthauptmann Lerche zu verdanken haben. Die sehr hohe Spitze des Reichenbacher Thurms, welche ich, als einst ein neuer Knopf aufgesetzt wurde, in jugendlichem Frevel bestieg und für mein Wagstück mit vierstündiger Karcerstrafe büßen mußte, war abgetragen und dem ehrwürdigen Alten dafür eine Füsiliermütze aufgesetzt worden.

Das heilige Grab, von einem gewissen Emmerich aus Hermsdorf bei Görlitz aus frommem Eifer erbaut, nachdem er vorher selbst, um sich von der ganzen Lage zu unterrichten und einen Riß darüber fertigen zu lassen, nach Jerusalem gereiset war, befand sich noch in der nehmlichen Beschaffenheit mit Rüsthaus, Grab und Kirchlein. In dem sogenannten Richtsaale, wo ein künstlicher Riß in der Mauer den im Tempel zerrissenen Vorhang andeuten soll, werden noch Würfel gezeigt, von welchen der ehemalige Heiligegrab-Wächter Pauli gern behauptet hätte, daß es noch die nehmlichen waren, mit welchen um des Gekreuzigten Rock das Loos geworfen worden sey. Auch werden für etliche Groschen Silberlinge von Zinn verkauft. Als große Merkwürdigkeit wurden auch drei Linden gezeigt, welche Jesum Christum und die beiden Schächer vorstellen sollen. Die eine, welche den Schächer zur Linken andeutete, war aber verdorrt, und zwar durch ein Wunderwerk, obgleich Frevler vermeinten, daß der Grabwärter ihre Wurzeln mit siedendem Wasser begösse, damit sie nimmermehr aufgrünen könne, sondern ganz natürlicherweise verdorren müsse. Ehedem wurden am Ostersonnabend Nachmittags von dem Stadt-Singechor geistliche Modetten und Lieder am Grabe abgesungen, wobei der pedantische Cantor Urban von seinem Contrapasse die Gegend weit und breit durchschallen ließ. Herrlich war in den Frühstunden der Gottesdienst, zwar ohne Predigt, in der Peterskirche, wo vor einer Menge lateinischer und deutscher Gesänge die tausendstimmige Sängerin, die Orgel, in den gefühlvollsten Präludien auch das gefühlloseste Herz begeisterte.

Die Umgebungen des heiligen Grabes sind sehr reizend. Gegen die Stadt hin erhebt sich ein Hügel, wo, wenigstens damals, das grüne Kanapee ein lieblicher Ruheplatz für Spaziergänger war. Hinter ihm erhob sich jenseits der Stadtgräben und Straße, die majestätische Peterskirche; unten im Thale, rechts des Pulverteichs, sieht man an einem Hügel drei kleine mit Ziegeln gedeckte Häuschen, wenige Ellen hoch und breit, welche die Hütten andeuten sollen, von welchen es heißt: »mir eine, dir eine und Mose'n eine.« Der Hügel selbst soll der Oelberg seyn und das Flüßchen, welches mit dem Pulverteich in Verbindung steht, der Bach Kidron.

Der aufrichtige Dresdner Stadt- u. Landbote ..., 1831

Görlitz, *einer der beiden Hauptkreise des zum Kurfürstentum Sachsen gehörenden Markgrafentums Oberlausitz, kam 1815 im Aufteilungsergebnis des Wiener Kongresses zu Preußen. Die Stadt zählte damals etwa 9 000 Einwohner und erholte sich vom wirtschaftlichen Niedergang erst nach der Gründung des Deutschen Zollvereins, als vor den noch vorhandenen Toren der Stadt neue Tuchfabriken entstanden. Vorbei die biedermeierliche Idylle einer schönen Stadt mit ihren mittelalterlichen Bauten, Türmen und Winkeln. Auf den Lithographien der 60er Jahre rauchen die Schlote. Schon war ein großer Teil der alten Festungswerke niedergelegt, dehnte sich die Stadt in Richtung zu dem 1845 angelegten Bahnhof hin aus, was zur Verlagerung des Geschäftslebens aus der historischen Altstadt über der Neiße führte. Wo bis in die 60er Jahre des 19. Jahrhunderts noch Gärten dem Stadtbild einen grünen Flor gaben, wurden vor allem nach 1870/71 ganze Reihen von Miethäusern für die mit der Industrialisie-*

Am Untermarkt von Görlitz

rung sprunghaft anwachsende Bevölkerung errichtet. Gleichzeitig wahrte die Stadt ihren Ruf als »Pensionopolis« für gut situiertes Bürgertum.

Nur wenige Städte in der DDR haben sich wie Görlitz ein so einzigartig geschlossenes historisches Stadtbild bewahrt: mit spätgotischen Kirchen und mittelalterlichen Wohnbauten, mit drei markanten Wehrtürmen und ausdrucksvollen Plätzen, mit einem Rathaus, an dem die Meister der Spätgotik und Renaissance ihre Kunst bewiesen. Am Untermarkt die am besten erhaltenen Görlitzer Hallenhäuser, innen über mehrere Etagen reichende Raumgebilde, weiträumige Lichthöfe, palastartige Zentralhallen, in denen von oben die Tuche für den Käufer zur Prüfung herabgerollt wurden. Der benachbarte Schönhof von 1526 in der Brüderstraße gilt als das älteste erhaltenen deutsche Renaissancebürgerhaus überhaupt. Einer der schönsten deutschen Stadtwehrtürme ist der Reichenbacher Turm am Westende der Altstadt, in dem bis zur Jahrhundertwende noch ein Türmer wohnte. Heute musealer Teil der Städtischen Kunstsammlungen, die im benachbarten massiven Festungsbau des Kaisertrutz (1490) ihr festes Haus haben. Denkmalpflegerisch betreut auch der gewaltige Mauerblock der Peterskirche (ab 1220) mit ihren neogotischen Betontürmen von 1889/91 auf dem Steilhang zur heute grenzziehenden Neiße. Mit dieser Kirche war dereinst durch einen Stationsweg das dem Passionskult entsprechende Bauensemble des Heiligen Grabes mit der Kreuzkapelle (nach 1465), dem Salbhaus und der Kopie der Christus-Grabkapelle von Jerusalem (um 1500) verbunden; bis weit ins 19. Jahrhundert die Sehenswürdigkeit von Görlitz, vielbeschrieben, noch mehr besucht. Eines von über 200 denkmalgeschützten kulturhistorisch wertvollen Objekten der Altstadt. Ebenso auch der noch etwa 700 Meter lange Rest der alten Stadtmauer zwischen Nikolaiturm und Ochsenbastei, der wieder durchgängig begehbar gemacht werden soll. Wer's im Detail städtischer Geschichte genauer wissen will, der sehe sich in dem barocken Wohn- und Handelshaus in der Neißestraße Nr. 30 um, das bis zu ihrer Auflösung der 1779 gegründeten Oberlausitzischen Gesellschaft der Wissenschaften, einer überaus verdienstvollen Gelehrtengesellschaft, gehörte und seit 1950 als Museum zu den Städtischen Kunstsammlungen gehört mit Ausstellungen über Kunst und Kunsthandwerk des Bürgertums und über die Geschichte der Oberlausitz.

Volkskundliches

Leinewaberfraßzettel für de ganze Wuche

Mondsch	Frieh Bruhdsubbe, zun Friehsticke Budderschnitte, zun Mittsche ganse Abern un Harch, zun Vaspern ane Quaorkschnitte, ohmds gewärmde Abern.
Dintsch	Frieh Bruhdmahlsubbe, zun Friehsticke ane Budderschnitte, zun Mittsche Abern un Braglsalz, zun Vaspern ane Sirubschnitte, ohmds Abernsubbe.
Mietwuche	Frieh Bruhdmahlsubbe, zun Friehsticke ane Budderschnitte un a Dibbl Buddermilch, zun Mittsche Abern un Leinehle, zun Vaspern ane Quaorkschnitte, ohmds gewärmde Abern.
Durnsch	Frieh Bruhdmahlsubbe, zun Friehsticke ane Griefenfettschnitte, zun Mittsche Heedegritze, zun Vaspern ane Sirubschnitte, ohmds gewärmde Abern.
Fretsch	Frieh Mahlsubbe, zun Friehsticke ane Wurschtfettschnitte, zun Mittsche Roffkolchl, zun Vaspern ane Budderschnitte, ohmds Abernsubbe.
Simbd	Frieh Waossersubbe, zun Friehsticke ane Wurschtfettschnitte, zun Mittsche ganse Abern un Harch, ohmds Abernsubbe.
Sunntsch	Frieh Kaoffee un a Kolchl, zun Friehsticke ane Schnitte, zun Mittsche Abernmauke un gebrod'n Harch, nomitsch Kaoffee un a Kolchl oder ane halbe Samml, ohmds was g'warmds.
Festtags wie Sunntsch	Abernmauke un Fleesch.

Was man in der Oberlausitz herstellt

Was die Oberlausitz an Holz und Getreide besitzt, von denen ersteres besonders in den unteren Gegenden, letzteres vorzüglich in der Gegend von Bautzen und Löbau gewonnen wird, reicht für den Bedarf dieses stark bevölkerten Landestheils keineswegs hin. Namentlich sind die südlichsten Gegenden der Oberlausitz so bevölkert, daß nur etwa die Umgegend von Barmen hinsichtlich der Bevölkerung den Vergleich mit derselben aushält. Aber diese Gegend unsers Vaterlandes ist es auch, wo das Fabrikwesen, besonders Weberei von Leinwand, Damast, Zwillich, Nanking, Cattun, Barchent u. s. w., wie sonst nirgends in Sachsen betrieben wird. Daher war man denn auch in der Oberlausitz vielfach auf Flachsbau bedacht, und zur Zeit der Flachsblüthe sieht der Boden strichweis blau wie der Himmel; aber dennoch kann die Oberlausitz keineswegs so viel Flachs erbauen, als sie verarbeitet. Auch an großen Bleichen fehlt es hier keineswegs. Im nordwestlichen Theile der Oberlausitz wird sehr viel Band gefertigt. Tuchweberei und Strumpfwirkerei finden sich in der Umgegend von Camenz und Zittau. D. Gottlob Eduard Leo, 1852

De Äberlausitz

Sahn muß mrsch, sinst'n weeß mrsch ne,
Wie's ei d'r Lausitz is,
Und war'sch ne g'sahn, dar thutt mr leed,
Dos is ak mol gewiß.
Ehr könnt oich imsahn, wie D-r wullt,
D'r Kroiz und Quare gihn,
Kommt ok mol hen, d'r wer's schu sahn,
Dort is es wunderschin.

Doa machen's im de Sächsche Schweiz
Wull anne gruße Sach';
Nu ju! 's is wuhr, war dortn is,
Soit immer O! und Ach!
Do sahtt irscht unse Barge oa,
Wos doa fer Karle sin!
Kommt ok mol hen; doa werd'r soin:
's is nirgends ne su schin.

Schirgswale, Kirsche, Czerneboh
Und woas su no droan rum,
Dar Kottmar und dar Spitzbarg no,
Ooch Herrnhut is ne dumm.
Dar Huchwald und de Lausche irscht
Und goar no dar Oybin!
Doa bleibt een' vur Bewunderung
Dar Mund weit off'n stihn!

Dos ist dos Land, und froit ehr no,
Wie's im de Loite stiht?
Nu, doa mißt enner blind do sin,
Wenn ar sei Froid ne sieht.
Gewarbe und de Landwirtschaft
Su sihr as nirgends blihn!
Kommt ak mol hen, doa werd'r soin:
Weeß Knopp! wie die's verstihn!

Aus: Bunte Bilder aus dem Sachsenlande,
Leipzig 1893

Charaktereigenschaften

Sie sitzen still in ihren Gebirgsthälern und halten sich am liebsten den Lärm der Welt und deren Neuerungen so weit wie möglich vom Leibe. Dies Bestreben, von ihren löblichen oder unlöblichen Eigenthümlichkeiten nichts aufzugeben, nicht ein Jota davon der geschmeidig machenden allgemeinen Weltcultur zu opfern sowie sich schroff abzuschließen gegen alle übrigen deutschen Brüder, ist ächt deutsch und tritt bei den Lausitzern vielleicht nur deshalb auffallender hervor, weil sie von sehr derber Natur und äußerst kurz angebunden sind.

Ernst Willkomm, Über Sitten und Gebräuche in der Oberlausitz. In: Album für's Erzgebirge. Leipzig 1847

Brauchtum

Noch muß ich zweier Gebräuche gedenken, die zwar nicht allgemein üblich sind, aber doch noch immer an vielen Orten vorkommen. Die Wöchnerin pflegt nämlich nach der Zurückkunft vom »Kirchengange« den Badewisch des Kindes ihrem Manne einzuhändigen, der ihn auf die höchste Spitze des höchsten Kirschbaumes befestigt, damit das Kind als Knabe zu hohen Ehren, als Mädchen zu einer zarten Gesichtsfarbe gelangen möge!

Der zweite Gebrauch hat eine lästige Seite. Erfährt nämlich der Nachbar vom Nachbarn, daß ihm eine Gevatterschaft bevorsteht, so pflegt er dem künftigen Pathen alsbald einen Besuch zu machen und sich einen Kaffee oder ein Glas guten Branntwein auszubitten, um sich die heftige Kolik zu vertreiben, die er angeblich durch vieles Lachen bekommen hat, wozu ihn die Freude über des Nachbars Gevatterschaft veranlaßte. Diese halb erzwungene Tränkung heißt »der Lachkaffee« oder »Lachbranntwein«, und arme Leute geben sich die größte Mühe, die Schnurre möglichst oft aufzuführen und sich dadurch umsonst eine Erquickung zu verschaffen.

Ernst Willkomm in: Album für's Erzgebirge, 1847

Residenz von europäischem Rang: Dresden

Erwartungen und Eindrücke

Dresden übertrifft Berlin noch etwas in Hinsicht auf die grossen Gebäude, nur sind die Straßen viel enger. Man zählt 35 000 Einwohner in Dresden, welches wirklich nicht viel für die Weitläufigkeit der Stadt und für die Größe der Häuser ist. In der Tat sieht man auch wenig Leute auf den Straßen, und selten findet sich ein Haus, woran nicht ein Zettel hinge mit der Nachricht, daß hier Zimmer zu vermieten sind. Für zwei oder drei artig möblierte Zimmer bezahlt man nicht mehr als monatlich sieben bis acht Taler. Hie und da sieht man noch die Spuren der Verwüstung, welche die preußischen Kugeln im Jahre 1760 anrichteten.

Über eine Stunde stand ich auf der Brücke, welche die sogenannte Neustadt von Dresden trennt, und konnte nicht satt werden, das herrliche Gemälde zu betrachten, welches die beiden Stadtteile und die schönen Flußufer der Elbe bieten. Diese Brücke, die 670 Schritte lang ist, wird für die beste in Deutschland gehalten. An den Seiten sind Wege für die Fußgänger und Plätze zum Ausruhen.

Nikolai Karamsin, Juli 1789

Als ich das erste Mal Dresden sah, war ich vielleicht zehn Jahre alt. Es war das Ziel aller meiner Sehnsucht und das Schönste, was ich mir denken konnte. Ich hatte nur von der Lichtenberger Höhe die fernen Dresdner Berge gesehen und in ihre Bläue alle Zauber gebannt, die meine Phantasie sich vorstellen mochte, genährt durch Erzählung alles dessen, was jeder dort geschaut und erlebt hatte.

Einer der schönsten Festtage war es, als mein Vater mir einst ankündigte, er wolle mich mit nach Dresden nehmen. Es war Mai oder Juni, und ich mußte, da es noch vor Sonnenaufgang fortgehen sollte und um den weiten Weg aushalten zu können, den Abend zuvor, noch ehe die Sonne untergegangen war, zu Bett. Wie konnte ich schlafen, da ich natürlich im höchsten Grade aufgeregt war vor Erwartung! Endlich siegte doch die Natur, und als ich gegen 3 Uhr geweckt wurde, war ich frisch wie ein Fisch, wanderte rüstig an der Seite meines Vaters noch im Dunkeln fort und den Eierberg bei Pulsnitz hinan. Eine heilige, ahnungsvolle Morgenstille umgab mich, ich hatte das Gefühl noch nicht gekannt, weil ich noch nie vor Sonnenaufgang im Freien war, und ward ganz wunderbar davon ergriffen. Es wurde erst wenig gesprochen.

Als wir auf die Höhe des Eierberges gekommen, brach die Sonne hervor, und mein Vater begann das Lied zu singen: »Mein erst Gefühl sei Preis und Dank«, in das ich mit lauter Stimme einstimmte. Von nun an war der Unterhaltung kein Ende; der Vater erzählte und suche mich zu belehren über gar vieles, das er wußte. Ein kleines Frühstück in Radeberg, der nicht enden wollende Wald, die Dresdener Heide, die begegnenden Mitgehenden, alles war interessant, zur Freude anregend, spannend.

Endlich eröffnete sich die Dresdner Gegend, in dem

reichen Lande der im Morgenlicht glänzende Strom, daran die im Dufte schimmernde Stadt mit ihren Türmen, mit der sich über den Fluß spannenden Brücke. Mich überkam das vollkommene Fühlen der Schönheit, des Zaubers der Stadt und die Herrlichkeiten, welche die grauen Häusermassen und Türme bargen. Nun betraten wir Dresden selbst mit seinen hohen Häusern, manche mit Balkonen, seinen großen Plätzen. Der für meine Gewöhnung ungeheure Lärm, das Gewühl, die vielen Kutschen, Reiter und Soldaten, die geputzten Herren und Damen, all das Neue, Große und Wunderbare, vor allem die Brücke, von der ich tagelang in den Strom hätte sehen mögen, machte einen ungeheuern Eindruck. Noch erinnere ich mich, als einer besonders mir auffallenden Erscheinung, des häufigen Schlagens der Nachtigallen in Käfigen vor den Fenstern sowie des Geschreis der Rettichjungen, eins zum andern in lächerlichem Kontrast, doch beides und vieles andere, was ich sah und hörte, neu, ungewöhnlich, großstädtisch, mir imponierend.

Ernst Rietschel, 1814

Des Nachts gegen 11 weckte mich eine fürchterliche Erscheinung. Die Straße war von Fackellicht erhellt, und ein wildes Kriegsgetöse hatte mich aus dem Schlafe geschreckt. Eine Collonne hatte in der Straße Halt gemacht. Es war eine unangesagte Einquartierung. Ganz verwünscht sah es aus, wenn sich die Thore der großen Häuser auftaten und 10, 20, 30 bei Fackelschein in ein Gebäude hineinstürzten. Doch sind die Wirthe das nun schon gewohnt, sie haben Stuben und Lager, wie sie konnten, eingerichtet. Essen halten sie schon gekocht parat und wärmen es nur. Dicke Grütze, Rindfleisch und Sauerkraut, Kartoffelsalat mit viel Zwiebeln und Knoblauch. Brandtewein sind die Hauptingredienzien des Gastmahls. Donnerstag, den 22., gingen wir nach dem Kupferstichcabinet, wo wir uns an großen Bänden

Dresden, vom rechten Elbufer aus gesehen

Blick vom Waldschlößchen auf die Stadt am Strom

Palaisgarten

nach Raphael gar trefflich ergetzten, alte Bekanntschaften erneuerten und neue ganz unvermuthet machten. Nach Tisch auf die Galerie. Die besten Sachen sind auf Königstein geflüchtet, aber an dem, was zurückblieb, hätte man ein Jahr zu sehn; doch war das Erste, was uns der Inspector Demiany verkündigte, daß Director Riedel auf dem Königstein sei, um alles wieder herbeizuholen. Das wollen wir denn auch abwarten und als ein Glückszeichen ansehn.

J. W. Goethe an Frau Christiane,
Dresden, 22.–25. April 1813

Dresden gewährt von allen Seiten her ein stattliches Bild. Von der Neustadt aus aufgenommen, zeigt es unsere Totalansicht, andere schöne Prospekte gewähren sich vom Link'schen Bade und vom Lustschloß Ubigau; noch anziehender und zum Theil höchst malerisch und imposant sind Einzelansichten besonderer Stadttheile aus der Nähe. Die mächtige Kuppel der Frauen-, die schlanken und schönen Thürme des Schlosses und der katholischen Kirche zieren diese Ansichten ungemein und daneben mancher stattliche Bau in angemessener Umgebung. Freilich macht sich nicht immer der edelste Styl in Dresdens öffentlichen Gebäuden geltend, sie tragen den Typus der Zeit ihrer Aufführung, jenen italienischen Geschmack kund gebend, der sich so gewaltig beherrschend aufdrang, daß jede andere bessere Richtung architektonischer Kunst zur Seite gedrängt wurde. Dieser Rococogeschmack im Äußerlichen ist da, wo er zur allgemeinen Geltung sich erhob, nicht ohne Einfluß auf das geistige Leben der Städte, namentlich der Residenz geblieben, und indem man in Dresdens Bauten einen guten Theil Wälschland erblickt, das hier in mannichfaltiger Beziehung, sich dominierend festsetzte, rechtfertigt sich aufs Neue der Vergleich mit Florenz, wie sehr er in anderer Weise auch hinken mag. Das neue königliche Theater, seit 1838 eines der schönsten in Europa, ist im glänzendsten Geschmack der Gegenwart aufgebaut.

Ludwig Bechstein u. V. Kleinknecht, 1844

Frauenkirche

Der Bau dieses großartigen Tempels ist bis auf die Laterne, an deren Stelle nach dem ursprünglichen Plane eine Steinpyramide kommen sollte, ganz von Quadern aufgeführt; die Kuppelhaube widerstand den Bomben, mit denen 1760 die Stadt beschossen wurde, der ganze Bau kostete an 22 000 Thaler. Ein Kreuzgang in der Tiefe enthält große katakombenähnliche Gewölbe mit vermauerten Särgen. Prachtvoll wölbt sich die Kuppel, und in ihrer Höhe läßt eine durch Eisengitter geschützte Gallerie den Blick sowohl hinab als auf die Kuppelgemälde, die 4 Evangelisten und die 4 Kardinaltugenden thun. Eine Wendeltreppe führt verborgen höher empor zur Laterne, ein Viereck, das ein Steingeländer umzieht und eine italienische Haube bedeckt. Man steht hier 133½ Ellen über dem Nullpunkt des Elbmessers und kann sich an heiteren Tagen einer überaus reizenden Aussicht erfreuen. Südwärts umziehen die Höhen und Gipfel des Erzgebirges den Horizont, über gesegnete Fluren voll lachender Auen und stattlicher Orte schweifen die Blicke; ein sanft gehügeltes Terrain tritt näher heran und bezeichnet die Richtung des Plaueschen Grundes, der wie ein verborgenes Naturgeheimnis seine Schönheiten dem Blicke verschließt. Dann schweift in südwestlicher und westlicher Richtung der Blick wieder über mannichfaltige Gelände und grüßt die stolze Albrechtsburg und den Meißener Dom. Sanft und malerisch windet sich die Riesenschlange des Stromes durch das beträchtliche Elbthal, das an seinen rechten Ufern mit zahlreichen Winzerhäusern geziert ist. Strom und Straßen sind belebt, und weithin zieht der schwarze Rauch der Dampfer und Lokomotiven, die mit Adlerschnelle nahen oder davonfliegen. Nordwärts über die Neustadt hinweg wird immer mannichfaltiger die Fernsicht, liebliche Villen grüßen herüber, und es gestaltet sich hier ein so reizendes Totalbild vor dem Auge des Beschauers, daß er, war er noch nicht in Italien, sich gern einredet, dies sei Zauber der italienischen Natur, so etwa müssen auch von dem Campanile zu Florenz die Arnoufer sich darstellen. Nun tauchen in duftig schöner Ferne südöstlich die gigantesken isolirten Bergkegel mit breiten Scheiteln auf, Königstein und Lilienstein und andere, und von ihnen her kommt majestätisch die Elbe, von Schiffen belebt, die wie Punkte erscheinen, wie Wasservögel, die den Strom durchrudern. Kehrt nun der Blick aus der halbverhüllten Ferne

Frauenkirche

Sempers berühmte Oper

in die freundliche Nähe zurück, so liegt unten alles wie ein buntes Tableau; Stadt und Vorstädte, Schloß und Paläste, Straßen und Alleen und die zahlreichen gutgepflegten Gärten und rings verstreuten Landhäuser. Wen irgend eine günstige Stunde mit heiterem Geiste und heiterem Wetter auf dieser Höhe beglückte, wird die Fernsicht von der Frauenkirche nicht vergessen.

Ludwig Bechstein u. V. Kleinknecht, 1844

Semperoper

Auf dem daranstoßenden großen freien Platze steht noch das Theater. Das frühere, in den Jahren 1754–1755 erbaute Schauspielhaus war an Raum und Einrichtung völlig ungenügend geworden. Zum Theil auf dessen Standorte, aber in viel größerm Maßstabe wurde in den Jahren 1837–1841 das jetzige Gebäude aufgeführt. Den Bauriß entwarf der Prof. Semper, der auch den Bau leitete. Am 12. April 1841 wurde es eingeweiht. Es ist 246 Fuß lang, 230 Fuß breit und mit dem flachen Dache 116 Fuß hoch. Das Ganze bildet ein Hufeisen, an dessen Enden zu beiden Seiten zwei auf Arkaden ruhende Vorsprünge heraussstehen. Weitläufige Souterrains laufen unter dem ganzen Gebäude hin. Auf denselben erhebt sich der Rundbau in drei Stockwerken, dessen oberstes etwas zurücktritt.

Das Foyer im obern Stock ist durch reiche Malerei und Deckenbilder, durch Schnitz- und Tafelwerk, glänzende Beleuchtung, hohe Spiegel und Ruhesitze geschmückt. Hier ist auch noch eine Conditorei und im Saale derselben eine kleine Galerie von Portraits von Künstlern. Das Haus hatte Parterre, Parket und fünf Reihen Logen oder Gallerien.

Das Königreich Sachsen, Thüringen und Anhalt …, 1856

27. Mai. (1843) Professor Semper zeigte uns heute das Innere des neuen Theaters; wir waren auf der Bühne, in den Garderobezimmern, im Concertsaal, in den königlichen Logen, sahen die Uebungen des Ballettpersonals, waren beim Donner, Regen und Peletonfeuer u.s.w., kurz wir sahen alles. Ich bin mit Semper im Princip nicht einverstanden, nach meinem Sinn ist viel zu viel Schmuck und Verzierung, etwas einfach Schönes und Geschmackvolles wäre mir lieber; aber will man einmal die Art und Weise zugestehen, die Semper angewendet hat, so muß man zugeben, daß kaum etwas Vollendeteres und Tüchtigeres, Durchgebildeteres und Geschmackvolleres sich denken läßt: es herrscht eine wahre Harmonie und Uebereinstimmung in den einzelnen Theilen. Dabei scheint alles sehr praktisch und zweckmäßig zu sein: gewiß nicht der geringste Vorzug eines Theaters. Heinrich Brockhaus, 1884

Mit Herzklopfen betrat ich diesmal den hochherrlichen Musentempel, den Rundbau Sempers, der 1869 ein Raub der Flammen geworden ist und der den vor noch nicht zwei Olympiaden vollendeten neuen an Schönheit und Zweckmäßigkeit übertraf. Aber ein behagliches Gefühl überflutete mich, als ich bald darauf die große breite Bühne mit dem weit vorspringenden Proszenium betrat und die sanft austeigenden zahlreichen Reihen der Parkett- und Parterresitze mit den Purpurfauteuils sowie die mächtigen Linien der vier Ränge mit den weiß und goldenen Verzierungen und Gaskronen vor mir sah. Vor einem Hause, das so durchaus in Purpur und Gold schimmerte, hatte ich noch nie gestanden und fürchtete, die ungewohnte Großartigkeit würde mich einschüchtern, wenn ich nun die Stimme erheben und eine vornehm-sichere Dame darstellen sollte.

Anna Löhn-Siegel, 1883

Rund um das Schloß

Die vier Höfe des Schlosses sind durch Brücken verbunden. Aus dem ersten Hofe kommen wir in eine Abtheilung der Burg, wo man uns einen gothischen Saal, die ehemalige Folterkammer, das wichtige Amtsarchiv, einige Alterthümer aus der ehemaligen Schloßkirche, z.B. die Kanzel von Sandstein mit Figuren von durchbrochener Arbeit, gut erhaltene Gemälde, Tafeln mit Mönchschrift und ähnliche Ueberreste der Vorzeit zeigt. Aus dem zweiten Hofe gehen wir über eine Brücke von schönen Basaltsäulen durch ein doppeltes Thor durch den dritten, wo wir links den Johannisthurm erblicken. Im vierten Hofe sind die Ueberreste der Schloßkirche sehenswerth, vorzüglich aber der Brunnen, der in den

Gang des restaurierten Marstalles

Jahren 1608 bis 1650 durch den vestesten Basalt, welcher nur durch Feuer erweicht werden konnte, 287 Fuß tief gebrochen wurde. An das Schloß grenzt der Kirchhof, wo wir ein Grabmahl von schönen Basaltsäulen betrachten, ehe wir in den nahen Thiergarten gehen, den Kurfürst August anfangs zu einem Obstgarten bestimmte und, als die Anpflanzung mißlang, in einen Thiergarten umwandelte. Jetzt ist hier eine Schäferei und eine Schäferschule, welche mit dem nahen königlichen Vorwerke Rennersdorf den Hauptsitz der veredelten Schafzucht in Sachsen bilden.

W. A. Lindau, 1820

Ich zweifle, daß ich auf meiner ganzen bevorstehenden Reise, selbst Paris nicht ausgenommen, eine Stadt finden werde, in welcher die Zerstreuung so leicht und angenehm ist, als Dresden. Nichts war so fähig, mich so ganz ohne alle Erinnerung wegzuführen von dem traurigen Felde der Wissenschaft, als diese in dieser Stadt gehäuften Werke der Kunst. Die Bildergalerie, die Gipsabgüsse, das Antikencabinet, die Kupferstichsammlung, die Kirchenmusik in der katholischen Kirche, das alles waren Gegenstände, bei deren Genuß man den Verstand nicht braucht, die nur allein auf Sinn und Herz wirken. Mir war so wohl bei diesem ersten Eintritt in diese für mich ganz neue Welt voll Schönheit. Täglich habe ich die griechischen Ideale und italienischen Meisterstücke besucht, und jedesmal, wenn ich in die Galerie trat, stundenlang vor dem einzigen Raffael dieser Sammlung, vor jener Mutter Gottes gestanden, mit dem hohen Ernste, mit der stillen Größe und mit Umrissen, die mich zugleich an zwei geliebte Wesen erinnerten.

Heinrich von Kleist (aus Leipzig) am 21. Mai 1801
an Wilhelmine von Zenge

Vor drei Tagen rückten wir gegen Abend bei einem starken Regenschauer in das Elbflorenz ein, das sie nur schlechtweg Dresden nennen sollten, denn es braucht

Platz der Großen Wache

sich nicht mit anderen Städten zu vergleichen. Was gehen mich die kleinlichen Verhältnisse der Zeit an? Ich vergesse sie dem Geiste Raffaels gegenüber. Und dann ist alles doch nicht hier Verklärtes und Geschichte; auch eine menschliche Gegenwart scheint sich mir zu nahen, wie ich sie nicht gehofft habe …

Mit welchem Herzklopfen ich am folgenden Morgen die Stufen zur Galerie hinaufstieg, können Sie denken. Sie sind noch ebenso grau und noch ein wenig mehr ausgetreten als vor zehn Jahren, wo meine Füße die Steine zum ersten Male berührten. Ich mag es gern, wenn sich das Vorzügliche in einer unscheinbaren Schale aufhält.

Der Fürstenzug hinter dem Marstall

Zwinger mit Kronentor

Im Zwinger

Ich erneuerte nur erst in leidenschaftlicher Hast das alte Liebesbündnis mit den verehrtesten Gestalten. Wie man nach einem großen Unglück heftig die Seinigen sucht, so suchte mein Auge, ob sie noch alle da wären, die Sixtinische, die Correggios, der da Vinci, die Tizians, die Garofalos, Palma, die Bellins, die Francias.

Karl Immermann, 1831

In den Sommermonaten wird in der Mitte des Zwingers die berühmte königliche Orangerie von 300 Bäumen aufgestellt, welche zum Theil ihren Ursprung einer naturhistorischen Reise verdankt, die vor hundert Jahren auf Anordnung Friedrich Augusts II. von zwei Leipziger Professoren nach Nordafrika unternommen ward. Die Reisenden brachten als Ballast eine Anzahl Orangenbäume für des Königs Drechselbank mit heim, und diese versuchte man zum Treiben zu bringen, was bei vielen mit großer Mühe glückte.

Einen herrlichen Anblick gewährt das Innere des Zwingers mit seinen grünen Rasenplätzen, Springbrunnen, zierlichen Gebäuden, der Königsstatue und der starken Orangerie, belebt von zahllosen Kindergruppen und Spaziergängern, von der Mitte aus sowohl als besonders von dem Zwingerwalle in den Außenanlagen an der westlichen Rückseite neben dem großen Pavillon herab betrachtet. Seit vorigem Jahre ruht nun noch das Auge mit Wohlgefallen auf der imposanten Fronte des neuen Museums, welches die nördliche Seite des Zwingers, die vierte, früher unausgebaute und nur durch eine kahle Mauer begrenzte, einnimmt.

Das Königreich Sachsen, Thüringen und Anhalt ..., 1856

Brühlsche Terrasse

Ganz Deutschland und halb Pohlen und Brittanien kennt und lobt und liebt die Brühlsche Terrasse. Der Eindruck, den sie mir das erstemal machte, bleibt immer neu. Ich verbinde damit den Begriff eines südlicheren Lebens, wonach uns Nordländer von Anbeginn unaufhörlich verlangte. Dies sorglose Treiben einer zahllosen Menge, die nichts will, als die Stromeskühle, den Abend, die untergehende Sonne, den großen, freien Blick genießen, die Fremden von allen Nationen, in allen Sprachen redend, das Zusammentreffen mit Bekannten, die man hier nicht erwartete, das Stillstehen und Wiederlosgerissenwerden – es ist unaussprechlich, wie schnell und behend sich die Fäden des menschlichen Daseins an diesem Orte verschlingen! Was ein Badeaufenthalt in einer Folgereihe von Tagen darbietet, bildet sich hier für Stunden, ja Minuten, im flüchtigen Vorüberschweben des Augenblickes. Die große Anzahl fremder Bewohner in Dresden selbst abgerechnet, geht der Strohm der Badegäste fast aller Böhmischen und Sächsischen Bäder wie Ebbe und Fluth hier durch. Einige Tage will sich jeder an dem reizenden Ort erholen. Man sucht vor sich selbst einen Vorwand, um den Aufenthalt sowohl zu verlängern als zu entschuldigen. Was kreuzt auf diese Weise nicht alles in den Monaten Juni, Juli und August hier durcheinander! Schon dieser einzigen Terrasse wegen käme ich nach Dresden!

Friedrich de la Motte Fouqué, 1823

Auf der Brühlschen Terrasse ist Kunstausstellung. Sie haben es freilich schlimm, die armen Neuen, neben den Leuten im Schlosse, und man kann, die Augen voll von diesen, leicht unbillig auch gegen wirkliches Verdienst werden. Aber eine große Galerie ist und bleibt ein Fluch für junge Kräfte. Nicht deßhalb, weil an solchen Ort meistentheils copirt zu werden pflegt. Würde nur gut copirt! Die ewige Erfrischung findet das Auge des Malers nur in der Natur, erst wenn es an ihr sich gekräftigt hat, wird es in die innere Eigenthümlichkeit eines Meisters einzudringen und dieselbe wahrhaft nachzubilden vermögen. Die Natur schreibt in einer Art von Fractur, die man ja den Kindern auch erst zum Buchstabiren vorlegt.

Der Katalog enthält gegen siebenhundert Nummern, darunter befinden sich freilich mehrere hundert Schülerarbeiten, Baurisse, Acte und Zeichnungen nach der Antike. Wenn man solche Sachen zu Hülfe nimmt, ist es leicht, große Säle anzufüllen.

Die Sache sieht hier wirklich übel aus, und ich habe einen Schreck gehabt. Wer noch Phantasie besitzt, rettet sich den großen Mustern gegenüber in ein ganz sonderbares Wesen. Karl Immermann, 1831

Von hier aus können wir bald zu der Brühl'schen Terrasse gelangen, wo ein herrliches Panorama vor unsern Blicken sich aufthut. Da erblicken wir links Hoflößnitz, rechts die Loschwitzer Berge, vor uns Neustadt, das von dem Dickicht der Dresdner Heide umkränzt wird, und zu unsern Füßen schaukeln Schiffe und Gondeln auf den Silberfluthen der Elbe. Selbst die schnellen Wendungen des aus Böhmen angekommenen Dampfschiffs würden wir, besuchten wir abends die Terrasse, bewundern können. Früherhin war die Terrasse, die ursprünglich zu den Festungswerken der Stadt gehörte, verschlossen. Unter dem russischen Gouvernement aber wurde sie geöffnet, und seit dieser Zeit ist der Besuch derselben Niemanden verwehrt. Dieser Freiheit bedienen sich auch Einheimische und Fremde häufig, um entweder auf derselben zu lustwandeln oder im herrlichen Belvedere sich zu erquicken oder auch in den Wochen der Kunstausstellung der Erzeugnisse vaterländischer Künstler sich zu freuen.

D. Gottlob Eduard Leo, 1852

Elbbrücken

Dresden. Am 28. Februar war seit mehren Monaten der erst warme Frühlingstag, der die Bewohner Dresdens aus ihren düstern und durchfrornen Mauern lockte. Der Winter, welcher so lange in ununterbrochener Strenge (seit dem 15. November) geherrscht hatte, nahm einen freundlichen Abschied. Am zahlreichsten versammelte man sich auf der Brücke und der Terrasse, weil man bei der ungewöhnlichen Wärme und dem Wachsen des Wassers den Aufbruch der Elbe jede Stunde erwarten konnte. Er erfolgte erst gegen Mitternacht, und schauerlich verhallte der Donner der Signal-Kanonen die ganze Elblinie entlang in der stürmischen Nacht. Die Sonne des ersten März beleuchtete endlich die Trümmer der Eisdecke. Ellendicke Schollen strömten in gedrängten Schaaren der Nordsee zu. Die Brücke erdröhnte von ihren gewaltigen Stößen. Fahrzeuge, traurige Ueberreste von Gebäuden, Scheit- und Stammholz schleuderte die Fluth an die Brückenpfeiler. Stämme von 16—20 Zoll Durchmesser, die sich quer vorlegten, zerbrachen wie dürre Reiser. Auf der Brücke mußten Wachen aufgestellt werden, um den Andrang von Menschen und Unglück zu verhüten. Die an der Elbe liegenden Gärten sind verwüstet, in mehreren Dörfern an der Elbe sind die Gebäude mehr oder weniger beschädigt und mehre weggerissen worden. In Dresden standen die Ziegelgasse, Fischergasse, die Viehweide x.x. unter Wasser, und um nach Friedrichstadt zu gelangen, mußte man sich auf Kähnen oder auf Wagen übersetzen lassen. Die Brückenpfeiler haben alle mehr oder weniger gelitten, und große Quadern sind an einigen ausgebrochen.

Der aufrichtige Dresdner Stadt- u. Landbote für das Königreich Sachsen und die angrenzenden Länder, 1829/33

Ich liebe die Dresdner Gegend mit ihren beiden Glanzpuncten, dem Blicke von Findlaters aus und dem Plauenschen Grunde mit Tharandt und Rabenau, die in Wahrheit nicht so leicht ihresgleichen finden, auch halte ich den einzigen schattigen Spaziergang, den die Stadt in ihrer Nähe aufzuweisen hat, den schönen großen Garten, durch die That in Ehren. Das namhafteste aber von Dresdens etwaigen sonstigen Schönheiten als Stadt ist, das behaupten übereinstimmend alle Fremden, die

Schaufelraddampfer an der alten Augustusbrücke

schöne Elbbrücke mit ihrer Aussicht nach Osten und Westen in das Thal hinein und die Brühlsche Terrasse neben ihr am Ufer, auf der man zuweilen alle Sprachen Europas in dem kleinen Raume von einigen hundert Schritten sprechen hört. Man muß in Dresden auf der Terrasse gewesen sein, wenn etwa ein leiser Nebelduft wie ein weißer Florschleier auf der Gegend liegt, so daß die nahen, an sich unschön gefärbten niederen Rebenhügel in Ost und West etwas zurücktreten, und wenn auch wohl jener weißliche nordische Ueberzug die Bläue des Himmels bedeckt, derweil der großmäulige Dresdener Boreas in die vollaufgeblähten Segel eines Elbkahns bläst, so daß er inmitten der Wasserfläche heranschwimmt und die kleinen Schluppen wie Nußschalen über den glatten, sanft hinfließenden Strom gleiten.

Man muß das gesehen haben, sage ich, wie das den halben Himmel bedeckende, golden glühende Abendroth durch die Bögen der Elbbrücke hindurch sich in der bläulichen Fluth spiegelt, und empfunden haben, wie über die Brücke weg die Duftströme der Lindenblüthe aus den malerischen Baumgruppen des nahen Geheges heranwehen, in dem die jenseitigen Ufer der Neustadt von der leisen Hand der Abendröthe scheinbar immer ferner hinausgeschoben werden und einzelne Lichter aus der verschwimmenden dunkeln Häusermasse hervorglitzern.

Man muß an einem Herbstmorgen auf der Brücke gestanden und dem poetischen Gewebe in Luft und Wasser eines dicken Herbstnebels zugesehen haben, die bis auf zwei Schritte weit alles um sich her mit ihrer feuchten, so stark riechenden Hand zudecken, und man muß alsdann beachtet haben, wie die Sonne mit dem Nebel im Kampfe liegt und wie etwa urplötzlich ihr erster siegreicher Strahl wie ein goldener Faden sich hindurch zieht, und auf das inmitten der Brücke aufgestellte me-

Dresden, vom linken Elbufer aus gesehen

Dimitroffbrücke, dahinter die Hofkirche

tallene Kruzifix treffend, mit einemmale, während vielleicht das volle Geläut der Catholischen Kirche anhebt zu tönen und gleichsam die darauf in Sehnsucht geharrt habende Luft zu sättigen, das Abbild des Heiligsten als ihr Banner in die von ihr eroberte Welt aufpflanzt, so daß der zerfließende Nebel erschrocken seine Hand von ihr abzieht und das Dunkel dem Lichte Raum gibt … Eduard von Bülow, 1836

An der neuen Elbbrücke, die nun ziemlich vollendet dasteht, auch mit Zutrittkarten für zwei Neugroschen schon längst begangen und seit dem Jahrestag der Leipziger Völkerschlacht sogar mit leeren Dampfzügen zur Erprobung oder Festigung der Schienen wiederholt befahren wird, hat diese modernste, dem Nützlichen dienstbare Baukunst auch wirklich einmal etwas Schönes, und das unerwartet schnell geschaffen. Es ist überhaupt zum Erstaunen, wie jetzt die Leidenschaft der Zeit, der ruhelose Verkehrsbetrieb, so leicht in Jahren Bauwerke hervorzaubert, worüber die langsame Staats- und Gemeindesorge sonst Jahrzehnte und Jahrhunderte brütete.

Bei einiger Annäherung von einem der Ufer, oder besser noch von einem Schiffe auf der Strommitte, auch vom Gehege oder Palaisgarten aus betrachtet, macht der Bau in der That den Eindruck des Großartigen, Schwunghaften und Gefälligen zugleich. Jeder einzelne der zwölf fünfzig Ellen weit gespannten Hauptbogen gibt eine mächtige Halle.

Kurz, das Ganze zwischen Palaisgarten und Gehege ist wie ein wohlgehaltener Gartenweg von einer Parkanlage zur andern und stimmt vortrefflich zu der anmuthigen Umgebung.

Morgenblatt für gebildete Leser, 1851

Wir kehren nun wieder um und eilen über die große, 552 Schritt lange, auf 17 Pfeilern ruhende Brücke nach Altstadt. Da wir aus Neustadt über die Brücke gehen, so haben wir die rechts befindlichen Trottoirs zu betreten, während die aus Altstadt Kommenden auf den entgegengesetzten Trottoirs wandeln. Wer an Markttagen, besonders wenn in Alt- oder Neustadt Jahrmarkt ist, diese Brücke passirt, erhält ein recht deutliches Bild von der immer größern Ausdehnung Dresdens, von seiner anwachsenden Einwohnerzahl und von dem dadurch vermehrten Verkehr. Da begegnen sich Frachtwagen, Omnibusse, Leiterwagen, Equipagen, Schubkarren, kleine von Hunden gezogene Wagen u. s. w., durch welche sich Reiter, Portechaisen, Soldaten u. s. w. durchzwängen müssen. D. Gottlob Eduard Leo, 1852

Neustadt

Auf dem daran stoßenden Marktplatze steht auch die Statue Augusts des Starken zu Pferde auf einem hohen Fußgestelle von Sandstein. Es stellt den König in römischer Imperatorentracht, aber mit einer Stutzperücke, einem Feldherrnstabe in der Hand, das Gesicht nach Polen gewendet, auf einem springenden Pferde vor. Das Pferd, oder eigentlich die ganze Statue, ruht auf dessen Schweife, den eine eiserne Stange mit dem Fußgestelle verbindet. Wiedemann, ein Kupferschmied aus Augsburg, später zum Hauptmann befördert, fertigte das Werk aus zusammengenieteten, stark vergoldeten Kupferplatten im Jahre 1735.

An demselben Platze zunächst der Brücke liegt das Block- oder Kommandantenhaus. Dasselbe wurde im Jahre 1732 erbaut und enthält im Erdgeschoß seit 1749 die Hauptwache und jetzt in dem oberen Stocke die Geschäftszimmer des Kriegsministeriums. Um in die Altstadt zu gelangen, stehen zwei Wege über die beiden Elbbrücken offen.

Das Königreich Sachsen, Thüringen und Anhalt ..., 1856

Ein verflucht hübsches Nest: Dresden. *»Ich habe noch keine Stadt in Deutschland gesehen, wo durchaus soviel Wohlstand herrschte wie hier. Man sieht ebenso wenig Armut wie übermäßigen Reichtum. Das Geld, welches im Umlauf ist, wird größtentheils durch die bürgerliche Industrie in Bewegung gesetzt, und in diesem Betracht sticht Dresden von München und anderen Städten Deutschlands, die bloß vom Hof und der Schwelgerei des Adels ihre Nahrung ziehen, stärker ab als in irgendeiner anderen Rücksicht. In dieser einzigen Stadt sind ungleich mehr Fabrikanten und nützliche Künstler als in ganz Bayern.«*

Ist dieses schmeichelhafte Urteil des welterfahrenen Reisenden Kaspar Risbeck von 1784 gewiß überzogen, so enthält es doch einen wahren Kern mit seinem Hinweis auf die geschäftigen Tugenden der sächsischen Residenz in der Spanne von Kunst- und Geschäftssinn. Hier begann zumindest wirtschaftlich und kulturell ein selbstbewußter auftretendes Bürgertum mitzureden. Seiner Leistung verdankte das sächsische Königshaus nach dem verlustreichen Hubertusburger Frieden mit Preußen von 1763, daß es unter der Schuldenlast von 40 Millionen Talern nicht zusammenbrach. Dresden, durch August den Starken (1670–1733) zu einem europäischen Zentrum erhoben, war noch immer ein stilvolles, ja glänzendes Sammelbecken von Kultur und Kunst, das zu sehen sich viele von weither aufmachten.

Die vergoldete Reiterstatue Augusts II.

Die 1764 neugegründete Kunstakademie mit Künstlerpersönlichkeiten wie Belotto, Graff und Zingg zog – besonders seit 1800 – junge Maler in wachsendem Maße nach Dresden, das zum vielgepriesenen Mekka der Künstler und Künste, der Schriftsteller und Gelehrten wurde. Seit dem Dresdner Sommer von 1798, als sich die beiden Schlegels mit Tieck und Wackenroder trafen und Novalis und auch Schelling und Fichte hinzukamen, wurde es auch zum erklärten Pilgerziel der Romantiker.

So klangvoll die Namen, so fruchtbar ihr Beitrag zum bürgerlichen Kunstleben der Stadt: Heinrich von Kleist und Caspar David Friedrich, die Kapellmeister E. T. A. Hoffmann und Carl Maria von Weber, Ludwig Tieck, ab 1825 Schauspieldramaturg am Hoftheater, und der so vielseitig talentierte Arzt, Gelehrte, Philosoph und Maler Carl Gustav Carus.

Geschwärmt haben sie von der naturbekränzten Stadt alle, und der Librettist der romantischen Oper »Undine«, der Dichter E. T. A. Hoffmann, seit Juni 1813 in der Holzhofgasse in Logis, soll für sie alle (aus seinem Tagebuch) sprechen: »Aus meinem mit Weinlaub umrankten Fenster übersehe ich einen großen Teil der herrlichen Elbgegend, d. h. jenseits des freundlichen Stromes einen Teil der Sächsischen Schweiz, Königstein, Lilienstein usw. Gehe ich nur zwanzig Schritte von der Tür fort, welches ich, sooft ich will, in Mütze und Pantoffeln mit der Pfeife im Mund tun kann, so liegt das herrliche Dresden mit seinen Kuppeln und Türmen vor mir ausgebreitet, und über denselben ragen die fernen Felsen des Erzgebirges hervor ...«

In jenem Schicksalsjahr 1813 weilte auch Goethe zum zehnten und letzten Male im August in Dresden, als sich die verbündeten Armeen der Alliierten zur mörderischen Schlacht gegen Napoleon am Erzgebirgskamm formierten, während Friedrich Schiller sich in seiner Dresdner Zeit (11. September 1785 bis 20. Juli 1787) bei seinem neugewonnenen Freunde Christian Gottfried Körner ziemlich unbeeindruckt von der Kunstmetropole zeigte und dafür sehr wohl die muffige Bürgerwelt wahrnahm: »Die Kursachsen sind nicht die liebenswürdigsten von unseren Landsleuten, aber die Dresdner sind vollends ein seichtes, zusammengeschrumpftes Volk, bei dem es einem nie wohl wird.«

Straße der Befreiung in Dresdens Neustadt

Andere haben vergleichbare Erfahrungen gemacht, sich aber weniger drastisch geäußert. Carl Maria von Weber, seit 1817 für neun Jahre hier ansässig und in seinem behaglichen Hause Altmarkt Nr. 9 wie andere seiner Zeit für Gesellschaften offen, bekannte seufzend in seinem Tagebuch: »... aber ich kann aus dem verflucht hübschen Nest nicht heraus.« Nicht zuletzt auch wegen des Kreises künstlerisch Gleichgesinnter wie Ludwig Tieck, der im Eckhaus auf der Ostseite des Altmarktes zur Kreuzkirche zu wohnte und fast jeden Abend, vor allem aber am Wochenende, Gäste bei sich sah und in dessen Salon sich die geistige Elite Europas traf. »Tieck empfing mich in seinem Arbeitszimmer und sah mir mit seinen großen, klugen Augen so herzlich ins Gesicht«, so der dänische Märchendichter Hans Christian Andersen, der 1831 dadurch seinen Abschiedsschmerz von Dresden überwand. Dresdner Geselligkeit in vielen Bürgerhäusern, ab 1819 auch im Biedermannschen Haus am Kohlmarkt in Dresden-Neustadt bei der literarisch ambitionierten Elise von der Recke oder im Italienischen Dörfchen bei der Harfenistin Therese aus dem Winkel, in derem Hause der

Restaurierter Marstall

reisende romantische Dichter und Kunstgelehrte Daniel Amadeus Atterbom aus Schweden 1817 »ein Gewimmel von Deutschen aus allen Himmelsrichtungen, Engländern, Italienern, Franzosen, Ungarn, Russen, Polen usw.« antraf, »daß man vor Geschwirre und Gewirre oft kaum weiß, ob man auf den Füßen oder auf dem Kopf steht«. Auch Carus, hochgeschätzt und bewundert, hatte seinen Kreis, und mitunter spielte Clara Schumann, und Eduard Devrient rezitierte. Man merkte, der eine inspirierte den anderen, und so waren Dresdens literarische Salons nicht nur eine weithin bekannte Attraktion, sondern auch wirkungsvolle Pflegestätten bürgerlicher Kultur.

Kaspar Risbeck fand alles vor, was die barocke Residenzstadt Augusts des Starken inzwischen weltbekannt gemacht hatte: Pöppelmanns Zwinger (1711–1728) und das Taschenbergpalais (1707–1712), die Hofkirche (1739–1755), die Brühlsche Terrasse, die Frauenkirche (1726–1743), das vierflüglige Renaissanceschloß und jenseits der (ab 1727) ebenfalls neugebauten Elbbrücke das durch Oberlandbaumeister Wolf Caspar von Klengel nach den Grundsätzen des barokken Städtebaus wiederaufgebaute Altendresden, das 1732 in Neue Königstadt Dresden (Neustadt) umbenannt wurde. Bernardo Belotto, genannt Canaletto, hat diese Silhouette 1747 verewigt. Dazu kamen in naher, reizvoller Umgebung die Schlösser und Gärten. Von 21 300 Einwohner im Jahre 1697 war Dresden 1729 auf 46 572 Personen (1846 dann 89 327 Einwohner) angewachsen. Nach 1780 gab es auch in den Vorstädten eine Straßenbeleuchtung, und in der »Flor- und Maly-Manufactur« in der Friedrichstadt arbeiteten bereits 300 Stühle.

Harte Drangsal erlitt die Stadt in den Kriegswirren des Jahres 1813, als Napoleon im Dresdner Raum starke Truppenkontingente zusammenzog. Es kam zu Tumulten, und Marschall Davoust ließ am 19. März die Elbbrücke sprengen. Am 17. November war alles entschieden, 6 000 Verwundete und Kranke lagen in der Stadt, in der eine russische Landesverwaltung ihren Sitz nahm, bis im Juni 1817 der sächsische König Friedrich August zurückkehrte. Das Ende der Kriegsjahre markierte eine entscheidende Wende in der Stadtplanung.

Hatte die von den 1546 noch einmal vollständig erneuerten Festungswerken umgürtete Stadt über 200 Jahre lang sich nahezu unverändert erhalten, so löste die auf kaiserlichen Befehl Napoleons begonnene »Demolierung« der Festungsbauten ab 1809 die bauliche Einschnürung zugunsten einer explosionsartigen territorialen Erweiterung im Zeichen aufkommender industrieller und kommunaler Bedürfnisse. Die Innenstadt öffnete sich zu den bislang abgeriegelten Außenbereichen, 1835 kamen die Friedrichstadt und 1836 die Antonstadt vor dem Bautzener Tor (etwa Platz der Einheit) hinzu.

Bis 1829 waren die Wälle eingeebnet, die Gräben aufgefüllt, und nur in Resten wie im Zwinger sind alte Festungsteile noch erkennbar. Und wie auf ein Zeichen strömten nun auch die Bürger die Scharen zur Stadt hinaus aufs Land und entdeckten die Schönheit von Natur und Landschaft vor den Toren. Sie holten sich das Grün von draußen als Bäume entlang der Straße in die immer stärker von Industrie und Verkehr bestimmte Stadt; 1857 wurde Hofgärtner Degenhardt aus Großsedlitz als erster Stadtgärtner berufen.

Goethes Reisebericht von 1813 beschreibt die Folgen des Krieges der Alliierten gegen Napoleon ganz unmittelbar. Beschädigte Bauten waren zu renovieren, die Elbbrücke wieder aufzubauen, und die vom Königstein zurückgeholten Kunstschätze konnten eine Zeitlang kostenlos besichtigt werden. Zum Zwinger, zum Italienischen Dörfchen hin durch eine Mauer abgeschlossen, standen in Kübeln die Orangenbäume, und 1828 qualmte es auf den ehemaligen Festungsanlagen am Zwinger aus der ersten ohne ausländische Hilfe von dem erfindungsreichen Ingenieur und Unternehmer Rudolf Sigismund Blockmann errichteten Gasanstalt Deutschlands. Am 27. April 1828 speiste sein Gaswerk 36 gußeiserne Kandelaber im Empirestil, ein vielgerühmtes Ereignis, das den Siegeszug der Gaslaterne »einleuchtete«. Schon 1840 tauchten 764 Gasflammen das Opernhaus in ein bis dahin nie gekanntes festliches Licht. Der ideenreiche Ingenieur, Mitbegründer der am 1. Mai 1828 in einem kleinen Gebäude auf der Brühlschen Terrasse eröffneten Technischen Lehranstalt, der heutigen Technischen Universität, sorgte mit dem talentierten Nachwuchs aus den Volks- und Bürgerschulen für Sachsens Anschluß an das industrielle Zeitalter, das sich in der Residenz am langsamsten durchsetzte. Nur zehn von insgesamt 197 Dampfmaschinen Sachsens standen 1846 in Dresden. Doch wirkten sich die 1837 eröffnete Dampfschiffahrt auf der Elbe und die 1839 feierlich eröffnete erste Eisenbahn-Fernverkehrsstrecke Deutschlands, von Leipzig nach Dresden, vorteilhaft auf die weitere Entwicklung der Stadt aus. Die Eisenbahntrassen im Stadtgebiet veränderten noch einmal erheblich den Stadtkörper; in ihrem Gefolge bildeten sich Industriegebiete mit Gleisanschluß (im Westen und Norden) heraus, an die sich wiederum die Arbeiterwohnviertel anschlossen. In vielen Hinterhöfen, oft erst nach dem Bombenangriff 1945 in diesem Ausmaß sichtbar, erweiterten sich Handwerksbetriebe zur Kleinindustrie, was zu einer weiteren sozialen Differenzierung in den Wohnvierteln führte.

Fortan bestimmte ein gebildetes und kunstfreudiges Bürgertum im Verein mit herausragenden Künstlern und Gelehrten auch das kulturelle Leben Dresdens und sein neues bauliches Antlitz in einem solchen Maße, daß die »Barockstadt« Dresden in Wirklichkeit ganz maßgeblich durch die Bauleistungen des 19. Jahrhunderts geprägt war bzw. ist. Mit Gottfried Semper als

Die Semperoper — in neuem Glanz wiedererstanden

Professor der Kunstakademie und Leiter der Bauschule ab 1834 wurde die italienische Hochrenaissance mit ihrem bürgerlichen Repräsentationsbewußtsein zum stilistischen Vorbild für eine Architektur, die Dresden noch einmal zum Anreger der Baukunst werden ließ. Selbst viele Dresdner Reihenhäuser dieser Zeit zeichneten sich durch die tektonisch gegliederten Fassaden aus. Schon im Urteil seiner Zeitgenossen sicherte sich Semper mit dem Galeriegebäude an der Nordseite des Zwingers (1847–1855) »für alle Zeiten einen hohen Rang unter den Meistern der Architektur«.

Zum architektonischen Meisterwerk Sempers, der mit Richard Wagner und Michail Bakunin 1848/49 an der Seite der revolutionären Demokraten stand und für immer ins Exil gehen mußte, wurde das zweite Dresdner Opernhaus, die Semperoper, Dresdens letzter klassischer Bau von Weltruf. Nach seinen Plänen begann am 17. Februar 1871 unter der örtlichen Bauleitung von Sempers Sohn Manfred der Bau, der bereits am 2. Februar 1878 eröffnet wurde. War die 1869 ausgebrannte erste Semperoper (1838–1841), in der Wagners »Fliegender Holländer« 1843 und »Tannhäuser« 1845 uraufgeführt wurden, bedeutsam durch die Lösung im Grundriß und in der Sichtbarmachung des Innenraums, so die zweite, größere mit der krönenden Panther-Quadriga Schillings durch die ausgereifte Nutzung der Formen der italienischen Hochrenaissance und einer durchkomponierten Raumverteilung im Innern. Ein Gesamtkunstwerk war entstanden, krönend für den Geist einer ganzen Epoche und Sinnbild für den Kunstsinn dieser Stadt, die dann in der Bombennacht vom 13. zum 14. Februar 1945 in Schutt und Asche sank.

Schon für den alternden Goethe war Dresden – auf der Durchreise im April 1813 nach Teplitz – eine viel-

besuchte Stadt der Begegnungen und Erneuerung alter Bekanntschaften, und auch der Düsseldorfer Theatermann Immermann, der im Cholerajahr 1831 in Dresden den Dichter Ludwig Tieck besuchte, beschreibt die Erwartung, die diese Stadt bei ihren zahlreichen Besuchern auslöst. Heute wandeln auf ihren Spuren jährlich rund fünf Millionen Touristen aus aller Welt, und immerhin finden noch dreieinhalb Millionen pro Jahr in die Einrichtungen der Staatlichen Kunstsammlungen. Halten wir es also mit dem reiseerfahrenen Goethe, der am 25. April 1813 an die daheimgebliebene Christiane schrieb: »Ich habe mir einen Plan von Dresden angeschafft und mache mich nach demselben mit der Stadt und den Vorstädten bekannt. Bewegung und Zerstreuung thun mir gar wohl. Ich fange nun erst an, mich wieder zu erkennen ...«

Mahnmal der Kriegsschrecken – die Frauenkirche

Volkskundliches

Lohndienste

Tagelöhner und Handarbeiter sollen erhalten: für Hand- oder Tagearbeit jeder Art auf einen Tag, zu 11 Arbeitsstunden gerechnet, in der Zeit vom 15. März bis 15. October jeden Jahres, 8 Ngr.; – für einen Tag von 8 Arbeitsstunden, in der Zeit vom 16. October bis zum 14. März jeden Jahres, 7 Ngr.; – Hausrath ein- und auszuräumen und die Treppen hinauf und herunterzuschaffen, des Tages 20 Ngr.; – eine Frau, welche mit dem Tragekorbe aus- und einräumen hilft, täglich $6\frac{1}{2}$ Ngr.; – für eine Tonne Bier, einen Koffer oder andere Sachen von der gleichen Schwere mit dem Schiebebocke von einer Gasse zur andern und an den verlangten Ort und Stelle zu schaffen, $2\frac{1}{2}$ Ngr.; – für dergleichen über die Elbbrücke oder von der Stadt aus in die Vorstädte zu schaffen, 5 Ngr.; – für einen Boten, der mit Briefen über Land geschickt wird, auf jede Meile, den Rückweg mit eingerechnet, 5 Ngr. (Verordnung vom Monat December 1840.)

Ganz Dresden mit Umgebungen ..., 1862

Straßennamen

In diesen Tagen fand eine große Tauffeierlichkeit von Seiten der Stadtpolizei statt. Sie betraf nicht Juden oder Türken, sondern etwas noch bei weitem Populäreres, nämlich Straßen und Plätze. Besonders wurden die in Folge der Demolition der Festungswerke neu angelegten Alleen, Rundtheile, Plätze usw. getauft. Daß man zu Benennung einiger derselben die Namen der Prinzen des königlichen Hauses nahm, wer möchte das tadeln? Aber hätte man dieß nicht auch auf andere verdiente Männer ausdehnen und ihre Namen auf diese Weise auszeichnen können? Allerdings würde man anfangs viel darüber glossirt und gekrittelt haben, aber ich weiß doch nicht, ob eine Schillerstraße, ein Luthersweg, ein Reichardsplatz sich nicht eben so gut würden ausgesprochen haben als ein Annenweg, eine Stallstraße, ein

Dippoldiswalder Platz usw. Ich weiß wohl, daß die Wahl der Namen nicht ohne Schwierigkeiten würde gewesen seyn, aber um so größer auch das Verdienst.

Korrespondenz-Nachrichten, Dresden 6. Januar 1830
Morgenblatt für gebildete Leser, Nr. 25

Dresdner Gesichter

Hat sich Dresden gebessert oder ich mich? Beides wäre gut, und vielleicht ist beides. Mich deucht, daß der Charakter der Leute daselbst um die Nasenläppchen und Mundwinkel sich merklich zum Vorteil geändert hat; und ich sehe jetzt nicht mehr so viele dumm-despotische vornehme Gesichter als ehemals. Die vornehmen Gesichter mit ihren korrespondierenden Nasen findet man glücklicherweise jetzt meistens nur in den niedern Halbgebildeten; aber eine komplette, völlig konstituierte, ganz ausgearbeitete vornehme Nase in der höheren Sphäre ist auch das Impertinenteste, was einem ehrlichen schlichten Manne in der Natur erscheinen kann.

Johann Gottfried Seume, 1879

Ganz Dresden hat mit den Vorstädten 2 450 Häuser, wobey die Brandstellen eingeschlossen sind, 18 Kirchen und Kapellen und alles zusammen genommen 125 Gassen. Die Einwohner haben den Ruhm einer feinen Lebensart; sie sind höflich und dienstfertig und zeichnen sich durch das Feine in ihrem Witze und in ihren Sitten sehr aus. Ein Fremder wird hier sehr gut aufgenommen und erlangt bald mehrere Bekanntschaften, weil man hier gesellschaftlich und gastfrey ist. Daher gefällt es einem jeden so wohl, daß er sich höchst ungerne von dieser Stadt wieder trennt und in der Entfernung mit dem größten Vergnügen an die dort verlebten Tag zurückdenkt. Karl Wertheim, 1793

Vogelwiese

Daß sich die niedere Klasse auf der Vogelwiese für die überstandene kurze Angst entschädigte, war begreiflich, und die Festlust dauerte, wie gewöhnlich, die volle erste Augustwoche hindurch. Aber der Genuß ist freilich immer beschwerlicher, das Gewühl immer unerträglicher geworden, seit die Eisenbahnen uns so viele auswärtige Gäste zuführen. Auf alle Weise war von den Direktionen für bequeme Tag- und Nachtfahrten, wohlfeile Tagesbillets und dergleichen gesorgt worden. Zwei Leipziger Extrazüge allein hatten am ersten Sonntag gegen 3 000 Personen in 97 Wagen hergeführt. Selbst die Dampfschiffe, auf denen man je nach der Windrichtung das Hauptingredienz des Festes, den Bratwurstgeruch, schon weit voraus wittern konnte, vervielfältigten noch dicht bei der Stadt ihre Landungsplätze. Der zweite Rang sezte viele seiner Fahrgäste auf die Flöße ab, und nicht ohne Interesse ließ sich beobachten, welche Klassen und Persönlichkeiten den Weg nach der nahen Wiese einschlugen. Aber mochte man auch, um dem Gedränge auszuweichen, erst nach elf Uhr Nachts den Tummelplatz der Volkslust betreten, man fand ihn immer noch voll genug, hörte immer noch die Ausrufer der Schaustellungen schreien, die Drehorgeln leiern, die Bolzenbüchsen paffen, die Dampfcarrouselle rasseln, die Schaukeln knarren, die Würste schmoren.

Morgenblatt für gebildete Leser, Jg. 1851

Großer Garten

Der Frühling hat seine ganze Pracht über das Elbthal verbreitet. Gesegnet stehen die Fluren, des strengsten Winters ungeachtet, und des Himmels allmächtige Güte weiß die kleinmüthige Furcht der Menschen zu beschämen. Alles freut sich der heiteren, warmen Maitage. Lustwandler beleben vom frühesten Morgen bis in den späten Abend die herrlichen Umgebungen Dresdens, die jedes Jahr sich verschönern. Unter allen ist besonders der Große Garten besucht, und jeden Tag bietet er den Besuchern neue Reize. Die Einsamkeit und Stille wechselt mit dem Geräusch einer versammelten Menge, die an Morgen- und Nachmittags-Conzerten sich ergötzt. — So viel aber auch in jeder Hinsicht durch eine große Anzahl öffentlicher Orte für Ergötzlichkeiten gesorgt ist, so herrscht doch an den meisten und gerade an den besuchtesten ein Uebelstand, über den Einheimische und Fremde schon lange und auch dieses Jahr mit

Recht klagen, nämlich der, daß man bei einiger Frequenz sehr langsam oder wohl gar nicht bedient wird. Es fehlt nicht etwa an dienenden Personen; es sind ihrer im Gegenteil oft zu viel, die wie toll gegen und durcheinander rennen und natürlich die Bekannten versorgen, die sich ihnen auf eine sehr anziehende Art bekannt gemacht haben. Die anderen müssen sich ihre bestellten Erfrischungen nicht selten selbst holen. Es herrscht diese unbegreifliche Unbeholfenheit fast durchaus, und zwar zum großen Nachtheil des Wirthes selbst.

Der aufrichtige Dresdner Stadt- u. Landbote ...,
VI. Heft, 1830

Gondelfahrten

Gondeln und Kähne findet man fast jederzeit an den Ufern der Elbe zur Benutzung bereit. Für die Überfahrt bis zu den während des Sommers im Strom aufgestellten Bädern wird nichts bezahlt; das Uebersetzen über den Strom kostet bei gewöhnlichem Wasserstand 6 Pfennige für die Person, von der Appareille aus 9 Pfennige und steigt bei höherem Anschwellen des Stroms. Mehr wie 12 Personen dürfen nicht in den Kahn aufgenommen werden, Kinder gelten für halbe Personen. Uebrigens muß jeder Kahnführer die gedruckte Verhaltungsvorschrift stets bei sich führen und auf Verlangen vorzeigen.

Ganz Dresden mit Umgebungen ..., 1862

Paß- und Meldewesen

Für den Besuch Dresdens ist vorzugsweise die Zeit vom Mai bis zum September anzuraten, wo nicht nur alle Kunst- und wissenschaftlichen Sammlungen dem Zutritt geöffnet sind, sondern auch der Genuß der Naturschönheiten, an denen die nähere und entferntere Umgebung so außerordentlich reich, am lohnendsten und erquicklichsten ist. Ein monatlicher Fremdenverkehr, welcher die Zahl von 10—12 000 und mehr erreicht, ist daher in dieser Jahreszeit nichts Seltenes.

Der Fremde hat sich mit Paß zu legitimieren, welcher dem Wirth des Gast- oder Privathauses, bei welchem der Fremde logirt, zu übergeben ist. Dieser hat denselben auf dem Paß- und Fremdenbureau einzuliefern und empfängt für den Fremden, falls der Aufenthalt über drei Tage ausgedehnt wird, gegen eine nach der Dauer des Aufenthalts wechselnde Gebühr eine Aufenthaltskarte, welche bei der Abreise wiederum im Bureau gegen Rückgabe der Reiselegitimation einzureichen ist.

Ganz Dresden mit Umgebungen ..., 1862

Ein sächsisches Eden vor Dresdens Toren

Moritzburg

Wenige Gegenden Deutschlands vereinigen eine solche Mannigfaltigkeit landschaftlicher Reize, wenige sind so reich an Gaben der Natur und Werken menschlicher Tätigkeit als das Gebiet, welches um Sachsens Hauptstadt in einem Umkreis von 5 bis 8 Meilen sich ausdehnt. Anmuthige Thäler und Ebenen, welchen nichts als die Milde eines südlichen Himmels fehlt, um den Wanderer nach Italien zu versetzen, wechseln mit großartigen Gebirgsmassen, die bald das nackte Knochengerüst der Erde in die Wolke hinaus heben, bald begrünte Rücken emporstrecken, aus deren Waldschatten nährende Quellen hinabfließen, um mit dem Hauptstrome sich zu vereinigen, der durch den größten Theil dieses Gebietes in so zahllosen Windungen sich ergießt, daß er den starren Felsenwänden wie den blühenden Thälern und Ebenen Reiz und Leben verleiht; und selbst wo eine Sandwüste, von einförmigen Schwarzwäldern durchschnitten, sich ausbreitet, erfreuen das ermüdete Auge bald wieder freundlich geschmückte Gelände. Neben dem Wanderer, der nur den Genuß schöner Landschaften sucht, oder neben dem Künstler, der sie nachbilden will, findet gleiche Befriedigung der wissenschaftliche Forscher, er mag seinen Blick in die große Werkstätte der Natur und auf ihre mannigfaltigen Bildungen werfen oder die lebendige Welt betrachten wollen, wo fleißige Menschenhände schaffen, nachhelfen und veredeln. W.A.Lindau, 1820

Von Moritzburg hatten wir rühmend mancherlei gehört, das uns aufmerksam machte. Eine Parthie dahin war der unruhigen Neugier willkommen. Ich träumte von St. Germain und dem Ursprunge alter französischer Jagdschlösser. Ich dachte an den schönen König August, an die Pracht seines Hofes, an Feste und romantische Jagdabenteuer, Novellen stiegen mir zu Dutzenden aus dem Classischen Boden auf. Ungeduldig trieb und drängte ich, nach dem berühmten Haine zu gelangen.

Nun, es ist ein altes Schloß, ein alter Garten, grade und geregelt, mit Hecken durchschnitten, durch einen großen Wasserspiegel belebt. Hirsche und Rehe gehen in Schaaren zwischen den Bäumen hin und wieder, Gold- und Silberfasane trippeln zierlich auf den kiesbestandenen Pfaden, die Hecken sind hoch, wohlverschnitten, die Gänge schattig und kühl, ihr labyrinthischer Lauf geheimnisvoll, wenngleich in enger Windung leicht zum Ausgange führend, kurz, es ist alles, wie es sein kann. Mir aber hatte etwas andres, Großartiges vorgeschwebt. Der ideale Maaßstab paßte nicht zu dem zusammengeschobenen, leicht zu übersehenden Raume. Das Gebäude, unbewohnt, in keinem besonderen Styl erbaut, frappiert weit mehr durch Mittelmäßigkeit als Umfang. Friedrich de la Motte Fouqué, 1823

Die Moritzburg liegt mit ihren rundlichen Pavillons und der einsamen Terrasse so heimlich zwischen den umbüschten Wasserspiegeln. Ich fuhr diesen Nachmittag hin; eine klare und scharfe Luft strich die röthlichen Blätter von den Zweigen, in der ganzen Gegend regte

sich nichts Lebendiges. Für Jagdschlösser habe ich eine große Zärtlichkeit; wundersame Geschichten knüpfen sich an ihre Säle, es ist, als ob einem da der Hauch eines romantischen Lustspiels umwehe. Hier ließ ich mir den Saal mit den vielen Hirschgeweihen aufschließen, sah die Königsmark als Jägerin und Fischerin gemalt und blätterte im sogenannten Willkommbuche. Wenn nämlich der Hof zum Jagen hier ist, so wird der Willkomm aus einer großen, hohlen Hirschstange getrunken, und in einem verzierten Buche geschieht die Einzeichnung der Namen. Es ging mir in demselben eine Galerie berühmter oder hochgestellter Personen vorüber, und die geselligen Scherze, welche hinzugefügt waren, rückten sie in eine heitre, vertrauliche Nähe.

Karl Immermann, 1831

Jagdschloß Moritzburg

Die Poststraße von Großenhayn zieht sich mit einer Pappelallee bey dem wilden Manne vorüber und durch ein bekanntes Gehölz von Trachenberg hinan nach Reichenberg. Bey diesem fahren wir in eine Kastanienallee ein und erreichen nach einer Stunde das Ziel unserer Wünsche. Häuser von städtischen Ansehen liegen auf beiden Seiten der Straße, links das Dorf Eisenberg und gerade vor uns das fünfmal gespitzte Jagdschloß. Wir steigen im Gasthofe: au bon marché ab und begeben uns auf's Schloß. Ganz vom Wasser umgeben, auf dem ein zahlloses Heer stolzer Schwäne schwimmt, und von einem hohen dunkeln Walde umkränzt, bringt es beym ersten Anblicke jeden, der vorher von ihm nicht unter-

richtet war, auf die Vermuthung, daß es der jagenden Diana geweihet sey. Noch mehr wird er darin bestärkt, wenn er über seinen Hauptportalen mehrere vielzackige Hirschgeweihe angeheftet wahrnimmt. Pyramidenbäume zieren das grüne Parterre, und hohe Linden und Kastanienreihen bordiren es an den Ufern der Seen. Auf jeder der vier Seiten des Platzes kommt zwischen zwey Pavillons eine Straße herein und biegt sich in einem Bogen um das Schloß herum.

G. S. Hennig, 1820

Schloß Moritzburg *ist ein einzigartiges, auf eine gewaltige Inselterrasse gestelltes Denkmal der Jagdleidenschaft der regierenden und bis 1945 auch hier wohnenden Wettiner. Inmitten einer Landschaft von Teichen und Wäldern, die wie ein Bühnenbild erscheint. Für diese imposante Machtgeste des Barock wurde die Natur gefällig fürs Auge arrangiert und mit baulichen Zutaten zum großen Schauspiel aufgeputzt. Wo sonst als hier hätte noch 1780, als wenig weiter in Seifersdorf bürgerliche Naturschwärmerei einen Garten der Empfindsamkeit entstehen ließ, ein Miniaturhafen mit Mole und Leuchtturm einzig zu dem Zweck entstehen können, auf dem großen Teich ein bißchen Seekrieg spielen zu können. Geblieben ist die aufwendige Dekoration und mit ihr ein kostspieliges Erbe. Über 23 Jahre dauerten die umfangreichen Restaurierungsarbeiten insbesondere am Barockschloß mit den vier dicken Türmen. Ein ungefüger Bau, dem man nicht ansieht, daß ein Daniel Pöppelmann 1723–1736 den Umbau des ursprünglichen Renaissanceschlosses leitete. Die Dresdner lieben dieses kuriose Fleckchen Heimat, und wer seinen Bekannten nicht in der nahen Stadt begegnet, findet sie gewiß hier in dem 56 Quadratkilometer großen Landschaftsschutzgebiet »Friedewald und Moritzburger Teichgebiet«. Reichlich 900 000 Urlauber vermerkt die Statistik plus etwa 2 Millionen Touristen. Die übersehen leicht das Dorf Moritzburg mit seinen charakteristischen Altbauten, dem Turm einer holländischen Mühle (Ende 18. Jahrhundert) und dem Rest einer schönen Kastanienallee. Wer sich genauer umsieht, der entdeckt wohl auch zu Beginn des künstlichen Dammes schloßwärts die beiden Postdistanzsäulen mit dem kursächsischen und königlich-polnischen Wappen. Und so weit war man auch damals in Moritzburg nicht von der übrigen Welt entfernt: 3¾ Stunden bis Meißen, 5½ Stunden bis Pillnitz; 9⅞ bis Königstein. Die einstige Posthalterei (von 1834) findet sich – sinnigerweise – an der Einmündung der Bahnhofstraße.*

Das restaurierte Barockschloß Moritzburg liegt inmitten einer ausgedehnten Teichlandschaft

Lößnitz

Lößnitz (= Holzbach; 1 200 E.) begreift in 2 neugebildeten Amtsgemeinden, auch in den Antheilen des Dresdner Rathes, der Güter Scharfenberg und Hermsdorf, die am obern und niedern Lößnitzgebirge sich verkettenden Weinberge und Gärten; die Bewohner halten sich zu 2 Kirchen und 4 Schulen benachbarter Orte. Auszeichnung verdienen die v. Gregory'schen, Schäfer'schen, Röber'schen und andern Berge, das Thürmchen (ein sonderbares Thurmgebäude in der Tiefe), der Russe (ein Gasthaus), die Grund- u. a. Schenken, die im Lößnitzgrund gelegene große und schöne Handelslehranstalt des D. Serrius, endlich das hübsche gethürmte Staats-Weinbergsgut Hoflößnitz mit 12 Winzereien (die 1827 an 2 900 Eimer Most ergaben) und dem Spitzhause, zu welchem 365 Stufen führen. Dieser große, ungemein weit bemerkbare, gethürmte Pavillon steht 746' hoch, 1¼ Meile von Dresden, von wo er wegen seiner fast unübertrefflichen Aussicht besucht wird, und zeigt u. a. Merkwürdigkeiten auch das Bild des Paul Knohll, des ersten sächsischen Weinbauschriftstellers.

Albert Schiffner, 1840

Seitenhalb Zschetzewich schließt sich links eine das Lösnitzer Rebengebirge anfangende Reihe von Weinhügeln an dieses, und auf ihnen glänzt mancher Tempel des Bacchus. Unter jenen zeichnet sich der Grögorysche Weinberg durch seine Höhe und splendide Anlage aus. Ich entfloh der Chaussee und begrüßte ihn.

Wackerbarths Ruh in der Lößnitz

An seinem Fuße liegt eine sonst dem Generallieutnant Wackerbarth gehörige Campagne, er nannte sie Wackerbarths Ruh, mit einem französischen Garten. Der Baron Grögory erkaufte dieselbe, den daran stoßenden Berg, verwandelte erstere in eine schöne Villa, letzteren in den glänzendsten aller sächsischen Weinberge.

Ich wählte zuerst diesen zum Besuch und fing ihn an auf einer massiven Treppe (alle übrigen noch zu erwähnende Gebäude dieser Anlage sind von eben dieser Bauart) zu ersteigen. Neben den Staffeln rechts und links ziehen sich rankende Reben auf langen Terrassen, und auf einer derselben steht ein großer Pavillon. Die lebhaften und doch sanften Farben dieses Gebäudes, der überall an ihm hervorleuchtende gute Geschmack, sein azurblaues Dach und Kuppel und die vergoldet glänzende, ihren Scheitel zierende Statue geben dem Ganzen ein pompöses, durch die grünenden Traubenwände noch mehr relivirtes Ansehen. Die höher hinauf steigenden Staffeln führten mich zu einem kleineren, auf andre Art aber ebenfalls geschmackvoll decorirt. Hier hörte die Treppe auf; einfache Rasenstufen, oft auch nur bloß die sich hebende Rampe brachten mich auf den ersten, es folgt noch ein zweyter Gipfel desselben. Diesen krönt ein steyler Felsblock; auf seiner Spitze pranget eine tempelförmige, mit einer Galerie umkränzte Rotunde.

Malerische Darstellungen aus Sachsen, 1802

Von der Bosel steigen wir in die Ebene hinab, die sich hinter Brockwitz und Koswig zieht, wo wir durch die sogenannten Berggassen, die zwischen den Rebenhügeln und den niedern Weingärten laufen, in die Hoflößnitz hinaufgehen, die Reihe der königlichen Weinberge, die anderthalb Stunden von Dresden anfängt und beinahe eine Stunde lang ununterbrochen sich ausdehnt. Seit dem Ende des 17. Jahrhunderts wurden diese Hügel mit schönen Gebäuden geziert. Auf der höchsten Kuppe der Bergreihe, beinahe 500 Fuß über der Elbfläche bei Dresden, steht das Spitzhaus, ein kleines Gebäude, das uns eine herrliche Aussicht gewährt. Eine Treppe von 365 Stufen führt aus einer etwas tiefer angelegten

Nische zu andern Weinberghäusern hinab. Einige Schluchten durchschneiden das Rebengebirge, und dem Gasthofe zum Weißen Roß gegenüber öffnet sich ein angenehmes Thal, das uns über Buchholz auf die Großenhayner Straße oder in anderthalb Stunden nach Moritzburg bringt. W. A. Lindau, 1820

Pavillon im Weingut Wackerbarths Ruh

Die Lößnitz *mit ihren Winzerbauten ist, vergleichbar mit der Loschwitz-Pillnitzer Kulturlandschaft, eines der reizvollsten Naherholungsgebiete vor den Toren Dresdens. Weinberge hier wie dort, darin Schlößchen, Villen und Landhäuser; romantische Plätzchen, die schon einen Friedrich Schiller in helles Entzücken versetzten. Nach dem Dreißigjährigen Krieg ließ sich Kurfürst Georg I. um 1650 inmitten seiner ertragreichen Wein-*

berge ein Berg- und Lustschlößchen bauen. Hoflößnitz ist heute ein Heimatmuseum, dicht daneben »Meinholds Turmhaus«, denkmalgeschützt und im 16. Jahrhundert als Winzerbau errrichtet. Das 1622 entstandene Spitzhaus, eine Sehenswürdigkeit schon im frühen 19. Jahrhundert, gehörte zeitweilig der Gräfin Cosel. Im Hohenhaus zu Zitzschewig, ehemaliger Sitz der trinkfreudigen Meißner Bischöfe, schlossen die Brüder Gerhart, Carl und Georg Hauptmann mit drei Schwestern des Dresdner Kaufmanns Thienemann den Bund fürs Leben. Der Dichter Gerhart Hauptmann bekannte kurz vor seinem Tode: »Ich kenne kein zweites Haus in der Welt, das für mich eine so blühende Seele hat.« Heute ist hier die Puppentheatersammlung des Dresdner Museums für Volkskunst untergebracht. Unten im Tal, nahe der 1884 eröffneten Schmalspurbahn von Radebeul-Ost, die hierzulande einfach der »Lößnitz-Dackel« heißt, befindet sich an der alten Dresden-Leipziger Poststraße der seit 1788 bestehende Gasthof »Weißes Roß«. Hier war der erste Halt auf der immerhin elf

Heimatmuseum Hoflößnitz

Gasthaus »Weißes Roß« in Radebeul

Stunden dauernden Fahrt. Nikolai Karamsin, Moskauer Schrifsteller und im Revolutionsjahr 1789 unterwegs von Preußen nach Sachsen, bemerkte: »Die sächsischen Postillone unterscheiden sich von den preußischen bloß durch ihre Röcke, diese haben blaue mit roten Kragen und jene gelbe mit hellblauen Kragen. Übrigens schonen sie ihre Pferde ebenso, zechen ebenso gern in den Schenken und sind ebenso grob.«

Tharandt und Plauenscher Grund

Das Zuströmen fremder Gäste, welche die Naturschönheiten anlocken, die große Anzahl der Durchreisenden, die Forstakademie mit ihren Lehrern und Schülern, das Justizamt und das Rentamt, welche im J. 1827 von Grillenburg her verlegt wurden, beleben das Oertchen, und den zahlreichen Gasthäusern fehlt es nicht an Besuchern. Denn der schon früher bedeutende Verkehr in denselben hat sich vervielfacht, seitdem seit 1833 die große Poststraße von Dresden über Freyberg nach dem Gebirge und nach Bayern durch Tharant führt. Das damals erbaute Posthaus ist eine Zierde der Stadt. Am bequemsten liegt für Reisende das auch von Spazierfahrern häufig besuchte, vorzüglich eingerichtete Deutsche Haus, unter dem Schloßberge, wo die drei Hauptthäler sich vereinigen, dicht an der Hauptstraße. Das Bad, vor welchem sich von Baumgängen umgebene Wiesen ausbreiten, hat eine besonders schöne Lage und ist deshalb ein häufig besuchter Luftort; in den freundlichen Räumen desselben bewegen sich im Winter die Honoratioren des Ortes, die hier weit zahlreicher sind, als die Zahl der Bewohner es erwarten läßt.

»Museum für sächsische Landeskunde«, 1836

Endlich! scheint das liebe, gute Städtchen uns zurufen zu wollen — endlich seyd ihr da, ihr spröden Fremdlinge! die ihr meinen Zuruf verschmähtet. Seyd mir willkommne Gäste! Tretet ein in Tharands friedliche Hütten und nehmt vorlieb mit einem Gerichtchen Gernesehn, das zwischen einem Stücklein hausbacknen Brod und einem vollen Kruge Milch, für euch aufgetischt, eurer wartet. — Wahrlich! solch ein Empfang ist rührender, solch eine Bewirthung einladender als die reich besetzte Tafel des größten Länderbeherrschers, bei welcher Zwang und Steifheit den Dampf von hundert Schüsseln verkalten und den Süßduft der schäumenden Rebe ungenossen verwehen. Ohne weitere Erkundigung einzuziehen, treten wir in die erste beste Hütte, werden von der sechzehnjährigen Tochter eines

Schloßruine in Tharandt

in seiner ländlichen Einfalt glücklichen Bürgers freundlich bewillkommt und nach Wunsche aufs herzlichste bewirthet. Was befehlen Sie, meine Herren! Milch oder Wein? war die Anfrage, und schon hatte sie, ohne unsere Antwort abzuwarten, die Thüre in der Hand, uns beides aufzutragen.

Dresdens Bewohner scheinen es seit mehreren Jahren zum Lieblingsorte ihrer sonntäglichen Vergnügungen erkohren zu haben, und gewiß! nur wenige Fremde verlassen die schöne Residenz, ohne Tharand einen Besuch zu machen.

J. Brückner und Chr. Günther, 1805

Manche Gegenden gelten als irdische Paradiese gewissermaßen durch Privilegien. Auch der Plauen'sche Grund hat den Vorzug, von allen Reisenden als ein

Eingang zum Plauenschen Grund

Eden geschildert zu werden. Man darf ihnen auf's Wort glauben; nur muß man es mit dem Begriff nicht so genau nehmen. Der Plauen'sche Grund, von Dresden bis Tharand, ist gewiß eine der reizendsten Gegenden Sachsens. Das 3 Stunden lange Felsenthal, welches ein wildes Gebirgswasser, die Weiseritz, durchströmt, bietet eine außerordentliche Mannichfaltigkeit der Szenen dar. Hier starren nackte Felsen empor; dort breiten sich mit Laub- und Tannengehölz geschmückte Berge in sanften Abhängen aus; hier rauschen Mühlen; dort pochen Hammerwerke, und wo sich das Thal erweitert, lagern sich freundliche Dörfer an Weingeländen hin.

Schon ¼ Stunde von Dresden, beim Dorfe Plauen am Eingang des Grundes, tritt dessen Charakter hervor, in welchem sich das Heitere mit dem Ernst des Erhabenen vereinigt. Von der Höhe des Fußsteigs sieht man rückwärts noch einmal auf das sonnige Elbthal und die Hauptstadt, welche sich am Fuße einer Hügelreihe mit Weinbergen und Landhäusern ausstreckt; aber welcher Wechsel nach wenigen Schritten! Statt der lachenden Landschaft ist eine jähe düstere Schlucht geöffnet, und zwischen nackten Felswänden windet sich ein Pfad steil und schmal in die schauerliche Tiefe hinab. Wer ihm zu folgen sich scheut, der kann die bequeme Heerstraße tiefer im Grunde einschlagen, welche ihre besonderen Reize hat und an der Villa Grassi vorbeiführt, wo der berühmte Maler dieses Namens die letzten Jahre seines Lebens der Natur und der Kunst widmete. Jetzt ist die schöne Anlage eine Wirthschaft, ein Lieblingsplätzchen der Dresdner. Unter immer wechselnden Ansichten kommt man, an mehren Mühlen vorbei, bis Potschappel, wo der Grund freier wird und sich erheitert. Potschappel hat das Ansehen eines englischen Dorfes in der Nähe von New-Castle. Die hohen Rauchfänge der Dampfmaschinen, welche die Grubenwasser der Kohlenbergwerke bewältigen, ihr unheimliches Getöse, das emsige Gewühl mehrerer hundert rußigen Gestalten, das Gedränge der Wagen an den Ladungsplätzen, alles das gibt ein Bild, welches mit dem ruhigen, stillen, einsamen Charakter der Natur im frappanten Widerspruch steht. Oefters ziehen die Wagen als unabsehbare Reihe auf- und abwärts das Thal hin, und der Widerhall der knallenden Peitschen ihrer Führer macht ein Echo einzig in seiner Art.

Döhlen, der nächste Ort hinter Potschappel, liegt gar freundlich in einer Weitung der Thals; aber hinter dem Dorfe verengt sich's von neuem, zumal dort, wo die Weiseritz aus der Vereinigung zweier tosender Waldbäche entsteht. In der Nähe macht ein schroffer und überhängender Fels eine Grotte, das Riesenbette genannt. Immer mehr zieht sich das Thal zusammen, endlich so sehr, daß zwischen dem Wege und dem reißenden Waldstrome keine Handbreit Raum bleibt. Zu beiden Seiten heben sich Tannen über einander, nackte Klippen ragen dazwischen hervor, und nichts Lebendiges begegnet, als die schwarzen Gestalten der Kohlenkärrner und der Bergleute. Noch einmal wechselt die Szene. Wo sich der Grund rechts umbiegt, thut er sich plötzlich auf, und im Hintergrunde liegt das schöne Tharand, überragt von seiner malerischen Ruine.

Tharand ist gut gebaut und zählt unter seinen 1500 Einwohnern viele reiche und gebildete Familien. Ein Bad, eine Forstacademie, die beste Deutschlands, geben dem Städtchen eine ganz ungewöhnliche Lebendigkeit. Seine Lage ist sehr reizend im Mittelpunkte freier Thäler, die der Weiseritz, der wilden Weiseritz und des Schleitzbachs. Jedes hat eigenthümliche Naturschönheiten, deren Genuß im Sommer immer zahlreiche Besucher, besonders Dresdner, herbeilockt.

Meyer's Universum, Bd. 6

Tharandt *und seinen romantischen Wald nicht erlebt zu haben, bedeutete dereinst, nicht in Dresden gewesen zu sein. »Welch eine Fülle von Schönheit«, schrieb Heinrich von Kleist (am 3. September 1800 seiner Verlobten Wilhelmine von Zenge): »Mitten im engen Gebirge hat man die Aussicht in drei reizende Täler.« Kleist war von Dresden her durch den Plauenschen Grund gekommen, »an der Weißritz entlang, die dem Reisenden entgegen rauscht«. Zu diesem Zeitpunkt hatte sich das nahezu unbekannte Landstädtchen im Vorfeld des Erzgebirges bereits zum beliebten Mineralbad gemausert, in dem sich bis in die 20er Jahre die Kurgäste förmlich drängten. Die sentimentalische Naturschwärmerei hatte ihre Hochblüte mit Tempelchen und grünen Oasen, Einsiedeleien und Waldhütten. Doch dann wurde alles viel natürlicher, und jene Reisenden, die der Bahnanschluß 1855 an Dresden aus der Residenz herführte, erwiesen sich mehr und mehr als naturhungrige Sommerfrischler, die sich's lieber in den umliegenden Dörfern bequem machten. In Hartha beispielsweise ab 1869. Doch da war aus der Kurstadt inzwischen eine weithin bekannte Forststadt geworden. Dank des aus dem thüringischen Zillbach bei Schmalkalden stammenden Forstmanns Heinrich Cotta (1763–1844), der als einer der ersten den verheerenden Folgen des rücksichtslosen Holzeinschlags durch eine planmäßige forstwirtschaftliche Ausbildung entgegen-*

zutreten suchte und bereits im heimischen Zillbach bis 1810 eine vom Herzogtum Sachsen-Weimar protegierte Bildungsanstalt unterhalten hatte. Mit Zustimmung Carl Augusts folgte Cotta dem Ruf ins Königreich Sachsen, dessen Wälder – auch infolge des Siebenjährigen Krieges und des steigenden Holzbedarfs für Bergbau und Industrie – äußerst mitgenommen waren. Er gründete 1811 in Tharandt mit einem Teil ihm folgender Schüler eine Forstlehranstalt, die bereits fünf Jahre später zur Königlichen Forstakademie, der ersten in der Welt, erhoben wurde. Sie erhielt 1847–49 ein neues Gebäude im klassizistischen Stil, heute das Direktionsgebäude der Sektion Forstwirtschaft der Technischen Universität Dresden. Die Studenten kamen aus aller Welt und verbreiteten Tharandts Ruf in alle Welt, so wie im vergangenen Jahrhundert auch heute.

Zusammen mit seinem Mitarbeiter Berlepsch hat Cotta von 1816 bis 1831 – nicht ohne Widerstand des Adels – rund 135 000 Hektar sächsische Landesforsten vermessen und eingerichtet. Eine hervorragende Leistung und die Grundlage des hiermit beginnenden wissenschaftlichen Waldbaus. In dem Forstbotanischen Garten am Hang des Kienberges (mit nunmehr etwa 2 000 Gehölzarten, Gräsern und Pflanzen), ebenfalls 1811 gegründet, erinnert die von Rietschel 1845 geschaffene Cotta-Bürste an ruhmreiche Zeiten. Seit 1966 vermittelt dazu eine »Forstliche und jagdkundliche Lehrschau« und seit 1974 ein Lehrpfad geschichtlichen Einblick.

Alte Stiche zeigen auch die ansehnliche Ruine einer mittelalterlichen Burg auf dem Schloßberg, die Kurfürst August zunächst für sein nahes Jagdschloß Grillenburg ausschlachten ließ und dann 1549 zum Abbruch freigab. 1821 wurden die Reste neu vermauert und als romantische Ruine in romantischer Naturlandschaft mit bürgerlichem Werbesinn kulturell neu erschlossen. Kleist hätte es lieber beim originalen Verfall belassen: »Es war ein unglückseliger Einfall, die herabgefallenen Steine wegzuschaffen und den Pfad dahin zu bahnen ...«

Statue H. Cottas im Forstbotanischen Garten von Tharandt

Loschwitz

Abends gegen fünf Uhr fuhren wir nach dem Weinberg, unterwegs fand ich die himmlischste Gegend. Er liegt eine Stunde vor der Stadt, ist beträchtlich und hat Terrain genug, Körners Erfindungsgeist zu allerlei Ideen zu verführen. Am Fuße des Berges liegt das Wohnhaus, welches weit geräumiger ist als das Enderische zu Gohlis. Am Haus ist ein niedlicher kleiner Garten, und oben auf der Höhe des Weinbergs steht noch ein artiges Gartenhäuschen. Die Aussicht von diesem und der Untergang der Sonne soll ganz zum Entzücken sein. Alles hier herum wimmelt von Weinbergen, Landhäuschen und Gütern.

Der gestrige Abend hier auf dem Weinberge war mir ein Vorgeschmack von allen folgenden. Während das Dorchen und Minna auspackten und im Hause sich beschäftigten, hatten Körner und ich philosophische Gespräche. Jetzt wird er anfangen, tätig zu werden. O liebster Freund, das sollen göttliche Tage werden.

Friedrich Schiller am 13. September 1785
an Ludwig Ferdinand Huber

Täglich fühle ich das Glück des Landlebens mehr. Loschwitz wird mir immer werther, und mit jedem Tage entdecke ich neue Schönheiten in diesem Grunde. Glücklicher, wie ich mich jetzt dünke, kann wohl keiner sein, Gott sei Dank.

Frühling. Sanft sich hebende Hügel hemmen die Aussicht ins Weite; gleich dem Wünschen und Wollen der Kinder, sie genießen der Gegenwart köstliche Zeit nicht anders, noch wollend, was ferner liegt. Blühende Büsche, nährende Kräuter; duftende Blumen schließen den stillen klaren Bach ein, in dem sich die reine lichte Bläue des unbewölkten Himmels spiegelt; wie in den Seelen der Kinder der Gottheit herrliches Bild. Kinder spielen, küssen und freuen sich, und das eine Kind begrüßt mit frohem Händeklatschen die kommende Sonne. Lämmer weiden im Tal und auf den Hügeln. Kein Stein ist hier zu sehen, kein dürrer Zweig, kein abgefallen Laub, Friede, Freude und Unschuld und Leben atmet die Natur.

Caspar David Friedrich am 5. August 1803 sowie in
einer weiteren undatierten Tagebuch-Aufzeichnung

Seit Ende Mai wohne ich nun wieder hier oben in unserem Häuslein. Dazu habe ich mir in einer sehr alten Hütte, welche aber wunderschön liegt neben der Königin Berg, ein Stübchen zum Arbeiten gemietet. Da ist's nun ganz stille, denn das Haus ist nur von zwei alten Leuten und deren Sohn bewohnt, welche am Tage nicht zu sehen zu hören sind, weil sie im Berge arbeiten. Die Aussicht aus meinem Fenster ist wundervoll und für mich inhaltsreich! Meine stille Hütte liegt am Rande eines Berges, und es öffnet sich über dem Elbspiegel, der am Fuße der Höhe heraufglänzt, das weite Elbtal und die Aussicht von den fernen böhmischen Bergen im Süden bis zu den Meißner Höhen im Westen. Ich sehe ein Stück meines Lebens auf diesem Bilde. Von der Stadt den Weg bis Loschwitz, welches mir gegenüber liegt. Darüber das Wäldchen am Vogelherd, wo ich in jenem Spätherbst saß, als ich meine Auguste hinausbegleitet hatte und mir am anderen Tage die Entscheidung bevorstand, mich von ihr zu trennen, um mit dem Fürsten Narischkin nach Frankreich zu gehen. Das Dorf Loschwitz, wo ich so glückliche Tage mit ihr verbrachte. Am Fuße meines Berges sieht man zwischen Büschen und Blumen den kleinen Kirchhof von Loschwitz und das Grab meiner treuen Auguste, mit der ich gerade volle siebenundzwanzig Jahre so glücklich lebte.

Ludwig Richter am 28. Juni 1857 in seinem Tagebuch

Körners Weinhaus in Loschwitz

Loschwitz (= Wiesendorf; 1 550 E., deren viele unterm Amte und dem Rittergute Boyritz stehen und viele die ½ Meile lang an der Elbe hinziehenden Weinberge bewohnen) dehnt sich vom rechten Elbufer an in einem

Findlaters' Palais in Loschwitz

engen, tiefer anmuthigen Nebengrunde sehr weit hinauf, wird von der Pillnitzer Straße gekreuzt und liegt hinsichtlich der 1708 vollendeten, achtseitigen, hohen und schönen Kirche $\frac{5}{8}$ Meilen östlich von Dresden, in dessen Gegend es das größeste Dorf ist. Es hat 1 dominiale Fähre, 1 schöne neue Schule, 1 Gasthof (zugleich Lustort), die Lochschenke, 1 Mühle, 2 Friedhöfe (darunter jener der Kirche ausgezeichnete Denkmäler enthält), besonders aber zahlreiche und zum Teil schloßähnliche Weinbergs-Villen. Wir nennen außer der königlichen nur die Simon'sche (von dieser seiner Villa kehrte der berühmte Maler v. Kügelgen zur Stadt zurück, als der Raubmord ihn betraf), die Krüger'sche (als die höchste, mit reicher Fernsicht), die des Ministers v. Nostitz (mit eisernem Lusthause und herrlicher Umsicht), die große gethürmte Cnobloch'sche, die des Dichters C. G. Körner (durch Schillers Aufenthalt 1785 classisch), die prächtig in der Ferne leuchtende Villa des Barons Müller an der hohen Mordgrundbrücke, die Bassenge'sche, die des Burggrafen von Dohna (mit offenem Parke am Mordsgrunde und der reizendsten Thalübersicht), die des Wirtes Krebs oder insgeheim noch Findlaters genannt (1 gethürmtes Schloß mit herrlicher Aussicht und Parkanlagen, von einem Naumann angelegt und vom Lord Findlater vollendet, nach Wiemann 428' hoch, dieser $\frac{3}{8}$ Meilen entfernte Lust- und Concertort gehört zu den besuchtesten um Dresden), die des Präsidenten D. Gottschalk; endlich die breterne Schaluppe (fälschlich Saloppe), ein besuchter Lustort, neben welchem mit Winklers (Th. Hells) Berg die Stadtflur beginnt.

Seit 1762 findet in Loschwitz jährlich eine Weinerntepredigt statt; denn nebst allerlei Stromgewerbe und Taglöhnerei bildet Winzerei das Hauptgewerbe des Ortes.

Albert Schiffner, 1840

Loschwitz *war damals ein sehr kleiner Ort, erinnert sich der (1856 geborene) Pharmakologe Alexander Tschirch (»Erlebtes und Erstrebtes«, Bonn 1921), der in der 1864 entstandenen Loschwitzer Landapotheke reichlich Gelegenheit hatte, Land und Leute kennenzulernen: »Dann und wann ritt auch der ›Färscht‹ selber, der alte König Johann, ›unser guder Keenig‹, wie ihn die Sachsen nannten, vorüber, meist in scharfem Trabe und nur von einem Reitknechte gefolgt ...« In der Apotheke bezog auch der legendäre Photograph August Kotzsch (1836–1910) seine Chemikalien, der seit 1860 als erster seiner Branche im Dresdner Osten tätig war und mit seinen »nassen Platten« künstlerisch und kulturgeschichtlich überaus bedeutsame Arbeiten schuf. Auf seinem Grundstück, im Kotzsch'schen Hause, hatte sich Ludwig Richter, der übrigens mehrfach von dem Altmeister fotografiert wurde; bei seinem ersten Sommeraufenthalt »ein Stübchen zum Arbeiten« gemietet. Auf vielen Bildern und Zeichnungen Richters, so u. a. beim »Brautzug im Frühling« und dem »Dorfgeiger«, finden sich Loschwitzer Motive, die in ihrem naturhaften Reiz auch zahlreiche andere Musensöhne inspirierten. So weilte Friedrich Schiller zwei Sommer (1786/87) ausgesprochen gern im Weinberghaus der Familie Körner (Mozart 1789 und Goethe 1790), und poetische Schilderungen von romantischen Sommeraufenthalten gibt es auch von Caspar David Friedrich (1803) und der Familie von Kügelgen. Wie gesucht das stille Loschwitz schon in den ersten Jahrzehnten des 19. Jahrhunderts war, bevor dann die Ausflugsgaststätten und Sommerfrischen nahezu überhand nahmen, verdeutlichen auch Gäste wie Franz Liszt und Richard Wagner, Karl Friedrich Schinkel und Wilhelm Raabe. Mit dem Bau der dienstältesten Bergschwebebahn der Welt um die Jahrhundertwende zwischen Elbtal und Loschwitzhöhe und dem 1891–93 erbauten, Loschwitz mit Blasewitz über die Elbe hinweg verbindenden »Blauen Wunder« entwickelte sich das einst abgelegene Dörfchen zu einem gesuchten Villenvorort für Dresdens wohlhabendes Bürgertum. Wie es einmal war und was dann wurde, machen die Foto-Dokumente des alten Kotzsch heute nacherlebbar.*

Schillerhäuschen

Pillnitz

Bald nachdem die Unruhe der Rückkehr sich beschwichtigt hatte, zogen wir nach Pillnitz. Das Zimmer des Schlosses, das ich in diesem und vielen der folgenden Sommer bewohnte, hatte eine reizende Aussicht auf die breite Elbe und die reichbelaubte Insel auf ihr. Die Reinheit der Luft, die Stille des Orts, das Rauschen des Wassers, die Klarheit der Fernen, sie waren so recht geeignet, meinen Gedanken zu gestatten, noch um alle die kurz zuvor gesehenen Schönheiten zu schweifen. Ich schrieb dort meine Tagebücher, ordnete meine Zeichnungen, lebte mittags und abends mit den Meinigen, welche im Dorfe ein leidliches Unterkommen gefunden hatten, und unter vielfachen Erzählungen und Besprechungen durchstrichen wir denn auch wohl die anmutigen Hügel und Täler um Pillnitz, welche schon in diesem Jahre mir lieb wurden und künftig mir immer lieber werden sollten. Carl Gustav Carus, 1828

Die königliche Familie hält sich vom 1. Mai bis zu Ende des Herbstmonats in Pillnitz auf, kommt aber jedesmal sonnabends in die Stadt, wo sie bis zum Nachmittage des folgenden Tages bleibt. Diese Abwesenheit kann von Fremden, welche die Gartenanlagen und das Innere der Gebäude sehen wollen, am besten benutzt werden.

Schloß Pillnitz an der Elbe mit Wasser- und Bergpalais sowie Neuem Palais

Sie wenden sich an den Hofgärtner und den Bettmeister. Nur während der Sommermonate geht die erwähnte fliegende Brücke. Wer zu einer andern Jahreszeit auf dem linken Ufer nach Pillnitz reiset, muß sich entweder in Blasewitz oder in Laubegast übersetzen lassen oder, wenn der Pillnitzer Fährmann abwesend ist, eine halbe Stunde weiter über das Jagdhaus nach Söbrigen gehen, wo es eine Fähre gibt. In dem Hafen liegen mehre Gondeln, von welchen zwei, für die königliche Familie bestimmte, von außen mit Bildwerk und inwendig mit enkaustischer Malerei verziert sind. Im Herbste kommen diese Gondeln nach Dresden. In der einen sieht man zwischen den Fenstern Ansichten der schönsten Elbgegenden und verschiedene Arten von Elbfischen, an der Decke aber eine Charte des Elbstromes von der böhmischen Grenze bis Dessau, größere Elbfische und allegorische Darstellungen der Elbe, Mulde, Saale und Unstrut – an die Zeit erinnernd, wo diese Flüsse die vier Hauptströme des unzerrissenen Landes waren. In der andern Gondel findet man Schiffe, Fahrzeuge und Fischergeräthe verschiedener Völker und an der Decke eine Windrose enkaustisch gemalt.

W. A. Lindau, 1820

Wer durch Dresden reist, versäumt gewiß nicht, die herrliche Sächsische Schweiz zu besuchen, wo auf seiner Wanderung die königliche Sommer-Residenz Pillnitz der erste Punkt, der seine Aufmerksamkeit fesselt. Schon der Weg dahin, der uns die schöne Villa mit dem Weinberge des jetzigen Königs, den ehemaligen Körnerschen Weinberg, wo Schiller seinen Don Carlos dichtete, und das Dörfchen Blasewitz zeigt, das wohl schwerlich ohne Wallensteins Lager und seine Gustel Bedeutsamkeit erhalten haben würde, bietet ihm eine freundliche Aussicht auf die Weinberge von Loschwitz und Nieder-Poiritz. Die Menge oft in gar sonderbarem Geschmack gebauter Landhäuser, die Abwechslung zwischen Buschpartieen und Weinbergen zeigt ihm ein freundliches Bild, vor welchem ein neidischer Kienbusch (Tännigt) plötzlich einen Schleier zieht. Sobald man ihn jedoch verläßt und aus dem durch seine Zwirnfabrikation bekannten Laubegast heraustritt, wird die Gegend wieder heiter, die graue Kirche von Hosterwitz tritt malerisch hervor, und bald halten wir einem freundlichen Landhäuschen gegenüber, um uns in der Fähre auf das jenseitige schönere Ufer tragen zu lassen. Jeder freut sich hier gewiß, das linke Elbufer mit seinen Kiefern, seinem Sand und seinen einförmigen Feldern verlassen zu können und in das Land der Rebenhügel zu treten, die besonders im Spätherbste einen wahrhaft reizenden Anblick gewähren. Das dunkelgrüne Weinlaub, unter dem die schwarzblauen Trauben sich her-

Chinoiserien in Pillnitz

Schloß Pillnitz, der Sommersitz der Wettiner

Richard-Wagner-Museum in Graupa

vordrängen, die Menge der Obstbäume mit ihren herabhängenden fruchtbeladenen Aesten mahnen uns zwar an den Herbst und seine kurzen, jedoch immer noch schönen Tage, aber wir denken auch an den brausenden Most, der diesen Trauben nun bald entquellen, an den perlenden Wein, wenn auch kein Rheingauer, der aus der Gärung hervorgehen wird, und schreiten mit heiterem Gemüth, durch herbstliche Alleen wandernd, nach dem großen imposanten Schloßplatze, der an Umfang seinesgleichen sucht und es auch an Schönheit thun würde, wäre er nicht so kahl und einförmig.

Tritt man aus den schönsten Alleen in den großen von drei Seiten umgebenen Schloßhof, so ist der Totaleindruck, ehe man die verschiedenartigen Gebäude einzeln betrachtet, imposant. Bei näherer Beschauung freilich verliert er sich. Die nur einmal übersetzten Schloßgebäude haben zu wenig Höhe für den großen Raum, den sie einschließen, und ihre hohen Dächer mit den vielen sonderbar verzierten Schornsteinen ersetzen diesen Mangel nicht, aber dennoch imponirt das Ganze und macht zugleich einen freundlichen, wohltuenden Eindruck. Saxonia, Bd. III, 1837

Schloß Pillnitz *ist das Kleinod Dresdens unter den stadtnahen Kostbarkeiten von Architektur und Landschaft. Bis zur Mitte des vorigen Jahrhunderts bot sich dem Wanderer ein romantisches Landschaftsbild mit alten Weindörfern, klappernden Mühlen und geruhsam auf dem Strom dahinziehenden Schiffen, wie es Adrian Zingg und Ludwig Richter dargestellt haben. Von 18 Elbinseln im sächsischen Flußabschnitt blieben nach der Korrektur des Flußverlaufs ab Mitte des 19. Jahrhunderts nur die von Gauernitz und Pillnitz; letztere seit 1924 unter Naturschutz. Der königliche Leibarzt Carl Gustav Carus hat's vorausempfunden: »... ich war kaum dort ans Land gestiegen, als ich verwundert stand über die Freiheit, Schönheit und Macht dieser von Menschen ganz ungestörten Vegetation.« Musik lag hier in der Wald- und Rebenluft. In einem Graupaer Bauernhaus stimmte sich in heilsamer Ländlichkeit Hofkapellmeister Richard Wagner auf die ersten Takte seines »Lohengrin« ein, und gegenüber im nahen Hosterwitz ließ Kapellmeister Weber in einem Winzerhäuschen die romantischen Melodien seines »Freischütz« erklingen. Hierher sind sie alle gern gekommen, Tieck und Kleist, Arthur Schopenhauer und Bettina von Arnim, Caspar David Friedrich und Philipp Otto Runge. Schiller fühlte sich 1785 sogleich »aufgehoben wie im Himmel«, denn die »Elbe bildet eine romantische Natur um sich her«. Kein Reisender, der Pillnitz ausließ und es nicht in den schönsten Farben malte und höchsten Tönen lobte. Carus erwarb 1832 ein kleines Landhaus (erhalten z. T. im heutigen Park-Café) und fühlte sich an diesem idyllischen Ort »so eigenthümlich ruhig, klar, der Welt im ganzen vermählt«. Welch Reichtum schönster Erinnerungen.*

Inmitten von alledem ein heiter-anmutiges Schloßen-

semble, seit 1765 der Sommersitz der Wettiner. Mit einem grünen Reich ausgedehnter Parkanlagen, mit seltenen Blumen und Bäumen, Bergpalais und Wasserpalais, barocken Schöpfungen mit Chinoiserien des frühen 18. Jahrhunderts. Das klassizistische dreiflüglige Neue Palais (nach dem Brande von 1818 in den Jahren 1822–26 neu entstanden) bildete mit seinen chinoisierenden Dachformen – den anderen Palais angelehnt – den harmonisch gesetzten Schlußstein. Seit 1962 hat im Wasserpalais und im Bergpalais das Museum für Kunsthandwerk der Staatlichen Kunstsammlungen Dresdens einen adäquaten Sitz.

Gleich hinter dem Ort kann man den romantischen Wanderern von einst auf den 355 Meter hohen Borsberg (bis 1820 noch Golk genannt) folgen, von wo aus man angeblich einmal 10 Städte, 274 Dörfer und 8 Schlösser erblicken konnte, dazu 187 bekannte Berge. Ein wenig musikalischer Wohlklang ist für den, der hören kann, in dieser Elblandschaft, unter einem »Himmel so milde wie an den Gestaden der Loire« (Theodor Däubler), verblieben.

Großsedlitz

Schloß mit Dorf gleichen Namens, den Dörfern Kleinsedlitz mit Niedersedlitz und Heidenau und dem Chausseehause Brauden an der Elbe, im Amtsbezirke Pirna, früher Kammergut, jetzt Staatsdomäne. Noch zu Anfang des 16. Jahrhunderts gehörte zu Großsedlitz ein Theil des Dorfes Mügeln, und wir finden, daß Kurfürst Moritz im Jahre 1551 dem damaligen Besitzer Hans von Wurgwitz die Obergerichte über das Gut samt Zubehörungen ertheilte. Von dem genannten Besitzer erwarb es Caspar von Körbitz, welcher es wiederum im Jahre 1559 an den damaligen Ordinarius der Juristenfakultät zu Wittenberg, Dr. Lorenz Lindemann, käuflich überließ. Dieser trat im Jahre 1564 den Antheil von Mügeln an den Staat ab, und Kurfürst August überließ ihm dafür das Dorf Kleinsedlitz. Bei der Familie des Dr. Lindemann blieb es bis zum Jahre 1673, wo es Hans Ernst von Römer erkaufte. Später kam es an die Familie von Wolffersdorf, von welcher es im Jahre 1719 der Gouverneur von Dresden und Commandant der Festung Königstein, Graf August Christoph von Wackerbarth, um den Preis

Großsedlitz mit Schloß Friedrichsburg und Lustgarten

von 20 000 Mfl. an sich brachte. Dieser erbaute das jetzige Schloß, die Friedrichsburg, und überließ später das ganze Gut dem Könige August dem Starken, welcher hier den größten Theil des Sommers zuzubringen pflegte. Von dieser Zeit an blieb es königliches Kammergut, bis dasselbe im Jahre 1831, in Folge der Verfassungsurkunde, als Domäne an den Staat überging. Bei dieser Gelegenheit wurden jedoch das Schloßgebäude und der Lustgarten zur freien Benutzung des königlichen Hauses ausdrücklich vorbehalten. Wie schon erwähnt, war Großsedlitz der Lieblingsaufenthalt König Augusts I. Auch August II. vernachlässigte den Ort nicht und verwendete namentlich viel auf die Erweiterung und Verschönerung des Gartens. Er errichtete große Springbrunnen mit Hülfe der im nahen Thale fließenden Müglitz und feierte hier die glänzendsten Hoffeste, bis der Siebenjährige Krieg den Fastnachtsspielen usw. ein Ende machte. Die Verheerungen äußerten auch auf Großsedlitz ihre Wirkung, und seitdem ist der Glanz des Gartens vorüber. Indessen gewährt er noch jetzt dem Besucher eine treffliche Aussicht auf die Umgegend, nach Pirna, Pillnitz und in das Dresdner Thal; ein Schmuck, der ihm durch Kunst nicht gegeben, aber auch durch Kriegsverheerungen nicht genommen werden konnte. In neuerer Zeit war das Schloß der Sommeraufenthalt der Prinzessin Elisabeth, einer Großtante des jetzigen Königs.

Der Pacht für die Oekonomie des Gutes, mit welcher vorzüglich starke Bierbrauerei, Kalk- und Ziegelbrennerei verbunden sind, betrug im Jahre 1801 2 230, im Jahre 1805 aber 5 105 Thlr. Für die laufende Finanzperiode, die Jahre 1837–1839, sind die Einkünfte zu jährlich 3 210 Thlr. veranschlagt; ein Ertrag, der sich gewiß erhöhen würde, wenn das Schloß mit Garten verpachtet werden könnte. Die Verwaltung der Gerichte steht jetzt dem Amte Pirna zu.

Saxonia, Bd. III, 1837

Ein sächsisches Versailles *wünschte sich August der Starke von seinen hochbegabten Barock-Baumeistern Pöppelmann und Knöffel, als er 1723 – zunächst in absichtsvoller Heimlichkeit – seinem Generalintendanten Graf Wackerbarth das gerade erst im Aufbau befindliche Schloß Großsedlitz samt unvollendetem Park abkaufte. Die hochfliegenden Repräsentationsabsichten scheiterten am Geldmangel, lediglich der großzügig angelegte, raumfüllende Barockgarten hat – bis heute – französisches Format, das ihm den Rang einer der bedeutendsten Gartenanlagen ihrer Zeit in Europa gibt. Von dem viel zu klein geratenen Wackerbarthschen Friedrichsschlößchen aus dem Jahre 1720, dereinst ein Dreiflügelbau, blieb nur ein Flügel erhalten, dessen heutige Gestalt aus den 70er Jahren des vorigen Jahrhunderts herrührt. Man könnte es beinahe übersehen angesichts der reizvollen Raumwirkung des Kunst-Parks mit seinen geschnittenen Hecken, den Wasserbecken und Plastiken sowie weit ausladenden Treppen, die auf ihre geometrische Weise eine Art Luftschloß mit dem Himmelszelt als Dach darüber bilden. Genutzt für Erholung und Konzerte, vielbesucht, vielbestaunt.*

Weesenstein

Dieses Schloß liegt in einem tiefen Grunde. Man ahndet sein Daseyn nicht eher, bis man am Rande des Abgrunds sich befindet, aus dem der spitzige Schloßthurm wie ein Blitz aus einer Wetterwolke strahlt. Es steht frey im Thale auf einem schwärzlichen Felsblock, auf den die Mauern in verschiedner Höhe so künstlich eingeimpft, als wäre das Schloß mit dem Felsen aus der Erde gewachsen. Es ist von beträchtlichem Umfang, gothisch modern, so zickzack wie eine algebraische Aufgabe gebaut, und enthält viel Säle, Zimmer und Keller. Ehemals hallten in seinen Gewölben melodische Hymnen der Nonnen, durch die Säcularisation wurde es ein Wohnsitz der Layen und wechselte oft seinen Besitzer bis auf den itzigen Freyherrn von Uckermann, dem dieser Grund den größten Theil seiner künstlichen Schönheiten zu verdanken hat.

Ein Felsweg, wie nun irgend in der Schweiz oder zu Carlsbad in Böhmen sich an einer steilen Wand hinunter windet, führt zu dem Schloß, wenig zerstreueten Häusern, einer Mühle und einem dürftigen Wirthshaus,

Weesenstein an der Müglitz

deren Philemon und Baucis nur Butter und Brod und dürres Stroh dem Wanderer bieten können.

Malerische Darstellungen aus Sachsen, Bd. I, 1802

Unfern von Dohna auf, zum Theil in einem Felsen an der Müglitz liegt das merkwürdige Schloss Weesenstein. Es war »ein alt böhmisch Bergcastell« und bis zur Vertreibung der Burggrafen von Dohna durch den Markgrafen Wilhelm den Einäugigen in deren Besitze. Wilhelm verlieh Weesenstein denen von Bünau, in deren Besitze es fast vierhundert Jahre blieb, dann an die Freiherren von Uckermann, im Jahre 1830 aber durch Kauf an den hochseligen König Anton kam und dieses milden und gütigen Fürstengreises Lieblingsaufenthalt wurde.

Wir sagten, das Schloss sei zum Theil in den Felsen hineingebaut, und so ist es in der That. Der Felsen reicht im höchsten Gebäude des Schlosses fast bis unter das Dach; in den meisten Zimmern und Sälen findet man ihn bald als Wand, bald als Wölbung der Decke, das Thor, die Kanzel und der Altar der Kirche sind aus ihm gehauen. Aus dem vordern Hofe steigt man zu den herrschaftlichen Zimmern tief, zum Badezimmer sogar neunzig Stufen hinab, da es nebst einem grossen schönen Salon am Fusse des Felsens im Garten steht; zu den Kellern dagegen, die den höheren, hinteren Hof umgeben, muss man drei Stockwerke hoch steigen. Würde man die verschiedenen in abweichendem Niveau stehenden Flügel übereinanderschieben können, so würde man acht Stockwerke herausbekommen. Die meist in den Felsen gesprengte Kirche hat einen sehr schlanken, hohen Thurm.

Der eigentliche Schlossfelsen wird durch eine künstliche Tiefe, die von einer Brücke überwölbt und durch

welche der Mühlgraben geleitet ist, vom Gebirge gesondert. Jenseits dieser Tiefe steht das Vorschloss, aus Remisen und Wohnungen für die Dienerschaft bestehend.

Die Müglitz bildet mit dem Mühlgraben eine Insel, welche, soweit der Fels dieselbe nicht füllt, vollkommen eben und in einen reizenden Garten verwandelt ist. Die Zugänge zu den das Schloss umgebenden Bergen sind bequem, und an deren Seiten sind hier und da englische Anlagen angebracht. Auf dem sogenannten Jägerhaus geniesst man eine weite Umschau.

Johann Sporschil, 1844

Schloß Weesenstein *wurde von den Wanderliteraten des 19. Jahrhunderts etwas vollmundig als »Perle des Müglitztales« gepriesen. Die Müglitz fließt von den Höhen des Erzgebirges über Bärenstein und Glashütte herab und windet sich in malerischen Schleifen bis in das Elbtal. An ihrem Lauf führte auch die alte Straße nach Böhmen entlang. Am Unterlauf dann thront auf hohem Felssporn hoch über dem Tal das seit Anfang des 15. Jahrhunderts zur Wohnburg umgebaute Schloß mit dem massiven Rundturm aus dem 13. und der barocken Haube aus dem 18. Jahrhundert. Gebaut und umgebaut wurde im Laufe der Geschichte viel an dem mächtigen Bau, bei dem die Pferdeställe im dritten und die Keller im fünften Stock liegen. Was einzigartig nicht nur im Sachsenlande sein dürfte. Nachdem über 350 Jahre hier oben das Geschlecht der Bühnaus residierte, gelangte 1722 das Schloß in den Besitz der Familie Uckermann, die das schöne Renaissanceportal restaurieren und 1781 anstellte der hölzernen Zugbrücke die nunmehrige Steinbrücke errichten ließen, über die man in die drei verwinkelten Höfe gelangt. Im gleichen Jahr begann man auch mit der heute weitgehend rekonstruierten barocken Gartenanlage nach französischem Vorbild am Fuße des Schlosses. Für 360 000 Taler erwarben im Jahre 1830 die Wettiner das Schloß, und König Johann von Sachsen übersetzte hier unter dem Pseudonym Philaletes Dantes »Göttliche Komödie«.*

Auf hohem Fels über dem Tal Schloß Weesenstein, heute ein Kunstmuseum

1932 erwarb der Landesverein »Sächsischer Heimatschutz« das Schloß für museale Zwecke, 1944 wurden hierher große Teile der Dresdner Gemäldesammlung ausgelagert. Heute ist Weesenstein ein bedeutendes Kunstmuseum, zu dessen sehenswerten Kostbarkeiten jahrhundertealte Tapeten aus vielen Ländern zählen.

Volkskundliches

Pfingstausflug

»Pfingsten, das liebliche Fest, war gekommen«, nur leider nicht ganz so lieblich, als man nach dem schönen, nächstvorangegangenen Freitag erwartet hatte. Schon am heiligen Abend schlug das Wetter um; der erste Feiertag verging nicht ohne wiederholte Strichregen, der zweite brachte zum Regen noch Sturm, der dritte, den zwar die Kirche nicht mehr, allgemein aber das Volk noch als Festtag feiert, begann gleich am Morgen mit einem Gusse, der einem Wolkenbruch nahekam. Dieß alles scheint jedoch unsere zahlreichen Gäste wie unser eigenes schaarenweise ausgeflogenes Publikum in der gewohnten Reiselust dieser Tage wenig gestört zu haben. Denn Pfingsten, das einzige mehrtägige Hauptfest, dem wenigstens der Kalender die günstige Jahreszeit zuweist, ist und bleibt nun einmal für unsere kleinen Leute, die nicht mit Ferien beglückten Krämer, Handwerker und niedern Beamten, der beste Theil des ganzen Jahres. Alle bescheidenen Reisepläne, Lustfahrten und Wanderungen werden auf diese geweiheten Mai- oder Junitage verschoben und zusammengedrängt. Was nur irgend Namen hat von nahen und fernen Orten der Umgegend wimmelt an diesen Tagen früh und spät von städtischer Bevölkerung. Und besonders wird die »Sächsische Schweiz«, jetzt zumal durch Eisenbahn und Dampfschiffe näher gerückt, alle drei Pfingsttage von einer wahren Völkerwanderung überfluthet. Wehe dem fernher kommenden Reisenden, den Zufall oder Unbedacht gerade zu dieser Zeit in jenes vielbesuchte Meißner Hochland führt! Aller Naturgenuß der Bastei, des Kuhstalls, Winterbergs u. a. O., seit Jahren ohnehin durch städtische Gasthauswirthschaft verkümmert, muß ihm zu Pfingsten vollends im unerträglichsten Jahrmarktsgewühl ersticken. Auch diesmal ist der Zudrang wahrhaft entsetzlich gewesen. In Schandau haben viele der Wanderer auf Stühlen und Dielen schlafen, zu Mittag und Abend auf dem Marktplatz speisen müssen. Ein Dampfwagenzug, der auf der Böhmischen Bahn am zweiten Feiertag schon gegen sechs Uhr Abends heimkam, zählte bereits achtzehn volle Wagen. Welche Unmassen mögen nicht erst die später eingegangenen Züge und Schiffe gebracht haben! Auf der Leipziger und Berliner Bahn war die Zufuhr natürlich nicht minder stark, besonders da der Wollmarkt, der diesmal hier in die Pfingstwoche fiel und schon die Feiertage über mit Buden und Gerüsten die Stadt verunzierte, auch eine Menge Geschäftsreisende mit hergeführt hatte. So waren denn am Vorabend und am Sonntag des Festes die Wagen der Extrafahrt auf jenen Bahnen zu Zwanzigen und Dreißigen gezählt worden. Ein junger Gelehrter von Berlin, den der wohlfeile Fahrpreis mit hieher gelockt hatte, konnte gar nicht beschreiben, welche Drangsale er unterwegs gehabt; er versicherte, an das Gewühl und Gewirr auf den Stationsbahnhöfen zeitlebens denken zu wollen, und verschwor es, je wieder von einer solchen Extrafahrt Gebrauch zu machen. Man hatte kaum mit heiler Haut zu einer Erfrischung gelangen können. Morgenblatt für gebildete Leser, 1851

Gartengesellschaften

Weiterhin auf den abgelegenen Dörfern wird es wieder lebendig. Fußgänger und Einspänner kehren am liebsten ein. Wenn man an den Gehegen der Höfe und Gärten hinfährt, sieht man drüber weg im Innern der Umzäunung muntre Gesellschaften die Fülle. Ein Schützenfest machte sich auf diese Weise allerliebst. Im Vordergrunde eines grünen Platzes stand ein dichter Haufen geputzter Bürger und Bauern, Sträuße an den Hüthen oder im Knopfloch des weiten flatternden Rokkes, in ihrer Mitte der annoch ungekrönte König des Festes, ein junger, blonder, blöder, dürftiger Bursche, eben so verlegen als vergnügt, über die Ceremonie lächelnd. Ueber seinem Haupte schwebt bereits die schwere, von großen Sonnen- und anderen Blumen prangende Krone in den aufwärts gehobenen starken Armen eines mächtigen Mannes. Glücklich genug hatte das Zeichen der Herrscherwürde hier die Form einer Mütze, die nicht übel an Harlequin und seine Kappe erinnerte, wohin der gewaltige Pathos des Redners auch gehörte, der mit entsetzlicher Stimme die Reichsstatuten zur Seite des jungen Königs ablas. Eine Geige und ein paar Pfeifen begleiteten die Worte. Weiterhin sahe man in einer Laube um die weißbedeckte, von zinnernen Krügen glänzende Tafel Frauen und Mädchen, welche den Witz des lustigen Redners mit lautem, weit schallendem Gelächter lohnten. Friedrich de la Motte Fouqué, 1823

Sächsische Gegenden

Ich möchte jetzt nur meine sächsischen Gegenden und Hütten malen und dazu die Menschen, wie sie jetzt sind, nicht einmal mittelalterliches Kostüm. Ein Frühlingstag mit grünen Korn- und gelben Rübsenfeldern, jungbelaubte Linden- und Obstbäume, den Bauer, der da ackert im Schweiße seines Angesichts und auf Hoffnung von Gottes Segen, und die kleinen, talkigen, unschuldigen Bauernkinder, die dem Vater einen Trunk bringen oder heiter spielen und Sträuße binden, da sie noch im Paradieszustande der Kindheit leben, während der Alte arbeiten muß; dazu Schwalben in der Luft, Gänse auf der Wiese und Goldammern im Gebüsch, der Hausspitz oder die Kühe auch bei der Hand; das alles, so recht treu, streng, innig und lieblich wiedergegeben in Memlings Sinn und frommer, einfältiger und liebevoller Weise, das hätte gewiß Interesse und Bedeutung genug. Wir können nicht immer und nicht alle Heiligenbilder machen. Ludwig Richter, 1886

Elbweine

Ist auch unser Landwein nicht mit dem Rhein- und Moselweine zu vergleichen, so liefern doch die Sächsischen Weinberge von Pirna bis unterhalb Meißen einen guten, trinkbaren Wein. Der ebengenannte Kurfürst (August

1552–1586 – d. V.) war es, der auch dem sächsischen Weinbau seine Aufmerksamkeit schenkte. Er ließ vom Rheine edle Reben kommen und sie auf den kurfürstlichen Weinbergen pflanzen, und außer den drei Hauptkellereien zu Dresden, Leipzig und Torgau wurde noch eine Anzahl Hauskeltereien angelegt, aus denen die Stadträthe, ihre Rathskeller zu versorgen, wiederholt eingeladen wurden. Auch besteht seit 1799 in Meißen eine Weinbaugesellschaft, welche zum Zweck hat, den Anbau dieses vaterländischen Produkts immer mehr zu heben. Zu dem Ende gründete sie auch eine Winzerschule. Im J. 1834 wurden 93 279 und im J. 1835 53 303 Eimer Most bei den Steuerämtern angegeben.

Das eigentliche Weinland in Sachsen sind die Ufer der Elbe von Posta bis Pirna bis an die Sächsisch-Preußische Grenze. Die Hauptsorten, welche gebaut werden, sind sogenannter rother Burgunder, Schönfeilner, weißer Gutedel, Rheingau (Rulander), Kleinbraun (rother Traminer), Gutblank, schwarzer und weißer Muskateller. Der Elbling, welcher früher hauptsächlich gebaut wurde, ist mehr und mehr aus den Weinbergen verschwunden. Der gewonnene Most wird auf dem rechten Elbufer zum größten Theil zur Bereitung des rothen Weins, auf dem linken aber meistens zu weißen Weinen verwendet. Wird der »Meißner Wein« aus den besten Bergen gut gepflegt, so kann er mit der Zeit eine vorzügliche Güte erlangen. Meißner Wein von 1811 wird sehr theuer bezahlt.

D. Gottlob Eduard Leo, 1852

Auf der alten Leipzig-Dresdner Poststraße

Meißen und der Dom

Der Weg bis nach Meißen ist sehr angenehm. Das Land ist überall aufs sorgfältigste bearbeitet. Die Weinberge, die man zuvor nur in der Ferne erblickte, nähern sich immer mehr der Elbe, und endlich scheidet sie nur der Weg von diesem Flusse. Hier erheben sich fast perpendikulär große Felsen, von denen einige — was bewirkt nicht die Arbeitsamkeit? — mit Erde bedeckt und in Gärten verwandelt sind, in welchen die besten sächsischen Weintrauben wachsen. Auf dem jenseitigen Ufer der Elbe erblickt man zerstörte Raubschlösser. Dort nisten jetzt Fledermäuse, und der Wind pfeift durch die Ruinen.

Meißen liegt zum Teil auf dem Berge, zum Teil im Tale. Die umliegenden Gegenden sind vortrefflich; nur die Stadt selbst ist gar nicht schön. Die Straßen sind krumm und schlecht gepflastert; die Häuser, die fast alle im gotischen Stile erbaut sind, beurkunden den sonderbaren Geschmack der verflossenen Jahrhunderte. Die Hauptkirche ist ein großes, durch sein Alter ehrwürdiges Gebäude. Das alte Schloß liegt auf einem Berge. Einst wurden hier die Helden aus dem Stamme Wittekinds erzogen, dieses berühmten sächsischen Prinzen, der die Freiheit seines Vaterlandes so tapfer verteidigte und den sich Karl der Große nicht durch die Gewalt der Waffen, sondern nur durch die Macht der Großmut unterwarf. Jetzt wird in diesem Schlosse das berühmte sächsische Porzellan gemacht. Um die Fabrik zu sehen, muß man mit einem Billett des Oberaufsehers versehen sein.

Nikolai Karamsin, 1789

Zuletzt schwindelte uns dennoch vor der dröhnenden Erschütterung und dem grellen Wechsel. So wußte ich nicht, dürfe ich es glauben oder spiele einer der Berggnomen mit dem armen Reisenden, als wir endlich im Angesichte der goldenen Sonne in Meißen, vor dem Thore dieses berühmtesten Gasthauses der Stadt, still hielten.

Wie in einer Art Auferstehung wickelten sich jetzt die Gestalten aus dem dunklen, verpackten, durcheinander geschüttelten Wagen in den hellen Vorhof, zwischen Kellnern, Pferden, Fuhrleuten und Bedienten die Treppe hinan.

An Erholung war nicht zu denken. Zum Nachtessen fühlte sich jeder zu ermüdet. Ein bequemes Lager, das war alles, wonach wir uns sehnten. Allein der glühende Planet behauptete einmal sein Recht. Die brennendste Hitze dampfte in den Zimmern. Die Nacht blieb für den Schlaf verloren.

Allerliebst nahmen sich aber am anderen Morgen, im hellen Tagesschein, die niedlichen Gärtchen längs den steilen Schloßberg hinauf und an dem Abhange desselben aus. Oft schon habe ich an den Meißnern den Sinn für Blumen sowie die kunstreiche Pflege ihrer Gärten bewundert. Auch jetzt fand ich, trotz der anhaltenden Dürre, diesen Zweig menschlicher Betriebsamkeit auf heitre Weise durch die geliebkoste Natur beschützt. Früchte und Staudengewächse, Blumen und Sträucher lachten frisch und lebendig hinter sorgfältig unterhaltenen Gehegen und überragendem Gemäuer hin. Und dazwischen die niedlichsten Kindergestalten, die große Zierde Sachsens! Ich konnte mich nicht enthalten, die Fenster zu öffnen und die kleinen Geschöpfe, die so leicht mein ganzes Herz haben, grüßend anzureden. Höflich stehen sie jedermann Rede, wissen über alles Auskunft zu geben und sind zu etwaiger Dienstleistung unaufgefordert erbötig.

Friedrich de la Motte Fouqué, 1823

Fünf Stunden nördlich von Dresden liegt in dem fruchtbaren Elbthale das alte, malerische Meißen. Zur linken Seite des Flusses zieht sich ein steil abfallender, grün umbuschter Höhenzug bis zur Stadt, auf dessen Kamm, anderthalb Stunden vorher, die sehr alte Burg Scharfenberg, näher das freundliche Schloß Siebeneichen thronen; zur Rechten aber ist die Elbe von den weinreichen Spaarbergen eingerahmt. Wenn man nun auf der damaligen Poststraße um eine Ecke des Spaargebirges bog, wurde man gar anmuthig von dem Anblick Meißens überrascht, das sich in halbstündiger Entfernung malerisch ausbreitete, hoch überragt von dem mit der Albrechtsburg, dem herrlichen Dom und dem Bischofsthurm gekrönten Burgberg; von diesem aus senkt sich der St. Afraberg mit der Klosterkirche und Fürstenschule zur Stadt und in das Triebischthal hinab, und das ganze, schöne Bild spiegelt sich sammt der Brücke in der vorbeifließenden Elbe. Die moderne Cultur hat allerdings manche grelle, häßlich störende Dissonanzen in dies harmonische Gebilde getragen, die für das Künstlerauge eine Wirkung hervorbringen wie der gellende Ton einer Dampfpfeife in einem Mozart'schen Hymnus.

Mein täglicher Weg nach der auf dem Burgberg gelegenen Zeichenschule bot Kunstgenuß von Anfang bis zum Ende. Schon die Strecke von der alten Afrakirche

Der Burgberg von Meißen mit Albrechtsburg, Bischofsturm und Dom hoch über der Elbe

durch das Thor des Burglehnhauses nach der Schloßbrücke, die den Afraberg mit dem Burgberg verbindet und von Kaiser Heinrich dem Ersten, dem Städtegründer, erbaut sein soll, war reich an höchst malerischen Einzelheiten; man verweilte immer gern zwischen den hohen Brustwehren dieses Ueberganges und genoß die Aussicht von da herab in das einsame, stille Meisethal oder nach der anderen Seite hin über die unten liegende Stadt mit der Elbe und den Spaarbergen, über das reiche, weite Elbthal bis Dresden zu den fernen Bergen des böhmischen Hochlandes.

Ludwig Richter, 1886

Schloß und Dom zu Meißen

Meißen selbst hat enge Straßen und sah mir recht unheimlich aus; man muß es hier wie mit jedem schönen Gemälde machen, die Augen nicht allzu nahe daran halten. Der Dom ist ein herrliches, gothisches Gebäude. Die Sonne schien in die hohen Fenster hinein, wo ein kleiner Vogel, der sich verirrt hatte, umherflatterte und mit den Flügeln an die Fensterscheiben schlug, um heraus zu kommen. Da sah ich meine eigene Kinderwelt! Die Kindheit ist auch eine solche heilige, große, gothische Kirche, in welche die Sonne freundlich durch bunte Fensterscheiben scheint, wo ein jeder dunkle Winkel ein mächtiges Gefühl erweckt und wo das einfachste Bild durch seine Beleuchtung und durch die

Sage eine weit tiefere Bedeutung bekommt. Das Alltagsleben zeigt sich hier in seinen Sonntagskleidern, Gott und die Welt liegen einander weit näher, und doch flattert das Herz, wie der kleine Vogel hier in der Kirche, nach der neuen, draußen liegenden Zukunft, wo vielleicht ein Jäger lauert, ihm durch die Flügel zu schießen. Hans Christian Andersen, 1831

Zu meinen Füßen wimmelte Meißen von Thürmen, Tempeln, Häusern und Häuschen, ihre Zahl übersteigt siebenhundert, in buntem Gemisch über, vor, neben und durcheinander gewebt. Hinter ihnen stiegen die ehrwürdige dreyfache Burg und der bejahrte Dom, wie Großeltern auf die um sie spielenden Enkel herabblikkend, empor. Diesen abwärts zur Seite theilte die Brücke den Strom, und auf seinem Rücken zeigten schwimmende Mühlen bei jedem Umflug der Räder ihre von der Sonne glänzenden Schaufeln. Hier guckte der Scheiler Thurm von dem Hügel herunter, dort öffnete sich ein liebliches Thal, in dem ein kleiner Bach, wie ein auf buntem Stoff unter Blumen sich fortwindender schmaler Streifen, Silberlahn, zwischen Kirchen, Häusern, Hütten, fruchttragenden Bäumen, grünendem Gemüse, Holzmärkten, Kirchhöfen, Wiesen, Getreidefeldern und Büschen sich hinschlängelte. Die jenseitige mit Alleen bekrönte Stirne der Thalwand, die diesseitige entzog sich dem Auge im verkürzten Prospect, trug einige Dörfer und Windmühlen, letztere schienen in den Wolken zu mahlen. Die Lehne des Berges grünte in der Nähe mir rankenden Reben, in der Ferne in dichter Waldung, aus der hie und da ein Granit und ein röthlich weiß getüpfelter Porphyr hervor schimmerten. Ein sich fortkrümmender aschgrauer Weg schattirte die farbige Aue, kurz alles, was das Auge nur wünscht, die Natur zum Bedarf schuf und die Kunst zur Bequemlichkeit erfand, war in diesem kleinen Halbzirkel vereint.

Malerische Darstellungen aus Sachsen, 1802

Der erste anregende und belohnende Punkt der Reise war Meißen mit seinem Schloß und seinem schönen gotischen Dom. Das Bedeutende dieser ganzen Situation, die Reinheit und Größe dieses Baustils — sie wirkten

Ansicht des Hohen Chores im Dom

doch ganz anders auf mich als früher die altertümlichen Bauten von Naumburg und Jena. Ich zeichnete schon damals die Verzierung über der nördlichen Tür des Doms, wo die gekrönte Madonna mit dem Kinde, umgeben von Heiligen, steht, und konnte mich nicht satt sehen an der Schönheit des Blätterwerks, an den Knäufen der Säulen und den Gesimsen im Chor und an der Schönheit der Aussicht von dem alten durchbrochenen Turm, dem einzigen vollendeten der Kirche.

Carl Gustav Carus, 1866

Das sonst kostbar ausgestattete Innere des Schlosses bietet nichts Sehenswertes mehr dar; es ist völlig verändert und unzugänglich, weil es zur Zeit von der Porzellanmanufaktur benutzt wird. Diese berühmte Anstalt, welche in nächster Zeit aus diesen Räumen verlegt werden soll, belohnt einen flüchtigen Besuch, den wir ihr jetzt schenken, reichlich. Man kann die Werkstätten der Dreher, Former und Maler besuchen, vor allem aber fesselt die geräumige Niederlage, worin ansehnliche Vorräte immer aufgehäuft sind und man alle Sorten Porzellan, die kleinsten Gegenstände sowohl wie die größten Kunstwerke, aufgestellt findet. Geräthe von wenigen Groschen bis zu Hunderten von Thalern sind hier zu haben, und selten wird sie jemand verlassen, ohne nicht ein kleines Stück als Andenken mit hinwegzunehmen. Die Fabrik beschäftigt an 400 Arbeiter, hält Niederlagen zu Leipzig und Dresden und wirft dem Staate einen ansehnlichen Reingewinn ab.

Das Königreich Sachsen, Thüringen und Anhalt ..., 1862

Endlich verließ mein gesättigter Blick die Kunst, suchte Natur und fand sie in einer vortrefflichen, weit ausgebreiteten Aussicht. Zwar zum Theil vieles, was ihm der Scharfenberg und die Broschwitzer Windmühle schon bot, allein anders geordnet und mit manchem Neuen vermehrt. Die perpendiculair unter mir liegende Stadt, in der man Straßen und Häuser zählen konnte, die Vorstädte, das Mühlenthal und seine Schönheiten, das Elbthal, seine Schlösser und Ruinen, eine weit ausgedehnte, mit allem, was das Auge nur wünscht, geschmückte Ebne, der sich von der Residenz her windende, oft versteckende, oft wieder aufblickende Strom, die in einem verwornnen Gewühl durcheinander gewobnen Berge und Felsen der Königsteiner und Schandauer Gegend, die Gestade der nach Torgau eilenden Elbe, die um Meißen selbst herumliegenden Höhen, Weinberge, Hügel, Felder und Dörfer, die lange Brücke und die — soviel hatte ich gesehn — plötzlich brach eine egyptische Finsternis ein und verdarb mir die Freude, noch mehr und noch länger zu sehn.

Die Ursache dieses unmosaischen Wunders war der

In der Altstadt von Meißen

qualmende Crater des Rauch speyenden Vulcans, den man in der Porcellainfabrike zu heitzen anfieng; ein Ereignis, was in der dortigen Gegend die besten Aussichten oft stundenlang verdirbt. Dieser verhüllte mich in einen erstickenden Nebel, entzog mir Prospect und Thurmspitze (hätte ich letztere nicht früher gewählt, so war itz ihre Schönheit für mich verloren) und verhinderte mich, mein angefangenes Gemälde zu vollenden. Aber bei alledem eine fürchterlich schöne Szene. Der aus dem ungeheuren Schlunde des nahegelegenen Brennofens aufsteigende kohlschwarze dicke Rauch zog längs dem Kirchdache heran und wirbelte an und in dem durchsichtigen Obelisk hinauf. Bald schien es, der ganze Dom und der höckrigte Thurm stünden über und über in Flammen, man erschrak, wollte fliehen und bedauerte, daß dieses pompöse Gebäude seiner Vernichtung so nahe. Bald lüftete ein Windstoß die dampfende Wolke, man glaubte nur die Spitze der Pyramide brennen zu sehen, denn daß sie von Steine, vergaß man, und schöpfte Hoffnung, es retten zu können. Oft verjagte eine kurze Wendung der Luft die ganze Besorgnis, aber nicht lange, so überströmte ein noch dichterer Wirbel von Rauch, als der vorherige war, Tempel und Thurm. Vergebens sah ich dem Ende dieser Eclipse entgegen, die Sonnenscheibe wurde immer dunkler, erstere jagte mich von dem Belvedere herunter und ließ mir nur noch so viel Sehraum, um auf Erinnern der Küstern vorher noch die steinerne Figur eines Schornsteinfegerjungen zu bewundern, der von der Esse eines dem Thurm geradüber liegenden Schloßgebäudes herunter gefallen und vier Stockwerk über der Erde auf einem schmalen steinernen architektonischen Vorsprung desselben lebendig und unbeschädigt sitzen geblieben. Hm! dachte ich, in Sachsen giebt's doch überall Springer und Faller.

Malerische Darstellungen aus Sachsen, 1802

Die Umgebungen, in Schrift und Bild schon unzählig dargestellt, sind reich an malerischen und historisch merkwürdigen Punkten. Ein Spaziergang stromabwärts nach den Ruinen des Klosters zum heiligen Kreuz bis Zehren oder gegenüber auf die Proschwitzer Höhen ist ebenso belohnend wie einer im Triebischthale aufwärts an dem Schießhause und der Eisengießerei vorüber nach dem bekannten Buschbade und dem Götterfelsen in der Nähe, wo ein rüstiger Wanderer noch nebenbei die hohe Eifer und die Korbitzer Schanzen besteigen kann, oder einer stromauf nach dem malerisch gelegenen Schlosse Siebeneichen, desen in einen Park umgestaltete Umgebungen allenthalben reizende Aussichten in das Elbthal hinunter sowie bis zur Residenz hinauf darbieten. Tagelang mag man hier wandern, schauen, im Anblick der schönen Natur versunken sein und schwärmen. Nichts lieblicher als eine Fahrt mit dem Dampfschiffe von Dresden nach Meißen während eines schönen Maitags und einer günstigen Baumblüthe. Die mit Blüthenschnee beladenen Bäume, die grünen Rebenhügel, aus denen niedliche Winzerhäuschen oder Landhäuser hervorragen, die sanft gerundeten Elbhöhen, die zahlreichen, wohlgebauten Dörfer, die sanften Windungen des Stromes schaffen eine Folge stets wechselnder, anziehender Landschaftsbilder, welche das Auge fortwährend fesseln.

Das 1956 rekonstruierte Tuchmachertor aus der Spätrenaissance, daneben das ehemalige Bahrmannsche Brauhaus

Die nächste Umgebung der Stadt ist auch die Wiege des sächsischen Weinbaus. Die Domherren und Mönche munterten eifrig dazu auf, und alle der Mittagsseite zugekehrte Höhen zwischen Meißen und Dresden sind mit Reben bepflanzt. Der beste Wein wächst am sogen. Spargebirge bei Cöln, eine Stunde von Meißen stromaufwärts. Gute Pflege der Berge und sorgsame Behandlung des Mostes gewähren in guten Jahren ein Getränk, was ohne Scheu Meißner genannt werden kann; welchen Namen überhaupt der gesammte sächsische Landwein von dieser seiner ersten Pflanzstätte erhalten hat.

Ludwig Rohbock und C. Kühler, 1856

Meißen *läßt sich noch immer mit den Augen Ludwig Richters sehen, der von 1828 bis 1836 als Zeichenlehrer in der damals noch in der Albrechtsburg untergebrachten Porzellanmanufaktur wirkte und in dem Haus Freiheit Nr. 2 am Burgtor wohnte. Sah er zum Fenster hinaus, so hatte er die Idylle einer noch mittelalterlich wirkenden Stadt mit winkligen Gäßchen und alten Häusern vor der Kulisse einer der schönsten sächsischen Landschaften mit der Elbe mittendrin vor Augen. Und so finden sich in seinen vielen Zeichnungen überall die Türme und Giebel dieser Stadt. Der bereits um 1200 angelegte Marktplatz ist vielleicht bis heute Sachsens schönster mittelalterlicher und wird von dem barockhaubigen Turm der Frauenkirche überragt, in dem zu Richters Zeiten noch Türmer wohnten, die zu jeder Viertelstunde ein Hornsignal als Zeichen ihrer Wachsamkeit bliesen. Wer kennt nicht das schöne Weihnachtsbild des romantischen Malerpoeten mit den pausbäckigen Kindern und den Bläsern auf diesem Turm. Drunten in dem 1620 von der Tuchmacherzunft neu errichteten altdeutschen Fachwerkhaus seit 1873 die Weinstube des weitgereisten Fleischhackers Vincenz Richter, in der man sich bei einem guten Schluck Meißner Weins, auf dessen Geschmack leider schon allzu viele gekommen sind, so recht auf dieses köstliche Fleckchen sächsischer Heimat einstimmen kann. Wer weiß schon, daß sich hinter der weinbewachsenen Fassade eine von den 18 als historisch in beiden deutschen Staaten anerkannten Gastwirtschaften befindet?*

Statistisch gesehen ist Meißen mit knapp 40 000 Einwohnern nur eine mittlere Stadt. Freilich mit rund 400 denkmalgeschützten Bauwerken und Anlagen, von denen die tausendjährige Albrechtsburg nur die bekannteste ist. Viel Anerkennung fanden und finden auch bei internationalen Fachleuten die umfangreichen und noch auf lange Zeit andauernden denkmalpflegerischen Bemühungen um die Stadt als Gesamtkunstwerk. Da sehe sich ein jeder selbst um und entdecke. Ein selbstbewußtes Bürgertum hatte sich mit Rathaus und Marktplatz, mit Stadtkirche und Elbbrücke unterhalb des Burgberges seinen eigenen Lebensbereich geschaffen, der nun als ebenso teures wie kostbares Erbe zu erhalten ist. Ein glanzvolles Meisterstück mittelalterlicher Baukunst ist der umfangreiche Komplex der Albrechtsburg mit dem markanten Dom, dessen gotische Türme freilich erst zu Beginn dieses Jahrhunderts von dem Karlsruher Baumeister Karl Schäfer in getreuer Nachempfindung des Baugeistes Arnold von Westfalens aufgesetzt wurden.

Als Goethe am 21. April 1813 auf der Reise nach Dresden an Frau Christiane in Weimar dieses »schlankste, schönste Gebäude jener Zeit, das ich kenne«, beschrieb, befand sich – ab 1710 in den großen, leerstehenden Räumen der Albrechtsburg auf Weisung Augusts des Starken eingerichtet – noch immer die (damals künstlerisch heruntergekommene) Porzellanmanufaktur im Schloßkomplex mit rußenden Schornsteinen und allen schädigenden Nebenwirkungen. Erst als 1863 die weltberühmte Manufaktur im Triebischtal ein neues Fabrikgebäude erhielt, veranlaßte die sächsische Regierung notwendige Erneuerungs- und Restaurierungsarbeiten.

Den Porzellanmalern wie Adrian Ludwig Richter, seinem Sohn Ludwig und dem Romantiker Georg Friedrich Kersting, der auf dem Domplatz in einem der Domherrenhäuser wohnte, verdanken wir heute nicht nur die Bewahrung eines Wertgefühls für die mittelalterliche Geschichte, sondern auch die Entdeckung der

In dem altdeutschen Fachwerkhaus seit 1873
die Weinstube »Vincenz Richter«

Vincenz Richter

Schönheit sächsischer Landschaften. Vielleicht hätte sich Meißen sein anheimelnd altertümliches Gepräge nicht so lange erhalten können, wäre es früher als 1868 ans Eisenbahnnetz angeschlossen worden. Erst damals – sicher zur Freude der Meißner – wurden die Straßen gepflastert und kanalisiert und die alten Stadtbefestigungen niedergelegt. Während die Altstadt nahezu unberührt blieb, rückten Fabriken und neue Wohnviertel in die einst lieblichen, von unseren Reisenden noch in all ihrer Anmut beschriebenen Täler und Auen einer Landschaft vor, die uns in ihrer Poesie so einzigartig der Romantiker Ludwig Richter in seinen Zeichnungen hinterließ.

Neben der Albrechtsburg hat Meißen noch rund 400 denkmalgeschützte Bauwerke

Riesa

Auf der Strecke von der Stadt bis zur Bahn ist eine ganz neue Straße entstanden. Fabriken haben sich hier angesiedelt, und die Eisenbahngesellschaft hat hier eine Eisengießerei und Koksbrennerei angelegt. Die Bahnhöfe der Leipzig–Dresdner und Chemnitz–Riesaer Eisenbahn und ihre zahlreichen dazugehörigen Gebäude bilden einen bedeutenden Ort für sich. Die Häuser- und Einwohnerzahl ist hierdurch nicht unbedeutend gestiegen; sie beträgt jetzt 3 700 Einwohner und 340 Häuser.

Eine sehr freundliche Ansicht bietet das Städtchen vom rechten Ufer der Elbe aus betrachtet dar. Vor sich hat man den Strom, den Dampfschiffe und Elbkähne aller Art beleben, ein kleiner Mastenwald erhebt sich gegenüber am Landungsplatze und dahiner steigt das Städtchen auf einer mäßigen Erhöhung empor und zieht sich mit einer netten neuen Häuserreihe rechts nach den Bahnhöfen hin, wo gewaltige Schornsteine dampfen und das anziehende Landschaftsbild durch die großartige Brücke und den Viadukt abgeschlossen wird, über welchen von Zeit zu Zeit Dampfwagenzüge rollen.

Das Königreich Sachsen, Thüringen und Anhalt ..., 1856

Die Elbe bei Riesa

Schloss Riesa, Rittergut mit dem dazu gehörigen Vasallen-Städtchen gleichen Namens, auf dem linken Elbufer an dem Einfluss des Jana-Baches in die Elbe, liegt eine Viertelstunde stromabwärts von dem Vereinigungspunkte der Leipzig–Dresdner, der Riesa–Berliner und der Chemnitz–Riesaer Eisenbahn und der im Jahre 1838 vom Landbaumeister Königsdörfer erbauten, auf 12 Pfeilern ruhenden Eisenbahn-Elbbrücke, mit welcher der sogenannte Röderauer Viaduct, aus zwei hohen Erddämmen und einer Landbrücke von 67 Pfeilern bestehend, in unmittelbarem Zusammenhange steht.

Die gesammte Wirthschaft des Rittergutes ist auf dem zwei verschiedene Höfe umfassenden, zum Theil aus neu erbauten Scheunen, Stall- und Wohngebäuden bestehenden Vorwerk Göhlis vereinigt. Die Brandweinbrennerei ist ebenfalls in Göhlis; in der Nähe des Vorwerkes ist die sehr schwunghaft betriebene Ziegelbrennerei und in dem Rittergutsgehöfte zu Riesa die mit grossen Lagerbier-Kellern versehene Bierbrauerei gelegen.

Der vorderste Hof, welcher zugleich die Einfahrt von der Stadt aus bildet, enthält das Sommergebäude, an welches, im rechten Winkel nach Morgen zu, die ehemalige Abts-Wohnung, mit einem kleinen schlanken Thurm versehen, anstösst. Der jetzige Besitzer hat das ehemalige spitze Schieferdach mit einer Plattform vertauschen lassen, von der aus man eine reizende Aussicht nicht nur auf den Ort Riesa, die Elbe, die Eisenbahn mit ihren grossartigen Strom- und Landbrücken, sondern auch eine vollständige Rundschau auf die Gegend hat. G. A. Poenicke, 1854

Brücke der Leipzig–Dresdner Eisenbahn über die Elbe bei Riesa

Marktplatz von Oschatz mit Rathaus und Aegidienkirche

Riesa *erschien dem Wandersmann Otto Eduard Schmidt auf seinen kursächsischen Streifzügen um die Jahrhundertwende »mit seinem weitausladenden Wasserturm und seinem breit und trotzig aufragenden, mit hellgrünen Ziegeln gedeckten Kirchthurme, mit seinen umfangreichen Hafen- und Quaianlagen und den zahlreichen im Strom verankerten Frachtkähnen« wie ein sächsisches Klein-Hamburg. Das ist gewiß übertrieben, stimmt aber im Bilde. Denn für die durch den Elbverkehr zwar schon vorher ökonomisch bedeutsame und mit ihrer strengen Struktur von Handelsherren, Bauern und Häuslern bis zur liberalen Verfassung von 1831 dennoch ländliche Gemeinde Riesa begann der Anschluß an die Welt mit dem Bau der ersten deutschen Eisenbahnlinie von Leipzig nach Dresden, die hier auf einer eigenen, 1836 bis 1839 errichteten Brücke mit Steinpfeilern und Holzoberbau die Elbe querte. Der erste Zug passierte sie am 7. April 1839; das Gemeinwesen zählte damals 1 600 Einwohner. Von nun an begünstigte der Güterumschlag vom Fluß auf die Schiene und umgekehrt die wirtschaftliche Stadtentwicklung. Riesa wurde mit den Anschlußstrecken nach Berlin (1847) und Chemnitz (1852) sowie nach Nossen (1880) zum Verkehrsknotenpunkt. 1877/78 wurde die Straßenbrücke über die Elbe gebaut. So erhielt der aufblühende Ort 1859 das Stadtrecht und einen eigenen hauptamtlichen Bürgermeister, wiewohl baulich die Stadt erst von der Bahnhofstraße als einer Art Zentrum aus entstehen mußte. Übrigens wurden die heute als touristische Attraktion vielbesuchten Grüfte der gotischen Klosterkirche St. Marien mit ihren 24 natürlichen Mumien von Schloßherren und Gutsbesitzern bereits 1828 entdeckt. Das Geheimnis ihres Erhalts ist ein ständiger kühler Luftzug.*

Oschatz

Die Landstraße von Dresden nach Leipzig führt durch Oschaz; daher ist auch das hiesige Geleite sehr beträchtlich. Die Gegend um diese Stadt ist abwechselnd und schön. Der kleine Bach, die Dölze, läuft hart an der Stadtmauer vorbey. Die Felder wechseln hier und da mit Waldungen und Buschwerk ab, und zu gleicher Zeit zeigen sich malerische Berge mit steilen Wänden und tiefen Steinbrüchen. Der Ackerbau ist sehr gut und auch an Wiesenwachs kein Mangel. Die Landsleute können wegen der Hutungsgerechtsame der Rittergüter wenige oder gar keine Schaafe halten; dagegen haben erstere desto mehr. Man hat berechnet, daß die Anzahl der Schaafe auf den ins Amt Oschaz einbezirkten Rittergütern sich auf mehr denn etliche zwanzigtausend belaufen könne. Da die Wolle in dieser Gegend durch Spanische Schaafe veredelt worden, so wird sie sehr gesucht und ist immer in gutem Preiße. Die Landleute sind hier wohlhabend, welches wohl größtentheils von der Fruchtbarkeit ihres Bodens und von der Nähe der Elbe herkommt; daher sie ihr Getreide mit Vortheil verkaufen können. Karl Wertheim, 1793

Oschatz, eine uralte, doch meist regelmäßig gebaute Mittelstadt mit selbständigem Rathe, Sitz eines Superintendenten, der vor Absonderung der 1835 gebildeten

Oschatz mit St. Aegidien als Dominante

Der Oschatzer Marktplatz mit dem restaurierten Brunnen heute

Ephorie 45 Pfarreien mit 54 Geistlichen und 72 Lehrern inspicirte, der Justiz-, Rent-, Steuer- und Postämter, einer Bezirkssteuereinnahme, einer Brandhülfscasse für Geistliche, bis 1834 auch Garnison eines Bataillons leichter Infanterie, liegt auf der Hälfte der Leipzig—Dresdener Straße, auch an den Torgauer und Strehlaer Straßen nach dem Gebirge, in angenehmer Hügelgegend an der Döllnitz. Das hohe Rathhaus am Hauptmarkte, 1549 und nach 1619 umgebaut, verwahrt wichtige alte Documente und Kunstwerke. In der 110 Ellen langen und 52 Ellen breiten, zweifach gethürmten, nach den Bränden 1529 und 1616 theilweise erneuerten, schönen gothischen Aegidiuskirche, welche vor 330 Jahren 17 Altäre enthielt, findet sich außer der Klosterbibliothek auch eine treffliche Orgel.

Wir bemerken noch den Stadthof oder Marstall, das rothe Vorwerk, das Thalgut, die Rathsziegelei, 3 Mühlen, mehre Brauereien, Färbereien, 1 Chausseehaus, das Spitalgut u. a. Stadtgüter. Die sonst respectablen Festungswerke bedecken jetzt Spaziergänge.

Albert Schiffner, 1840

Oschatz *genießt den einzigartigen Ruf, daß hier vor reichlich hundert Jahren die Ratsherren vor und nach jeder Sitzungsperiode auf einem speziellen Ratsstuhl gewogen und auf ihren Körpereinsatz im Dienste für die Stadt geprüft wurden. Diese erhaltene und im Waagen-Museum ausgestellte Waage in der ehemaligen Ratsfronfeste war ein sinniges Geschenk von Ernst Friedrich Pfitzer, der in Oschatz 1845 eine der ersten deutschen Waagenfabriken gründete. Denn die günstige Verkehrslage war schon immer der Entwicklung des Gewerbes und seit 1834 auch der heimischen Industrie förderlich. Wiewohl 1842 noch einmal ein großer Stadtbrand fast 400 Häuser vernichtete. Die ältesten erhalten gebliebenen Gebäude, zumeist aus dem 15. und 16. Jahrhundert, finden sich noch am Kirchplatz. Der heutige Stadtplan läßt recht gut den kreisförmigen Stadtkern, die einst von der im 15. Jahrhundert erneuerten Stadtmauer geschützte Altstadt, erkennen. Das teilweise zerstörte Rathaus wurde nach dem Brand immerhin nach Plänen Gottfried Sempers wiederaufgebaut, in der benachbarten und 1956 umgebauten »Alten Wache«, einst Domizil der mittelalterlichen Fleischbänke, hausten von 1676 bis 1912 die Stadtsoldaten. Den etwas kühnen Namen »Gartenstadt am Collm«, also am mit 316 Metern höchsten »Berg« im Bezirk Leipzig, verdankt Oschatz seiner Randbegrünung, den Gärtnereien und Parks.*

Nördlich des Collms erstreckt sich die Dahlener Heide, ehemals kurfürstlich-sächsisches Jagdrevier und heute ein beliebtes Erholungsgebiet im nordöstlichen Teil des Bezirkes Leipzig. Sachsenwanderer Otto Eduard Schmidt (1855–1945) machte auf diese Heidelandschaft als einer der ersten aufmerksam; die Erschließung für den Fremdenverkehr begann ab 1880. Tiervater Brehm weilte von 1876 bis 1884 regelmäßig in Schmannewitz zur Sommerfrische.

Wermsdorf und seine Jagdschlösser

Das Rittergut Wermsdorf kam im 16. Jahrhundert aus Privathänden an Kurfürst August, der eine große Anzahl Besitzungen um Spottpreise von den verschuldeten Besitzern an sich brachte, und es wurde aus demselben und dem zu gleicher Zeit erkauften einen Theile des Rittergutes Mutzschen das Amt gleichen Namens gebildet.

Das jetzige Schloß zu Wermsdorf verdankt der Jagdlust des Kurfürsten Georg III. seinen Ursprung und wurde 1688 als ein Ruhepunct bei den großen Jagden in der Mutzschner Haide erbaut. Doch seitdem eine halbe Viertelstunde davon entfernt von August II. (als Kurprinzen) das prächtige Schloß Hubertusburg erbaut worden war, verlor das Jagdschloß Wermsdorf seine Bedeutung und diente seitdem den königlichen Beamten, öfters auch königlichen Pensionairen zur Wohnung und wird zu den Expeditionslocalen der königlichen Behörden genutzt.

Das Dorf Wermsdorf ist eines der bevölkertsten des Leipziger Kreises und hatte bei der letzten Volkszählung 1543 Einwohner, wenngleich der Verkehr jetzt minder lebhaft ist, seitdem die Poststraße von Dresden nach Leipzig verlegt worden ist; doch befindet sich eine Postexpedition noch hier. Saxonia, 1837

Hubertusburg steht auf einem Hügel. Dieses wahrhaft königliche Gebäude errichteten seit 1721 besonders Naumann und Knöfel für August I. und II.; die Preußen aber zerstörten es 1760 bis auf den prächtigen Hubertussaal und die schöne, mit Kunstwerken von Torelli, Sylvestre und Permoser geschmückte Kirche, die nun eine katholische Pfarrkirche mit großem (auch das Waldheimer Zuchthaus begreifenden) Sprengel und eine Pfarrschule ist. Auch den kostbaren Garten ließ der große Friedrich zerstören, um den Unfug der Alliierten in Charlottenburg zu rächen. Die Zimmer für den Hof, der bis etwa vor 10 Jahren häufig hier jagte, waren in den Nebengebäuden. Jetzt enthalten diese und das Schloß selbst theils Pensionärs-Wohnungen, theils ein Magazin, theils die berühmte, sonst königliche Steingutfabrik, welche den Thon von Colditz bezieht, auch Geschirr mit Kupferabdrücken und Steinpergament liefert und 1836 vom bisherigen Director Vogelgesang auf eigene Rechnung übernommen wurde. Noch gibt es ein Reithaus und die Gärtnerei. Auch wurde 1835 ein Theil des Schlosses eiligst zu einer Geodätenschule eingerichtet; 1836 aber das Ganze zu einem Landesgefängnis bestimmt. Albert Schiffner, 1840

Das erste Gebäude von Bedeutung, an dem wir vorübergehen, ist die Oberforstmeisterei, jetzt ein Bau im Geschmack des Klassizismus mit vornehm erhöhtem Mansardendach, ehedem ein Renaissancebau, hervorgewachsen aus einem 1574 vom Kurfürsten August erbauten Jagdhaus. Gegenüber liegt das königliche Jagdschloß Wermsdorf, von der Straße getrennt durch einen tiefen jetzt mit Gartenanlagen und malerischem Baumwerk ausgefüllten Graben, über den eine steinerne Brücke an das stattliche Tor führt. Doch wir überschreiten sie nicht, auch der Körper verlangt sein Recht, unser nächstes Ziel ist der langgestreckte ehrwürdige »Gasthof

Das Renaissanceschloß Wermsdorf kündete ebenfalls von der Jagdleidenschaft der sächsischen Fürsten

Jagdschloß Hubertusburg, erbaut unter August II.

zum roten Ochsen«, in dem wir Herberge nehmen. Er ist noch von altem Schrot und Korn; seine Konzession ist vom Jahre 1574; in der Mitte der geräumigen Gaststube trägt eine hölzerne Säule den Hauptbalken, und hinter dem Hause erstreckt sich ein stattlicher Wirtschaftshof mit Ställen und Scheunen.

Der schöne Sonntagmorgen, an dem wir erwachen, gehört dem Schlosse; schon schickt der blühende Flieder des Schloßgartens ganze Duftwellen lockend herüber. Das Wermsdorfer Jagdschloß ist ein einfacher, aber sehr anmutiger Bau aus der letzten Periode der sächsischen Renaissance, noch ganz deutsch und heimatlich in seiner äußern und innern Gestaltung. Zahlreiche Giebel mit traulichen Fenstern erhöhen das Obergeschoß bis zum Dachfirst, ein gewölbtes, mit Hirschgeweihen geschmücktes Tor leitet in den nach Süden offnen Hof, und hier erfreut uns der Kontrast zwischen dem kräftigen Gelb der Wände, dem hellen Grün der Bäume und des wilden Weins und dem dunkeln Grün des Efeus, der den Giebel ersteigen will. Das Erdgeschoß enthält in zwei Zimmern die sehenswerte Sammlung abnormer Rehgehörne, die König Albert von der um Sachsens Forstwesen hochverdienten Familie von Cotta gekauft hat; manche Stücke darunter sind so merkwürdig, daß sie sich der Kaiser hat abzeichnen lassen. Im Obergeschoß liegt eine lange Reihe nur mäßig großer Zimmer. Sie sind in Tapeten und Mobilar sehr einfach ausgestattet; ihr ansehnlichster und wertvollster Schmuck ist die große Anzahl guter zeitgenössischer Bilder der Fürsten, die in Wermsdorf aus und ein gegangen sind. Einen ganz eigenartigen Schmuck besitzt das Speisezimmer und das anstoßende Spielzimmer in einem unter der Decke sich hinziehenden buntgemalten Fries, der die Heimkehr von einer unter Kurfürst Johann Georg dem Ersten abgehaltenen Hofjagd darstellt. Dieser Fries, in Ölmalerei auf etwa 40 Zentimeter breiten Leinwandstreifen ausgeführt, lag früher zusammengerollt im Jagdschloß Moritzburg und ist erst 1874 in Wermsdorf aufgeklebt worden.

Otto Eduard Schmidt, 1912

Die Jagdschlösser Wermsdorf und Hubertusburg *liegen in ausgedehnten Kiefern- und Laubwäldern, die zusammen mit Seen und Teichen die Landschaft im Kreise Oschatz prägen. In ersterem ist heute der Rat der Gemeinde beheimatet, die Schule in dem Jagdhaus, im zweiten ist Raum für die Kliniken Hubertusburg mit einer Poliklinik und einer medizinischen Fachschule sowie für ein Heimatmuseum. 1763 kam es hier zu jenen Verhandlungen zwischen Sachsen, Preußen und Österreich, die den Siebenjährigen Krieg beendeten und in den Geschichtsbüchern als Hubertusburger Frieden verzeichnet werden. Während der Befreiungskriege 1813/14 diente die weiträumige Anlage als Lazarett, und zeitgenössische Berichte sprechen von sechs- bis zwölftausend Toten, die an der Südostecke des Horstsees in Massengräbern beigesetzt wurden. 1837 wurde in einem Nebenbau ein Gefängnis eingerichtet, in dem 1852 Ernst Keil nach eigenem Bekenntnis den Plan zur Herausgabe der populären »Gartenlaube« faßte. Die breite Straße zum Schloß Hubertusburg trägt heute den Namen August Bebels und erinnert daran, daß die beiden Arbeiterführer August Bebel und Wilhelm Liebknecht nach dem Leipziger Prozeß wegen angeblichen Hochverrats 1872–1874 hier inhaftiert waren. Daran gemahnt im Hauptbau auch eine Gedenkstätte. Der Wermsdorfer Kriegerverein stellte mit »schlichtem Bürgersinn« 1908 vor dem Jagdschloß Wermsdorf, das ab 1874 vom sächsischen König Albert wieder in seiner ursprünglichen Funktion genutzt wurde, ein Denkmal von dem gekrönten Nimrod auf. Im Wermsdorfer Wald finden sich mit den netzartig angelegten Wegen letzte Hinweise auf die Parforcejagden von einst.*

Kapelle in Schloß Hubertusburg (Wermsdorf)

Wurzen

Durch die Eisenbahn ist der Genuß, den die Stadt vom Fremdenverkehr hatte, freilich nicht erhöht worden.

Die Stadt hat eine sehr freundliche Lage. Sie liegt am rechten Ufer der Mulde, welche in einem breiten, wiesenreichen Thale in einiger Entfernung vorüberströmt und mit einem oberhalb der Stadt abgehenden Arme, der einige Mühlwerke treibt und sich erst in der Nähe von Eilenburg wieder mit dem Hauptstrome vereinigt, die Anhöhen bespült, auf denen die Stadt liegt. Auf dem höchsten Punkte stehn der Dom und das sonst bischöfliche Schloß; ebenso hoch ist die St. Wenzelskirche. Die innere eigentliche Stadt liegt auf einer gegen Südost allmählich ansteigenden Höhe. Sie hatte sonst vier Hauptzugänge: gegen Mittag das Wenzelsthor, gegen Morgen das Jakobsthor, gegen Mitternacht das Eilenburger und gegen Abend das Domthor, welches den Haupteingang von der Stadt auf den Domplatz bildete. Zwei davon sind abgetragen. Der in der Mitte gelegene Marktplatz ist ein ziemlich regelmäßiges Viereck, von hübschen Häusern eingeschlossen. Nur fünf Gassen laufen davon aus, und dieses von vier Thoren geschlossene, sonst mit einer Ringmauer umgebene Viereck zählt eigentlich nur 118 Häuser. Weil nun eigenthümlicherweise darin weder Pfarre noch Schule, noch Kirche stehn, sondern diese sich in den Vorstädten außerhalb der ehemaligen Ringmauern befinden, so wurde schon seit alten Zeiten den Wurznern scherzweise Schuld gegeben: »Wenn sie in die Kirche gehen sollen, laufen sie zum Thore hinaus.« Ludwig Rohbock und C. Köhler, 1856

Wenn die Bahn den tiefen Einschnitt verlässt, durchschneidet sie ein Wäldchen, an dessen Ende sich eine wirklich anmuthige Aussicht auf das Muldenthal mit seinen vielen Ortschaften eröffnet. Schnell eilt man über

Wurzen mit Bischofssitz und Dom

die Muldeneisenbahnbrücke und langt auf dem rechten Ufer des Flusses in dem Bahnhofe von Wurzen, der ersten Station, an. Links von der Eisenbahnbrücke sieht man die schöne königliche Brücke, welche seit dem 20. Dezember 1830 eröffnet ist. Ueber hundert Jahre lang war es im Werke, die Mulde zu überbrücken, und hundert Jahre lang kam es nicht dazu, obschon die Strasse zwischen den zwei Hauptstädten des Landes über Wurzen führte. Binnen drei Jahren dagegen wurde das Riesenwerk der Eisenbahn von Leipzig nach Dresden hergestellt. Dies giebt einen Masstab dafür, wie es sonst in Sachsen war und wie es jetzt in diesem Lande ist. Wurzen ist ein sehr alter Ort und wird schon im Jahre 961 in einem Schenkungsbriefe des Kaisers Otto I. als Stadt aufgeführt. Aber trotz seines Alters ist das Städtchen weit hinter dem jüngeren Leipzig zurückgeblieben, denn es zählt nur ungefähr 4000 Einwohner, die sich grösstentheils mit dem Landbau beschäftigen.

Johann Sporschil, 1844

Wappen Augusts des Starken über dem Tor der Posthalterei

Wurzen *war dereinst die letzte Station auf der vielbefahrenen Poststraße von Dresden nach Leipzig, und den Übergang über die Mulde leistete bis 1830 noch eine Fähre, deren Knechte wegen ihrer Grobheit gefürchtet waren. »Bei Wurzen ist's fatal«, läßt Goethe in Erinnerung an eigene Reiseerfahrung den Studenten Frosch in »Auerbachs Keller« in einer frühen Fassung des »Ur-Faust« sagen, »da muß man so lang auf die Fähre warten.« Während des Pferdewechsels in der Vorstadtgemeinde Crostigall sah er sich vermutlich das schöne und bis heute erhaltene Tor des Posthauses (Postgasse 24) mit Wappen und Namenszug Augusts des Starken an, wird aber von der Stadt selbst, ihrem Bischofsschloß (1491–97) und dem Dom St. Marien kaum Notiz genommen haben. Der mittelalterliche Mauerring war so eng gezogen, daß selbst die Pfarrkirche in dieser Stadt der Vorstädte vor dem Tor zu suchen war. Trotz seiner schon sprichwörtlichen Krähwinkelei – »Wenns in Schilda regnet, tröppelts in Wurzen!« – waren die Wurzener politisch bei den Maiwahlen zum Frankfurter Parlament 1848 geradezu vorbildlich für sächsische Verhältnisse auf der Barrikadenhöhe ihrer Zeit: Die demokratischen Republikaner erhielten 720 von 826 abgegebenen Bürgerstimmen. Ob sich solch sympathischer Widerspruchsgeist auf den bekannten Kabarettisten und Lyriker Joachim Ringelnatz vererbte, der 1883 am Crostigall Nr. 14 geboren wurde, bleibt offen. Als Brunnenfigur steht der Kuddel-Daddeldu-Dichter mit einer gewissen Herausforderung an seine Landsleute im Zentrum des seit 1981 rekonstruierten und unter Denkmalschutz gestellten Marktensembles.*

Volkskundliches

Porzellan

Das sächsische Porzellan hat bekanntlich den Vorzug der schönsten und dauerhafteste Masse. Außer der Porzellanerde, die bei Aue im Erzgebirge gefunden wird, sind Kiesel, Quarz und Gips die Bestandtheile des Porzellans, welche zu feinem Mehle zugerichtet und mit Regenwasser zu einem Teige gemacht werden. Gewöhnliche Gefäße bildet man auf der Töpferscheibe und brennt sie alsdann in zwei Oefen weiß, gemalte und vergoldete Gefäße aber noch in einem dritten Ofen. Alles Bildwerk wird erst vom Modellirer aus freier Hand gemacht, dann stückweise in Formen gedrückt, endlich zusammen gesetzt und mit feinen Werkzeugen, Pinsel und Schwamm, ausgebildet. Die Brennöfen und die Behältnisse, worin die Masse gemischt und geschlämmt und das Porzellan glasirt wird, dürfen niemanden gezeigt werden. Die Fabrik hat ein großes Waarenlager. Auch gibt es Niederlagen in Dresden und Leipzig; aller Vertrieb in's Ausland aber wird allein von der Factorie zu Dresden besorgt. Die seltensten und kostbarsten Stücke, welche die Fabrik seit ihrer Entstehung geliefert hat, bewahrt die Porzellan-Sammlung im japanischen Palais zu Dresden. W.A.Lindau, 1820

Gasthof Brockwitz

Einfache magere Kost, saures Bier, Myriaden, mehr als ich selbst speisender, trinkender, mich obendrein beinah auffressender, um mich herumsummender Fliegen, qualmend zechende Kärner, dunstige Atmosphäre in der niederen Stube, schreyende Kinder und sich um die unter dem Tische liegenden Knochen herumbeißende Spitze trieben mich nach kurzem Verweilen, trotz der brennenden Hitze im Freyen, aus dem Brockwitzer Gasthof und zwangen mich an einen schattigten Baum in der Nähe zur Ruhe, war leider auch nicht zu denken, den Wanderstab wieder zu ergreifen. Das Dorf verlassend, umfing mich eine fruchtbare Ebne, in welcher der Überfluß aller Arten körnerschwangerer Aehren und üppig stauchender Halmen eine gesegnete Erndte und wohlfeile Zeiten versprach. Statt Bergen, Felsen und Wänden begegneten mir, oder holten mich ein, in Wolken von Staub mich hüllende, auf der Chaussee rollende Quadrigen mit Herren und Damen, stolz trabende und gallopirende Centauren, jagende Staffetten und langsam zockelnde gewöhnliche Schwäger. Neben ihnen schlichen, trollten, hinkten und giengen belastete Güterwagen, wandernde Handwerksburschen, Allmosen heischende Bettler und andre so wie ich schreitende Pilger, deren Geschäfte ich nicht zu errathen vermochte, mir vorbei, verkürzten mir durch ihren Anblick den sonst langweiligen Weg, und ich stellte über sie so meine Betrachtungen an.

Malerische Darstellungen aus Sachsen, 1802

Tierbestand

Daß nun Bären und Wölfe nicht mehr in Sachsen zu finden sind, kann uns gewiß nur lieb sein; aber daß nur selten noch ein Häschen in unsern Feldern und Wäldern sich blicken läßt, ist doch gar nicht hübsch. Ist doch ein Hase jetzt fast ebenso selten geworden wie früher ein Reh; Hirsche und Rehe aber kann ein sächsischer Schulknabe fast nur noch in Bilderbüchern zu sehen bekommen. Die Jahre 1848 und 1849 haben doch gar zu vielen dieser Kinder der Freiheit den Garaus gespielt. Das mochte noch gehen; aber es kam auch häufig der Fall vor, daß unberufene Jäger, die mit den Jagdgewehren zu unvorsichtig umgingen, einzelnen ihrer Mitmenschen am Leibe und Leben schadeten. Unter solchen Verhältnissen war die Verordnung vom 13. Mai 1851 wahres Bedürfniß. Zweck derselben war, größere Reviere zu bilden und diese im Interesse der Jagd und allgemeinen Sicherheit in sichere Hände zu bringen. Selten sind Luchse und wilde Katzen, Adler zeigen sich zuweilen. Am 21. Januar 1844 wurde z.B. auf dem Reviere des Rittergutes Kleinzschocher bei Leipzig ein großer Steinadler geschossen, der von einer Flügelspitze bis zur andern 4 Ellen maß. Den Auerhahn findet man im Erzgebirge und im Voigtlande, die Trappe zuweilen bei Leipzig, Wurzen und Großenhain. Rebhühner sind häufig. Bekannt genug sind die Leipziger Lerchen. Uebrigens weiß ja jeder, der einmal an einem schönen Frühlingstage durch unsere Wälder gegangen ist, wie reich dieselben an Singvögeln sind. In den ebenen Gegenden Sachsens läßt sich im Mai und Juni auch die Nachtigall hören, für welche es in den höheren Gegenden freilich schon zu rauh ist; aber der Finke, der Gimpel, die Grasmücke usw. finden sich überall in Sachsen, und der arme Bergmann fängt viele dieser Thiere ein, richtet sie zum Theil ab und treibt mit denselben im Lande umher Handel. D. Gottlob Eduard Leo, 1852

Reise mit der Postkutsche

Auf so einem Eilpostwagen pflege ich meist einen stillen Passagier abzugeben. Die sogenannten Gebildeten, die man bis auf die Ausnahmen darauf antrifft, wenn sie sich einer solchen Art von Öffentlichkeit blosstellen, ziehen dann häufig einen innerlichen Staubmantel über ihr Gemüth, der uns verhüllt, was von etwaiger Natur daran ist, und so richtet sich sehr selten einmal ein erquickliches Gespräch mit einem ein. Die sogenannten gemeinen Leute, die mehr mit Lohnkutschern und ordinären Postwagen fahren, sind oft viel menschenfreundlicher, rücksichtsvoller und höflicher gegen ihre Reisegesellschafter als jene, und da es ihnen nicht einfällt, sich im Gespräche anders zu geben, als sie sind, so hat man wohl die Freude, recht ehrenveste Charactere gelegentlich unter ihnen kennen zu lernen oder wenigstens nicht unfördersame Studien daran zu machen. Wären unsere inländischen oder zunächst etwa Leipzig—Dresdner-Lohnkutscher nur nicht eben, im Gegensatz zu den süddeutschen, der allerträgste und gröbste Menschenschlag, den es giebt, der die Reisenden mitunter auf das Willkürlichste behandelt, so würden sich trotz aller Eilposten weit mehrere entschließen, mit ihnen zu fahren, denn der, wenn auch nothwendige Zwang der Post hat doch seine große Unannehmlichkeit.

Eine Gegend zwischen Dresden und Leipzig, die paar Meilen Weges bis hinter Meißen abgerechnet, giebt es eigentlich nicht, und ich hatte unterwegs nur meine Betrachtungen über das lehrreiche Verschwimmen der Grundfarbentöne der Erde, grün und braun, in ihren verschiedenen Abstufungen ineinander. Auch beschäftigte mich ein Versuch, jene wunderbare Wehmuth zu erfühlen, die man bei der Trennung von geliebten Gegenständen empfindet. Immermann 1833

Nachwort

Ein fast glücklicher Erdenwinkel

»Es ist eine vielfach bestätigte Erfahrung, daß die Sachsen viel Liebe zu ihrem Vaterlande haben. Kehrt ein Sachse, der viele Jahre hindurch vom theuern Vaterlande entfernt war, endlich zu demselben wieder, wie freudig begrüßt er Sachsens Grenzen! Findet ein geborner Sachse, der Jahre lang im fernen Auslande weilte, einen Landsmann, der jüngst erst sein Vaterland verließ, so gesellet er sich gern zu ihm und fragt dann viel, wie es im lieben Sachsenlande geht und steht. Zwar liebt nun jeder gute Mensch sein Vaterland; aber Sachsen verdient auch diese Liebe seiner Bewohner vor manchem andern Lande. Bewohnen wir doch ein zwar kleines, aber in vielfacher Hinsicht von Gott reich gesegnetes Land.« G. Gottlob Eduard Leo,
Beschreibung des Königreichs Sachsen, Leipzig 1852

Nun, im Vergleich zu Thüringen war Sachsen, zumindest vor der Abtretung bedeutender Landesteile 1815 nach dem Wiener Kongreß, ein wirklich großes, in der europäischen Geschichte auch mitredendes Land. Dazu ein historisch gewachsenes Staatsgebilde, was sich sichtlich auf das Zusammengehörigkeitsgefühl seiner Bewohner auswirkte. Während der Thüringer in den Beschreibungen der Reisenden von einst weniger auffällig wird als seine heimatliche Landschaft, so wird dem Sachsen und seinem geselligen Treiben in den alten Texten weit mehr Beachtung geschenkt. Ein Zufall? Das Urteil ist schnell, allzu schnell gefällt, auch heute noch. »Natürlich ein Sachse«, räsonnierte schon der sonst liberale Theodor Fontane (in einem Brief vom 25. April 1875) und sprach damit aus, was so viele von diesen Landsleuten mit dem eigenartigen Dialekt dachten. Selbst Goethe erinnerte sich noch in seinen Altersgesprächen mit Eckermann der eigentümlichen Sprache der Leipziger in seinen Studentenjahren – »Man sollte kaum glauben, daß sie B, P, D und T überhaupt für verschiedene Buchstaben halten ...« –, und sein Dramatiker-Kollege Franz Grillparzer aus Wien hielt sich in »Drääsden«, am 27. August 1819 kaum angekommen, förmlich die Ohren zu: »Die Sprache dieser Leute beleidigt mein Ohr ... Sie ist unmännlich, geckenhaft, wie von und für Kopflose.« Das ist allzu grämlich gesagt, auch von einem überempfindlichen Wiener, wie dieser es war. Da hatte der »Deutschland«-Experte Carl Julius Weber 1828 mehr Witz, als er die Anekdote von Napoleon zitierte, der sich bei einem deutschen Reitknecht erkundigt haben soll, wo man das beste Deutsch spreche. Der brave Mann kam aus Leipzig und war Lokalpatriot, natürlich. Unvorstellbar, daß er – wiewohl doch Sachse – etwa an das Erzgebirge oder die Oberlausitz oder gar an Dresden gedacht hatte. (1) Immerhin – bei allen Merkwürdig- und Absonderlichkeiten der Sachsen übersahen die Reisenden, so sie nicht eben voreingenommen waren und offenen Blickes Land und Leute studierten, nicht die herausragende geistige Landschaft dieses Volkes, von der Franz Mehring in seiner »Lessing-Legende« bekennt: »Von Ende des siebzehnten bis tief in das achtzehnte Jahrhundert hinein sind die weitaus meisten Träger der deutschen Geistesgeschichte geborne Sachsen gewesen oder doch aus den sächsischen Schulen hervorgegangen. Von Leibniz, Pufendorf und Thomasius bis zu Gellert, Klopstock und Lessing.« Das wäre zu ergänzen u.a. mit: Martin Luther und Friedrich Nietzsche, Robert Schumann und Heinrich Schütz, Karoline Neuber und Heinrich Zille, Theodor Körner und Richard Wagner. Und natürlich auch Karl May. Es stimmt schon, wenn man hierzulande von sich selbst ebenso gutmütig wie pfiffig sagt: »Mer sinn fichelant!« Was sich von vigilant ableitet, also lateinischen Ursprungs ist und etwa dasselbe bedeutet wie »helle« für den Berliner, freilich mit jener ursächsischen Zutat von genüßlicher Pose und putziger Zutraulichkeit, an der sich schon unsere Reisenden vor 150 Jahren animiert erwärmten.

In ihrem berühmtesten Buch »De l'Allemagne« von 1810 zeigt sich Germaine de Staël von der Bildung in sächsischen Landen höchst beeindruckt und berichtet: »Ich habe Gasthalter und Thorschreiber kennengelernt, welche die französische Literatur kannten. In Dörfern sogar findet man Leute, die im Griechischen und Lateinischen unterrichten könnten. Keine noch so kleine Stadt, die nicht eine beträchtliche Bibliothek hätte; und allenthalben kann man einige Männer nennen, die wegen ihrer Talente und Kenntnisse empfohlen zu werden verdienen.« Das ist gewiß ebenso gut beobachtet wie polemisch gedacht und enthält in der Hervorhebung »sächsischer« Tugenden die Kenntnis vom leistungsfähigen Bildungsstand des sächsischen Bürgertums. Doch da ist auch zu differenzieren, etwa zwischen dem liberalen Geist der weltoffenen Handelsstadt Leipzig und dem ästhetisierenden Kunstsinn der Dresdner, was rebellische Geister wie Seume oder Schiller sehr deutlich empfanden. Letzterer, von den gesellschaftlich einengenden Zuständen im damaligen Kurfürstentum Sachsen enttäuscht, faßte ein Jahr nach seiner Abreise aus Dresden (am 20. Juli 1787) an die Schwestern von Lengefeld seine Gedanken so zusammen: »Die Kursachsen sind nicht die liebenswürdigsten von unseren Landsleuten, aber die Dresdner sind vollends ein seichtes, zusammengeschrumpftes Volk, bei dem es einem nie wohl wird. Sie schleppen sich in eigennützigsten Verhältnissen herum, und der freie, edle Mensch geht unter dem hungrigen Staatsbürger ganz verloren, wenn er anders je dagewesen ist.« Das korrespondiert mit dem Urteil des siebzig Jahre später die Residenz erlebenden polnischen Literaten (und Grandseigneurs) Józef Ignacy Kraszewski, den meisten immerhin durch seine auf genauen Recherchen beruhenden Sachsen-Romane »Gräfin Cosel«, »Brühl« und »Aus dem siebenjährigen Krieg« bekannt. »Es gibt hier«, so sein Ausländer-Eindruck (»Blätter von einer Reise durch Europa«, 1874), »fürwahr weniger Leidenschaften, weniger Unruhen, weniger ungestümen Eifer und weniger heftige Bewegungen, alles geht seinen gemessenen, gewohnten Gang und schlägt nicht leicht über die Stränge.«

Doch hier ist genauer hinzusehen und über den Tageseindruck hinaus zu urteilen, der sich aus einer strikten Gehorsam fordernden langwährenden absolutistischen Herrschaft und einer kultivierten Königstreue, verbunden mit einem biedermeierlich-konservativen Ordnungssinn, ableitet. Dafür bietet gerade die wechselvolle Geschichte des 19. Jahrhunderts – im wesentlichen das Reisezeitalter dieses Buches – reichlich Stoff.

»Mit einer sonderbar leidenschaftlichen Teilnahme ...«

In der in den 60er und 70er Jahren des vorigen Jahrhunderts entstandenen, der Öffentlichkeit jedoch erst ab 1911 zugänglichen Autobiographie »Mein Leben« beschreibt Richard Wagner ohne weiterführende Reflexionen in chronologischer Abfolge der Ereignisse seine Beteiligung am Dresdner Maiaufstand 1849. Vorausgegangen waren die bekannten Querelen des Opernkapellmeisters mit der Hoftheaterintendanz und das brütende Bewußtsein, »daß es mit meiner Dresdner Wirksamkeit als Künstler ein Ende hatte«. Individuelles Krisenbewußtsein verbindet sich mit antikapitalistischen künstlerischen Reformideen: »Das ist die Kunst, wie sie jetzt die ganze zivilisierte Welt erfüllt! Ihr wirkliches Wesen ist die Industrie, ihr moralischer Zweck der Gelderwerb, ihr ästhetisches Vorgehen die Unterhaltung der Gelangweilten.« (»Die Kunst und die Revolution«. 1849). Die Hoffnungen sind auf eine schöpferische Schaffensfreiheit gesetzt und »mit meiner sonderbar leidenschaftlichen Teilnahme als Beobachter der Vorgänge« erlebt Wagner die Proklamation der sächsischen Republik im Dresdner Rathaus vor dem »versammelten treu gebliebenen Rest der Kommunalgarde und den nicht übermäßig zahlreichen Scharen des Volkes«. Gottfried Semper, »in voller Uniform als Bürgerschütze mit dem Bannerhute«, leitete den Barrikadenbau »mit dem künstlerischen Pflichtgefühl eines Michelangelo oder Leonardo da Vinci«, und Wagner hielt auf dem Turm der Kreuzkirche Wache. Was, wenngleich aus der Distanzsicht später Lebenserfahrung, in Wagners Autobiographie für uns heute so anschaulich wird, ist zugleich auch ein wichtiger Hinweis auf die gesellschaftliche Situation in Sachsen, auf die der Komponist mit der für ihn entscheidenden Frage nach der Funktion und dem Schicksal der Kunst in diesen Zeiten reagiert. (Seine Antwort, »Der Ring des Nibelungen«, beinhaltet die Fortdauer der Menschheitsgeschichte nach dem Weltuntergang.)

Mit dem »augusteischen Zeitalter« erreichte Kursachsen im 18. Jahrhundert einerseits noch einmal in seiner Geschichte europäischen Rang, andererseits war für das übersteigerte Machtstreben und die imperialen Ziele der sächsischen Herrscher die ökonomische Basis nicht ausreichend und auf Dauer höchst erschütterungsgefährdet. Kursachsens wirtschaftlicher Aufschwung nach dem Siebenjährigen Krieg ging einher mit der Zunahme der feudalen Lasten für die Bauern, die — beeinflußt von der Französischen Revolution 1789 — im Sommer 1790 im großen Sächsischen Bauernaufstand revolutionären Widerstand leisteten. Er begann in der Meißner Pflege und erfaßte vor allem auch das Amt Augustusburg, wie z. B. alle 13 Dörfer der Lichtenwalder Herrschaft ihre Leistungen aufkündigten. So erklärten die Bauern des Rittergutes Neusorge dem Vizegerichtsverwalter aus Mittweida, »wie sie fernerhin keine Dienste und Frohnen mehr thäthen, keine Erbzinnßen und Geld Praestunda mehr abführten, die herrschaftliche Schaftrift weiter nicht duldeten und ihre Kinder ferner zum Hofedienste nicht gestellten«.

Bereits im 15. Jahrhundert kam es in dem bevölkerungsreichen und von Getreideimporten lange Zeit abhängigen Kursachsen zur Herausbildung von Rittergütern, die eine landwirtschaftliche Produktion in größerem Umfang ermöglichten. Diese Rittergutswirtschaft bestand »aus einem Herrengut mit Vorwerk, auf dem eine Gutswirtschaft betrieben wird, nebst zugehörigen bäuerlichen Stellen, die bei dem Herrengute liegen, in einer oder mehreren Dorfschaften, möglichst auf geschlossenem Raum ringsum; Streubesitz war sehr wohl möglich. Bei der Bewirtschaftung, die der Herr selbst oder in seinem Auftrag ein Hofmann (Verwalter) leitete, wurde die Arbeit durch eigenes Gesinde und eigene Gespanne geleistet; es waren also landlose Hofknechte unter einem Schirrmeister oder Hofvogt dabei tätig. Aber bei der Bestellung wurden auch Dienste abhängiger Bauern benötigt ...« (Kötzschke, »Sächsische Geschichte«. 1965). Viele der ursprünglich sehr einfachen Adelssitze begannen sich vom 16. Jahrhundert an in stattliche Landschlösser mit skulpturengeschmückten Gartenanlagen, Pavillons und Orangerien, ja sogar Tiergehegen zu verwandeln, wovon G. A. Poenickes 1854 in Leipzig erschienenes mehrbändiges Prachtwerk »Album der Rittergüter und Schlösser im Königreich Sachsen« mit ganzseitigen Farbtafeln höchst informativ und anschaulich berichtet, ohne freilich die sozialen Hintergründe aufzudecken.

Die Ereignisse der Julirevolution in Frankreich 1830 bewirkten in Sachsen immerhin (am 4. September 1831) die Annahme einer sich mehr dem 19. Jahrhundert öffnenden (konstitutionellen) Verfassung, in deren Folge es zur Städteordnung von 1832 und zum Gesetz über Ablösungen und Gemeinheitsteilungen (1832) kam. Das Ziel der Bestimmungen über die Aufhebung des Gesindezwangdienstes, über eine freiere Gestaltung der ländlichen Dienstverhältnisse und über die Aufhebung der Erbuntertänigkeit (Oberlausitz) war dabei eindeutig profitorientiert: Es ging um die dringend notwendige Steigerung der Produktivität in der Landwirtschaft.

Der Prozeß vollzog sich bemerkenswert langsam, und die andauernde Unzufriedenheit der verschiedenen Klassen und Schichten des Volkes mündete in die starken Unruhen der Revolution von 1848/49. Vor allem das Leipziger Bürgertum profitierte von der ersten Blüte des Verfassungslebens, und die Messestadt wurde — dank ihres liberalen Klimas — zum Zufluchtsort vieler von der Metternichschen Reaktion verfolgter Literaten und Publizisten. Zahlreiche Zeitungen und Journale wie die 1837 von Heinrich Brockhaus herausgegebene »Leipziger Allgemeine Zeitung« wurden gegründet und bildeten den Nährboden für eine breite öffentliche Diskussion über die notwendigerweise anstehenden gesellschaftlichen Veränderungen in Sachsen (2). Der Niederschlagung der Revolution und des Dresdner Maiaufstandes folgte eine Periode tiefster politischer Resignation und Apathie und der sozialökonomischen Zersplitterung des gerade in Sachsen so gewichtigen Kleinbürgertums. Zugleich förderte die Entfaltung der industriellen Revolution auf der Grundlage der modernen Verkehrsmittel (Eisenbahn und Dampfschiffahrt) die kräftige Entwicklung innerhalb des sächsischen Proletariats (vor allem im Maschinenbau und in der Metallverarbeitung). Die Gründung von Arbeiterbildungsvereinen — siehe August Bebel — hatte sozusagen ihren besonderen sächsischen Anteil in der Geschichte der deutschen Arbeiterbewegung.

Erst vor diesem Hintergrund sind die verschiedenen Äußerungen, Bemerkungen und Beobachtungen der Reisenden des 19. Jahrhunderts in ihren Berichten zu werten und einzuordnen. Als Dokument, persönliches Erlebnis und Zeitbild. So enthält Kraszewskis oben genanntes Urteil über sächsisches Leben und die Mentalität seiner Menschen durchaus auch vergleichbare Erfahrungen aus anderen Reisen zwischen 1780 und 1880, die wir absichtsvoll »romantisch« nennen, weil sie uns ebenfalls die Begegnung mit jener Zeitstimmung ermöglichen.

So ging es fort über Stock und Stein

Die Sachsen gelten bis heute als reiselustiges Völkchen, wovon ein jeder — je nach Sympathie — seinen eigenen Eindruck hat. Seit 1960 führt der 363 Kilometer lange Hauptwanderweg der DDR von Görlitz über Löbau durch das Lausitzer Bergland über den Czorneboh und das Wesenitztal hinab zur Elbe bei Pirna und von da 185 Kilometer durchs Erzgebirge zum sächsischen Vogtland bis nach Greiz im Thüringischen, und man könnte allein auf diesem Pfad schon den alten Berichten nachschreiten. Die setzen, vergleichsweise zu Thüringen, weit früher ein und sind nicht nur zahlreicher, sondern auch zeitgeschichtlich bedeutsamer. Was der kulturgeschichtlichen Rolle Sachsens durchaus entspricht. Man könnte mit dem Leipziger Studenten Johann C. Müller beginnen, der sich 1744 mit drei Kommilitonen ins augusteische Dresden, diesem Reiseziel von europäischem Rang, aufmachte und sich darin keineswegs allein sah, denn »es war keine [Herberge — G. M.] zu bekommen, alle waren mit Fremden angefüllt«. (Der »Dresdner Anzeiger« veröffentlichte 1907 in Auszügen den überaus anschaulichen Reisebericht des späteren Stralsunder Predigers.) Schon damals war ein Ausflug in Dresdens schöne Umgebung ein touristisches Ereignis, doch unserem Studiosus ging's wie manch anderem: »Ich erforschte deshalb meine Reisegefährten, sie hatten auch alle Lust dazu, aber niemand von ihnen hatte mehr Geld ...«

Die Studenten waren mit der Postkutsche gereist, nicht eben bequem. Die »ordinäre Post«, die sogenannte »Küchenkutsche« (Fahrpreis 1 Taler, 21 Groschen), brauchte für die Strecke Leipzig—Dresden von Station zu Station noch 36 Stunden, was einer Reisegeschwindigkeit von etwa drei Kilometern pro Stunde entsprach. Die »schnelle Post« brachte es auf deren fünf, verkehrte auch nachts und machte nicht an jedem Wirtshause halt. »Die Wege in Sachsen sind berüchtigt«, erklärte 1828 ungeschminkt der bissige »Deutschland«-Reisende Carl Julius Weber, »aber ich habe sie nach zwanzig Jahren besser gefunden, wie die Postwagen auch, die kein Frauenzimmer besteigen konnte, ohne roth zu werden oder Hosen anzuhaben.« Da in Sachsen ohnehin so viel Kunst herrsche, so ein Verbesserungsvorschlag, sollte man doch »einige Körbe voll des kostbaren Plunders im Gründen Gewölbe auf Kunstwege zu verwenden«. Vergleichsweise zurückhaltend dagegen das Urteil des reiseerfahrenen Fürsten Pückler-Muskau anno 1808: »Es ist schwer, in Sachsen zu reisen, ohne über das Straßen- und Postwesen zu sprechen. Wohl denen, die dieses Land zu Fuß durchwandern. Sie können stolz auf die hinsehen, die so unglücklich sind, mit der Extrapost zu reisen.« Erst in den Jahren 1830/31 begann man damit, entsprechend den starken Verkehrsbedürfnissen der industriellen Entwicklung, das Straßennetz Sachsens auszubauen. (3)

Der berühmte Burgtheater-Schauspieler Heinrich Anschütz (1785–1865), nach dem Besuch der Landesschule in Grimma seit 1804 Jura-Student in Leipzig, schildert (in seinen 1866 in Wien erschienenen »Erinnerungen«) aus eigenem Erleben das Martyrium für die armen Schlucker: »Es gab damals nur zwei Reisegelegenheiten, die einen anständigen Charakter trugen: die Extrapost für vornehme und reiche Leute und Lohn- oder Landkutscher für die wohlhabenden Mittelclasse. Alles andere Pack, als: Handwerker, fahrende Schüler oder Künstler, hatten in Sachsen zwei minder empfehlenswerthe Beförderungsmittel: ›Die gelbe Gelegenheit‹, ein unbehilflicher schwerer Kasten mit gelbem Anstrich (daher der Volksname), welcher für 8 Personen Raum hatte und den eiligen Passagier auf der Route zwischen Leipzig und Dresden in ungefähr 36 Stunden von einem Endpuncte zum anderen schaffte. Auf allen andern Straßen bestand nur noch die ›Ordinäre‹, scilicet Post. Letztere besonders war eine der kindlich naiven Einrichtungen, wodurch zur Zeit unserer ehrenwerthen Vorvordern für die Bedürfnisse des Publicums so väterlich gesorgt wurde. Die ›Ordinäre‹, wie gesagt, eine Post-Einrichtung, bestand aus einem sehr geräumigen Korbwagen (Steirerwagen), dessen Decke der blaue Himmel war. Auf diesem Wagen, der bei steigender Passagierzahl von vier Pferden gezogen wurde, hingen in eisernen Ketten hölzerne Sitzbrette, auf deren jedes zwei bis drei Personen gepfercht wurden. Hinten im Korbe des Wagens wurde das Gepäck der Reisenden untergebracht. Waren aber der Passagiere und daher auch des Gepäcks so viel, daß es an Raum gebrach, so wurden die Sitze ausgehängt, die Koffer und Kisten mit groben Decken belegt, und man nahm sodann auf denselben Platz. Leber- und Unterleibskranke gaben während der Fahrt den Geist auf oder fanden Genesung. Den Schutz gegen üble Witterung hatte sich jedermann aus eigenen Mitteln durch Mäntel und Regenschirme zu verschaffen. So ging es fort über Stock und Stein in einem Tempo, daß man von einer Station zur andern hinlänglich Zeit hatte, mit den Betrachtungen über ein langes Leben oder, wenn man Schauspieler war, mit dem Memorieren einer mäßigen Rolle fertig zu werden.«

Die erste Postkutsche, geschützt von zwei Geleitsreitern, rollte dem Vernehmen nach 1675 zwischen Leipzig und Wittenberg durch Sachsen, rentierte sich aber nicht. Ab 1683 verkehrte wöchentlich zweimal eine Postkutsche zwischen Leipzig und Dresden.

Obwohl wiederholt Schauplatz der vernichtenden Ereignisse des Dreißigjährigen Krieges, erholte sich Sachsen wirtschaftlich und politisch schnell dank seiner frühkapitalistischen Entwicklung. Was auch dem Postwesen zugute kam, das seit 1661 staatlich unter der Oberaufsicht der Leipziger Postmeister verwaltet wurde. Ihnen unterstanden sämtliche Postbediensteten des Kurfürstentums. Kurfürst Johann Georg II. erließ 1661 die erste sächsische Postordnung; 1691 wurde unter Johann Georg IV. der Befehl zur Errichtung der hölzernen Armsäule mit Wappen und Ortsangaben erlassen. Als der erste große Organisator des sächsischen Verkehrswesens gilt der selbst reisefreudige August der Starke, der am 12. April 1713 den seit 1705 in Skassa bei Großenhain tätigen, aus dem vogtländischen Mariney stammenden Pfarrer Adam Friedrich Zürner (1679–1742) mit der kartographischen Erfassung des gesamten Kurfürstentums für eine »verbesserte Postlandcharte« beauftragte.

Seit seinem Regierungsantritt 1694 war viel für einen termingerechten Post-Personenfahrverkehr geschehen;

47 Routen standen dem Reisenden in der Messestadt nach auswärts zur Verfügung, alle Fuhrwerke hatten den Postkutschen bei Hornsignal auf den Straßen auszuweichen, der Post waren Stadt- und Festungstore zu öffnen, Fährleute hatten kostenlos überzusetzen, in den Orten waren von allen Pferdehaltern Vorspanndienste zu leisten. Die Postordnung von 1713 verpflichtete die Posthaltereien, »ein Stück Essen samt benöthigtem Trunck, Bier, Wein und Brandtwein jederzeit parat« zu halten nebst einer sauberen und geheizten Stube.

Der kurfürstliche Geograph Zürner erhielt für jeden genau kartierten Ort zunächst sechs, dann elf Groschen, was die Kosten für ihn und seine vier von ihm ausgebildeten Mitarbeiter kaum deckte. Ende 1717 vermeldete er dem Kurfürsten die Vollendung der großen Sachsenpostkarte, die dann gedruckt — ohne Rand 0,65 m mal 1,04 m groß — in allen größeren Postämtern Sachsens am Brett aushing und ein Gebiet von Helmstedt bis Prag, von Grünberg/Oder bis Coburg umfaßte. Erst die großen territorialen Umwälzungen der Napoleonischen Kriege machten für die sächsische Verwaltung eine neue Karte erforderlich.

Die heute noch populärste Leistung aber vollbrachte der 1721 zum kurfürstlichen Land- und Grenzkommissarius avancierte, aber auch weiterhin nur zögernd und zudem schlecht bezahlte Zürner mit der Errichtung von steinernen Postsäulen gemäß einem kurfürstlichen Mandat vom 19. September 1721. Das war sozusagen die Geburtsstunde der heute unter Denkmalschutz stehenden kursächsischen Postmeilensäulen, um deren künstlerische Ausführung sich immerhin ein Mann wie der Baumeister Pöppelmann Gedanken machte. Zürner legte nun endgültig das Pfarramt nieder und konstruierte zum Zwecke der Vermessung seinen berühmten geometrischen Wagen, bei dem die Umdrehung eines Rades über ein Gestänge auf ein Zählwerk in der Kutsche übertragen wurde; Nebenpfade wurden mit einer vergleichbar ausgerüsteten Schubkarre vermessen. Vorgesehen waren vier Arten von Säulen: Distanzsäulen (ca. 4,70 Meter hoch) vor den Stadttoren bzw. auf Marktplätzen; Ganzmeilensäulen (ca. 3,75 Meter), Halbmeilensäulen (ca. 3 Meter) und Viertelmeilensteine (ca. 1,45 Meter Höhe) an den Post- und Landstraßen in der Entfernung von $\frac{1}{4}$ Meile in wechselnder Folge. Ein Mammutprojekt, daß den zwar mit vielen Vollmachten ausgestatteten, aber verständlicherweise in den Orten, die für die Kosten selbst aufzukommen hatten, eher behinderten Kommissarius ordentlich in Bewegung hielt. Wir wissen heute, daß er im Auftrage seines ihn finanziell recht kurz haltenden Herrn zwischen 1712 und 1732 rund 18 000 Meilen zurücklegte, was dem vierfachen Erdumfang entspricht. Denn nach der Landtagsresolution vom 17. März 1722 entsprach eine Post- bzw. Polizeimeile in Kursachsen der Länge von heute 9,062 Kilometern und wurde mit zwei Stunden an den Säulen vermerkt. Das sind, wohlgemerkt, keine Reisestunden, und sie hatten auch mit der jeweiligen Fahrzeit der Postkutsche nichts zu tun. Erst 1840 wurde in Sachsen die Meile per Postordnung auf die Länge von 7 500 Metern festgelegt, bevor dann ab 1873 überhaupt nur noch metrisch berechnet wurde.

Am schönsten sind die Distanzsäulen mit dem reich verzierten und vergoldeten Wappenstück: auf blauem Grund der königliche Namenszug »AR« — Augustus Rex. Dann, beginnend mit dem Namen der Stadt, wo die Säule steht, die Folge der Städte bzw. Poststationen an dieser Straße. Von vermutlich 1 000 Säulen, die seinerzeit gesetzt wurden, blieben auf dem Gebiet der DDR etwa 180 erhalten. Um sie kümmert sich eine 1964 gegründete ehrenamtliche Forschungsgruppe im Kulturbund der DDR; sie sorgt für Erhalt, forscht nach Resten und bemüht sich um die Neuaufstellung; eine ständige Ausstellung im Museum im Schloß Frohburg (Bezirk Leipzig) — die einzige in der DDR — informiert darüber anhand von Fotos und Dokumenten.

Jetzt braust man nach allen Seiten hin

»Wo sind die Zeiten hin«, seufzte der 52jährige Maler und Schriftsteller Wilhelm von Kügelgen 1854 (in seinen »Lebenserinnerungen des Alten Mannes«), »wo man z. B. in den Mittelgasthöfen noch weiße Wände fand und Kalbsbraten mit Pflaumen zu essen bekam und die anständigsten Leute mit sogenannter Gelegenheit zwei volle Tage auf dem Wege zwischen Dresden und Leipzig verbrachten. Jetzt braust man nach allen Seiten hin mit den verdammten Eisenbahnen in Gesellschaft von tausenden und tritt in Paläste ab mit vergoldeten Wänden, seidenen Gardinen, umschwärmt von hungrigen Kellnern, und wenn man sich zu Tische setzt, ist's selten unter acht Schüsseln.«

So gemalt das Bild auch ist, es enthält Realitätssicht und Vorausahnung vom kommenden geschäftsbestimmten Massentourismus mit all dem unvermeidlichen Verlust an Zeit und Muße. Jetzt braust man nach allen Seiten hin ... Angefangen hatte das neue Zeitalter eigentlich in Sachsen, auch wenn der am 7. Dezember 1835 zwischen Nürnberg und Fürth eröffneten Eisenbahnstrecke (6,040 Kilometer) das historische Privileg der ersten deutschen gebührt. Denn in wirtschaftlicher Hinsicht war die am 7. und 8. April 1839 eingeweihte Strecke Leipzig—Dresden (116 Kilometer) weitaus bedeutsamer. Als beteiligter Zeitgenosse erfaßte der damals noch in Dresden wirkende, vielseitig talentierte Arzt Carl Gustav Carus (in seinen »Lebenserinnerungen« 1865/66) das unheimliche Drehpunkt-Phänomen einer technischen Revolution erst viel später, als es sich längst folgenreich etabliert hatte: »In Wahrheit, die jüngere Welt wird es bald gänzlich vergessen haben, wie sonderbar, fremdartig und geradezu dämonisch dieses große Verkehrsmittel damals ins Leben trat! Hatten doch sonst ganz tüchtige Staats- und Finanzmänner jener Zeit ein Unternehmen wie das der Eisenbahn zwischen Leipzig und Dresden seiner Nützlichkeit und Rentabilität nach noch sehr in Zweifel gestellt und durchaus keine Ahnung gehabt von den ungeheuren Resultaten, welche Werke dieser Art dereinst und in der Folge gewähren würden.«

Der geistige Vater dieser dann explosionsartigen Entwicklung, der aus dem süddeutschen Reutlingen stammende Sohn eines Weißgerbers, von 1825 bis 1832 im amerikanischen Exil mit den Möglichkeiten der kapitalistischen Produktivkraft vertraut geworden, war der progressive bürgerliche Nationalökonom Friedrich List (1789—1846), der sich im Sommer 1833 als amerikanischer Konsul für das Großherzogtum Baden vorausblikkend in Leipzig niederließ, dieser »Herzkammer des deutschen Binnenverkehrs, des Buchhandels und der deutschen Fabrikindustrie«. So in seiner noch 1833 erschienenen Schrift »Über ein sächsisches Eisenbahn-System als Grundlage eines allgmeinen deutschen Eisenbahn-Systems und insbesondere über die Anlegung einer Eisenbahn von Leipzig nach Dresden«, mit dem Vorschlag, der Trasse der Poststraße über Wurzen, Oschatz, Meißen und weiter linkselbisch nach Dresden zu folgen. Zuvor hatte er selbst — zu Fuß und per Wagen — diese Strecke erkundet, die zur Zeit der Leipziger Messe (1830 zählte man schon 26 229 sogenannte Meßfremde) bereits derart von Extraposten, Karossen und Frachtwagen frequentiert war, daß die Bauern mit ihren Geschirren auf Nebenwege ausweichen mußten. Lists Empfehlungen folgend, vereinigten sich finanzkräftige Leipziger Geschäfts- und Kaufleute zur privaten »Leipzig—Dresdner-Eisenbahn-Compagnie«, deren Aktionäre bereits auf der ersten Generalversammlung 1834 den unbequemen »Ausländer« mit 4 000 Talern ausbooteten, die kaum dessen Auslagen deckten. Vorsitzender wurde Gustav Harkort, die technische Leitung als Oberingenieur übernahm im November 1835 der königliche Wasserbaudirektor Theodor Kunz, der im Sommer 1835 in England und Belgien einschlägige Erfahrungen gesammelt hatte. Die ersten Bauarbeiten erfolgten unter Leitung des Landbaumeisters Königsdörfer im Herbst 1835 an der Muldebrücke bei Wurzen, der erste Spatenstich zu den Erdarbeiten bei Machern am 1. März 1836 bei plus zehn Grad für den reichlich drei Kilometer langen und bis zu elf Meter tiefen Bahneinschnitt durch die Saale-Mulde-Wasserscheide — die erste Großbaustelle des deutschen Eisenbahnstreckenbaus. Machern war zu dieser Zeit mit seinem Schloßpark von 1760 im englischen Landschaftsstil und dem romantisch empfundenen fünfstöckigen, pseudogotischen Steinturm (1795/96) darin ein vielbesuchtes Ausflugsziel der Leipziger, die von den Höhen hier ihre Stadt wie auf einer Schüssel ausgebreitet sahen.

150 Jahre später, im März 1986, wurde in Machern ein Granitfindling als Gedenkstätte zur Erinnerung an diese ingenieurtechnische Pioniertat gesetzt, die zum Erstaunen der Zeitgenossen schätzungsweise 400 Millionen Schaufeln Erdreich (nach Borsdorf bei Leipzig und an die Mulde bei Wurzen) bewegte. Gearbeitet wurde Sommers von früh drei Uhr bis abends 21 Uhr im Akkordlohn in einer bis dahin ungekannten Konzentration von Arbeitskräften; im Mai 1838 zählte man sogar 7 783. Als die englische Lokomotive »Komet«, in 15 großen Kisten verpackt, in Leipzig eintraf, wurde sie zum Transport der Erdmassen mit eingesetzt. Die Sensation war perfekt, es »wallfahrten ungeheure Menschenmengen aus Leipzig und Umgebung«, so ein zeitgenössischer Bericht, nach Machern. Am 28. März 1837 dampfte die »Komet« zu ersten Probeläufen zwischen Leipzig und Posthausen. Am 24. April, zur Ostermesse, wurde die Teilstrecke Leipzig—Althen mit zwei Lokomotiven, die weißgrüne Fahne auf dem Tender, und acht Personenwagen, darin »unter dem Jubel einer ungeheueren Menschenmenge die vielbeneideten oder ob ihrer Courage angestaunten Fahrgäste« als erste Ferneisenbahnlinie Deutschlands eröffnet. »Der Bahnhof war mit wehenden Wimpeln geschmückt, und der Blitz, der die Wagen fortzuführen bestimmt war, spie Dampf und Rauch aus seinen Röhren, wie ein ungeduldiges Roß aus seinen Nüstern. ¾9 Uhr ertönten die muntern Hörner und Trompeten der Schützenmusik, bald gab die Glocke das Zeichen zum Besteigen der schönen Wagen … Jetzt setzte sich der mit Fahnen und Kränzen geschmückte Blitz in Bewegung. Donnernde Böller und Musketensalven und Raketen begrüßten ihn, mit tausendstimmigem Jubelschrei vermischt, wie er erst langsam, dann schnell und schneller dahin sauste. Überall salutierten die aufgestellten Militairpikets und Wachen, jeder Bahnwärter stand gravitätisch auf seinem Posten und gab das Zeichen, wie alles in Ordnung sei … — 20 Minuten waren vonnöthen gewesen, hinauszugelangen, da man nicht die ganze Kraft des Dampfes aufgeboten hatte. In 4 Minuten weniger kam man zurück.« Dem Berichterstatter vom »Leipziger Tageblatt und Anzeiger« (25. April 1837) hatte es offenbar zu diesem journalistischen Schwung förmlich mitgerissen. Die »Abfahrts-Stunden des Dampfwagens« von Leipzig nach Machern und zurück standen täglich in der Zeitung, was für die ungeheure Popularität der neuen Technik spricht. Zu diesem Zeitpunkt gab es bereits rund 2 400 Kilometer Eisenbahnstrecke in der Welt, die Hälfte davon etwa in Amerika. Die Gesamtstrecke nach Dresden wurde so in Teilstücken erschlossen, den letzten Abschnitt bildete ein 513 Meter langer (1933 wieder beseitigter) Tunnel, der erste Eisenbahntunnel Europas, auf dem Abschnitt Riesa—Oberau, den Freiberger Bergleute schufen. Sie standen dann an jenem legendären 7. April 1839 im Ehrenkleid mit Grubenlampen und brennenden Fackeln zum feierlichen »Glück auf!« Spalier und grüßten die zwei blumengeschmückten Festzüge, gezogen von den englischen Lokomotiven »Stephenson« und »Elephant«. Kurz nach 14 Uhr hatten sich die Züge vom Dresdner Bahnhof in Leipzigs Georgenvorstadt am unteren Park (heutige Ostseite des Hauptbahnhofs), einer stadtseitig mit drei Toren versehenen Personenhalle, unter Böllerschüssen und Musikklängen auf die Reise begeben.

Schon Tage zuvor, so die aufgeregten Zeitungsberichte, soll man sich um die begehrten Billetts fast geprügelt haben, und angeblich herrschte im städtischen Leihhaus Hochbetrieb, weil sich manche das nötige Fahrgeld durch Verpfändung ihrer Sachen beschafften. Diese Sorge hatten die Ehrengäste erster und zweiter Klasse gewiß nicht, die unterwegs in Wurzen, Oschatz, Riesa, Priestewitz und Oberau von den jeweiligen Stadtoberhäuptern und zahllosen Schaulustigen begrüßt wurden. Am Abend traf man nach einer Fahrzeit von 3 Stunden und 40 Minuten auf dem Leipziger Bahnhof in der Dresdner Neustadt bei dichtem Schneetreiben ein. Während sich die hochgestimmten Herrschaften zum Souper in den Sälen der »Harmonie« trafen, feierten die eigentlichen Erbauer der Strecke, die Arbeiter und Handwerker, die in den offenen Wagen III. Klasse für 3 Neugroschen Fahrgeld (was den Lohn von zwei bis drei Arbeitstagen entsprach) beim Bier.

Die Dresdner wollten natürlich nicht hinter den Leipzigern zurückstehen, und so gestaltete sich die Rückfahrt der drei Festzüge mit den englischen Lokomotiven »Blitz«, »Komet« und »Windsbraut« – die Namen sagen etwas über das zeitgenössische Geschwindigkeitsempfinden aus – zum große Spektakel. Schon am frühen Morgen strömten die Residenzstädter zu Tausenden durchs Leipziger Tor zum pavillonartigen, klassizistisch gestalteten Bahnhofsgebäude, wo die Kommunalgarde in Linie stand. Artillerieschüsse kündigten die Abfahrt an, nachdem die königliche Familie samt Vertretern der sächsischen Regierung, die Bürgermeister der beiden solchermaßen neuzeitlich verbundenen Städte und die Direktoren der Eisenbahngesellschaft nebst ihren Frauen in den bekränzten Wagen Platz genommen hatten. In kurzem Abstand folgte als vierte (Reserve-) Lokomotive die von Professor Andreas Schubert in Frack und Zylinder selbst gesteuerte, 1838/39 in der Aktien-Maschinenbau-Anstalt Übigau erbaute »Saxonia«, die erste deutsche Dampflokomotive. In Priestewitz prallte sie dann, aufgrund absichtlich von der englischen Konkurrenz falsch gestellter Weichen, mit der hier aufgestellten »Adler« zusammen.

Ab 9. April verkehrten zwischen Leipzig und Dresden täglich zwei Personenzüge sowie zwei Güterzüge in jeder Richtung. Neben den Fahrkartenschaltern wurden Polizeibüros eingerichtet, in denen sich die Fahrgäste auszuweisen hatten; sogenannte Polizeioffizianten begleiteten zwecks Kontrolle die Züge.

Übrigens liegt an der historischen Strecke Leipzig–Dresden in Niederau noch der älteste in Betrieb befindliche und unter Denkmalschutz stehende deutsche Bahnhof, errichtet im romantischen Schweizerhaus-Stil und am 15. Mai 1842 als Zubringerbahnhof für Meißen in Dienst gestellt. Die Droschkenkutscher berechneten 5 Neugroschen für die Verbindung nach Meißen, von wo aus man aber 1852 auch per Schiff nach Dresden gelangen konnte.

Bereits 1840 wurde westlich des Dresdner Bahnhofes in Leipzig der Magdeburger Bahnhof, zunächst eine vierschiffige Halle, eröffnet; noch vor Beginn der Leipziger Herbstmesse begab sich am 19. September 1842 ein Festzug, »bestehend aus 2 mit Guirlanden geschmückten Lokomotiven ›Saxonia‹ und ›Bavaria‹ und 25 Wagen, mit mehr als 500 Personen besetzt«, vom Bayrischen Bahnhof südöstlich Leipzigs vor dem Windmühlentore auf die neue Strecke nach Altenburg, ein Ereignis, das ein Staatsvertrag zwischen Sachsen, Bayern und Altenburg–Sachsen ermöglicht hatte; ab 31. Mai 1846 war bereits Reichenbach an diese nach Bayern führende Strecke angeschlossen, Nach Bau der Göltzschtal- und Elstertalbrücke war schließlich am 15. Juli 1851 die Gesamtstrecke Leipzig–Hof vollendet; bereits 1843 konnte man an einem Tag von Berlin über Köthen nach Dresden gelangen; am 1. Oktober 1848 wurde die Strecke Jüterbog–Riesa übergeben; am 1. September 1845 begannen in Dresden die Schachtarbeiten für die Sächsisch-Böhmische Eisenbahn, und am 1. August 1848 setzte der Zugverkehr zwischen Dresden und Pirna ein; am 6. April 1851 dampfte vom Gelände des heutigen Dresdner Hauptbahnhofes aus ein Zug nach Prag.

Die Dampfrösser beendeten in Sachsen weitaus schneller und atemloser als vergleichsweise im benachbarten Thüringen das Postkutschenzeitalter. Jetzt braust man nach allen Seiten hin, seufzte Kügelgen. Er empfand's noch in einer anderen Sprache, in der die Erinnerung an die Zeit mitschwingt, bei der Reisen ein sehr individuelles Ereignis sein konnte. »Daher macht uns das Reisen so vieles Vergnügen«, gestand Heinrich von Kleist (in einem Brief an Wilhelmine von Zange im Frühjahr des Jahres 1800 aus sächsischen Gefilden), »weil mit den immer wechselnden Standorten auch die Ansichten der Natur immer wechseln, und daher hat überhaupt das Leben ein so hohes, je das höchste Interesse, weil es gleichsam eine große Reise ist und weil jeder Anblick etwas Neues herbeiführt, uns eine neue Ansicht zeigt oder eine neue Aussicht eröffnet.«

Mit Böllerschüssen begrüßt

Der Stoßseufzer des Reporters des »Pirnaischen Wochenblatts« vom August 1837 ist unüberhörbar: »Endlich kam aber dann am darauffolgenden Sonntag, dem 6. August, das längst ersehnte und erwartete Dampfboot, genannt ›KÖNIGIN MARIA‹, hier vorbei, um aufwärts bis Rathen zu fahren ...« Das war genau ein Monat nach der ersten Probefahrt von der Maschinenbauanstalt in Übigau (auf der alten Dresdner Vogelwiese) flußabwärts bis Briesnitz; am 30. Juli erfolgte dann die erste offizielle Fahrt nach Dresden. Das erste Dampfboot der nur ein Jahr zuvor gegründeten Elbdampfschiffahrts-Gesellschaft, eines Konsortiums geschäftstüchtiger Dresdner Kaufleute, legte am Packhof unterhalb des Italienischen Dörfchens an, die Ehrengäste dieses historischen Tages gingen an Bord, und das keineswegs technisch schon perfekte, für niedrigen Wasserstand viel zu schwere, eiserne, reichlich 36 Meter lange, 300 Passagiere fassende Schiff dampfte in 1¼ Stunden flußabwärts nach Meißen. Dafür sah es über dem eisernen Rumpf prächtig aus. Der Jubel über den technischen Fortschritt war allgemein; als die »Königin Maria« — angestrichen in den sächsischen Landesfarben Grün und Weiß — stromaufwärts erstmals die Weinberge von Loschwitz und Wachwitz passierte, wurde sie mit Böllerschüssen begrüßt. Nur die Bomätscher, die bislang die Zillen und Segelboote an der Treidelleine im breiten Gurt auf dem ganz Sachsen durchziehenden Treidelsteg entlang der beiden Elbufer flußaufwärts schleppten, wenn der »Niederländische« Wind, der Westwind, nicht genügend blies — der Leitzieher vornweg, der Leinwächter hinten —, sie sahen mit der Dampfkraft ihr Brot davonschwimmen.

Schiffbar war die Elbe schon in grauen Vorzeiten, und bereits im frühen Mittelalter herrschte lebhafter Schiffsverkehr zwischen Böhmen und Sachsen und weiter bis Hamburg. (4) Trotz Schiffsmühlen, Fischerhäfen und den vielen Zollstationen — erst 1871 fiel der letzte Elbzoll endgültig— war das Bild des mächtigsten Stromes des mitteldeutschen Raumes von Segelflottillen geprägt, und mancher Reisebericht jener Jahrzehnte vor 1837 beschreibt genüßlich die malerische Szenerie. Nachdem ein Heckraddampfer im Winter 1834/35 von Hamburg flußaufwärts bis Dresden die Tauglichkeit der neuen Technik sozusagen eisbrechend vorführte, beauftragte die flugs gegründete Königlich privilegierte sächsische Dampfschiffahrtsgesellschaft den als Konstrukteur der »Saxonia« zu Ruhm gelangten »Dampf-Professor« Andreas Schubert ihrerseits mit der Kiellegung eines Dampfbootes, eben jener legendären »Königin Maria«. Ihr folgten 1838 die »Prinz Albert« und die »Dresden«; 1851 beförderten sie schon 280 000 Passagiere.

Damals war solch eine Dampferfahrt eine richtige Reise. In Leitmeritz (Litomerice) und Melnik in Böhmen konnte man in sogenannte Eilposten bzw. Stellwagen zur Weiterfahrt nach Prag umsteigen. Von 1844 an verkehrte eine neue »Prinz Albert« erstmals von Dresden dreimal die Woche für 1 Taler und 15 Neugroschen Fahrpeis pro Person nach Aussig (Ústí n. L.).

Ab 1860 setzte sich das für Niedrigwasserstand günstige Schaufelrad in der Binnenschiffahrt allgemein durch, und der VEB Fahrgastschiffahrt Dresden ist heute Europas einzige Reederei, die solche »antiken« Dampfer noch im Dienst hat (sieben Schaufelraddampfer bei 13 Fahrgastschiffen).

Wenngleich die 1904 gebaute »Riesa« 1976 ihre letzte Fahrt antrat und heute als Technisches Denkmal in Oderberg am Oder-Havel-Kanal auf dem Trockenen liegt, so sind doch mit der 1885 gebauten und inzwischen gründlich überholten »Diesbar« und der seit 1879 auf der Elbe verkehrenden »Stadt Wehlen«, dem ältesten unter den erhaltenen Elbdampfern, Schiffe noch im Einsatz, die der ersten Generation sehr nahekommen. Auch das (1885 als »Prinz Albert« in Dienst gestellte) Seitenradschiff »Meißen« verkehrt seit seiner Überholung 1985 während der Saison auf der 105 Kilometer langen Strecke zwischen Schmilka und Riesa. Damit ist man hier wirklich einmal ganz unmittelbar auf den Spuren der Reisenden von einst.

Ein Name wandert flußabwärts: Sachsen

19. Juli 1876: »Im Laufe des Tages wurde der ominöse Holzkasten, hinter welchem Historienmaler Walther mehrere Sommer hindurch seine originell aufgefaßten Sgrafittobilder in die umfangreiche Wand des großen

Stallgebäudes auf der Augustusstraße eingrub, durch Zimmerleute für alle Zeiten entfernt ...«

Die lakonische Zeitungsmeldung unterschlägt nicht das Entzücken der Dresdner über die solchermaßen anschaulich gemachte Feudalgeschichte ihres Sachsenlandes auf der bis dahin kahlen 102 Meter langen und 7 Meter hohen Nordwand des Dresdner Stallhofgebäudes. Sie pilgerten in hellen Scharen an dem 700 Quadratmeter großen Superfries entlang und nahmen — zwecks Anschauungsunterricht — auch gleich ihre Kinder mit. 93 Figuren, davon 45 zu Pferde — der aus dem erzgebirgischen Cämmerswalde stammende Förstersohn Wilhelm Walther (1826—1913), talentierter Schüler der Dresdner Kunstakademie, hatte fast 13 Jahre zu tun, ehe an jenem Julitag endlich der Holzkasten fiel. Es begann 1864 mit den Vorstudien; ab 1868 übertrug er die Zeichnungen original auf Kartons, ab 1872 stand er — mitunter von vier Uhr morgens bis abends zehn Uhr — auf dem Gerüst. Der theatralisch komponierte Aufzug der von der bürgerlichen Geschichtsschreibung ergebungsvoll gefeierten Fürsten aus dem Hause Wettin seit dem Jahre 1127 endet, auch das ein Ausdruck bürgerlicher Identifikation, mit Figuren aus dem Volke: Bauer und Bergmann mit ihren Standesfahnen, der Student mit der Leipziger Universitätsfahne, Ludwig Richter, Dresdner Persönlichkeiten und am Ende der Schöpfer dieser Schaustellung selbst. Noch zu seinen Lebzeiten, im Jahre 1907, wurde das von Wetter und Schmutz angegriffene Riesensgrafitto abgebrochen und originalgetreu auf 24 000 Meißner Kacheln übertragen. 1979/80 wurden die Fürsten einer reinigenden Generalwäsche unterzogen. Seitdem bietet sich die ereignisreiche sächsische Geschichte in Originalgestalten einer erneuten wissenschaftlichen Erkundung an.

Den Reigen des Fürstenzuges eröffnet Konrad der Große (1098—1157), der mit dem Erwerb der seit 929 bestehenden Meißnischen Mark um 1125 die wettinische Hausmacht begründete. Das sich nach ihrer Stammburg Wettin an der Saale bezeichnende thüringische Geschlecht war rund 800 Jahre mit der Geschichte der zunächst meißnischen, dann sächsischen Lande durch eine geschickte Hausmachtpolitik eng verbunden. Aus ehemaligen königlichen Amtsträgern wurden mächtige Landesherren. Unter Heinrich dem Erlauchten erreichte die wettinische Hausmacht Mitte des 13. Jahrhunderts ihre größte Ausdehnung: Zur Mark Meißen und der Niederlausitz kamen 1243 das Pleißer Land, 1251 einige böhmische Gebiete und 1264 im Ergebnis des »Thüringischen Erbfolgekrieges« nach dem Aussterben der Thüringer Landgrafen 1247 auch die Herrschaft über Thüringen, der entscheidendste und historisch folgenreichste Zugewinn. Handel und Gewerbe gediehen, Freiberg wurde das Stadt- und Bergrecht bestätigt, Pirna kräftigte sich am Elbhandel, Dresden gewann städtische Bedeutung, das kirchlich geprägte geistig-kulturelle Leben blühte auf (Naumburger Stifterfiguren, Freibergs Goldene Pforte, Burgenkette an der Zwickauer Mulde). Noch aber wurde für dieses von Landesteilungen und Familienzwistigkeiten dann wieder geschwächte wettinische Land nicht der Begriff Sachsen verwandt. Hier muß man noch einmal weit in die Geschichte zurückgehen.

Als Sachsen bezeichnete man vor 2 000 Jahren zuerst einen wehrhaften germanischen Stamm an der Westküste Schleswig-Holsteins, dessen Krieger mit dem »sachs«, einem kurzen Schwert, kämpften. Aus dem späteren sowohl Niederdeutschland wie Westfalen und den Harz umfassenden Herzogtum Sachsen kamen von 919 bis 1024 die »sächsischen« Könige des Deutschen Reiches. Mit dem Sturz Heinrichs des Löwen 1181 erfolgte eine Teilung des Herzogtums Sachsen zugunsten des Kölner Bischofs und des Grafen Bernhard von Askanien, mit dessen Herrschaftsanspruch der Begriff Sachsen elbaufwärts bis in die Gegend von Wittenberg »wanderte«.

Mit der sächsischen Kurwürde war das einflußreiche Erzmarschallamt verbunden, das bei allen Wahl- und Krönungsfeierlichkeiten der Römisch-Deutschen Könige bzw. Kaiser geübt wurde. Bereits der Askanier Albrecht I. verfügte über Erzmarschallamt und Kurstimme; beides ging bei der Teilung der askanischen Lande 1260 an die jüngere Linie Sachsen-Wittenberg. Mit dem Aussterben der Askanier 1422 fiel der Landstreifen beiderseits der Elbe von Belgern über Wittenberg hin stromabwärts wieder der Zentralgewalt zu, und Kaiser Sigismund belehnte damit am 1. August 1425 als Dank für die militärische Unterstützung gegen die revolutionären Hussiten den Wettiner Friedrich den Streitbaren, Landgraf zu Thüringen und Markgraf von Meißen, der nunmehr als Herzog und Kurfürst in die erste Reihe der Reichsfürsten aufrückte.

Nun erst wurde der Name SACHSEN auf das ganze wettinische Herrschaftsgebiet (und später ebenfalls mit für das Vogtland) angewandt und nach der Reformation auch populär. (Im Unterschied dazu nannte man später das alte Stammland Niedersachsen, heute ein Teilgebiet des entsprechenden Bundeslandes der BRD.)

Entscheidend für die weitere Geschichte Kursachsens ist die sogenannte Leipziger Teilung von 1485 zwischen den Brüdern Ernst und Albrecht. Ersterer behielt als Älterer die Kurwürde und wählte die sächsischen Kurlande um Wittenberg, das mittlere und südliche Thüringen, das Vogtland, fränkische Gebiete sowie Teile des Pleißener (Gebiet um Altenburg und Chemnitz) und des Osterlandes (Gebiet um Leipzig). Letzterer den Hauptanteil an der Markgrafschaft Meißen, den Rest des Osterlandes mit Leipzig und des Pleißener Landes sowie einen Streifen Nordthüringen. Damit war der wettinische Herrschaftsbereich, der größte seinerzeit neben dem der Habsburger, endgültig geteilt. Fortan gab es eine ernestinische und eine albertinische Linie der Wettiner. Viele fürstliche Rechte wie das Bergregal, die Schutzherrschaften über Erfurt, Nordhausen und Mühlhausen sowie die Schirmherrschaft über das Bistum Meißen blieben in gemeinsamer Hand. Beide Landesteile profitieren von dem bereits ein Vierteljahrhundert zuvor beginnenden frühkapitalistischen Wirtschaftsaufschwung mit seinen tiefgreifenden Folgen für alle Bereiche der Gesellschaft. Um 1470 hatte im Grenzgebirge zu Böhmen, für das sich nun der Name Erzgebirge herausbildete, der zweite silberne »Bergsegen« mit der Fündigwerdung der großen Erzlagerstätten eingesetzt. Neue Städte wie Schneeberg (1471), Annaberg (1496) und Marienberg (1521) entstanden, und in ihnen wuchsen raumgreifende Pfarrkirchen in der Sonderform der sächsischen Hallenkirche mit spürbarem bürgerlichem Selbstbewußtsein himmelwärts — saalartige, lichtdurchflutete Raumgebilde mit hohen Strebepfeilern ohne trennenden Lettner und mit einem feinädrigen Rippenwerk in den flachen Gewölben sowie schmuckreichen Kanzeln, die die Predigt in den Mittelpunkt der Gemeinde stellten. Auch der Profanbau meldete mit der Albrechtsburg 1471, dem ersten deutschen Schloßbau, ein neues künstlerisches Selbstverständnis an. Das verkehrsgünstig gelegene Leipzig (1480 rund 6 500 Einwohner), seit 1409 Universitätsstadt und ab 1481 ein Ort des Buchdrucks, profitierte vom Fernhandel und den kaiserlichen Privilegien der Meßfreiheit. Die privilegierte Chemnitzer Bleiche machte die aufstrebende Stadt zum Zentrum sächsischer Leinwandveredlung. Die Bauern, derem Siedlungswerk in der sächsischen Landesgeschichte eine tragende Rolle zukommt, profitierten in der Masse noch von den Privilegien der Ostexpansion; sie waren persönlich frei und bewirtschafteten den Boden zu einem festen Einsatz.

Herzog Albrecht der Beherzte (1483—1500) verfügte — wesentliche Bedingung für die spätere territorialstaatliche Entwicklung Sachsens — 1499 per Hausgesetz für seine Nachfahren das Unteilbarkeitsprinzip mit der Primogenitur (alleiniges Erbfolgerecht des Erstgeborenen) und verhinderte damit eine weitere Zersplitterung des albertinischen Herrschaftsbereichs. Kurfürst Ernst (1441—1486) ermangelte es solcher politischen Weitsicht, und so kam es zum späteren Niedergang der ernestinischen Linie und der Aufsplitterung in die verschiedensten sächsischen Herrschaften (vor allem in Thüringen).

Hatten in den Folgejahrzehnten der politisch brisanten Reformationszeit noch die in Wittenberg residierenden Ernestiner eine mitbestimmende Rolle, so vermochte der ebenso skrupellos wie machtpolitisch, ebenso einfallsreich wie bedenkenlos operierende albertinische Vetter Moritz (1421—1553) im Verein mit der katholischen Zentralgewalt die Machtverhältnisse im Ergebnis des Schmalkaldischen Krieges (1546/47) gegen den besiegten Kurfürsten Johann Friedrich 1547 zu seinen Gunsten zu verändern. Noch im Feldlager bei Wittenberg verlieh ihm Kaiser Karl V. die Kurwürde samt

Kurkreis. Im Verein damit entstand nun ein großes zusammenhängendes politisches Territorium von Wittenberg bis zu den südlichen an Böhmen grenzenden Gebirgen; eingeschlossen die böhmischen Lehen Colditz und Eilenburg, Teile der Herrschaft Schwarzenberg, 1569 die böhmischen Lehen im Vogtland (Plauen, Vogtsberg mit Oelsnitz, Mühltroff).

Die neue Residenz Dresden — 1530 entsteht der Georgenbau des Schlosses mit dem Georgentor als erstes Hauptwerk der Renaissance — wächst bis zum Jahrhundertende in den Rang der bedeutendsten Renaissancestadt des deutschen Nordens (Zeughaus, Stallhof, Jägerhof). Der Adel und die Hofbeamten lassen bauen, Vorstädte entstehen, die Residenzlandschaft mit Schlössern und Gärten. Freilich im Vergleich zum barocken Dresden des 18. Jahrhunderts, einer europäischen Hauptstadt von Rang, noch immer von bescheidenen Dimensionen.

In Sachsen bestehen um 1550 137 und in Thüringen 62 Kommunen, es sind damit die städtereichsten Gebiete im Reich. Den entscheidenden Ausbau Kursachsens zum Territorialstaat vollzog Kurfürst August I. (1526—1586), der wegen seiner gesellschaftsfördernden Leistungen von den bürgerlichen Historikern oft »Vater August« genannt wurde. Auf dem Dresdner Fürstenzug scheint er mit seinem Bruder Moritz, der kurz nach der Reiterschlacht bei Sievershausen 1553 gestorben und im Freiberger Dom beigesetzt ist, ins Gespräch vertieft zu sein. Mit dem staatstragenden Regiment Augusts verbindet sich für uns heute nicht nur die Augustusburg bei Karl-Marx-Stadt und der weitere Ausbau Dresdens, die Stiftung der Dresdner Kunstsammlungen, sondern auch der wichtige Ausbau der Bergwerke. Er beförderte den Handel, duldete die Ansiedlung der »Bortenschotten« in Annaberg und zahlreicher Niederländer, die sich auf die Kunst der Wollweberei und der Herstellung von Musselin und Barchent verstanden. Sein Sieg über den auf dem Gothaer Grimmenstein mit Nachdruck belagerten Ernestiner Johann Friedrich den Mittleren 1566 im Verlauf der Grumbachschen Händel vergrößerte Kursachsen um die Ämter Arnshaug, Sachsenburg, Ziegenrück und Weida. Aus dem Amt und Schloß Vogtsberg, dem Amt Pausa und den Stadtgebieten von Plauen, Oelsnitz und Adorf wurde 1577 der vogtländische Kreis gebildet und damit die Südgrenze Sachsens im wesentlichen gezogen. Die enorm ansteigende Bevölkerungsdichte Sachsens (1550 etwa 553 000, bei einer städtischen Gesamtbevölkerung von rund 170 000 in 137 Städten; 1750 etwa 1 100 000 Einwohner) beflügelte nicht nur Handel und Verkehr, sondern auch den geistig-kulturellen Austausch, die Sachsen zu einer Art Musterland machten.

Noch einmal, nun freilich beschränkt auf das eigene Territorium, errang Sachsen im augusteischen 18. Jahrhundert unter der Krone des Kurfürst-Königs August des Starken (1694—1733) europäische Bedeutung. Eine bis heute insbesondere dank der kulturellen Blüte nachwirkende, äußerst widerspruchsvolle Zeit. Dagegen machte bereits der Ausgang des Siebenjährigen Krieges die politische Schwäche Sachsens deutlich, seit 1806 ein Königreich von Napoleons Gnaden und genötigter Verbündeter gegen die Alliierten Rußland, Österreich und Preußen, die dann auf dem Wiener Kongreß das alte Kursachsen nahezu halbierten. (5) Dem sächsischen König Friedrich August I. — sein Denkmal neben dem Japanischen Palais in Dresden ist ein Werk Ernst Rietschels von 1841 mit einem Sockel von Gottfried Semper — verblieben nur 42,5 Prozent des bisherigen Herrschaftsbereichs mit 57,8 Prozent der rund 2,05 Millionen Bewohner. Zwei Tage vor seiner Rückkehr aus preußischer Gefangenschaft, am 5. Juni 1815, erklang in der Dresdner Holzhofgasse vor der Villa Cosel in der Melodie des englischen »God save the King« erstmals die dann bis 1918 verbindliche Sachsenhymne: »Den König segne Gott, den er zum Heil uns gab ...« (6)

Fortan gab es zwei Sachsen, eine preußische Provinz und das verkleinerte Königreich. Das preußische Sachsen umfaßte u. a. den ehemaligen Wittenberger und Thüringer Kreis, den Meißener Kreis, einen Teil des Leipziger und Neustädter Kreises sowie größere Teile der Nieder- und Oberlausitz, die alten Stifte Naumburg-Zeitz und Merseburg, das Fürstentum Querfurt, den sächsischen Anteil an Henneberg und an Mansfeld.

Preußens König Friedrich Wilhelm III. fügte seinen Titel nun auch den eines Herzogs von Sachsen hinzu. Die Bewohner empfanden sich noch jahrzehntelang, bis sie die neuen Verkehrswege des Eisenbahnzeitalters über größere Distanzen hinweg stärker miteinander verbanden, als »Mußpreußen«, die sich mehr den sächsischen Geschichte als der Brandenburgs verbunden fühlten.

Derham is derham: Vogtland

Auf der Reise von Chemnitz nach Hof passierte der schwedische Dichter Per Daniel Amadeus Atterbom im Dezember 1817 eine Landschaft, von der er selbst schrieb: »Das Vogtland muß eine schöne Gegend sein, aber in dieser Jahreszeit war nicht viel von der Natur zu sehen; wegen des häßlichen Wetters mußten wir ständig unseren Wagen zusperren und damit auch unsere Aussicht.«

So konnte es einem gehen, wenn man sich sächsischen Postillonen anvertraute, von denen der sangesfreudige Vogtländer dazumal in einem sogenannten Runda sang: »Berga trag ich dich/bergei führ du mich/in der Ebn loss mich lafen!« Dennoch fühlte sich der Schwede auf seiner Bildungsreise von Freiberg über Plauen her an das waldreiche Mittelschweden erinnert: »Ich werde nie vergessen, welchen Eindruck ein tiefes Tal auf uns machte, in das wir eines Abends von einem hohen Hügel hinabrollten; es war eine Talsenke, vollkommen im varmländischen Stil, eingeschlossen von hohen, mächtigen Waldhöhen; quer hindurch brauste ein Strom, der vom Herbstregen angeschwollen war und ein paar Mühlen in Bewegung setzte …«

Eine stille und reizvolle Landschaft zwischen Göltzsch und Zwota im Osten und Saale im Westen, im Wechsel von Wald, Wiesen und Feldern. Alte Reisebücher versprechen, daß es hierzulande keine Stelle gebe, von der aus man nicht in spätestens einer halben Fußstunde unterm nächsten Walddach ruhen könne. Der 1803 in Marieney geborene Julius Mosen, Sohn eines Kirchschullehrers und Vogtlands berühmtester Dichter des 19. Jahrhunderts, besang den Wald und sein Leben darin in vielen Gedichten, die mancherorts noch heute rezitiert werden. Vor hundert Jahren fand sich in den Dörfern des oberen Vogtlandes kaum ein Haus ohne mindestens einen Vogelkäfig am Fenster. Das Leben war entbehrungsreich, und bis in die 40er Jahre waren die Dörfler vom gerichthaltenden Rittergutsbesitzer vollkommen abhängig und noch zum Fronen verpflichtet. Im Vogtland wie im nahen Erzgebirge aß man anfangs die Kartoffel wie Butter zum Brot; Erdäpfelbrei und Erdäpfelkuchen gelten erst heute als Spezialitäten. Die Lebensumstände brachten es mit sich, daß der Vogtländer fremdenfeindlich war: »M'r waß derweeng net, was su an Kerl is und wos er woll!«

Die alten Reiseführer beschreiben die Einwohner als wortkarg, derb und streitsüchtig wie die Bayern, zugleich fleißig und genügsam, andererseits aber gern zu ausgiebigem Feiern aufgelegt und da äußerst sangesfreudig. Gesungen wurden die vierzeiligen Rundas bzw. die mehrzeiligen Schlumper- oder Tschumperliedle, oft mit raschem Mutterwitz improvisierte kleine Neck- und Spottlieder im Wirtshaus und auf dem Tanzboden, bei den »Summerhaufen« der jungen Leute am Feierabend auf der Straße und zur Kirwe, der Kirmes (ursprünglich Kirchweih). Die dauerte zumeist von Sonntag bis Dienstag, und natürlich wurde dazu kräftig gegessen: »Wenn de Kirwe kimmt herah, gett dös gute Esse ah, wenn de Kirwe ist vorbei, essen mer wieder Wasserbrei.«

Vogtland, Land der Vögte von Kaisers Gnaden. Unter den Staufern waren sie noch Reichsministeriale (advocatus), Dienstadel mit Verwaltungsfunktion für Reichsland, später dann selbständige Territorialherren, deren Herrschaftsbereich unter Heinrich II. von Weida um 1200 schließlich die größte Ausdehnung erreichte. Die Weidaer Vögte waren die ersten, die von den Wettinern 1427 »geschluckt« wurden; die Geraer Linie beugte sich bereits 1378 der wettinischen Lehnsgewalt, und nach Aussterben der Linie ging 1550 ihr Besitz an die Vögte von Plauen über, die ihrerseits in wettinischem Schatten standen. Ein kompliziertes Hin und Her von Besitzansprüchen und Hinterlassenschaften über sieben Jahrhunderte bis zur Abdankung des Reußen Heinrich XXVII. in Gera 1919.

Bis 1835 gab es einen Vogtländischen Kreis mit Plauen als Zentrum, danach bildeten die rund 1 440 Quadratkilometer sächsischen Landes (26 Quadratmeilen) die drei Amtshauptmannschaften Plauen, Auerbach und Oelsnitz. In der »Gartenlaube« von 1861 las sich das so: »Wollten wir einmal um unser Vogtland herumwandern, so müßten wir einen Weg von 36 Meilen oder 270 Kilometern zurücklegen ...« Es wäre ein Weg über eine wellenförmige Hochebene, vergleichbar einer plötzlich erstarrten Partie Meer in einer Bucht, mittlere Höhenlage etwa 494 Meter; ein Weg über viele Bäche und Flußläufe, vorbei an abgelegenen Dörfern und durch kilometerlange Wälder, die einem nahelegen, warum hierzulande so viele Orte auf grün enden.

Der alte Begriff Vogtland ist geblieben, nicht als Amtsbezeichnung, das vermied bereits Georg Brückner 1870 in seiner »Landeskunde des Fürstenthums Reuß j.L.«, wohl aber als Landschaftsbegriff. Wer heute Vogtland sagt, der meint den Musikwinkel Klingenthal/Markneukirchen an der Grenze zur ČSSR und vor allem aber das Gebiet um Plauen, wo es ja auch das Vogtlandmuseum gibt.

In Rückerinnerung an die alte Geschichte spricht man gelegentlich noch immer von einem thüringischen Vogtland mit der Stadt Greiz als deren touristischer Perle und einem sächsischen bzw. erzgebirgischen. Doch halten's wir lieber mit den Leuten, die hier zu Hause sind und im originalen Dialekt noch singen können: »Mei Vugtland is su wunnerschie ...« Wo's richtig klingt, da ist gewiß das Vogtland.

Der berühmteste Vogtländer ist immer noch der tausendjährige Moosmann, Sinnbild und Hüter des Waldes, dem man im Original drei Fuß hoch – im Falkensteiner Heimatmuseum begegnen kann. Hier findet sich auch eine Bauernstube mit dem Interieur von 1850, als die Bauern im Griebenherd noch Kiefernholz zur Wagenschmiere verschwelten. Gründlicher und umfassender präsentiert sich das Bauernleben aus dem oberen Vogtland in dem Bauernmuseum Landwüst, einem schönen Umgebindehaus mit Blockstube, Kopfbändern, Rahmen und egerländischem Fachwerkgiebel von 1782. Drinnen u. a. neben dem Webstuhl auch ein Strumpfwirkerstuhl; das karge Land zwang die ganze Familie zur Nebenbeschäftigung für die reichen Verleger in Reichenbach und Plauen.

Das obere Vogtland hat wie das benachbarte Erzgebirge Mittelgebirgscharakter und erreicht mit dem Kapellenberg beim Grenzort Schönberg im Elstergebirge, das westwärts im Fichtelgebirge aufgeht, immerhin 756 Meter Höhe. Dort, wue dorchs Land de Elster fließt ... Die Elster ist wohl der Fluß des Vogtlandes; bereits bei Bad Elster und dann in Adorf reichte ihre Kraft, Mühlen anzutreiben. Nur wenige wissen heute noch, daß zu den Besonderheiten des Vogtlandes seine Perlen gehören, deren Glanzstücke in die Schätze des Dresdner Grünen Gewölbes eingingen. Nur Sachsen verfügte über einen solchen Schatz an schwarzen Perlmuscheln in den klaren, fließenden Wassern der oberen Elster von der Mündung des Görnitzbaches bis hinunter nach Plauen bzw. von Adorf bis Oelsnitz und bei Elsterberg. Doch auch so mancher Mühlgraben hatte seine Perlenbänke, wenn der Kiesgrund klar und eine bestimmte grüne Algenart vorhanden war. Im Jahre 1621 soll sich der Oelsnitzer Tuchmacher Moritz Schmirler gegen die Vorbedingung einer amtlichen Anstellung als erster Perlenfischer entschlossen haben, Kurfürst Johann Georg I. von dem Schatz zu benachrichtigen. Die Schmirlers, danach privilegiert, übten noch im 19. Jahrhundert dieses kostbare Amt aus, als der schimmernde Reichtum längst duch die wirtschaftliche Nutzung des Wassers in Hammer- und Pochwerken, durch die Flößerei und die Abwässer nahezu dahin war. Immerhin betrug beispielsweise 1672 die Ausbeute 294 Stück, und 1702 wurden gar 356 Perlen eingeliefert. Im 19. Jahrhundert, als auch in der Trieb Perlen gefunden wurden, erhöhte man zwar das jährliche Gehalt der Perlenfischer auf 100 Taler, doch bereits 1849 plante man in Dresden, das unergiebige Regal gänzlich aufzugeben. Noch 1964 schätzte man den Bestand in Vogtlands Bächen auf 30 000 Flußperlmuscheln, heute dürften es im verschmutzten Wasser nur noch wenige hundert sein.

Das Vogtland – bereits 1883 warb Oskar Metzners touristischer Führer durch das Vogtland und das obere

Saaletal für den Fremdenverkehr — ist heute vor allem ein Urlaubs- und Erholungsland. Etwa 20 heilkräftige Quellen sprudeln im oberen Vogtland, dem größten Landschaftsschutzgebiet des Bezirks Karl-Marx-Stadt, aus der Erde. Es gibt acht staatlich anerkannte Kur- und Erholungsorte; die bekanntesten sind Bad Elster und Bad Brambach. Über 360 Kilometer Wanderwege laden zur Erkundung ein, nicht wenige klangvoll bezeichnet als Trompeten- oder Harmonikaweg — damit auf den weltbekannten Musikwinkel der DDR hinweisend. Seinen Anfang nahm der vogtländische Musikinstrumentenbau in Markneukirchen, dem »sächsischen Cremona«, mit den böhmischen Exulanten, die wegen ihres protestantischen Glaubensbekenntnisses ihre Heimat verloren. Sie brachten Kenntnis und Kunstfertigkeit mit, und 1677 schlossen sich ein Dutzend Meister zur Geigenmacher-Innung zusammen. Die erste Ziehharmonika, 30 Jahre zuvor in Berlin erfunden, wurde 1852 in Klingenthal gebaut. Neben dem Instrumentenbau gab's Brot für fast zwei Dutzend Orte und Dörfer in den Nebenindustrien als Schachtelmacher und Kolophoniumgießer, Steg- und Halsschnitzer, Wirbeldreher und Bogenmacher. Im Paulusschlößchen, einem barocken Bürgerhaus in Markneukirchen, kann man die alten Stücke in geschichtlicher Abfolge in einem Museum bewundern, das 1884 auf Anregung des damaligen Organisten Apian-Bennewitz entstand.

Der höchste Berg des Vogtlandes ist mit 972 Metern der Scheehübel, der populärste vermutlich — zumindest unter den Wintersportlern — der Aschberg (936 Meter), die höchstgelegene Stadt jedoch ist das wieder als Sommerfrische und Urlauberort zu Ehren gelangte Schöneck, dessen Bahnhof mit 768 Metern über dem Meeresspiegel der zweithöchste in Sachsen ist. Ein Rundblick vom Alten Söll, der einst eine Burg trug, gilt als der schönste weit und breit. Da kann man dem Vogtland-Dichter Julius Mosen das hier noch immer fest verwurzelte Heimatgefühl sehr wohl nachempfinden: »Wo auf hohen Tannenspitzen, die so dunkel und so grün ...« Die Leute hierzulande sagen's im alten Dialekt: »Derham ist derham!«

Bringt nur ein warmes, empfängliches Herz mit: Erzgebirge

Im »Heilig-Obnd«-Lied der aus Annaberg stammenden Johanna Amalie von Elterlein (1784—1865) ist die alte Erzgebirgswelt noch lebendig: »Im Arzgebirg is wahrlich schie, wenn's ober stermt un schneit, und wenn de Peremett siech dreht, is unner schennste Zeit ...« Die alten Reiseberichte nehmen diese gefühlvolle Kunde gern und ausmalend auf: Winterstürme fegen über die verschneiten Wälder, rütteln an den Fensterläden; drinnen sitzen die Burschen und Mädchen beim Hutznobnd; es wird geschnitzt und geklöppelt, gesungen und geschwatzt von Berggeistern und Holzweibern und natürlich vom Stülpner Karl, dem legendären Wildschütz. Man rückte notwendigerweise zusammen in dem »sächsischen Sibirien«. Zeitig der Winter, spät das Frühjahr. Schwarzenbergs Bürgermeister Johann Traugott Lindner (»Wanderungen durch die interessantesten Gegenden des Sächsischen Obererzgebirges«. 1884) druckte als erster das weit über Sachsen hinaus populäre Weihnachtslied »Heit is dr Heilge Obnd, ihr Maad« und verwies dabei auf »sonderbare Gebräuche und das Familienleben bezeichnende abergläubische Gebahrungen« in dieser das ganze Leben prägenden Winterzeit. Inzwischen sind zu den einst 13 Strophen des Volksliedes fast neunmal so viele dazugekommen. An die einstige Verfasserin, die das entbehrungsreiche Leben der Wäldler ebenso kannte wie deren Sehnsucht nach Licht und Wärme, erinnert an ihrem Sterbehaus in Schwarzenberg eine Gedenktafel.

Wenn de Peremett siech dreht ... Schon in der Schneeberger Bergchronik von 1678 heißt es, daß die jungen Leute »allerlei Illumination geliebt und Pyramiden von lauter Lichtern aufgebaut« haben. Ursprünglich waren die mit Öllämpchen oder Kerzen bestückten Pyramiden starr; um 1800 herum bauten die schnitz- und bastelgeschickten Erzgebirgler eine Spindel mit Teller und Flügelrad ein, das von der aufsteigenden Wärme in Drehung versetzt wurde. Die möglicherweise älteste erhaltene Drehleuchterpyramide, etwa 80 Zentimeter hoch und mit Bergmannsfiguren auf dem unteren Teller besetzt, stammt aus dem Jahre 1810 und steht im Erzgebirgsmuseum Annaberg-Buchholz. Eine der größten, mit 6,30 Metern über zwei Etagen hoch, befindet sich im Spielzeugmuseum Seiffen. In diesem Ort waren die nach Zinn grabenden Bergleute frühzeitig zu einem zweiten Brotwerb gezwungen. Vermerkte die Chronik für 1644 erst einen Drechsler, so waren es zweihundert Jahre später, als man sich von gedrechseltem Gebrauchsgut längst auf hölzernes Spielzeug umgestellt hatte, bereits 675. Seit 1760 brachte wöchentlich ein vierspänniger Frachtwagen »Seiffener Ware« abwechselnd nach Leipzig oder Nürnberg; im Jahre 1808 durften vier Spielzeugmacher »einen Sonnenschein lang« ihre Ware auf dem Dresdner Striezelmarkt feilbieten. Darunter gewiß auch die aus einem gedrehten Holzreifen geschnittenen und bemalten kleinen Tiere, ein nur hier übliches seit 1800 praktiziertes Verfahren.

Wann und wo erzgebirgische Bergleute erstmals nach Feierabend mit dem Schnitzmesser ihrer Phantasie künstlerischen Ausdruck verliehen, ist trotz Urkunden aus dem 16. Jahrhundert und schöner alter Arbeiten in den Museen nicht mehr genau auszumachen. Holz war nicht nur das geeignete Material, die Waldlandschaft bestimmte ja auch die Denkart. Holzbalken stützten die Gruben ab, Holz wärmte winters, Holz war lebendig. Mit dem aus Holz geschnitzten Lichterbergmann, der einst das ganze Jahr hindurch dem Bergmann wieder heimwärts leuchtete, erschufen sie sich sozusagen noch einmal. Um sie aus ihrer Isolation herauszuholen und im Verein noch lebendiges Brauchtum als Kunst zu bewahren, entstanden in der zweiten Hälfte des 19. Jahrhunderts die Schnitzergemeinschaften; die älteste heute noch bestehende 1879 als Gründung des Bergvereins in Lößnitz. Nebenbei: Ein touristisches Kuriosum verdankt der lebendig gebliebenen Tradition des Schnitzens und Bastelns seinen Ursprung. Gemeint sind die nunmehr bereits drei Erzgebirgs-Landschaften en miniature in Oederan, Waschleithe und Thalheim. Beliebte Schauanlagen von den bekanntesten Sehenswürdigkeiten des »Arzgebirgs« im Maßstab 1:25 unter freiem Himmel. Modellgetreu nachgestaltete Landschaften u. a. mit dem Schloß Augustusburg und der Burg Kriebstein, dem Geburtshaus des Orgelbauers Silbermann und der Fichtelbergschwebebahn, der Talsperre Pöhl sowie Mühlen und Sägewerken; winters freilich »verpackt«. Eine typisch erzgebirgische Freizeitbeschäftigung von Volkskünstlern, vielbestaunt, vielfotografiert und von einer liebenswerten Heimatverbundenheit.

So wie das Basteln, Schnitzen und Holzgestalten wird auch das Klöppeln und Sticken in Zirkeln und Arbeitsgemeinschaften weiter gepflegt. Vor allem das erzgebirgische Klöppeln hat sich in vielen Familien erhalten, und seit einiger Zeit versuchen sich geschickte Finger im »Spitzen«-Gebirge wieder in den alten Mustern, wie sie zum Beispiel die gut betuchten Bürgersfrauen auf einem Epitaph von Anton Häußler aus dem Jahre 1557 im Annaberger Erzgebirgsmuseum als Borte am Halsbündchen tragen. Um diese Zeit auch, genauer im Jahre 1561, führte die aus dem reichen Bergherrengeschlecht derer von Elterlein stammende Barbara Uttmann (1514–1575) das einst orientalische Handwerk im Erzgebirge ein und sicherte – mit erheblichem Eigengewinn – damit in einer Zeit des Niedergangs des Silbererzbergbaus vielen Familien das tägliche Brot. Zar Peter I. war bei seinem Annaberger Aufenthalt von den filigranen Kunstwerken aus Zwirn so angetan, daß er – hier zwinkert die Legende klapp-klapp, klipp-klapp ein wenig – den gastgebenden Rat ersuchte, beim Festmahl ausschließlich von den schönsten Klöpplerinnen bedient zu werden. Heute ist Spitzenklöpplerin nach zweijähriger Ausbildungszeit wieder ein Beruf.

Unseren Reisenden zwischen 1780 und 1880 ist natürlich – mehr noch als uns heutigen – nicht entgangen, daß diese eigentümliche Berglandschaft zwischen Vogtland im Westen und der Sächsischen Schweiz im Osten ihren prägenden Namen hat: Erzgebirge, Gebirge des Erzes. Sagte man im benachbarten Vogtland, es käme alles vom Walde her, so heißt es hier in einem alten Bergreigen »... s' kommt alles vom Berg her«. Die Landschaft war – unübersehbar – geprägt von Halden und Türmen, Kauen und Stollenmundlöchern, Hut- und Treibehäusern, von Poch- und Hammerwerken.

»Glückauf!« — jahrhundertealter Gruß und Wunsch zugleich. Die großen Städtegründungen — Freiberg, Annaberg, Schneeberg — begannen mit dem »Berggeschrei«, und die auf hoher Halde über der einstigen Silberstadt Freiberg regelrecht thronende Zeche »Alte Elisabeth«, fündig um 1500 und noch heute befahrbar, amtlich registriertes technisches Denkmal hinter Fachwerk und unter hohem Schindeldach, ist dafür so etwas wie ein letzter Zeuge.

Das 13. Jahrhundert war die erste große Blütezeit des meißnischen Erzbergbaus, der den Markgrafen von Meißen zu Macht und Ansehen im Reiche verhalf. Man schätzt die Silberausbringung des Freiberger Reviers — die Stadt hatte fünf Kirchen und vier Marktplätze, umgürtet von einem mit 34 Türmen besetzten Mauerring — bis Ende des 14. Jahrhunderts auf eine Million Kilogramm, die noch am Ort in klingende Münze verwandelt wurden. Dann waren die oberflächennahen Schichten erschöpft, die tieferen Schächte soffen ab, die ersten Bergwerksmaschinen kamen auf, mächtige Holzkonstruktionen, Kunsträder in gewaltigen Radkammern, vom Wasser angetrieben, das über zum Teil noch erhaltene Grabensysteme von weither herangeführt wurde. Das größte technische Denkmal dieser Art, das Freiberger Kunstgrabensystem von Neuwernsdorf über Dörnthal—Großhartmannsdorf bis Freiberg mit 54 Kilometer oberirdischen und 24 Kilometer unterirdischen Gräben (Röschen), nahm 1558 seinen Anfang mit dem Müdisdorfer Kunstgraben und wurde bis 1885 ständig erhalten und ausgebaut. Eine technische Meisterleistung, zu der — um auch in Trockenperioden für das Aufschlagwasser zu sorgen — Stauanlagen wie der Filzteich bei Schneeberg (1483) und der Greifenbachstauweiher gehören, die ältesten Talsperren des Erzgebirges.

Die meisten Strecken im Freiberger Revier sind noch mit Schlägel und Eisen ins Gestein vorgetrieben, 140 Zentimeter hoch und 45 breit, stauberfüllt, etwa zwei Meter Vortrieb im Quartal; erst ab 1643 wurde hier und da schon Pulver eingesetzt. Die neue Technik verhalf Freiberg zu einer neuen Blüte. Doch um welchen Preis: Bergmannskinder ab zehn Jahre und Halbwaisen gar schon ab acht mußten mitarbeiten. Noch 1866, als es beispielsweise mit dem Annaberger Altbergbau zu Ende ging, kamen die Bergleute zu Fuß aus den umliegenden Dörfern mit bis zu zweistündigem Anmarsch, um dann über Leiterfahrten bis in 600 Meter Tiefe zu steigen, wo schließlich erst ihr achtstündiger Arbeitstag begann. 1848 erhielt die »Alte Elisabeth« die erste Dampffördermaschine, die noch heute so steht wie damals. Zwei Jahre später hatte der sächsische Silberbergbau mit 33 000 Kilogramm Silber Hochkonjunktur, 1913 wurde er — in der Konkurrenz zum südamerikanischen Silber — eingestellt. Andere Erze — Blei, Kupfer, Eisen, Zinn und Wismut — waren längst wichtiger geworden, vor allem aber die Steinkohle im Zwickauer Revier und im Raum Oelsnitz-Lugau. So bildete sich mit dem neuen Maschinenzeitalter vor allem in der zweiten Hälfte des 19. Jahrhunderts jene typisch sächsische Industrielandschaft heraus, die von qualmenden Schornsteinen, den grauen Zweckbauten der Fabriken, den zusammengeballten Arbeitersiedlungen und verstreuten Resten landwirtschaftlicher Betriebsamkeit geprägt ist. Für uns ist der sächsische Bergbau heute ein aussagefähiges Kapitel früher europäischer Technik- und Sozialgeschichte, vergleichbar mit Flandern und Norditalien. Vor allem aber haben diese Jahrhunderte tief und anhaltend die Menschen, ihre Mentalität und Denkart geprägt, ihr Zusammengehörigkeitsempfinden und ihr Brauchtum.

Arzgebirg, wie bis du schie — das versteht sich so richtig erst aus der erlebten Mühsal, mit der das Erz dem Berg abgerungen werden mußte, und der bodenständigen Liebe zu diesem Fleck Heimat, die so schwer zu bewahren war. »Wohl über kein Land und keinen Stamm haben sich die herrschenden Ansichten in den letzten Jahren so geändert«, schrieb G. Oertel (»Beiträge zur Landes- und Volkskunde des Königeiches Sachsen«) 1890, »wie über das vermeintliche sächsische Sibirien und seine Bewohner. Man hat gesehen, daß dieses vielverkannte und vielgeschmähte Bergland eine Fülle landschaftlicher Schönheiten in seinen bachdurchrauschten Thälern, in seinen würzig duftenden Wäldern, auf seinen weit ins Land lugenden Höhen beut ...« Ein klares Bekennerwort zu einer Zeit, als der

Fremdenverkehr – zögernd noch – auch das Erzgebirge zu entdecken begann. Denn abgesehen von Oberwiesenthal, dem »sächsischen St. Moritz«, und den Modebädern Brambach und Bad Elster waren die Erzgebirgsorte für die Reisenden unseres »romantischen« Berichtszeitraumes mehr von informativ betrachtendem Interesse. Die ersten Ferienreisen ins Erzgebirge in heutiger Zeit wurden vom FDGB erst 1952 vergeben.

Spätestens hier ist ein Blick auf diese sowohl sächsische Geschichte wie sächsische Landschaft prägende Bergwelt angebracht. Ein abwechslungsreiches Bild mit Bergstädten und langgezogenen Dörfern, mit Burgen in den Tälern der beiden Mulden und der Müglitz, der Zschopau und der beiden Weißeritz-Wasserläufe, mit einsamen Bergmatten und – zumindest zum Vogtland hin – noch gut erhaltenen Wäldern, eine Landschaft des Wintersports und des Urlaubs. Geologisch gesehen ist das Erzgebirge Teilstück einer durchgehenden Mittelgebirgszone, eine allmählich aus dem erzgebirgischen Becken zwischen Zwickau und Karl-Marx-Stadt über 40 Kilometer nach Süden ansteigende schräggestellte Pultscholle, die dann vom Kamm steil ins nordböhmische Becken mit seinen heißen Quellen in den weltbekannten Bädern abfällt. In der Mitte und ostwärts die harten Basaltkegel, Pöhlberg, Bärenstein und Scheibenberg; die höchsten Gipfel im westlichen Teil der vom Bergbau gezeichnete Auersberg (1019 Meter), seit 1869 einen steinernen Aussichtssturm tragend, und der vielbesuchte Fichtelberg (1214 Meter). Das winzige Dorf Tellerhäuser (921 Meter), unmittelbar an der Grenze zur ČSSR gelegen und von Tausendern umgeben, ist die höchstgelegene Gemeinde der DDR.

Im Gegensatz zum östlichen Erzgebirge mit seinen langen Paralleltälern ist der westliche Teil stark gegliedert und für den Wanderer bis heute voll überraschender romantischer Winkel. Da gibt es die geschützten Bergwiesen bei Annaberg und im zeitigen Frühjahr die »nackschen Jungfern«, blühende Krokusse bei Drebach, die vor über dreihundert Jahren der Pfarrer und Pflanzenzüchter Rebentrost ansiedelte. Oder das Greifensteinmassiv bei Ehrenfriedersdorf mit der Stülpnerhöhle, dem Mundloch eines alten Stollens. Auf der Felsenbühne ist im Sommer das Volksstück vom Karl Stülpner (1762–1841) aus Scharfenstein, dem grünen Rebellen des Erzgebirges, zu erleben, dessen Lebensgeschichte anno 1835 der Magister Carl Heinrich Wilhelm Schönberg aus Zschopau veröffentlichte – offenbar allzu volkstümlich geschrieben und darum bald beschlagnahmt. Die Kunde vom legendären, der Obrigkeit höchst unbequemen Wildschützen blieb lebendig und war auch unter den Arbeitern populär, die sich – getarnt als Gesangverein im Familienausflug – während des Sozialistengesetzes (1878–1890) an den Greifensteinen trafen.

Für Reisen ins Erzgebirge mußte man um diese Zeit, anders als in Thüringen, noch sehr werben und aufklärerisch wirken wie der bereits erwähnt G. Oertel, der für die Erzgebirgler, »die man früher für fast bedürfnislos und damit für fast vollkommen kulturlos hielt«, vor allem gegen den Dresdner Kulturdünkel eintrat. Auch Oertel wußte den Fleiß der Erzgebirgler vor dem sozialen Hintergrund der bitteren Anmut zu schätzen, ihren bewahrenden Nützlichkeitssinn, auch ihre Gemächlichkeit bis hin zur Sprechweise und der mitunter hemmenden Macht der Gewohnheit eines wäldlerischen Klein-Klein-Denkens.

»Bringt nur ein warmes, empfängliches Herz mit in das Erzgebirge«, riet August Peters in seinen »Wanderungen durchs Erzgebirge« den Reisenden anno 1860. »Bringt es mit in seine unermeßlich hohen Wälder oder auf die bunten Blumenteppiche seiner Gefilde. Bringt es mit in das freundliche Dorf, wo die munteren Mädchen vor den Häusern sitzen und singend klöppeln ...« Wie sehr sich Landschaft und Leute seither – nicht immer zu ihrem Vorteil – verändert haben, wie die Wälder auf weiter Fläche oft ganz verschwunden sind und erst spätere Generationen die Aufforstung wieder wandernd erleben können, wie sich die Industrie in die Landschaft weiter hineinfraß und altes Brauchtum erst mählich in Folkloregruppen wiederbelebt wird, davon kann sich jeder selbst sein Bild machen. Doch die alte Bitte gilt weiter: »Bringt nur ein warmes, empfängliches Herz mit ...«

Ein Pfarrer gab den Namen

Blättern wir das Gästebuch einmal von hinten auf, sozusagen bei Großvaters Zeiten Ende vergangenen Jahrhunderts. Noch immer fehlte es in den Reiseführern nicht an wohlgemeinten Ratschlägen, als begebe man sich auf eine Weltreise. »Meyers Reisebuch Dresden und die Sächsische Schweiz« von 1896: »In einer Feldflasche möge man einen Schluck Kognak mitnehmen; als Trinkgefäß ist am zweckmäßigsten ein Gummi- oder Lederbecher. Ferner ein kleines Fernrohr oder Operngucker; Handstock und Schirm vereinigt am besten ein fester Stockschirm mit Stahlzwinge. Wer steile Berg- oder Felspartien zu unternehmen wünscht, dem wird auch ein Alpenstock vorzügliche Dienste tun.«

Das war rund hundert Jahre nach der »Entdeckung« der Sächsischen Schweiz durch die beiden Schweizer Künstler Anton Graff aus Winterthur, Porträtmaler, und Adrian Zingg aus St. Gallen, Kupferstecher, im Jahre 1766 berufen an die Dresdner Künstlerakademie. Sie wanderten zum Königstein und zeichneten die Festung und die bizarre Felsenwelt, die sie – in Erinnerung an ihre Heimat – »sächsische Schweiz« nannten. Davon können wir uns heute anhand vieler schöner Blätter noch eine Vorstellung machen. Die vermutlich erste gedruckte Erwähnung dieses bald populären Namens erfolgte in Hasches »Umständlicher Beschreibung Dresdens« (Leipzig 1783). Die erste umfassendere Beschreibung der Sächsischen Schweiz verdanken wir dem Hohnsteiner Predigtamtskandidaten Wilhelm Leberecht Götzinger, späterer Pfarrer in Neustadt bei Stolpen. Seine »Geschichte und Beschreibung des Chursächsischen Amts Hohnstein mit Lohmen insbesondere der unter dieses Amt gehörigen Stadt Sebnitz« (Freyberg 1786) basierte auf selbst erwanderter Ortskenntnis und vaterländisch inspirierter Heimatliebe, ein klassisches Reisewerk in guter Sprache und mit wissenschaftlicher Genauigkeit. In seinem zweiten, ausführlichen Reisewerk »Schandau und seine Umgebungen oder Beschreibungen der sogenannten Sächsischen Schweiz« (Bautzen 1804) regte er schon zum Klettern an, wenn er die Strecke nach der Leiter auf dem Winterstein so beschreibt: »Hat man diese mit aller Behutsamkeit erstiegen, so ist man zwischen den Wänden des Spaltes eingezwängt und muß sich bloß durch Anwendung vieler Leibeskräfte auf einen Absatz des Felsens hinanschwingen ...« Bereits 1777 und dann 1803 war der Mönchstein bei Rathen mittels zusammengebundener Leitern erklommen worden, und der 18jährige Schornsteinfegergeselle Sebastian Abratzky aus Mahlis bei Oschatz wurde im März 1848 ganz unfreiwillig zum »Ahnherren« sächsischer Massivkletterei, als er heimlich, um das Eintrittsgeld zu sparen, den Königstein in einen dreistündigen Alleingang zur Festung hinauf bezwang. Was ihm 12 Tage Arrest einbrachte. Nachdem Schandauer Turner 1864 den Falkenstein bezwungen hatten, setzte bald eine ausgesprochen volkstümliche Kletterbewegung ein. Heute markieren 970 Kletterfelsen der Sächsischen Schweiz mit einem Gipfelbuch sportlichen Anspruch, in sieben Schwierigkeitsstufen. »Bin ich dir näher, Natur«, notierte 1830 ein Hamburger Freiheitskämpfer in das Gipfelbuch des Kuhstalls und drückte damit eine allumfassende Natursehnsucht und Freiheitsliebe aus, die um die Jahrhundertwende dann auch die Dresdner Arbeiter erfaßte. Erinnert sei an die »roten Kletterer« in der Nazizeit, wo Kletterfelsen zu geheimen Versammlungsorten des antifaschistischen Widerstands wurden.

Genau genommen war August der Starke einer der ersten »Touristen«, als er – nach entsprechenden Vorbereitungen – am 26. Juli 1708 das Plateau des 415 Meter hohen Liliensteins »bestieg« und oben mit seinen Kavalieren tafelte. Noch 90 Jahre später beschreibt der Dresdner Kupferstecher Günther solch eine Besteigung als ein schreckliches Wagnis, und so wird es wohl auch den anderen Zeitgenossen erschienen sein.

Heute wird das 1956 geschaffene rund 370 Quadratkilometer umfassende Landschaftsschutzgebiet »Sächsische Schweiz« mit dem cañonartigen Elbtal von Millionen Touristen, Wanderern und Urlaubern alljährlich aufgesucht; 20 000 an manchen Sommertagen allein auf der Bastei und nahezu eine halbe Million jährlich auf der Festung Königstein. Charakteristisch die Tafelberge und Felsnadeln in diesem »Gebirge ohne Berge« aus der Kreidezeit, zwischen Lausitzer Bergland und Erzgebirge, als Küsten des einstigen Meeres, auf dem sich die fünf-, sechshundert Meter starken Schichten ablagerten und im Tertiär als große Sandsteinplatte emporgehoben wurden, die dann von den Erdkräften zerklüftet, zerrissen und gespalten wurde und in die sich die Elbe während der letzten Eiszeit hindurchfräste. An einigen Stellen haben sich Kluft-, Schicht- und Einsturzhöhlen gebildet, so am Quirl, am Kuhstall und am Kleinen Bärenstein. Die Felsreviere tragen ausnahmslos ein Waldkleid. Insgesamt beträgt der Waldanteil fast zwei Drittel des Territoriums. Die Geländeformen bedingen ein besonderes Mikroklima. So wächst der Kühle und Feuchte liebende Fichtenwald in den Gründen, während er außerhalb der Sächsischen Schweiz die höheren Lagen der Mittelgebirge bevorzugt. Durch den verstärkten Anbau rauchhärterer Laubbaumarten versuchen in den letzten Jahren die Forstleute, den auch in der Sächsischen Schweiz zunehmenden Rauchschäden entgegenzuwirken. Seit im September 1956 diese Landschaft zum Schutzgebiet erklärt wurde, hat der Schutzgedanke immer breitere Bevölkerungskreise erfaßt und eine ständige, auch öffentlich spürbare Aufwertung erfahren. Vor allem durch den Landschaftstag in Bad Schandau 1977, dem der dann 1978 vom Rat des Bezirkes Dresden als verbindliches Dokument beschlossene Entwurf eines Landschaftspflegeplanes vorlag, und dem 1982 in Sebnitz, der die erste Fassung einer dem wachsenden Massentourismus entsprechenden Verhaltensordnung für den Besuch des Landschaftsschutzgebietes erarbeitete, die dann 1983 in Kraft trat. Zu den vielen ehrenamtlichen, zumeist im Kulturbund organisierten Helfern gehören auch viele Bergsteiger, die laufende Unterhaltungsarbeiten an bestimmten Kulturdenkmälern, wie der Basteibrücke und der Felsenburg Neurathen, leisten und sich auch um die Konservierung zerfallsgefährdeter Felsen, wie die Barbarine, kümmern.

Im Heimatmuseum von Stadt Wehlen, das nach seiner Neugestaltung 1982 die Aufgaben eines Landeskulturkabinetts übernahm, kann man die Sächsische Schweiz en miniature kennenlernen, dazu manch Wissenswertes aus alten Zeiten: die Entwicklung des Gebirges seit der Kreidezeit; die Geschichte der Burg Wehlen; das Leben der Bevölkerung — einst Steinbrecher, Fischer, Schiffer. Ein Pflanzengarten zeigt die für die Gegend typischen Gewächse. Und hier im Heimatmuseum begegnen wir auch wieder Pastor Götzinger, der als erster die Felsenwelt »romantisch« nannte: »Die Niederungen um die Gebirge führen den Naturfreund bald in lachende romantische Thäler, bald in wilde Felsen-Gründe und Gruppen, und die Verbindung so vieler Naturschönheiten und Mannichfaltigkeit ... werden dem, welcher dieses Alles in seiner Verbindung bereist und sieht, das Geständniß abnöthigen, daß man diese außerordentliche Gegend nicht mit Unrecht die Sächsische Schweiz nenne.«

War ne harkimmt, derfährt nischt: Lausitz

Beschrieben wird die Lausitz als eine Landschaft der Kuppen und bizarren Felsgebilde, der Hügel und Auen, auch als Heideland beiderseits der Spree, wo die Sorben zu Hause sind, die schon vor tausend Jahren hier lebten und als Lusizer — Lusica bedeutet Sumpfland — dem ganzen Landstrich den Namen und einen bedeutenden Teil seiner Geschichte gaben. Die ist erfüllt von bewegenden Menschengeschichten und schweren Einzelschicksalen, wie sie der 1861 in Cunewalde geborene Wilhelm von Polenz in seinem Roman »Der Büttnerbauer« für das widerspruchsvolle 19. Jahrhundert beschrieb. Und der sorbische Dichter Jurij Brězan weiß um dieses historische Hinterland seiner Lausitz, wenn er (in seinen »Lausitzer Impressionen«) schreibt: »Aber immer wieder schaudere ich zurück vor den schwarz blutenden Wunden dieser Landschaft, und immer wieder stehe ich fasziniert vor ihrem neuen Glanz, dem kein Schimmel alter Armut mehr anhaftet.« Erfahrung und Hoffnung, wie sie in den alten Reiseberichten nur gelegentlich anklingen.

Etwa seit dem 14. Jahrhundert spricht man von einer Nieder- und einer Oberlausitz; erstere fiel nach dem Wiener Kongreß zusammen mit Görlitz und Lauban weitgehend an Preußen und hörte damit auf, ein politisches Sondergebilde darzustellen. Über sie hat der märkische Wanderer Theodor Fontane, unterwegs mit Postkutsche und Spreewaldkahn 1859, in seinem Reisebuch »Spreeland« berichtet. Die Oberlausitz wurde mit dem Königreich Sachsen zu einem Staatsganzen verbunden. Sie bewahrte sich ihre schönen Umgebindehäuser als unnachahmliche Eigenart. Doch ihre »kwurrlnde Bergsprache« unterscheidet sich von den übrigen sächsischen Mundarten deutlich durch das rollende »R«. »A unser Sproche sprechen mir uns aus, dr ganze Mensch steckt drinne ...« (Gustav Wolf).

Diese sächsisch gebliebene Landschaft – und das bedeutet mehr als nur die Bewahrung von Tradition und Brauchtum –, gelegen zwischen der Pulsnitz im Westen und Oder/Neiße im Osten, dem Niederlausitzer Grenzwall im Norden und dem Grenzgebirge zur ČSSR im Süden, das alte »Sechsstädteland«, ist bis heute von eigenem, vielgestaltigem Reiz. Das betrifft die Natur ebenso wie die Geschichte und die Kultur der Menschen hier. Noch wirken manche Dörfer wie vor hundert Jahren. In den Tälern des einst von thüringischen und fränkischen Bauern besiedelten Oberlandes die langgestreckten Waldhufendörfer mit den chrakteristischen Umgebindehäusern, wo keines dem anderen gleicht und die alle doch aus der Zeit stammen, da die Webstühle Einzug hielten und in der Blockhütte Platz geschaffen werden mußte. Also stockte man drüber so auf, daß aufrecht stehende Ständer Dach und Obergeschoß trugen. In der Klosterherrschaft Marienthal gab's um 1650 bereits in drei solchen Weberdörfern 96 Weber mit 170 Webstühlen. Reich wurden die Verleger und Kaufleute in Zittau, Görlitz und Großschönau, und der klingende Spruch vom goldenen Boden des Handwerks geriet mehr und mehr in das Mahlwerk der fortschreitenden Industrialisierung. In seinen kaum bekannten »Jugenderinnerungen« beschreibt der 1804 in der Lausitzer Pfefferkuchenstadt Pulsnitz geborene spätere Bildhauer Ernst Rietschel, Schöpfer u. a. des Goethe- und Schiller-Denkmals in Weimar und des Luther-Denkmals in Worms, die Not seines Vaters, eines Beutel- und Handschuhmachers.

Um Kamenz und Bautzen wiederum ist das Dorfleben noch immer stark von den jahrhundertelang unterdrückten Sorben und ihrem Brauchtum geprägt. Orts- und Straßenschilder, selbst Geschäftsnamen sind hier zweisprachig, und wer's nicht gar zu eilig ins Touristenparadies im Oberland hat, dem fallen die gepflegten Dörfer ebenso auf wie die neu vergoldeten Kruzifixe. Das Land der slawischen Milzener und Lusizer war bereits vor der Ostexpansion dichtbesiedelt, und so bot sich für deutsche Bauern nur wenig freier Siedlungsraum. Die jahrhundertelange Zugehörigkeit der Lausitz zur böhmischen Krone, erst im Ergebnis des Dreißigjährigen Krieges fiel das Land an Kursachsen, sicherte der slawischen Enklave eine gewisse Souveränität und ließ viele Sorben am katholischen Glauben festhalten.

Mitunter wird übersehen, wie sehr das lebendig gebliebene sorbische Brauchtum dieser katholischen Tradition verpflichtet ist, ob bei Hochzeiten oder Fronleichnamsumzügen, bei dem reichen Osterbrauchtum oder in den Trachten. So wurde z. B. in dem niederlausitzischen Ort Schleife die in kräften Farben gehaltene Bauerntracht um 1970 noch von etwa 700 Frauen ständig getragen. Die alten Volkslieder des 19. Jahrhunderts, Hirten- und Hochzeitslieder, Bitt- und Tanzlieder, sind nun wieder in Bautzen bei dem schon traditionellen Festival der sorbischen Kultur zu hören, wo man rund um den Reichenturm so viel Dudelsackklänge vernehmen kann wie sonst vergleichsweise nur auf einem irischen Folklorefest.

Nahezu ein Jahrtausend lang waren die Sorben einem mehr oder minder anhaltenden Germanisierungsdruck ausgesetzt. Zugleich hatten sie unter ihren deutschen Landsleuten auch moralisch und geistig Verbündete, die den nationalen Selbstbehauptungsanspruch ihrer slawischen Nachbarn solidarisch unterstützten: Wissenschaftler wie Karl Gottlob von Anton, Mitbegründer der Oberlausitzischen Gesellschaft der Wissenschaften, und der Historiker Karl Lamprecht, Philosophen, wie der in Rammenau geborene Johann Gottlieb

Fichte, und Dichter, wie Herder, Seume und der aus Kamenz gebürtige Gotthold Ephraim Lessing, vor allem aber Theologen wie der Berliner Konsistorialrat und Probst an der Nikolaikirche Philipp Jakob Spener. Gerade das 19. Jahrhundert ist reich an schriftlichen Verunglimpfungen der »Wenden«, wie man damals die Sorben nannte, und nur selten sprach sich ein konservativer Schulmann wie Dr. G. Oertel (»Beiträge zur Landes- und Volkskunde des Königreiches Sachsen«) so einsichtsvoll dagegen aus: »Über die Wenden selbst sind ebenso irrige Meinungen verbreitet wie über ihr Land. Daran trägt unter anderem eine vielverbreitete Vaterlandskunde schuld, die die wendischen Dörfer als Sammlungen von Lehmhütten ohne jeden Blumenschmuck und die Wenden als verstockte, heimtückische, indolente Menschen schildert, deren Augen nur dann aufleuchten, wenn sie das Wort: palenz, d. h. Schnaps, hören ...« Heute gehört es zum Alltag der DDR, daß die rund 100 000 Sorben gleichberechtigt mit allen anderen Bürgern in allen Lebensbereichen wirksam werden können, was sich vor allem auch segensreich auf die Pflege ihrer Kultur auswirkte.

Ist das Erzgebirge das traditionelle Weihnachtsland, so kann man die Lausitz mit ihrem reichen Osterbrauchtum getrost als Osterland bezeichnen. Am bekanntesten das fast archaisch anmutende Osterreiten der Bauern auf geschmückten Pferden durch die Flur am Ostersonntag, heutzutage wieder von Tausenden Zuschauern bestaunt. Solche Flurumritte der schwarz gekleideten, Chorsäle singenden Reiter (krizerjo) stammen noch aus vorchristlicher Zeit, und Familientraditionen spielen noch immer eine gewichtige Rolle. Das Osterwasserholen durch die jungen Mädchen gab es früher auch in anderen Landschaften, das Osterwassergießen wiederum in der Nacht zum Ostersonntag ist ein zünftiger Brauch für junge Burschen, die sich solchermaßen auf Kneippsche Art ihrer Gesundheit versichern. Das Ostersingen der unverheirateten Mädchen in der Nacht zum Ostersonntag findet sich mehr in der Niederlausitz, vor allem noch in dem evangelischen Dorf Schleife, während das Waleien eine Sache der Kinder ist, die auf abschüssiger Bahn ihre Eier wie Murmeln gegeneinander rollen lassen. Und wie im vorösterlichen Prag Slowaken ihre schön verzierten Ostereier feilbieten, kann man auch in Bautzen mit etwas Glück in Wachs-, Kratz und Ätztechnik verzierte Ostereier erstehen.

Überboten wurde und wird das alles freilich von einer sorbischen Hochzeit. In Miltitz bei Marienstern wurde 1894, so der Chronist, eine Hochzeit mit 2 Rindern, 5 Kälbern, 2 Schweinen, 47 Broten, 300 Kuchen, 17 Hektoliter Bier und 50 Liter Branntwein für 350 Gäste ausgerichtet, die vom »braska«, dem feierlich-fröhchen, mit Sträußen, Bändern und Tüchern geschmückten Hochzeitsbitter, alle persönlich eingeladen waren. Hochzeitsgesellschaften von hundert Gästen kann man gelegentlich auch heute noch auf dem Lande erleben und dabei ganz sicher die sorbische Hochzeitssuppe kosten — mit Zwiebeln, Möhren, Sellerie und Kohlrabi gekochtes Rindfleisch, mit dem sogenannten Eierstand (in Milch verrührte und in einem Wasserbad gekochte Eier) sowie mit Nudeln, Blumenkohl, Schwarzwurzeln oder Spargel als Zutaten. Zum gekochten Rindfleisch gibt es frischen geriebenen Meerrettich, der in einer Einbrenne langsam erhitzt wird, und Brot. Guten Appetit! Und weil wir gerade bei den Spezialitäten dieser speziellen Landschaft sind, so sei auch der berühmten Lausitzer Pfefferkuchen gedacht, an deren köstliche Geschichte der Besucher zumindest im Pulsnitzer Museum »Alte Pfefferküchlerei« erinnert wird.

So vielgestaltig und originell sich die Geschichte dieses kleinen Ländchens für den Besucher erweist, so vielgestaltig erscheint ihm die Landschaft vom 561 Meter hohen Czorneboh bei Bautzen, der zwar nicht der höchste Berg der Oberlausitz ist, wohl aber seit 1681 den ältesten und ersten Bergturm hierzulande überhaupt trägt; von ihm aus hat man gewissermaßen im Rundblick alles beisammen, was auch unsere Vorväter schon sehr zu schätzen wußten. Denn bereits vor über hundert Jahren gab es — mit einem alten Rechtsanwalt als Inspirator solch »prätouristischen« Wanderns — in Bautzen eine Gesellschaft von Naturfreunden, die allwöchentlich donnerstags hier hinauf kraxelten und dennoch meinten, stets Neues zu entdecken. Wie recht sie hatten. Oder: »War ne herkimmt, derfährt nischt!«

O, wie schmeckt der Coffee süße …

In der Rückerinnerung an das Haus und das kleine Lädchen seiner mütterlichen Großeltern in Dresden lief dem Maler Ludwig Richter noch Jahrzehnte später das Wasser im Munde zusammen, als er ein Schlachtfest schilderte: »Zwar durfte ich bei dieser Exekution nicht zugegen sein und hörte die durchdringenden Seufzer nur von Ferne; aber dann sah ich das schöne Fleisch gar appetitlich zerlegen, das Wellfleisch kochen, und das kleine, einfenstrige Wohnstübchen war für den Metzgermeister zum Wurstmachen hergerichtet. Ein Geruch von süßem Fleisch, kräftigem Pfeffer und Majoran durchwürzte die Luft, und welche Wonne, zu sehen, wie die hellen, langen Leberwürstlein sammt den theils schlanken, theils untersetzten oder gar völlig corpulenten Blut- und Magenwürsten in dem Brodeln des großen Kessels auf- und untertauchten und endlich herausgefischt und probirt wurden.«

Thüringens und Sachsens Küchenlandschaften sind oft von ähnlichem Geruch erfüllt. Schmecken tut's hier wie dort: Grieß-, Speck-, Servietten- und natürlich Kartoffelklöße, Brotklöße mit Pilzen, Rindfleisch in Rosinensoße, Fettbemmchen und Leipziger Allerlei, Quarkkeulchen. Die sogenannten Leipziger Magisterschmäuse deuten auf einen achtbaren bürgerlichen Appetit, und Handelsmann Caspar Bose ließ in seinem Garten lange vor Fürst Pückler die Ananas wachsen. Man trank in Sachsen seinen Kaffee längst öffentlich, als noch im Preußischen die Kaffeeschnüffler herumschlichen, und Thomaskantor Johann Sebastian Bach wußte seinen süßen Bliemchen-Trunk auch musikalisch zu schätzen. Beinahe mehr noch als Thüringen ist Sachsen ein ausgesprochenes Kuchenland, vor allem aber summiert die Dresdner Eierschecke süße sächsische Kuchenerfahrung.

In Aeckerleins bekannten Kellern am Leipziger Markt gab es in den Austernstuben und Trüffelsalons die ausgefallensten Leckereien. Und der »Thüringer Hof« sowie »Auerbachs Keller« oder gar der erstmals 1694 erwähnte »Kaffeebaum« in der Kleinen Fleischergasse, Sachsens erstes Kaffeehaus, in dem August der Starke schon seinen Mokka schlürfte, Goethe und Lessing, Wagner und Schubert verkehrten, sind noch heute gastronomische Attraktionen.

Nicht jedem Reisenden jener Zeit, wenn er wie Józef Ignacy Kraszewski auf seiner Europareise 1858 vergleichen konnte, sagte die sächsische Gasthausseligkeit zu, zumal wenn sie sich eher saumselig mit Bier und Beefsteak darstellte: »Das Belvedere ist zwar etwas mit der Zeit mitgegangen und kleidet die Bedienung in eine schmucke Livree, hat die Säle bunt ausgestattet und die Musikanten eingekleidet, aber die Küche – Gott sei's geklagt! … Die Mittelschicht lebt äußerst bescheiden, an allen Festtagen geht sie in die Schenke, wo gradezu gespenstische Speisen sie zu befriedigen vermögen. Die Ärmeren essen Fleisch mit Gemüse; mit diesem Gericht sind Suppe, ein gekochtes Stück Rindfleisch und eine Gemüsebeilage gemeint. Das Mittagessen ergänzt der unvermeidliche Kaffee und das nahrhafte Bier.«

Immerhin ließ der verwöhnte Pole Sachsens Hopfenbräu als das gelten, was es noch heute als Radeberger, Ur-Krostitzer oder Wernesgrüner bedeutet. Der Kenner aber schweigt sich aus und genießt den sächsischen Wein. Die herbtrockenen Meißner Weine – Müller Thurgau, Blauburgunder, Ruländer, Gutedel, Traminer, Riesling – bedürfen längst nicht mehr der heimischen Werbung. Markgraf Wilhelm von Meißen hatte noch handfeste ökonomische Gründe zur Anordnung im Jahre 1440, daß in seinen Landen weder »fremder, sonderlich böhmischer Wein, im Fasse zu kaufen und zu schenken, sondern sein Landwein zu Dresden und im Lande Meißen«. Zu dieser Zeit pflanzte man hierzulande bereits fast eine halbes Jahrhundert die Reben an den Hängen zwischen Meißen und der Lößnitz, in der Umgebung von Loschwitz, wo in dem Körnerschen Weinberghaus Schiller am »Carlos« schrieb, in Cossebaude, ja selbst in Kötzschenbroda, Oberwartha und Gohlis. Natürlich waren sich die Reisenden des 19. Jahrhunderts der vom Wein geprägten Landschaftsbilder im Elbtal oberhalb Riesas über Meißen und Dresden-Pillnitz bis hinauf nach Pirna, wo man zu Beginn der 80er Jahre dieses Jahrhunderts mit der Rekultivierung alter

Weinberge wieder begann, durchaus bewußt. Rund 1 000 Hektar, so Experten, umfaßte bereits Ende des 16. Jahrhunderts das elbische Weinbaugebiet, heute mit den Lagen im Saale- und Unstruttal mit das nördlichste Europas. Dann drängten die feurigeren südlichen Importe, aber auch Bier und Kaffee sowie Tee den heimischen Rebensaft zurück. Zwischen 1885 und 1889 versetzte ihm die Reblaus fast den Todesstoß; erst kurz vor dem ersten Weltkrieg wurde in der Lößnitz von Bacchusjüngern eine »Vereinigung zur Förderung des Weinbaues« gegründet. Mit andauerndem Erfolg. Bereits 1959 gab es wieder 97 Hektar Anbaufläche, 1984 waren es schon 250 Hektar mit knapp 500 000 Litern hochbegehrten Weines. Mit etwas Glück kann man ihn in den schönsten und traditionsreichsten Weinlokal weit und breit, bei »Vincenz Richter« in Meißen, probieren.

Als wäre ich schon einmal im Traum hier gewesen

Für die Denkmalpfleger gehört Sachsen nicht unbedingt zu jenen Kulturlandschaften, deren Städtebilder besonders einprägsam sind. Der heutige Tourist, sofern er offenen Auges durch Altstadtgassen und vorbei an historischen Bauwerken wandelt, ist da weniger kritisch. Da sind das einzigartige Panorama von Bautzen und die berühmte Silhouette Meißens, da ist für viele das mittelalterliche Görlitz erst noch zu entdecken und entfaltet das berühmte barocke Dresden ganz unerwartet den architektonischen Reiz des 19. Jahrhunderts; ein Stadtjubiläum hat den grauen Altersbelag von Freiberg genommen, wie ja überhaupt die erzgebirgischen Bergstädte des 15. und 16. Jahrhunderts eine ganz eigene kulturgeschichtliche Dominante in dieser so vielfältigen Kulturlandschaft Sachsens bilden. Dazu gehören die Umgebindehäuser der Oberlausitz ebenso wie die Burgenlandschaften an Zschopau und Mulde, die berühmten sächsischen Hallenkirchen mit den hohen Satteldächern und die noch immer erhaltenen Marktplätze der kleineren Städte mit ihrem charakteristischen Ortsbild wie Stolpen, Frauenstein oder Zittau. Nicht zu vergessen die Schlösser wie Pillnitz oder Moritzburg, die Gärten und Parke wie Großsedlitz, die lokalen Reize der sich voneinander deutlich abhebenden Landschaften zwischen Elster und Elbe, Erzgebirge und Spreewald. Wir kennen sie von den Zeichnungen der Romantiker her, und wir erkennen sie wieder in den alten Stichen. »Ich möchte jetzt nur meine sächsischen Gegenden und Hütten malen und dazu die Menschen, wie sie jetzt sind«, erklärte Ludwig Richter dazu (»Lebenserinnerungen eines deutschen Malers«): »Ein Frühlingstag mit grünen Korn- und gelben Rübsenfeldern, jungbelaubte Linden- und Obstbäume, den Bauer, der da ackert im Schweiße seines Angesichts und auf Hoffnung von Gottes Segen, und die kleinen, talkigen, unschuldigen Bauernkinder, die dem Vater einen Trunk bringen oder heiter spielen und Sträuße binden, da sie noch im Paradieszustande der Kindheit leben, während der Alte arbeiten muß; dazu Schwalben in der Luft, Gänse auf der Wiese und Goldammern im Gebüsch, der Hausspitz oder die Kühe auch bei der Hand ...« Dieses SACHSEN hat auch unsere Reisenden zwischen 1780 und 1880, zwischen Postkutsche und Eisenbahn, zwischen Bildungsreise und beginnendem Tourismus schon zum Verweilen veranlaßt und ihre Berichte gewürzt. Sie liegen zahlreicher vor als etwa vergleichsweise zu Thüringen und wurden auch diesmal wieder weitgehend in ihrer ursprünglichen Diktion belassen, sofern sich die Auszüge nicht auf spätere, bearbeitete Ausgaben beziehen. Wiederum wurde angestrebt, auch unbekannte Quellen zu erschließen und vergessene Texte wiederzuentdecken.

Sachsen ist mehr noch als Thüringen und auch anders aufgrund seiner geographischen Lage und seiner besonderen Territorialgeschichte zum Schmelztiegel der Kulturen geworden, ein »Sammelbecken kultureller Traditionen und Einflüsse aus Franken und Niedersachsen, aus Böhmen, Schlesien und auch aus Brandenburg« (Generalkonservator Prof. Dr. Deiters in »Denkmale in Sachsen«, Weimar 1978), Mittler und Vermittler dank einer sich darauf gründenden eigenständigen Kultur.

Vieles, was uns die alten Reisetexte noch schildern,

ist inzwischen verloren gegangen, niedergelegt im Zuge der wirtschaftlichen Entwicklungen des 19. Jahrhunderts oder zerstört im zweiten Weltkrieg. Unersetzliche Verluste hat Dresden erlitten; aber auch Leipzig und Karl-Marx-Stadt und die vielen Mittelstädte stellen die Denkmalpfleger vor schwierigste Aufgaben. »Vaterländische Alterthümer« erhalten wollten bereits die Heimat- und Kunstfreude, die Geschichtsforscher und die vielen Lehrer, die sich 1825 in Sachsen zu einem »Alterthumsverein« zusammenschlossen. Sie dachten zunächst aber nur an das mittelalterliche Erbe, und spätere Bauleistungen, wie z. B. die des Rokoko, waren suspekt. Erst ein Mann wie Cornelius Gurlitt machte den so berühmten sächsischen Barock sozusagen gesellschaftsfähig. Die moderne Denkmalpflege verlangt die genaue Wiederherstellung des originalen Zustandes. In Sachsen wie im benachbarten Thüringen wurden dafür nach 1945 Maßstäbe gesetzt. So u. a. mit der Restaurierung der Thomaskirche in Leipzig (ab 1961) und des Freiberger Doms, der Farbgebung von Schloß Moritzburg und der Innenrestaurierung des Klosters Neuzella, der innerstädtischen Rekonstruktion des Altstadtkerns von Freiberg und der noch anhaltenden Restaurierung der Annenkirche von Annaberg, der bedeutendsten spätgotischen Hallenkirche Obersachsens. Doch das sind nur Beispiele.

Die Pflege und Aneigung dieses kulturellen Erbes ist in den drei sächsischen Bezirken Dresden, Leipzig und Karl-Marx-Stadt eine kulturpolitische Aufgabe ersten Ranges. Die nationale und internationale Geltung dieses Territoriums als Zentrum bedeutender Kulturleistungen ist eng mit seinem historischen Werdegang verbunden. 108 Museen, 300 Denkmäler von überregionaler Bedeutung und weitere 1 000, die z. B. allein in die Denkmalliste des Bezirkes Dresden aufgenommen wurden, verdeutlichen die reiche sächsische Kultur- und Kunstgeschichte. Die Leistungen der großen Baumeister und Künstler sind gerade mit der Elbmetropole und deren Umkreis verknüpft. Erinnert sei an Daniel Pöppelmann, Balthasar Permoser und Gottfried Semper, an Komponisten wie Carl Maria von Weber und Richard Wagner oder an Dichter wie Theodor Körner.

Seit März 1983 besteht beim Rat des Bezirkes Dresden eine Forschungsgemeinschaft zur Kulturgeschichte des Dresdner Raumes. Sie soll die kulturhistorische Forschung bei der Erarbeitung einer einheitlichen Kulturgeschichte koordinieren. In mancher Hinsicht werden dabei die alten Reiseberichte diese Forschungen inspirieren und als zeitgenössisches Urteil stützen. Sie schildern uns oft recht genau und empfindsam für's Detail — bei aller romantischen Schwärmerei vor allem in den ersten Jahrzehnten des 19. Jahrhunderts — Land und Leute. Wir sehen mit Goethes Augen den Meißner Dom und wandern an der Seite des Realisten Immermann durch die Sächsische Schweiz. Und es ist, als könnten wir mit einem Male neu, anders als zuvor, sehen und verstehen. Die Poesie der alten Texte hat uns erfaßt, und unser Wanderschritt erhält einen anderen Rhythmus. So wie es dem Märchendichter Hans Christian Andersen anno 1831 erging, als er sich auf der alten Poststraße nach Dresden aufmachte:

»Nach einem Aufenthalte von drei Tagen verließ ich das freundliche Leipzig, wo ich mehrere vortreffliche Menschen hatte kennen lernen. Es war schon dunkel, als wir bei dem Jagdschloß Hubertusburg mit seinem großen Garten vorbeifuhren. Meng's Pinsel soll viele Fremde nach der Schloßkapelle hinlocken; wir hatten keine Zeit, auch keinen Mangel an Bildern; ein Bild wechselte mit dem andern, wenn wir durch die Wagenfenster hinaus sahen. Hier ein Wirthshaus mit Reisenden, der Hausknecht mit der brennenden Laterne in der Thür — das war ein Nachtstück nach Rembrandt'scher Manier; dort sah man eine sumpfige Gegend in Morgenbeleuchtung, einige wilde Enten plätscherten im grünen Schilfe, eine Manier, die Ruysdael nachzuahmen pflegt; weiterhin lag ein Flecken mit eingestürzten Mauern; im Vordergrunde, unter einem großen Baume, saßen ein Paar junge Leute und küßten sich — das war eine Manier, die ich selbst gern hätte nachahmen mögen ...«

Anhang

Anmerkungen

(1) Von einem sächsischen Dialekt kann im Grunde genommen nicht die Rede sein. Man spricht wohl von einem solchen und versteht darunter die Sprechweise des weitgereisten Partikularisten Bliemchen aus Dresden oder die Mundart, in welcher der alte »Leibz'ger« seine »Gefiehle« der Welt »verginnded«; aber nur in einem verschwindend kleinen Teile Sachsens wird dieser zum Ziele des Spottes unserer Nachbarn gewordene Dialekt gesprochen. Unser engeres Vaterland ist reich an Mundarten, die nicht bloß in nebensächlichen Punkten voneinander verschieden sind. Es wird dem Dresdner schwer, den echten Vogtländer zu verstehen, ebenso wie es dem Leipziger Mühe macht, einem richtigen Oberlausitzer zu folgen. Wir können in der Hauptsache fünf sächsische Dialekte unterscheiden, den Lausitzer, den erzgebirgischen, den vogtländischen, den meißnischen und den osterländischen (Leipziger) Dialekt. Wissenschaftlich betrachtet sind die beiden erstgenannten ostfränkisch-obersächsische Mischdialekte, die vogtländische Mundart gehört dem ostfränkischen Sprachzweige, die beiden letztgenannten dem obersächsischen an. G. Oertel 1890

(2) Ganz anders lagen die Dinge damals in Leipzig. Der Geist der dortigen Bürgerschaft war freilich nicht weniger einseitig und engherzig als der, welcher in der Dresdner Bürgerschaft herrschte, denn er beruhte lediglich auf den Interessen der Stadt als eines großen Meß- und Handelsplatzes, die vielfach im Widerspruch standen mit den Interessen des übrigen Landes und besonders denen der industriellen Bezirke. Leipzig hat sich daher von jeher in einer gewissen Opposition gegen die Regierung befunden, deren Maßregeln dort in der Regel einer scharfen Kritik unterworfen wurden. Indessen waren diese immerhin einseitigen Interessen Leipzigs doch viel weitgreifender und umfassender als die lokalen Interessen Dresdens; sie standen mit den Interessen und den Verhältnissen anderer Städte und Länder, ja ganz Europas in vielfachen nahen Beziehungen und Verbindungen und wiesen fortwährend auf allgemeine volkswirtschaftliche und handelspolitische Fragen hin, die damals noch, selbst in den oberen Dresdner Verwaltungskollegien, nur wenig oder gar nicht verstanden wurden. Dazu kam die Universität, deren Einfluß auf alle Verhältnisse des Lebens sich sehr bemerkbar machte, indem sie nicht nur den Aufenthalt einer großen Anzahl wissenschaftlich gebildeter und geistvoller Männer in Leipzig unmittelbar veranlaßte, sondern indirekt auch auf die Ansichten und gesellschaftlichen Verhältnisse wenigstens des gebildeteren Teiles der Kaufmannschaft ganz wesentlich einwirkte. Auch die große und ganz eigentümliche Entwicklung des Leipziger Buchhandels blieb nicht ohne Einfluß auf die Gestaltung des dortigen Lebens, wovon weiterhin die Rede sein wird. Diese glückliche Verbindung eines bedeutenden, nach allen Richtungen hin sich erstreckenden Handelsverkehrs mit der Tätigkeit einer großen, auf der Höhe der wissen-

schaftlichen Bildung stehenden Universität und dem geschäftlichen Verkehre des dort sich konzentrierenden Buchhandels gab dem geistigen Leben der Stadt eine freiere, unbefangenere Form, einen höheren, bedeutenderen Inhalt, wie ein solcher sonst in der Regel nur in weit größeren Städten gefunden wird.

Richard Freiherr von Friesen, 1880

(3) Den Sächsischen Handel begünstigen die Chausseen, das Postwesen, die Elbschiffahrt und die Eisenbahnen. Schon im J. 1843 war das Vaterland in der glückliche Lage, daß es fast so viele Meilen gut gebaute und unterhaltene Kunststraßen (Chausseen) besaß, als es Quadratmeilen Flächeninhalt zählt. Gut gebaute Straßen aber sind ein wesentliches Beförderungsmittel des inneren Verkehrs und somit des Nationalwohlstandes. Freilich erfordern die Unterhaltungskosten sehr bedeutende Summen, welche durch das Chausseegeld keineswegs gedeckt werden. So kostete die Unterhaltung der Chausseen im genannten Jahre 250 000 Thlr., und das Chausseegeld brachte nur 200 000 Thlr. ein.

G. Gottlob Eduard Leo, 1852

(4) Die Elbe wäre der Stadt Dresden zum Handel sehr bequem, wenn sich nicht allzu viele Hindernisse fänden, welche ihn sehr erschweren. Hier trägt sie schon Fahrzeuge von zweytausend Centnern; aber der geringern Mannschaft und des bessern Fortkommens wegen bedient man sich gemeiniglich nur solcher, welche tausend bis zwölftausend Centner enthalten. Sonst konnten die Sächsischen Schiffer bis Hamburg fahren, aber seit ohngefähr 1740 dürfen sie nicht weiter als bis Magdeburg schiffen, wo sie ihre Waaren auf Preussische Schiffe bringen müssen, welche sie sodann weiter schaffen. Zwischen Dresden und Magdeburg sind sechzehn beträchtliche Zölle, wodurch der Handel auch sehr erschwert wird. Der Handel, der auf der Elbe getrieben wird, bestehet in Getraide, Holz, Viktualien, Pinaischen Steinen usw. Von Riesa und Strehle wird aus der dortigen Gegend viele Gerste nach Dresden und in den dortigen Umkreis zum Verbrauen geschaft.

Karl Wertheim, 1793

(5) Der königliche Titel lautet: Wir [Name] König von Sachsen usw., wozu seit 1830–1836 in Bekanntmachungen noch kam: und Friedrich August, Herzog zu Sachsen. Jenen kurzen Titel wählte am 29. December 1806 König Friedrich August statt des langen (jedoch schon 1803 hinsichtlich Jülichs und Cleve's gekürzten) kurfürstlichen Titels. Die volljährigen Prinzen sind »Herzöge zu Sachsen«, und den Geschwistern, Neffen und Nichten des Königs wurde am 7. Februar 1807 die Königliche Hoheit zuerkannt. – Der Wappen gab es sonst mehrere, deren vollestes 27 Felder zeigte; jetzt aber ist das einzige und sehr einfache Wappen das ursprüngliche und allgemeine der sächsischen Herzöge: 5 schwarze Balken in goldenem Felde, jedoch unter der Königskrone und mit dem von der obern linken nach der untern rechten Ecke laufenden Rautenzweige, welchen Kaiser Friedrich I. dem Askanier Bernhard ins Wappen gab, um ihn vor dessen Brüdern auszuzeichnen.

Albert Schiffner, 1840

(6) Geographisch-statistische Notizen über Sachsen nach den neuesten Mittheilungen des statist. Vereins:

Die Größe des Königreichs Sachsen beträgt nach der neuesten Vermessung 271 Quadratmeilen. Es macht in seinen jetzigen Grenzen den 43sten Theil von Deutschland und den 570sten von Europa aus.

Der höchste Punkt des Landes ist die nördliche Kuppe des Fichtelberges bei Oberwiesenthal, welche 3 721 Pariser Fuß über dem Meere liegt. Als tiefste Punkte nimmt man den Austritt der Elbe aus Sachsen unterhalb Strehla, den Austritt der Elster und Pleisse bei Leipzig und den Austritt der Mulde bei Wurzen, welche etwa 280 Pariser Fuß Meereshöhe haben, an.

Bis zum 1. Januar 1831 waren an Chausseen in Sachsen vollendet:

im Meißner Kreise	72,73	geographische Meilen
im Leipziger	41,96	» –
im Erzgebirgischen	57,61	» –
im Vogtländischen	13,35	» –
in der Oberlausitz	11,09	» –

Die sächsische Postmeile rechnet man gemeinhin zu

16 000 Dresdner Ellen, demnach sind die vorstehenden 196,74 geographische Meilen in der Länge $161\frac{9}{100}$ sächsischen Postmeilen gleich zu achten.

Die Breite des Elbstroms beträgt bei gewöhnlichem Wasserstande:

1. an der böhmischen Grenze	191 Ellen
2. am Strande unter Königstein, der engsten Stelle des Stroms	172 »
3. an der Dresdner Brücke	480 »
4. an der Meißner Brücke	348 »
5. unterhalb Meißen an d. weitesten Stelle	556 »
6. an der preußischen Grenze	350 »

Die mittlere Strombreite ist zu 333 Ellen anzunehmen.

Innerhalb der sächsischen Grenzen befinden sich 18 Elbinseln, 2 große Brücken (die Dresdner und Meißner) und 5 größere Fähren für bedeutende Geschirre (bei Schandau, Königstein, Pirna, Pillnitz und Laubegast). Kahnfähren sind fast in jedem Orte an der Elbe.

Nach den neuesten Zählungen beträgt die Bevölkerung Sachsens:

Einwohner in 139 Städten	443 539
auf dem Lande	942 213
Militair-Etat	16 314
	1 402 066

Geboren wurden in Sachsen im Jahre 1830: 57 800 Protestanten, 46 Reformirte, 17 Herrnhuter, 906 Katholiken und 14 Juden, in Summa 58 791, davon 30 498 männlichen und 28 293 weiblichen Geschlechts.

Es starben 21 872 männlichen und 20 279 weiblichen Geschlechts (excl. 34 Reformirte und Juden). Total 42 185.

Es verunglückten im Jahre 1830 128 männl. und 41 weibl. Personen durch Selbst-Entleibung, und 138 männl. und 29 weibliche Personen durch Unglücksfälle.

Der aufrichtige Dresdner Stadt- u. Landbote für das Königreich Sachsen und die angrenzenden Länder. Heft 1.
Grossenhayn 1832

Literatur- und Quellenverzeichnis

»Album der Schlösser und Rittergüter im Königreiche Sachsen«, Leipzig 1854

»Album für's Erzgebirge«, Leipzig 1847

Andersen, Hans Christian »Gesammelte Märchen«, Leipzig 1847 (Schattenbilder von einer Reise in den Harz, die Sächsische Schweiz etc. etc. im Sommer 1831)

Atterbom, Per Daniel »Aufzeichnungen des schwedischen Dichters P. D. A. Atterbom über berühmte deutsche Männer und Frauen nebst Reiseerinnerungen aus Deutschland und Italien aus den Jahren 1817–1819«, Berlin 1867

Baur, Samuel »Tagebuch einer kleinen Reise von Jena nach Leipzig«, Leipzig 1914

Bebel, August »Aus meinem Leben«, Berlin 1953

Bechstein, Ludwig, und V. Kleinknecht »Dresden«, Schweinfurt 1844

Bischoff »Reise durch die Königreiche Sachsen und Böhmen in den Jahren 1822 und 1823«, Leipzig 1825

Bönisch, Johann Gottfried »Historische geographisch-statistische Topographie oder geschichtliche Beschreibung der Stadt Camenz und der benachbarten Ortschaften«, Camenz 1824

Brockhaus, Heinrich »Aus den Tagebüchern von Heinrich Brockhaus«, Leipzig 1884/85

Brückner, Joh. J., und Chr. Günther »Pitoreskische Reisen durch Sachsen oder Naturschönheiten Sächsischer Gegenden auf einer gesellschaftlichen Reise«, Leipzig 1803–05 (4 Bde.)

»Bunte Bilder aus dem Sachsenlande«, Leipzig 1893

Bülow, Eduard von »Eine Frühlingswanderung durch das Harzgebürge«, Leipzig 1836

Büsching, Johann Gustav Gottlieb »Die Alterthümer der Stadt Görlitz«, Görlitz 1825

Campe, Joachim H. »Neue Sammlung merkwürdiger Reisebeschreibungen für die Jugend«, Braunschweig 1790

Carus, Carl Gustav »Lebenserinnerungen und Denkwürdigkeiten«, Weimar 1966 (nach der Ausgabe von 1865/66)

Corvin, Otto von »Erinnerungen aus meinem Leben«, Leipzig 1880

»Das Königreich Sachsen, Thüringen und Anhalt, dargestellt in malerischen Original-Ansichten«, Darmstadt 1862

Dunger, Hermann »Rundas und Reimsprüche aus dem Vogtlande«, Plauen 1876

Fichte, Immanuel Hermann »Johann Gottlieb Fichte's Leben und litterarischer Briefwechsel«, Sulzbach 1830

François, Louis von »Etwas von Brauch und Glauben in sächsischen Landen«, Leipzig 1875

Friesen, Richard von »Erinnerungen aus meinem Leben«, Dresden 1880

Frommann, Friedrich Johannes »Geschichte des Börsenvereins der deutschen Buchhändler«, Leipzig 1875

»Ganz Dresden mit Umgebungen und die Sächsisch-Böhmische Schweiz«, Dresden 1862

Gottschalk, Friedrich »Schwarzburg« (In: Ritterburgen und Bergschlösser Deutschlands, Bd. 9, Halle 1835)

Götzinger, M. Wilhelm Leberecht »Schandau und seine Umgebungen oder Beschreibung der sogenannten Sächsischen Schweiz«, Bautzen 1804

Götzinger, M. Wilhelm Leberecht »Geschichte und Beschreibung des Chursächsischen Amts Hohnstein mit Lohmen insbesondere der unter dieses Amt gehörigen Stadt Sebnitz«, Freyberg 1786

Grillparzer, Franz »Reisetagebücher«, Berlin 1971

Hennig, G. S. »Reisetaschenbuch für die Gegenden um Dresden und Meißen durch die Sächsische Schweiz bis an die böhmische Gränze: für Lustreisende besonders Töplitzer und Carlsbader Badegäste«, Berlin 1820

Herzog, Emil »Chronik der Stadt Zwickau«, Zwickau 1839

Immermann, Karl »Reisejournal«, Düsseldorf 1833

Jacobi, Christoph Friedrich »Historisch-pädagogische Reise nach Sachsen und einem Theile von Preussen«, Nürnberg 1836

Karamsin, Nikolai »Briefe eines russischen Reisenden«, Berlin 1977 (nach der deutschen Erstausgabe Leipzig 1799–1802, 6 Bde.)

Kleist, Heinrich von »Werke und Briefe«, Bd. 4, Berlin und Weimar 1978

Kraszewski, Józef Ignacy »Blätter von einer Reise durch Europa«, 1974

Kügelgen, Wilhelm von »Lebenserinnerungen des Alten Mannes 1840–67«, 1923

Leo, Gottlob Eduard »Beschreibung des Königreiches Sachsen«, Leipzig 1852

Lindau, W. A. »Neuer Wegweiser durch das meißnische Hochland oder die sächsische Schweiz und das böhmische Grenzgebirge, die Gegenden von Pirna, Königstein und Gießhübel bis Teplitz, von Dohna, Altenberg, Freyberg, Chemnitz, Meißen, Großenhayn, Elsterwerda, Camenz, Bauzen, Herrnhut und Zittau«, Dresden 1820

Löhn-Siegel, Anna »Aus der alten Kulissenwelt«, Leipzig 1883

»Malerische Darstellungen aus Sachsen«, Dresden 1802

»Meyers Reisebuch Dresden und die Sächsische Schweiz«, 1896

»Meyers Universum«, Bde. 5 und 6, Hildburghausen 1838/39

Mosen, Gustav »Die Weihnachtsspiele im sächsischen Erzgebirge«, Zwickau 1861

Mosen, Julius »Erinnerungen«, Plauen 1893

Motte Fouqué, Friedrich de la »Reiseerinnerungen«, Dresden 1823

Müller, Alfred »Volkslieder aus dem Erzgebirge«, Annaberg 1883

»Museum für sächsische Landeskunde«, Bd. 2, Dresden 1836

Münnich, C. H. W. »Der Elbstrom von seinem Ursprunge bis zu seiner Mündung in der Nordsee«, Dresden 1845

Oertel, G. »Beiträge zur Landes- und Volkskunde des Königreichs Sachsen«, Leipzig 1890

Oesfeld, M. Gotthelf Friedrich »Historische Beschreibung einiger merkwürdigen Städte im Erzgebürge in-

sonderheit der Hochgräfl. Schönburgl. freyen Bergstadt Lößnitz im Erzgebürge mit ihren umliegenden Gegenden«, Halle 1776
Poenicke, G. A. »Album der Rittergüter und Schlösser im Königreiche Sachsen«, Leipzig 1854
Puttrich, L. »Bauwerke des Mittelalters in der Königlich Preußischen Lausitz«, Leipzig 1848
Recke, Elisa von der »Tagebücher und Selbstzeugnisse«, Leipzig 1984
Richter, Ludwig »Lebenserinnerungen eines deutschen Malers«, Frankfurt/Main 1886
Rietschel, Ernst »Jugenderinnerungen«, Leipzig 1904
Rohbock, Ludwig, und C. Köhler »Das Königreich Sachsen«, Darmstadt 1856
»Saxonia«, Museum für Sächsische Vaterlandskunde, Bde. 1–5, Dresden 1835, 1836, 1837, 1841
Schiffner, Albert »Beschreibung von Sachsen und der Ernestinischen, Reußischen und Schwarzburgischen Lande«, Stuttgart 1840
Schlenkert, Günther, und Friedrich Christian Schlenkert »Ansichten von Kloster Alt-Zelle, Bergveste Kiffhaussen, Bergveste Stolpen, Burg Frauenstein«, Leipzig 1794
Schmidt, Otto Eduard »Kursächsische Streifzüge«, Leipzig 1912
Schumann, Clara »Jugendbriefe von Robert Schumann«, Leipzig 1885
Seume, Johann Gottfried »Mein Sommer 1805«, Berlin 1879
Sporschil, Johann »Leipzig, Meissen, Dresden und die sächsische Schweiz«, Leipzig 1844
Staël, Madame de »Deutschland«, Berlin 1814
Stoll, Adolf »Der junge Savigny«, Berlin 1927
Süssmilch-Hörnig, Moritz von »Sachsen und Thüringen. Grundzüge einer Vaterlandskunde«, Dresden 1860/62
Tromlitz, A. »Romantische Wanderung durch die Sächsische Schweiz«, Leipzig 1836
»Unser Vogtland.« Heimatkundliche Lesestücke für die Schulen des sächsischen Vogtlandes, Leipzig 1893
Wagner, Richard »Die Kunst und die Revolution«, 1849
Wagner, Richard »Mein Leben«, Leipzig 1985
Weber, Carl Julius »Deutschland oder Briefe eines in Deutschland reisenden Deutschen«, Stuttgart 1828
Weiss, M. Christian »Wanderungen in Sachsen, Schlesien, Glatz und Böhmen«, Leipzig 1796/97
Wertheim, Karl »Reise durch Kursachsen«, Leipzig 1793/94
Zschommler, Max »Erinnerungen von Julius Mosen«, Plauen 1893
Der aufrichtige Dresdner Stadt- und Landbote für das Königreich Sachsen und die angrenzenden Länder«, Dresden 1829–1833
»Morgenblatt für gebildete Leser«, Stuttgart 1851